KB069186

"＿＿＿＿＿＿＿＿님의 성공과 행복이
평온하고 무탈한 삶으로 이어지길
진심으로 바랍니다."

성공의 진심

인생의 주인이 되기 위한 정신과 마음의 54가지 법칙

초 판 1쇄 2024년 05월 19일

지은이 이민혁
펴낸이 류종렬

펴낸곳 미다스북스
본부장 임종익
편집장 이다경
책임진행 김가영, 윤가희, 이예나, 안채원, 김요섭, 임인영, 권유정

등록 2001년 3월 21일 제2001-000040호
주소 서울시 마포구 양화로 133 서교타워 711호
전화 02) 322-7802~3
팩스 02) 6007-1845
블로그 http://blog.naver.com/midasbooks
전자주소 midasbooks@hanmail.net
페이스북 https://www.facebook.com/midasbooks425
인스타그램 https://www.instagram/midasbooks

ISBN 979-11-6910-579-8 03190

값 17,900원

미다스북스는 다음세대에게 필요한 지혜와 교양을 생각합니다.

성공의 진심

인생의 주인이 되기 위한
정신과 마음의 54가지 법칙

이민혁 지음

The Sincerity of Success

미다스북스

이 책을 읽는 방법

이 책뿐만이 아닌 대부분의 책이 그렇다. 서문(프롤로그)과 목차를 가장 먼저 읽어보라. 목차를 여러 번 읽어보면서 현재 자신의 상황이나 느낌, 감정이 이끌리는 제목과 글귀의 페이지를 먼저 읽어보길 추천한다. 소설이 아닌 대부분의 책을 처음부터 차례로 읽는 건 비추천한다. 이 책도 마찬가지다. 목차를 보고 끌리는 제목 위주로 읽어보길 바란다. 처음부터 책을 정독하려 애쓰며 책과 긴밀한 거리를 유지하려 하는 것보다, 구미에 당기는 부분부터 읽으며 책과 어느 정도 거리를 두는 것이 때로는 책과 더 친밀하게 지낼 수 있는 방법이다.

삶과 인생이 전반적으로 무겁거나 실타래처럼 복잡하게 엉켜있다면 '지금 이 순간'의 중요함을 인지하며 'part. 1'을 읽어보라.
현실의 삶이 복잡한 관계로 인해 매사에 신경이 많이 쓰이며, 불안함이 삶에 채워지고 있다면 'part. 2'를 읽어보라.
스스로가 누구인지 모를 때, 삶의 방향을 찾을 수 없을 때, 자신만의 인생을 현명하고 아름답게 찾는 방법이 궁금하다면 'part. 3'을 읽어보라.
모든 삶의 순간에 떼려야 뗄 수 없는 거절을 잘 하지 못해 괴롭다면, 그것 때문에 삶이 흔들린다면 'part. 4'를 읽어보라.
자신의 의지와 상관없이 스스로의 삶을 사는 것이 어렵고 힘들다면 'part. 5'를 읽어보라.

인생에서 진정한 성공과 행복을 느끼면서 갖고 싶다면 시작과 끝엔 자기 자신이 당당하고 아름다운 모습으로 여유롭게 서 있어야 한다. 세상 그 무엇도 아닌 자기 자신을 때론 객관적으로 채찍질하다가도 가끔은 주관적으로 안아줄 수 있는 여유로운 미소를 언제 어디서든 내비칠 수 있는 그런 멋진 삶이 이 책과 함께하길 바란다.

이 책으로 당신이 얻을 수 있는 것

원하는 삶을 반드시 살아가라

세상은 사람들의 감정과 감성의 변화무쌍한 순간들이 모여서 만들어진다. 그러한 변화의 순간을 되도록 많이 알 수 있다면 인생은 생각보다 순탄하고 아름다운 곳이 될 것이다. 우리는 고난과 괴로움에 뒤엉킨 실타래를 풀지 못하고 어쩔 수 없이 살아가는 경우가 많은데, 그 이유는 뻔하고 당연한 것들의 부재에 있다. 또한 이것을 커다랗게 감싸고 있는 욕심의 본능은 너무나 질기고 단단해서 삶이 다하는 그 날까지 웬만해선 찢기지 않고 뜯을 수도 없다.

인생을 즐기는 것과 달콤함을 향유하는 건 엄연히 다른 맥락인데도 대부분의 사람은 삶의 성공과 행복을 표면적인 것들의 풍족함에서 찾는다. 그럴수록 내면적인 것들을 쉽게 느끼지 못하게 되고, 그렇게 보이지 않는 내면적인 것들은 점차 쇠락과 소멸의 길로 가게 된다. 정도의 차이는 있겠지만 저마다 속이 비어버린 껍데기로의 삶을 살게 되고, 그러다 보면 삶이 가벼워질 수밖에 없기에 결국 그러한 인생은 삶을 지탱하지 못하고 흔들리거나 쓰러지기 일쑤다. 그럼에도 불구하고 우린 당연한 것들과 내실을 채우려 하기보단, 질기고 단단한 욕망 덩어리인 돈 등을 삶의 전면에 배치하려고만 한다. 물질적인 것만이 삶의 이유이자 성공과 행복의 절대적인 지표라고 말하는 사람들은 그 늪을 빠져나오지 못한다. 그것들로 인해 고통받고 상처받아도 결코 버리지 못하고 또다시 찾게 되는 반복의 굴레를 벗어나지 못한다.

이 책은 당신의 삶이 성공과 행복으로 자연스럽게 흐르도록 도와줄 것이다. 알지만 잊고 지내는 것들, 인지하지만 표출하지 못하는 것들, 당연하지만 당연하게 생각하거나 행동하지 못하는 것들을 삶에 조금씩 대입하고 실현해 나감으로써 인간다움을 삶의 전면에 배치시킬 때 원하는 것을 갖게 될 것이며, 원하는 곳에 닿을 수 있을 것이다. 주체성을 키우고 타인을 수용하며 살아가는 오늘의 삶이 온전히 자신의 인생 전반에 잔잔히 깔린다면, 그 누구도 부럽지 않은 성공과 행복을 반드시 갖게 될 것이라고 확신한다.

고난과 불행이 삶에 스며든다면
성공과 행복이 기다리고 있다는 뜻이다

죽기보다 싫었던 마음의 장애

아주 오래전 일이다. 짜장면이 먹고 싶어서 중국집에 들어갔다. 그러나 마음은 편치 않았다. 왜냐하면 "짜장면 하나 주세요."라는 말을 못 할까 봐 두려워서였다. 주문을 받으러 종업원이 다가올 때쯤 그 두려움은 약간의 현기증을 동반한 채 현실이 됐다. 결국 "짜장면 하나 주세요."라는 말을 하지 못하고 상기된 얼굴로 중국집을 뛰쳐나왔다. 심장이 벌렁거리고 심하게 뛰는 맥박이 멈추지 않았다. 결국 쌓였던 설움이 터졌다. 요동치는 입을 틀어막았는데도 눈물이 왈칵 쏟아졌다. 사람들의 시선을 피해서 가까운 공원으로 뛰어갔다. 주위에 사람들이 없는 걸 확인하자마자 흐느낌은 육성으로 터졌고 주저앉아 소리 내서 울었다. 스스로 가슴을 치면서 나에게 말했다.

"이 병신 새끼야 나가 죽어라. 왜 사냐, 왜 살아!…"

20년도 더 지난 일이지만 근래에도 종종 그날의 꿈을 꾸곤 한다. 그랬다. 나는 말더듬이다. 아니, 말더듬이였다. 지금은 일상에서 말을 더듬는 것으로 인해 정신적이나 물질적으로 피해 보는 일은 없다. 하지만 한창때인 10대와 20대의 삶은 하루하루가 근심과 걱정으로 가득 찼던 때였다. 사회생활을 하면서 원하는 것, 표현하고픈 생각, 사람들과의 소통 등에서 대화로 인해 극심한 정신적인 스트레스를 받았었다.

아울러 늘 내 밥그릇도 챙겨 먹지 못했던 바보 같은 한때였다. 그러나 내가 이런 말더듬이였다는 사실을 아는 사람은 가족 외엔 아무도 없었다. 그만큼 사회에서 어울리는 사람들에게 나의 불편한 모습을 어떻게든 감추려고 애쓰며 살았다. 타인이 내가 말더듬이란 사실을 아는 것은 진짜 죽기보다 싫은 삶이었다. 관계에 있어서 할 말도 못 하고 말이 자연스럽게 나올 수 있는 환경을 스스로 제어해 가며 사는 모습은 살얼음판을 걷는 것과 다름없었다. 이런 나의 콤플렉스를 숨기고 사는 건 결코 쉽지 않은 삶이었다. 콤플렉스를 숨기기 위해 부단히 장점을 부각하며 외향적인 모습을 보이려 노력했었다. 그로 인해 수많은 오해를 받았고, 그 때문에 얻은 것도 많고 잃은 것도 많았던 시절이었다.

말더듬증을 고치려고 많은 것들을 해봤지만 돈만 많이 쓰고 큰 효과는 보지 못했다. 그땐 전화 공포증(Call Phobia) 증상도 심해서 휴대폰을 일부러 집에 놔두고 다닌 적도 많았다. 이러한 습관은 지금도 이어져서 목소리 대화보다는 문자 대화가 편하고 익숙하다. 그러다 30대에 접어들어서 알게 되었다. 나의 말더듬증은 마음의 병이었다. 원인을 알게 되자, 말더듬증은 자연스럽게 현저히 줄어들었다. 여전히 말을 할 때 특정 자음으로 시작되는 단어가 있으면 살짝 머뭇거리긴 하지만 예전처럼 불안했던 마음은 이제 완전히 사라졌다. 그러나 글을 쓰고 첫 책을 출간할 당시에 큰 고민이 생겼다. 크고 작은 자리에서 불특정 다수의 사람들에게 첫인사로 내 이름이 자연스럽게 나올 수 있는지에 대한 작은 두려움이 가시질 않았다. 여전히 입안을 맴도는 불편한 특정 자음이 내 이름 본명 세 글자에 모두 있었기 때문이다. 그래서 새로 시작된 제2의 삶은 내가 갖고 싶은 이름인 '이민혁'이라는 필명을 쓰고자 마음먹었다.

겉으로 티 나지 않는 장애인

나에겐 흐릿해진 말더듬이라는 마음의 병과 함께 평생을 함께하는 육체적인 불편함도 있다. 나는 한쪽 눈이 보이지 않는다. 공식적으로 등록된 '시각장애인'이다. 학창 시절 때 후천적으로 어느 날 갑자기 눈이 안 보이기 시작했다. 병명은 '망막박리'였다. 서울대학교 병원에서 수술을 3번이나 했지만 전부 실패했다. 그로 인해 병원에 1년 동안 입원을 했었고 학교도 1년을 쉬었다. 그래서 내 동기들은 늘 나보다 한 학년 위였다. 친구들이 학교를 졸업하고 성인이 되던 날 나는 고3이었다. 정말이지 홀로 남겨졌다는 생각에 공부는 물론이고 아무것도 하기 싫을뿐더러 할 수도 없었다. 그저 악몽 같은 시간이 빨리 지나가기만을 바랐고, 언제나 교복을 벗고 학교를 벗어나고 싶은 생각뿐이었다. 그 시간이 얼마나 악몽이었는지 30대 초반까지 교복을 입고 학교를 가는 꿈을 꾸곤 했다. 깨어나면 베개는 늘 식은땀으로 흥건하게 젖어있었다. 안 보이게 된 눈을 살려내진 못했지만 그래도 정말 다행인 건 시력을 잃은 눈이 돌아가지 않아서 '사시'는 되지 않았다. 그래서 겉으로 보면 눈이 안 보이는 장애인인 줄 아무도 모른다.

한창때인 10대와 20대 때엔 공간감이 현저히 떨어져서 생활이 약간 불편했다. 물건을 헛짚는 실수는 수도 없이 하는 일상이었다. 그로 인해 일상에서 타인에게 절대로 하지 못하게 하는 것이 있다. 아무리 가까운 거리라도 물건을 던지지 말라고 한다. 잡지 못하는 경우가 태반이기 때문이다. 바로 코앞에서 던지는 걸 왜 못 잡는지 장애를 드러내면서까지 설명하고 싶지 않아서 넘기는 일이 많았다. 이런 사소한 불편함과 함께 또 한 가지 불편함도 있는데, 그건 한쪽 눈으로만 생활하는 게 눈의 피로를 더욱 가중시키는 일이라는 것이다. 그래서 틈만 나면 눈을 감고 있는 적이 많은데 회사 생활을 할 땐 오해도 많이 받았다. 이 모든 일들이 나에겐 그저 대충 얼버무리고 넘어가야 하는 평범한 일상일 뿐이다.

한쪽 눈이 자연적으로 실명된 것에 대해 처음엔 이유를 몰랐지만, 시간이 흐르고 나니 분명한 원인을 알 수 있었다. 학창 시절에 당했던 '학교폭력'으로 인한 후유증이었다. 그 당시만 해도 학교폭력이 오늘날처럼 이렇게 사회적인 범죄와 문제로까지 인식되기 전이었다. 애들끼리 놀다 싸우면서 때리기도 하고 맞기도 하는 것이 통용됐던 시절이었다. 그러나 나는 일방적으로 맞기만 했다. 나를 때렸던 아이들의 이름이 아직도 선명하게 기억나지만 그저 한때의 기억으로 묻고 살아갈 뿐이다. 학교폭력을 겪은 사춘기로 인해 내적인 장애와 외적인 장애를 동시에 짊어지고 성인이 된 나는 삶의 피해자이자 낙오자로 갇혀 살았다. 마냥 좋고 아름다워야 할 시절에 불편한 나무가 내 안에서 감당할 수 없을 만큼 무성하게 자랐다. 하늘은 왜 내게 이런 고통을 주는지 원망스럽기만 했다. 태어난 걸 부정하며 부모와 형제 그리고 사회의 모든 걸 외면하려 했던, 철없던 시기에 늘 바라던 건 '자유와 행복'이었다.

고난과 고통은 멈추지 않는다
시간은 빠르게 흘렀고 인생의 중간지점에 서 있는 내게 극심한 '이명'과 '공황'이라는 또 다른 선물이 배달됐다. 청년기에 겪었던 고통과 흔적이 아물 때쯤인 중년이 되고 나니 또 다른 불편함이 찾아온 것이다. 이명과 공황은 한동안 일상생활이 힘들 정도로 또다시 나를 괴롭혔다. 병원엘 다니고 약도 먹어봤지만 효과는 없었다. 이 또한 마음이 고장 난 것 때문이라는 생각이 들었다. 아무것도 몰랐던 초등학생 시절을 제외하곤 늘 불편한 몸과 마음을 지니고 살아가고 있다. 그러나 그동안 나를 스쳐 간 대부분의 사람들은 이런 나의 불편함을 구체적으로 알거나 느끼지 못했을 것이다. 나는 늘 외향적인 모습으로 삶을 살아가고 있기 때문이다. 이것은 인간의 본능이다. 드러내고 싶지 않은 부정적인 것들이 하나둘씩 쌓여가면 최대한 그 반대 성향의 가면을 더 크고 더 두껍게 만든다. 아무렇지 않은 척, 괜찮은 척, 태연한 척의 모습은 누구나 일상에서 가질 수 있다. 그저 좋아 보이는 얇은 껍데기만을 온몸에 두르고 사는 것이다. 성공과 행복이 삶의 목표가 아닌 오늘도 살아냈다, 실수를 덜 했다, 들키지 않았다, 무사히 밤이 깊어간다는 안도의 한숨을 씁쓸한 침 한 모금과 함께 꿀떡 넘기면서 잠자리에 든다.

이런 나였지만 나 역시 성공과 행복을 늘 가슴 한편에 진하게 새기며 살아왔다. 할 수 없는 것들이 많았고, 해야만 하는 것들 속에서 고난을 당연시 여겨왔으며, 하고 싶지만 절대 손에 닿을 수 없는 것들을 평생토록 동경만 하며 살아왔다. 그러다 어느 순간 나는 성공과 행복의 길에 접어들었다. 돈을 많이 벌지도 않았고, 좋은 집에 살거나 좋은 차를 타는 것은 아니었지만 나는 분명 성공과 행복의 길에 들어섰다.

그 순간을 구체적으로 표현하자면 육체적인 고통이나 정신적인 스트레스를 받지 않고도 만족할 만한 돈을 벌고, 신경 쓰이거나 걱정되는 일이 거의 없는 잔잔한 마음 상태를 유지하고 있으며, 현재 나의 모습과 위치가 정확하고 명확한 상태에서 스스로 어딜 가든 빛을 낼 수 있는 그런 상태를 만든 것이다. 한마디로 몸과 마음 그리고 정신의 상태가 모두 안락하고 평화로운 상태를 유지하고 있는 것이다. 나는 감히 이걸 성공과 행복에 닿았다고 자신 있게 말한다.

돈과 마음 그리고 정신, 이 세 가지를 원하는 만큼 충분히 갖고 사는 사람은 드물다. 돈을 아주 많이 소유한 사람들은 한순간 정신과 마음을 부유하게 유지할 순 있겠으나, 결코 가진 돈만큼 풍족한 마음과 명확한 정신을 소유하기란 쉽지 않다. 지식과 지혜가 충만한 사람들도 모두가 경제적으로 풍족하고 부유한 건 아니다. 사람들이 흔히 말하는 성공이란 경제적으로 풍족해지기 위해서 수단과 방법을 가리지 않는 경우가 많다. 성공을 꿈꾸는 사람들의 희망인 월 1천만 원, 혹은 그 이상을 벌기 위해선 수많은 조건들이 필요하고 남다른 능력이 뒤따라야 한다. 이것을 이룬 소수의 사람들은 자신들이 해온 방법을 사람들에게 알려주지만 똑같은 결과를 이룬 사람들 또한 극히 소수에 불과하다.

그래도 여전히 많은 사람들은 성공의 증거라고 믿는 돈 버는 것에만 집중하고 몰두하며 삶을 한쪽 방향으로만 몰아넣고 살아간다. 마음과 정신이 흐릿해지는 이유를 모른 채 말이다. 가진 게 많아지면 다른 것들도 바뀔 수 있을 거란 큰 착각을 하고선, 돌이킬 수 없는 후회의 늪으로 빠져들기도 한다. 보통 많은 돈을 벌기 위해선 긍정의 마음보단 분하고 억울했던 생각과 기억의 분노, 불안을 원동력으로 삼아 악과 깡으로 사람들이 부러워하는 위치에 오르는 경우가 많다. 그러나 이러한 물질의 풍요로움으로 이뤄낸 성공이 반드시 행복으로도 이어지리란 보장은 그 어디에도 존재하지 않는다.

인생에 있어 돈은 아주 중요하다. 돈이 없어 불행할 순 있어도 많은 돈 자체가 불행은 아니기 때문이다. 그러나 돈만 많으면 다른 것들의 부재는 분명 찾아오고 그것들은 절대 돈으로 살 수 없다. 그래서 세상을 들여다보면 돈 때문에 불행한 수많은 일들은 예전에도 그리고 지금도 수많은 곳에서 늘 쏟아져 나오고 있고 앞으로도 그럴 것이다.

성공과 행복은 오늘 안에 있다

세상 모든 사람들은 오늘을 살아간다. 하지만 오늘을 살아가며 대부분 하는 행위는 돈을 버는 것이다. 자연적으로 돈이 벌리는 삶보단 애쓰며 돈을 버는 삶이 대부분이다. 우리는 자의건 타의건 어떠한 의도로든 돈을 버는 행위에 집중하고 반복한다. 능동적으로 삶을 살아가도 자연적으로 돈이 벌리는 사람은 흔하지 않다.

그런데 각기 다른 삶을 들여다보면 정도의 차이가 보인다. 정말 원하지 않는 하기 싫은 일을 돈 때문에 어쩔 수 없이 하는 사람부터, 어쩌다 보니 하는 일이 잘 돼서 돈이 벌리는 사람들까지 아주 다양하다. 물론 각자가 처한 상황과 처지가 다를 수 있다. 하기는 싫지만 어떻게든 시작해서 그 일에 빠져드는 사람도 있고, 즐겁게 일을 했지만 원하는 만큼 수입을 못 올리는 경우도 있다. 수많은 경우를 전부 헤아릴 순 없지만 분명 그 안에는 공통점이 있다.

돈을 위해 참고 견디는 사람은 몸과 마음이 여유롭지 못하고, 자신과 삶을 위해 오늘을 살아가는 사람은 몸과 마음에 여유가 깃들여져 있다. 결국 모두가 꿈꾸는 성공에 닿기 위해 각자의 방식으로 노력을 하지만, 말에게 눈가리개를 한 것처럼 앞만 보고 정진하느냐, 세상과 자신을 두루 살피며 나아가느냐의 차이이다. 이것은 쉽게 말해 오늘을 살아가느냐의 질문이기도 하다. 누구나 오늘을 살아가지만 온전한 오늘을 살아가는 사람은 생각보다 많지 않다. 모두에게 오늘이란 어제의 연장이거나 내일의 대비가 대부분이기 때문이다. 그래서 오늘은 어제와 완전히 다른 삶이란 있을 수 없고, 좀 더 나은 내일의 많은 걸 이루기 위해 고군분투하는 게 일상이다. 오늘을 온전한 오늘로 살아가지 못한다는 건 모두에게 흔한 일이다. 대부분의 오늘은 예상을 빗나가거나 크게 어긋나는 일이 쉽게 일어나진 않으니까 말이다. 그런 삶의 순간에 자신에게 질문을 던질 때가 종종 있다.

"내 삶의 주인은 나인데 왜 내 뜻대로 되지 않는 현실의 오늘이 반복되는 것일까?"

수많은 오늘 중에서 어느 것 하나 똑같은 삶은 없다. 비슷한 삶은 있을지언정 저마다 각기 다른 삶을 살아가고 있기에, 다들 정답은 없다고 말한다. 그러나 대부분은 암묵적인 정답 같은 현실의 울타리 안에서 살아가고 크게 벗어나질 않는다. 나 역시 그랬다. 들키고 싶지 않은 단점과 장애를 숨기며 새로운 오늘을 살아가려 노력했다. 사람들이 정답이라고 말하는 밝은 빛을 향해 나아가기만 했었다. 그 정답에 닿으면 나의 불편한 모습도 바뀔 것 같았고 몸과 마음이 안락에서 쉴 수 있을 것 같았다. 그러나 늘어가는 통장의 숫자만큼 다른 것들도 늘어가고 있었다. 후회와 걱정이었다. 살아온 모든 날이 불행만은 아니었지만 이 두 가지만은 삶의 거의 대부분을 차지하고 있었다. 그러자 점점 월급날이 기다려지지 않았고 돈을 벌어도 기쁘거나 즐거운 감정을 느끼지 못했다. 하루하루 지나간 수많은 오늘이 안타까웠다. 그럼에도 오늘을 살고 있지만 흐르는 시간에 몸이 내던져진 것만 같은 진정한 나의 삶이 아닌 것 같았다.

후회와 걱정은 양과 크기만 다를 뿐 매일 반복되었다. 눈을 감고 잠들기 직전까지 '왜 그랬을까? 그러지 말걸.', '어떡하지? 잘 안 되면 어떻게 할까?'와 같은 생각들이 단 하루도 쉬지 않고 늘 마음속에 있었다. 지난 어제와 다가올 내일의 일들이 오늘을 지배하고 있었다. 돌이켜보니 나는 단 하루도 오늘을 살아본 순간이 없었다. 비로소 난 느꼈다. 내가 오늘을 살아가야 하는 이유는 나의 겉과 속에 담긴 장애를 극복하고 원하는 성공과 행복을 이루어야 한다는 목표가 있기 때문이었다. 이 생각은 더 나아가 단 한 번의 유한한 인생을 살아가기에 원하는 성공과 행복은 반드시 누려야 할 권리라는 생각으로 이어졌다. 그러기 위해선 꼭 오늘을 살아야 한다. 후회로 가득 찬 지난날은 추억으로 남기고 어떻게 될지 모르는 내일은 덮어두기로 했다. 오늘을 잘 살아간다면 후회는 덜할 것이고 되도록 밝은 내일이 찾아와 줄 거라는 강한 믿음과 확신이 들었다.

원해서 태어나진 않았지만 원하는 삶을 살아가야 한다

부모는 자식을 선택할 수 있지만 자식은 부모를 선택할 수 없다. 이 말인즉슨 원해서 태어난 사람은 이 세상에 단 한 명도 없다는 뜻이다. 원해서 태어난 것도 아닌데 원하지 않는 삶을 산다는 것만큼 불행한 일은 없다. 그래서 대부분의 삶은 고난과 고통에 젖어있는 것이다. 그렇다고 태어나기 전으로 돌아갈 수도 없는 현실이기에, 많은 이들은 담담히, 때론 능동적으로 원하는 행복을 찾고 꿈꾸는 성공을 성취하며 살아가려 한다. 그 모든 이들은 마음속으로 살아가는 동안에 원하는 삶을 살고자 하는 것을 가장 큰 목표로 두고 있다. 그러나 혼자 태어난 것도 아니고, 혼자 살아가는 삶이 아니기에 원하는 성공과 행복의 삶을 사는 것은 너무나 어려운 일이다.

우리가 삶을 대하는 방법은 수도 없이 많다. 불나방처럼 질주도 해보고, 현실과 타협도 해가며 자신의 자리에서 가장 이상적인 길을 걸으려 노력한다. 그러나 걷고 있는 삶은 늘 원하는 길과 원치 않는 길의 공존이다. 그리고 의외로 원치 않는 삶과 순간을 살아가는 이들은 세상에 정말 많다. 성공과 행복을 이룰 수 있는 원하는 삶의 길은 단순한 법칙과 숫자놀음으로 만들 수 있는 것이 아니다. 헤아릴 수 없는 이성과 감정이 섞여 만들어진 세상에서 성공과 행복을 찾고 얻으려면 인간으로서 갖추어야 할 여러 가지 모습과 능력이 수반되어야 한다. 단순히 돈을 버는 기술을 익히는 건 이 중 하나에 불과할 뿐이다.

육체와 정신의 고통을 최소화하면서 원하는 돈을 버는 것, 의도하거나 뜻하지 않은 행운이 곁에 머무는 것, 평온한 마음과 올곧은 정신으로 오늘을 살아가는 데 걸리는 것이 없는 것, 이것이 유한한 삶을 성공과 행복으로 이끄는 진정한 모습이다. 당신의 삶이 돈과 마음 그리고 정신으로부터 진정한 자유를 찾을 수 있는 성공과 행복에 닿을 수 있도록 이 책이 도움이 되길 진심으로 바란다.

이민혁.

목차

이 책을 읽는 방법 004

이 책으로 당신이 얻을 수 있는 것 005

프롤로그 006
고난과 불행이 삶에 스며든다면 성공과 행복이 기다리고 있다는 뜻이다

part 1. 오늘에 집중하는 삶을 살고 있는가

오늘이 행복해야 어제의 불행은 줄어들고 내일의 기대는 커진다

1. 성공과 행복을 막연하게 바라고 있지는 않은가 ………………………………… 023
2. 후회의 나무가 뿌리내리지 않게 하는 연습 …………………………………… 034
3. 내가 살아가는 오늘은 내 것이어야 한다 ……………………………………… 044
4. 불공평한 삶을 성공으로 이끄는 힘 …………………………………………… 058
5. 익숙하고 길들여진 것들의 함정: 변화의 중요성 ……………………………… 064
6. 단점은 죽이고 장점을 살려라 ………………………………………………… 073
7. 인생의 시간은 농축되어야 한다 ……………………………………………… 078
8. 도끼질하고 있는 나무가 쓰러진다: 선택의 중요성 …………………………… 087
9. 신경 쓰이는 것을 신경 쓰지 않는 방법 ……………………………………… 096
10. 배고픔보단 머리가 고프다는 생각이 들어야 한다 …………………………… 104
11. 특별한 사람이 될 수 있는 간단하고 쉬운 방법 ……………………………… 111
12. 성공한 사람들에게 있는 명확한 두 가지 ……………………………………… 118

part 2. 얼마나 많은 사람을 품을 수 있는가

다름이 거북해서 멀리할 것인가, 다름을 인정하고 품을 것인가

1. 다름을 인정하는 것이 자신의 성장이다 …………………………………………………… 131
2. 인성의 유무는 천국과 지옥을 결정한다 …………………………………………………… 136
3. 금지된 것에 숨어있는 보석 …………………………………………………………………… 143
4. 불안과 불행을 막으려면 단조로움을 가까이해라 ………………………………………… 149
5. 당신도 '얼죽아'인가요: 화를 통제하지 못하는 사람들 ………………………………… 158
6. 불편한 것들로부터 자신을 지키는 법 ……………………………………………………… 164
7. 결코 무너지지 않는 인생은 삶의 탄력에서 나온다 ……………………………………… 173
8. 인정과 수용은 명확하고 확실한 성공의 길이다 ………………………………………… 180
9. 누구나 꼰대의 습성을 갖고 살아간다 ……………………………………………………… 188
10. 편견을 깨려다간 자신이 깨진다 …………………………………………………………… 194

part 3. 내 것과 아닌 것을 구분할 수 있는가

이상적인 삶은 채움과 비움의 균형을 맞추는 것이다

1. 자신을 통제할 수 없는 것만큼 큰 비극은 없다 …………………………………………… 203
2. 한 끼 안 먹는다고 죽는 사람은 없다: 쾌락 충전소를 줄여라 ………………………… 211
3. 여러 곳을 파봐야 원하는 우물이 나온다 ………………………………………………… 218
4. 꾸준함의 진정한 의미 ………………………………………………………………………… 224
5. 외양간을 튼튼히 하려면 소를 잃어봐야 한다: 경험의 중요성 ………………………… 228
6. 바꿀 수 있는 것과 바꿀 수 없는 것 ……………………………………………………… 233
7. 운을 좇는 사람들 ……………………………………………………………………………… 239
8. 그릇의 크기보단 종류가 중요하다 ………………………………………………………… 250
9. 습관이 삶에서 가장 무서운 이유 …………………………………………………………… 256
10. '채움'만이 성공으로 이끌어줄 것이란 착각 ……………………………………………… 263
11. 버킷리스트(bucket list)보다 헤잇리스트(hate list)가 먼저다 ………………………… 273

part 4. 온전한 의지로 거절할 수 있는가

거절을 잘하는 건 자신의 모습을 잃지 않는 것이다

1. 자신의 존재를 인지하면 세상을 가질 수 있다 ···························· 281

2. 거절은 성공과 행복에 비례한다 ···································· 291

3. 다양한 방패를 모으고 수집해야 한다 ································ 298

4. 자신의 정체를 감추고 살아가는 사람들 ······························ 307

5. 끊지 못하는 사람들 ·· 317

6. 살고 싶으면 움켜쥔 걸 놓고 난간을 잡아라 ························ 324

7. 관계에 있어 만병통치약은 '천천히'다 ······························ 330

8. 결국엔 이해할 수 없을 테니 남겨둬라 ······························ 336

9. 행복이 먼저가 아니다 불행을 피해야 한다 ·························· 340

10. 고난의 성장이 본능의 나락으로 이어지는 삶 ······················ 345

11. 지루함에 굴복당하지 않는 방법 ···································· 352

part 5. 흔들리지 않는 삶을 살 수 있는가

자신만의 속도를 유지하여 성공과 행복을 잡아라

1. '오늘이' 행복할지, '오늘만' 행복할지 선택해야 한다 ·· 361

2. 삶에서 새겨지는 흠집은 결점이 아니다 ··· 370

3. '이해'라는 테두리에 갇혀 살지 말자 ·· 376

4. 정형화된 성공의 법칙이 정답은 아니다 ·· 383

5. 자신이 갖고 싶은 이름을 가져라 ·· 393

6. '열심히'란 속임수는 당신을 노리고 있다 ·· 402

7. 작은 습관은 구르는 눈뭉치와 같다 ·· 410

8. 제대로 즐길 수 있어야 가치가 있다: it's only worth it if you enjoy it ················· 419

9. 타인을 깎아내리는 본능에 삶을 낭비하고 있다 ·· 424

10. 과속의 참을 수 없는 유혹 ··· 428

에필로그   435
인생에 정답은 없어 보이지만 균형이 정답에 가깝다

The Sincerity of Success

part I.

오늘에
집중하는 삶을
살고 있는가

오늘이 행복해야
어제의 불행은 줄어들고
내일의 기대는 커진다

The Sincerity of Success

1. 성공과 행복을 막연하게 바라고 있지는 않은가

모두가 성공과 행복을 꿈꾸지만 원하는 곳에 닿는 사람은 희박할 정도로 소수이다. 그 이유는 그럴싸해 보이는 정해진 틀을 모두가 원할뿐더러 수많은 다양한 행복 중 자신의 것이 어떤 것인지 알지도 찾지도 못하기 때문이다. 또한 가장 큰 문제는 자신이 원하는 단편적인 것에만 열정을 쏟고 있기에, 삶이 좋게 나아가는 것 같으면서도 한편으로 돌보지 못한 불안한 요소들이 삶의 전반을 지배하고 있다는 것이다. 그래서 모든 사람은 과거를 들여다보다 후회와 미련이 가득하단 걸 알게 된다. 그렇기에 결국 되돌릴 수 없는 시간에 젖어 들어 부족했던 것들을 뒤늦게 쌓으려는 행위를 하곤 한다.

우리가 인생에서 원하는 것을 온전히 쌓아가고 그것들과 함께하려면 여러 가지 요소들이 균형을 이루어야 한다. 하지만 결코 삶의 일상에서 모든 요소들을 골고루 적당히 채워나가는 사람은 그렇게 많지 않다. 예를 들어 운동과 독서, 봉사와 명상 등을 매일 1시간씩 꾸준히 하는 사람은 드물다. 반면에 운동에 빠져서 몇 시간씩 하는 사람이나 책을 몇 시간씩 읽는 사람은 생각보다 많다. 한 가지를 미친 듯이 하는 사람들은 많은 편이지만 여러 가지를 골고루 하는 사람은 많지 않다. 제각기 다른 모습과 다른 생각의 사람들이기에 자신이 좋아하고 원하는 길의 삶만을 걸으려 하는 성향이 있다. 그래서 우리의 삶은 각자의 불균형적인 모습이 당연하게 여겨진다. 현재 자신에게 좋은 것들만이 이로움을 주는 게 확실하겠지만 그것은 생각보다 머지않은 시간 안에 휘청거린다. 그리곤 뒤늦게 다른 필요한 것을 채우기 위해 얼마의 고통을 감내해야 하는지 모르며 살아간다.

인생엔 정말 정답이 없다. 그러나 세상 모든 곳에선 각자가 주장하는 것들이 정답이라고 말을 한다. 돈을 무조건 많이 버는 것이 정답이다, 마음의 안정을 찾는 것이 무조건 정답이다, 정신이 피폐하지 않게 다스리는 것이 정답이다 등으로 말이다. 어느 것 하나 정답이라고 말할 순 없지만 확실한 건 이 모든 것들이 골고루 채워지는 게 정답에 가깝다. 어느 것에도 기울지 않고 균형을 맞춰나가는 건 분명 모든 것에서 덜한 고통과 원하는 성공의 길에 들어서 행복에 닿는 수순을 밟는 행위에 가깝다.

*원하는 삶을 위해 종종 생각해 봐야 하는 것 10가지
1. 무엇을 하든 후회가 없는 삶은 없다.
2. 인생은 모두가 단 한 번뿐인 유한한 삶인 걸 아는지.
3. 매 순간은 선택이다. 두 가지를 다 가질 수 없는 걸 아는지.
4. 선택의 후회를 덜 하기 위해서 우선순위를 정하고 있는지.
5. 삶 속에서 원하는 것들이 원하는 방향으로 흐르고 있는지.
6. 살아가는 일상의 현실이 스스로의 선택으로 움직이고 있는지.
7. 내일의 더 나은 삶을 위해 무조건적인 오늘의 희생을 감내하고 있는지.
8. 걱정과 두려움으로 한정된 인생의 시간을 소비하며 낭비하고 있지는 않은지.
9. 인생의 희로애락 중 자신의 삶에 많이 분포되어 있는 것은 무엇인지.
10. 온전한 나 자신만으로 행복한 순간은 얼마나 되는지.

단편적인 것만을 채우며 살아가는 사람들

대부분의 사람은 자신의 부족한 면을 보강하고 키워나가려는 본능과 열정이 있다. 그중 많은 부분을 차지하는 건 돈 버는 기술과 능력을 키우려는 것이다. 시대가 변하고 세상이 아무리 바뀌어도 많은 돈을 습득하는 기술과 방법을 배우고 익히는 것은 모든 사람들에게 늘 흥미를 불러일으키며, 모두의 갈망을 불러온다. 그러나 대부분이 간과하는 건 저마다 돈을 잘 못 번다는 무능함을 자각하고는 발전하려 노력하지만, 정작 다른 무능함엔 큰 관심도 없고 중요하게 생각지도 않는다는 점이다. 그렇기에 오랜 시간 돈을 버는 기술과 능력만을 키우고 습득했던 사람들은 어느 순간 생각지도 못했던 부족한 부분을 발견하게 되고, 그곳에서 어렵고 힘들게 번 돈이 빠져나가는 것을 깨닫게 된다. 마치 금이 간 항아리에 물을 계속 붓는 것처럼 말이다.

돈을 버는 건 그리 쉬운 일이 아니다. 생각해 보면 우리가 어렸을 때부터 익히고 배웠던 모든 것들이 돈을 벌기 위한 기본 교육이었다. 돈을 벌기 위한 명분과 수단을 위해 저마다 힘든 인생의 길을 시작하며 걷고 있다. 성공과 행복을 위해 쉽지 않은 길을 늘 걷고 있지만 그 끝을 보는 사람은 매우 드물다. 타인이 부러워할 정도의 끝에 닿은 사람이라도 정작 당사자는 끝이라 생각지 않는 부분이 많다. 그렇기에 우리는 어릴 때부터 보이지도 않는 곳을 향해 정진하라는 교육만을 끊임없이 받고, 그 길에 들어서서 목표를 위해 나아갈 뿐이다. 쉼과 여유, 자아를 찾거나 발견하는 시간과 공간은 찾을 수 없다. 그저 돈만을 버는 행위가 최우선이 되어 자아의 상실과 함께 인생의 많은 순간들에서 느낄 수 있는 수많은 행복의 기회를 무시하고 흘려보낸다. 그러면서 우리는 믿고 있다. 돈을 원하는 만큼 많이 벌면 그 모든 것들이 다 보상될 수 있다고 말이다.

마음과 정신만을 정화하고 수련하는 것도 마찬가지다. 가끔 TV에서 방영하는 자연인을 볼 때 사람들은 두 가지의 모습으로 본다.

1. 저런 궁핍한 삶이 행복하다는 건 말도 안 되는 연출된 방송일 뿐이야.
2. 가진 게 아무것도 없으니 자유롭고 편하긴 하겠다.

대부분의 사람은 보통 첫 번째 생각을 하겠지만 두 번째 생각처럼 긍정적으로 보는 사람도 있다. 그들은 분명 가진 것이나 꾸준히 갖고 있는 것에 대해 회의를 느끼는 사람이다. 그러나 이런 사람은 흔치 않기에 대부분은 궁핍한 삶을 부정적으로 본다. 그럼에도 물질의 비중보단 마음과 정신에 비중을 많이 두는 사람이 있다. 그들은 대부분 타인이 보기에 어렵고 힘들어 보여도 스스로는 절대 그렇지 않다고 말한다. 그러나 아무리 생각해 봐도 스스로 반지하 월세방으로 들어가는 모습은 행복과는 거리가 멀어 보인다.

자신이 원하는 것만 채워나가다 보면 자신도 모른 채 맹목적인 믿음이 생긴다. 그것으로 인해 좋은 경험과 감정이 키워졌기 때문이다. 그런 시간이 오래 굳어지면 아무리 더 좋은 것이 눈앞에 놓여도 보질 못한다. 보는 눈뿐만이 아닌 생각의 시야도 좁아진다. 이렇게 점점 나이를 먹어가면 어느 순간부터는 변하지 않는 모습으로 굳어져 남은 삶을 살아가게 된다. 이는 매우 안타까운 모습이지만 어쩔 수 없어 보이는 우리들의 흔한 일반적인 삶이다.

착각하지 않는 삶이길

대부분의 사람들은 행복에 대해 착각하며 살아간다. 좋은 것들을 마음껏 누리는 것을 행복이라 생각한다. 그러나 행복은 좋은 것들을 주위에 머물게 하는 것이 아니다. 나쁘고 안 좋은 것들과 원치 않는 것들을 되도록 멀리하고 머물지 않게 하는 것이다. 버티고 견디며 살아가는 삶 속에 스며드는 작은 행복에 우리들은 잊었던 미소를 환하게 띠고 에너지를 얻곤 한다.

그러나 이것들은 절대 지속될 수 없다. 버티고 견디는 삶의 끝은 없기 때문이다. 버티고 견뎌서 큰 것을 이루었다고, 이제 행복할 일만 남았다 생각하지만, 어떠한 변수나 예상치 않은 불행과 슬픔이 닥쳐오기도 한다. 그런 것은 죽을 때까지 삶의 모든 공간에 공존한다. 모으고 모았다가 큰 행복을 한꺼번에 얻는다고 하지만, 그런 것들은 절대 행복하지도 지속되지도 않는다. 누구나 복권이 당첨되길 바라고 당첨이 되면 원치 않는 삶이 끝나고 원하는 삶만이 기다리고 있을 것 같지만 오히려 그 반대의 불행이 엄습할 수도 있다. (실제로 갑작스러운 큰돈으로 인해 삶이 피폐해지는 경우는 전 세계에서 많이 이슈화되고 있다.)

삶은 늘 예상했던 계획대로 흘러가지 않는다. 풍요로운 돈이 육체의 고통을 덜어주고 안락을 보장해 주는 것은 사실이다. 그래서 모든 사람의 삶의 목적은 돈을 벌기 위해 산다고 해도 과언이 아니다. 그래서 정말 모든 사람은 평생 돈을 버는 일을 하며 산다. 자의든 타의든 세상에 던져져 돈을 벌며 살다 보면 흥미로운 것을 발견한다. 모두가 돈을 벌며 살지만 버는 돈의 양도 다를뿐더러 누구는 즐겁게 일하며 많은 돈을 벌고, 누구는 억지로 일하며 적은 돈을 버는 경우이다. 누구나 전자를 바라겠지만 대부분은 후자인 삶이다.

후자인 사람들은 지식과 정보를 습득하여 전자 쪽으로 가기 위해 많은 노력을 한다. 그러나 모든 사람들이 선망하는 적은 일을 하고 많은 돈을 버는 경우는 아주 특별한 경우이자 극소수 사람들의 이야기다. 오르지 못할 나무를 보며 현실을 인지할 때면 다시 일상의 삶으로 돌아간다. 그리고 또 어느 정도의 시간이 흐르면 돈을 많이 벌고자 하는 욕심은 어디선가 자연스럽게 스멀스멀 기어 나온다. 평생을 이렇게 돈을 버는 일만 생각하고 모든 것을 쏟아붓는다. 자신이 누구인지는 평생 알지도 못한 채 말이다. 모두가 말한다. 당연한 현실이라고. 어쩔 수 없는 것이라고. 자아를 찾는 일보다 어쩔 수 없는 현실에서 살아남는 것이 삶에 있어 가장 크고 중요한 목적이 되어버린다.

우리는 잊지 말아야 할 것이 있다. 누구나 태어난 이유는 알 수 없지만 살아가는 이유는 찾아야 한다는 것이다. 늦더라도 꼭 찾아야 한다. 삶의 이유와 자아를 찾지 못하면 어느 순간 멍하니 TV 보는 것만이 삶의 유일한 낙이 되는 씁쓸한 현실을 맞이한다. 스스로 선택해 능동적으로 찾아서 하는 게 아닌 그냥 남들이 하는 걸 따라 하는 취미만을 갖고 살게 된다. 살고 싶은 삶은 본능에 충실한 것들을 누리는 것이 아니다. 존재의 이유를 묻고 찾아가는 삶의 길에 자신의 모습이 선명하게 그려지는 것이다.

존재의 이유를 찾아야 한다

누구나 바라고 원하는 삶은 곧 행복을 갖는 것이다. 그리고 대다수의 사람들은 원하는 행복을 물질적인 풍요로움과 성공에서 찾으려 한다. 그렇기에 원하는 행복을 갖기도 힘들뿐더러 보편적인 성공에 가까워졌어도 원하는 행복이 지속적으로 머물지 못하는 경우가 많다.

성공을 하면 행복을 가질 수 있다고 생각한다. 그러나 행복은 보편적으로 성취한 성공이 있다 하여 영원히 곁에 머무는 것이 아니다. 행복은 갖는 것이 아닌 느끼는 것이다. 좋은 것들을 가지면 행복하지만 영원할 거라 믿는 것들은 생각보다 그리 오래가지 못한다. 맛있는 음식을 먹으면 행복하지만 지속되지 않는 것처럼 말이다. 그래서 좋은 것은 계속 갖고 싶고 맛있는 것은 늘 먹고 싶다. 그게 그저 우리네 삶이다. 행복한 삶이란 좋은 것들이 끊이지 않고 지속되길 바라는 것이다. 그래서 그것들을 위해 육체와 정신을 희생해서 일을 한다. 그러면 희생한 대가로 육체와 정신이 기뻐할 수 있는 돈을 얻는다. 그 기쁨들은 잠시 동안 반짝이며 행복을 주다가 곧 소멸된다. 그러면 또다시 육체와 정신을 희생해야 원하는 것을 얻을 수 있다. 다람쥐 쳇바퀴 도는 것과 크게 다를 바 없다.

원하는 성공의 삶에서 행복을 찾으려면 여러 가지 것들을 주워야 한다. 그래서 단순히 돈을 버는 것에만 집중하여 성공을 찾기보단, 모든 순간에 즐비해 있는 행복을 느끼고 발견해야 한다. 이것은 돈을 행복하게 버는 방법이기도 하다. 돈은 '쫓으려 하면 달아난다.'라는 말을 누구나 알고 있지만 아주 오래전부터 그 성질을 아는 사람들만 본질을 느낄 수 있다. 자신의 울타리 안에 있는 것들이 영원할 거란 생각의 집착을 비워나가야 한다. 물건이든 사람이든 소유하는 것은 기껏해야 50년 전후이다. 어떻게 보면 긴 시간처럼 느껴지지만 삶을 어느 정도 살아온 사람이라면 그리 길지 않은 시간이란 걸 인지할 수 있다. 길지도 않은 인생에서 원하는 행복을 위해 노력한 사람들은 충분히 아름답다. 그런 아름다운 사람들의 공통된 특징은 악착같이 소유하려는 모습보단 소중한 순간을 관망하고 느끼며 살아가고 있는 모습이 겉으로 드러난다는 것이다.

살고 싶은 삶은 제각기 다르다. 무소유가 정답은 절대 아니다. 행복을 위한 소유는 반드시 필요하고 그것을 지켜냄으로써 모두의 안녕이 형성된다. 잊지 말아야 할 것은 영원한 건 없다는 것이다. 각자의 행복을 위해 꼭 필요한 것이 있다면 지금 당장 이루거나 실천하지 못하더라도 절대 잊지 않아야 한다. 원치 않는 오늘을 어쩔 수 없이 살고 있더라도 원하는 내일을 살 수 있는 것이 바로 당신이 태어난 진짜 이유이다. 그러기 위해선 존재의 이유를 꼭 찾아야 한다. 자신의 존재를 찾지 못하고 느끼지 못한다면 원하는 행복 역시 얻을 수 없다. 그저 남들이 즐기는 삶의 쾌락에 젖어 살아갈 뿐이다. 그 쾌락을 유지하기 위해 단편적인 성공에만 집착하게 된다. 자극적인 것들에 익숙해지면 그 굴레를 벗어나기란 쉽지 않고 더한 것만을 찾게 된다. 그 순간의 강한 자극을 위해 큰 희생을 감당한다 할지라도 멈출 수 없다.

본능에 충실한 대부분의 행위들은 행복을 갖거나 소유하려는 목적을 품고 있다. 원하는 것을 위해서라면 물불 안 가리는 행위는 자연스러운 일반적인 모습이다. 하지만 일반적인 행위들과 그 결과로 인해 과연 무엇이 자신에게 남는지 생각해 봐야 한다. 진정으로 원하는 것이 곁에 놓이는지, 원하는 것들의 구체적인 모습을 모르기에 여전히 헤매고 있는지 말이다. 눈에 보이는 것만으로, 손에 잡히는 것들만이 삶의 궁극적인 목적이 된다면 결코 성공도, 행복도 가질 수 없다.

자신만의 무기인 주체성을 가져야 한다

원하는 삶이 자신의 삶이 되는 것은 중요하다. 닿길 바라는 목적을 위해 오늘을 희생하며 나아가는 과정도 중요하지만 그 과정이 희생으로 느껴지기보단 삶의 한 부분을 즐기고 있는 행복으로 남아야 한다. 그러나 대부분은 원하는 삶을 위해 많은 것들을 희생하며 목표만을 생각한다. 종종 삶의 순간을 즐기라는 말이 목적 없는 욜로 'YOLO(You Only Live Once): 현재 자신의 행복을 가장 중시하고 소비하는 태도'라고 생각하기도 한다.

그러나 삶의 순간을 즐기기 위해선 현재의 행복이라기보단 삶 전체를 관망하는 행복이라는 관점이 중요하다. 그러기 위해선 자신의 삶과 행복을 주체적으로 생각하고 바라보는 태도를 만들어야 한다. 주체적인 삶은 쉽지 않다. 특히 대한민국에서는 말이다. 우리나라 사람들은 관계주의에 익숙하고 길들여져 있다. 어떤 일을 할 때 자유롭고 자주적인 성질의 주체성은 집단주의가 강한 사회에서는 이단으로 몰리기 십상이다. 그럼에도 불구하고 주체성을 갖고 키워야 하는 이유는 그 누구의 삶도 아닌 자기 자신의 삶이기 때문이다.

주체성을 어느 정도라도 갖는 것은 삶을 희생이라는 단어에서 멀어지게 하고 행복을 최대한 끌어들이는 행위가 될 수 있다. 그러기 위해선 삶에서 희생이 반드시 있어야만 한다는, 그리고 행복과 관련이 있는 돈을 많이 벌어야만 한다는 지배적인 생각에서 벗어나야 한다. 버티는 희생과 주어진 돈을 맞바꾸는 것은 당장의 생명을 유지해야 하는 어쩔 수 없는 상황에서만 이루어져야 한다. 살다 보면 이런저런 순간들은 누구에게나 늘 찾아온다. 그러나 삶 전체가 오로지 희생으로만 이루어져 있는 인생을 살아가는 사람들이 의외로 많다. 그들은 주체성이 약하다는 공통점이 있다.

정돈된 세상의 틀 안에서 의문을 갖거나 자신의 생각을 내포하는 행위보단 모두가 원하는 돈을 갖기 위한 방법만을 찾으려 한다. 반면 주체성이 강한 사람들은 그런 세상과 사람들의 생각을 읽으려고 한다. 타인의 의도를 읽는 행위는 성공의 기본 요소인 돈을 버는 일을 좀 더 수월하게 만들어준다. 이것은 단순히 많은 돈을 버는 것 이상으로 큰 그림을 그리는 것이다. 자신의 주체성을 내비치는 행위는 스스로가 세상에 존재하는 하나의 커다란 기계임을 증명하기 때문이다. 자신이 만든 생각의 울타리 안으로 사람을 모으고 그 사람들을 자신이 원하는 대로 돌아가게 할 수 있는 톱니바퀴로 만들 수 있는 것이다.

주체성을 갖고 키우는 것은 타인이나 많은 것들을 아우를 수 있는 힘을 키우는 것과 같다. 이러한 주체성을 갖고 자기 자신을 커다란 기계로 만드는 것은 몇 달 혹은 몇 년 안에 이룰 순 없다. 당장은 자신도 그저 어떤 기계 속의 톱니바퀴처럼 주어진 일을 배우며 수행하는 것에 열중하는 것이 당연하다. 그러나 한평생을 이렇게 살아간다면 돈이나 행복, 그리고 그 밖에 자신이 원하는 삶의 모습을 원하는 대로 그려나갈 수도 없고 이룰 수도 없다. 늘 돈에 허덕이며 걱정이 일상이 되는 삶이 지속되고 행복은 잡히지 않는다. 열심히 살고 있지만 결국 원치 않는 불행이 틈틈이 삶 속에 스며드는 것을 막을 수 없게 된다.

모두가 비슷하게 살아가지만 톱니바퀴의 모양과 크기는 제각각 다르다. 또한 재질 역시 다르다. 아무리 작고 녹이 금세 슬어버리는 톱니바퀴일지라도 시시때때로 녹을 제거하고 마모된 면을 보강하는 열정과 끈기를 보이는 것은 삶의 중요한 자세이다. 너무 커서 천천히 돌아가는 톱니바퀴의 사이에는 눈에 잘 띄지 않는 아주 작은 부품이 맞물려 있다. 거대한 톱니바퀴가 되는 건 쉽지 않겠지만 거대한 톱니바퀴를 움직이게 도와주는 꼭 필요한 작은 부품은 누구나 원하면 될 수 있다. 작더라도 전체를 움직일 수 있는 중요한 부품이 되기 위해선 반드시 자신만의 주체성을 인지하고 키워 나가야 한다.

Check Point

- 자신은 원하는 삶과 주어진 삶의 어디쯤 서 있는지 생각해 보자.
- 스스로 인지하는 자신의 모습과 타인에 의해 비치는 모습 중 어느 쪽에 가까울 때 행복을 느끼는지 생각해 보자.

2. 후회의 나무가 뿌리내리지 않게 하는 연습

하루를 만족스럽게 보낸 사람들은 육체적이나 정신적으로 조금은 고단한 하루였을지라도 기분이 매우 좋고 잠자리도 편안하고 안락하게 가질 수 있다. 반면 그리 고된 육체노동을 한 것도 아니고 정신적인 큰 스트레스도 없었지만 하루의 끝이 개운하지 못한 사람들도 많다. 수많은 다양한 삶을 전부 헤아릴 순 없지만 분명한 건 마음에 걸리거나 남는 것이 있느냐 없느냐의 차이다. 편치 않은 마음으로 하루를 마무리하면 내일의 시작은 무거울 수밖에 없다. 그렇기에 진정으로 오늘을 잘 산다는 것은 얼마나 가벼운 마음으로 만족할 만한 하루를 보낼 수 있느냐에 있다.

우리는 수많은 경험과 시행착오를 하며 되짚고 되새겨가는 과정으로 원하는 행복을 위해 늘 정진한다. 정진하고 발전하는 삶과 인생은 많은 것들이 차곡차곡 쌓여 빛을 발한다. 그러나 그런 진취적인 삶 속에서도 버리지 못하는 것들은 많다. 깨끗한 물을 흐리는 미꾸라지 같은 삶의 작은 순간들이 그것이다. 떨쳐버려야 함을 알지만 잘되진 않는다. 본인에게 잘못이나 문제가 있어서 그런 것이 아니다. 버리는 습관과 리셋(reset)하는 습관이 안 되어 있기 때문이다. 그래서 평소에 의식하는 것들이나 의식 밖에 있는 것들이라도 의도적으로 인지하여 되도록 멀리하고 버려야 한다. 그렇지 않으면 후회의 반복은 계속될 수밖에 없다. 후회는 묵직하게 쌓여가는 찌든 현실이다. 후회가 없는 인생은 단 한 사람도 없다. 그러나 후회가 적거나 가벼운 사람은 있다. 후회란 걸 전혀 갖지 않거나 완전히 떨칠 순 없지만 되도록 멀리해야만 진정한 오늘을 살아갈 수 있다.

시작과 끝에 마침표를 잘 찍자

출퇴근하는 직장인으로서 매일 아침 정해진 시간에 대중교통을 탄다. 아마도 많은 사람들이 느끼듯이 정해진 시간에 대중교통을 타면 그때마다 마주하는 얼굴들이 있다. 친분이 있거나 아는 사람은 아니지만 거의 매일 마주치는 얼굴이다. 그런데 가만히 보면 매일 같은 얼굴이 아니다. 어느 날은 눈가에 미소가 가득한 날도 있고, 어느 날은 낯빛이 어두운 날도 있다. 아침 출근길에 보는 낯선 사람의 얼굴에서 그 사람이 어제 잠들기 전 어떠했나, 정도는 짐작할 수 있다.

퇴근길도 마찬가지다. 비슷한 시간대에 퇴근하는 사람들 무리에 속해있다 보면 종종 마주하는 얼굴이 있다. 스치듯 마주하는 얼굴에서 오늘 하루 얼마나 힘들었고 고단했는가를 어림짐작으로나마 느낄 수 있다. 이렇게 스치는 모든 사람들의 표정을 보면, 온통 미소로만, 혹은 어두운 그림자로 덮인, 한쪽으로만 치우친 사람은 흔하지 않다. 울고 웃고를 반복하는 삶이기에 희로애락이 녹아있다. 어두운 낯빛보단 미소로 채워지는 순간의 빈도에 따라 그 사람의 행복의 척도를 가늠할 수 있을 뿐이다.

어제가 있기에 오늘이 있다. 그러나 어제의 불행을 기어코 끄집어내 깨끗하게 준비된 오늘의 도화지에 밑그림을 그릴 필요는 없다. 새롭게 맞이하는 아침 출근길을 무조건 미소로 채울 순 없어도 최소한 어제의 안 좋은 감정을 얹고 밖을 나설 필요는 없다. 최대한 깨끗한 도화지여야만 오늘 채울 수 있는 좋은 것들과 긍정의 마음을 담을 수 있다. 하루의 끝도 마찬가지다. 비록 힘들고 쓸쓸한 하루의 끝자락이지만 잠들기 직전까지 그 감정들을 갖고 침대에 누울 생각은 하지 말아야 한다. 원하는 안락한 수면을 가질 수도 없을뿐더러 새롭게 맞이하는 아침은 개운할 리가 없다.

모두가 똑같이 살아가는 삶 속에서 하루 24시간은 누구에게나 소중하다. 하루가 모여 한 달이 되고, 일 년이 되며 인생이 되어간다. 그러나 그 모든 삶이 원하는 대로 흘러가는 사람은 드물다. 최대한 원하는 방향으로 삶을 이끌려면 경계가 어느 정도 정해진 하루의 시작과 끝을 잘 자르고 붙여나가야 한다. 어쩔 수 없이 맞물려 있는 부정의 산물이 가득한 어제와 내일이라면 당장은 어떻게 할 수 없을지라도 그 끝 지점을 어렴풋이라도 찾아 단호하게 내려놓으려는 마음을 가져야 한다. 그리곤 변함없이 흐르는 오늘을 당장은 새롭게 시작하지 못하더라도 어렴풋이 가질 수 있는 새로운 마음을 오늘에 내려놓을 수 있게 자리를 잘 찾아서 새겨 넣어야 한다. 원하는 시작과 끝을 잘 출발하고 잘 멈출 수 있는 생각과 마음을 조금씩 키운다면 진정한 오늘이 쌓인 삶은 곧 원하는 인생으로 선명하게 만들어진다.

익숙한 것과 새로운 것의 선택

'물'은 사람에게 꼭 필요한 것이지만 평소에 '물'을 간절하고 소중히 여기는 사람은 거의 없다. 대부분의 현대인이 살아있는 순간에 그럴 날이 올 줄이라곤 아무도 예상 못 하겠지만, 만약 당연하다고 여기는 '공기'를 돈 주고 사야 하는 날이 온다고 해보자. 지금이야 '어떤 미친놈이 공기를 사고팔고 해?'라고 하지만, 막상 미래에 정말 공기를 사야 하는 순간이 온다면, 미래의 후손들은 지금 오늘의 이 순간을 매우 부러워할 것이다.

상상도 할 수 없는 일이라고 생각되겠지만 우리가 물을 돈 주고 사 먹기 시작한 시기는 불과 30년 남짓밖에 되지 않았다. 당연한 것과 아닌 것의 경계가 희미해지는 시기가 빨라지고 있지만 일상의 우리들은 새로운 것보다는 익숙한 것들에 많은 비중을 안고 살아간다. 익숙한 것을 당연하다 여기고 새로운 것의 불편한 현실을 쉽게 받아들이지 못한다. 그러나 명확한 현실은 세상 어느 곳에도 당연한 것은 지속되지 않는다는 것이다. 하지만 그럼에도 사람들은 자신이 겪고 이어온 당연한 것들을 하나둘씩 잃거나 떠나보내며 새로운 모습으로 살아가기보단 남겨진 흔적에 취해 연명하듯 버티는 삶이 일반적이다. 삶이 어느 순간 멈춰지고 도태되는 건 각자가 이루고 쌓아놨던 행복의 흔적에 젖어 살아서만이 아니다. 낯선 것을 경계하고 익숙한 것에 빠져드는 아주 자연스러운 일반적인 삶을 빠져나오지 못해서이다. 그렇기에 가까운 미래에 놓인 새로운 성공과 행복을 얻거나 받아들일 준비를 할 수 없다.

기록과 추억은 오늘을 살아가면서 꼭 필요한 것이다. 되짚고 되새기며 부족한 것을 채우고 내일의 충전을 위해서다. 그러나 기록을 미래의 도약을 위한 발판이 아닌 과거의 어느 지점에 빠져 취해 살기 위한 수단으로밖에 이용하지 못하는 사람들이 많다. 기록을 들추거나 되새기는 것은 부족했던 과거로 인해 오늘을 반성하고 나아갈 내일을 위한 회상 정도로 머물러야 한다. 그렇지만 과거의 흔적인 사진이나 물건 등을 추억으로만 잠깐 현실에 두는 것이 아닌 오늘을 버티며 살아가는 수단으로 두는 경우가 그렇다. 오늘의 기쁨과 즐거움을 어느새 지난 것들의 기억과 추억에서 찾을 수밖에 없는 현실을 맞이하는 것이다. 반면 정진하고 성장하는 사람들은 새로운 것들에 흥미를 갖고 그것에서 즐거움을 찾는다. 새로운 것을 즐기는 사람이라고 예전의 일들을 잊거나 묻고 사는 건 아니다. 분별을 잘하여 잊을 건 깨끗하게 지우고 부족했던 것은 되새기며 오늘이 어제의 반복이 되지 않게 살아간다.

성공과 실패는 때론 간단해 보인다. 변하는 것들을 인정하지 못하고 불평과 불만에 도태되느냐, 변하는 것들과 새로운 것을 호기심의 대상으로 여기고 그것이 자신의 것이 될 수 있도록 습득하느냐의 차이다. 궁금하다는 것은 어찌 보면 당연한 일이라고 생각되겠지만 의아한 것을 대하는 사람들의 보편적인 심리는 두려움과 적대감이 훨씬 더 크다. 이렇듯 자신이 모르는 것을 긍정으로 대할 것이냐, 부정으로 대할 것이냐의 간단한 선택과 그 길에 들어서는 용기는 성공자와 실패자를 나누는 척도이기도 하다.

경주마의 눈가리개처럼

진정한 오늘은 진심이 담긴 오늘이다. 진심이 담긴 오늘은 삶의 찌꺼기가 최대한 적은 것이다. 마치 밥을 먹을 때 김이 모락모락 나는 따뜻한 한 숟가락의 밥과 집어 먹는 모든 반찬들을 음미하며 감사하게 느끼고 표현하며 먹는 것처럼 말이다. 이렇게 밥을 먹는다면 쌀알 한 톨이라도 밥공기에 묻거나 남아있을까? 맛있는 반찬이 과연 찬그릇에 남아있을까? 깨끗하게 한 상을 말끔히 먹는 것이 진심이 담긴 오늘이다. 이런 맛있게 먹는 밥처럼 최대한 오늘을 살아가야 한다. 매일 아침 떠오르는 태양을 바라보며 오늘에 주어진 삶에 집중하고 충실해야 한다. 새롭게 시작하는 오늘의 시작점에 미련이 조금 남은 어제의 일을 두어선 안 된다. 내일이나 모래에 있을 일을 미리 생각하여 접근하지 말아야 한다. 미련이 남은 것에 집착하고, 또 미리 짐작하여 염려하는 것은 생각보다 많은 시간과 열정을 빼앗아간다. 오늘 준비한 깨끗하고 커다란 그릇에는 오늘 담을 것을 우선적으로 담아야 한다. 분명 열심히 담다 보면 생각보다 빨리 담을 수도 있고 수월하게 일이 끝날 수도 있다. 그때가 돼서야 남은 것들을 돌아보면 된다.

출발선에 선 경주마가 되어야 하고 눈가리개를 착용할 필요가 있다. 인간이란 본래 유혹에 나약한 동물이기에 오감이 자극되는 요소들을 뿌리치기란 결코 쉽지 않다. 그래서 시작을 하려면 앞만을 볼 수 있는 눈가리개가 큰 도움이 된다. 자신만의 눈가리개를 꼭 만들어서 착용해야 한다. 앞만 보고 달려간다 하더라도 궁금증과 호기심에 고개는 돌아가기 마련이다. 몇 시부터 몇 시까지는 정해진 것만 한다든지, 몇 시간 내로 할 수 있거나 정해진 시간 안에 해야 할 것을 정해놔야 한다. '오늘 아니면 내일 하지 뭐.', '한두 시간 오버 돼도 문제없으니 상관없어.'와 같은 마음가짐은 분명 오늘 안에 원하는 것을 마치지 못하게 한다. 이미 제한을 두지 않은 생각과 마음가짐부터가 내일을 염두에 두고 있거나 확실한 끝을 생각하고 있지 않은 것이다. 눈가리개를 착용했다면 되도록 스스로 정해둔 범위 안에서 시작과 끝을 잘 맺어야 한다. 그 작은 습관은 반드시 자신만의 완벽한 오늘을 만들어준다. 미천하지만 완벽한 오늘들이 쌓이면 그 누구도 범접할 수 없는 인생을 자신의 것으로 만들 수 있다.

세분화하여 흥미를 유발하자

나이와 성별을 불문하고 삶을 살아가는 모든 사람이 평생에 단 한 번이라도 해보는 것이 있다. 다이어트이다. 그러나 대부분 그 결과는 포기, 낙오, 실패, 요요현상 등으로 돌아온다. 그래도 다이어트는 끊임없이 어느 순간에나 시작된다. 큰 결심으로 시작된다 하더라도 의미 없이 희미해지는 것이 다이어트이다. 다이어트의 성공을 돕기 위한 수많은 음식과 보조제, 운동은 예전에도 그랬고 여전히 많은 사람들에게 관심거리다. 다이어트에 성공하는 일부의 사람을 보면 시작과 과정은 고달프고 죽을 것 같지만 그 결과를 명확하고 뚜렷하게 상상한다. 마치 오늘 일어난 일인 것처럼 다이어트에 성공해서 멋있는 자신을 생생하게 현실에서 마주한다. 그런데 알고 보면 성공한 그들의 공통점은 다이어트의 이로운 것에 집중한 것보다 다이어트를 위해 멀리하고 잘라내야 하는 것들에 더 집중했다. 다이어트를 방해하는 수많은 요소는 늘 달콤한 유혹이다. 땀을 쫙 뺀 후 마시는 시원한 맥주 한 모금은 천국이 필요 없을 정도이다. 열심히 운동을 한 후 먹는 닭 다리 한 조각은 몇 시간 동안 고통스럽게 운동한 순간을 잊게 만들어준다. 그러나 과연 맥주 한 모금과 닭 다리 한 조각만으로 끝낼 수 있을까? 그 작은 찰나의 순간으로 괴롭고 힘들었던 운동의 시간들을 보상받을 수 있을까?

'도로 아미타불(vain effort)'을 방지하려면 흥미를 줄여야 한다. 맥주 한 모금의 흥미, 닭 다리 한 조각의 흥미 말이다. 보상은 필요한 것이지만 구체적으로 생각하거나 계획해두지 말아야 한다. 그저 운동이 끝났으니까 간단히 무엇을 먹는 정도가 되어야지 구체적으로 '맥주 한 캔과 닭 다리 세 조각만 먹자'라는 생각이 굳어지면 생각의 확장은 커질 수밖에 없다. 구체적으로 어떤 것을 먹는지는 중요하지 않다. 식사에 의미를 두는 정도여야만 열심히 노력한 노고에 찬물을 끼얹는 행동을 막을 수 있다. 다이어트를 위해 자신에게 들인 노력을 보상이라는 명목이 시발점이 되어 한순간에 무너질 수 있는 계기를 만들면 안 된다. 작은 것에 구체적으로 흥미가 유발되면 쌓아온 큰 것이 무너지는 건 시간문제가 된다.

그러나 이러한 인간의 본성을 역으로 이용하면 진정한 오늘의 성공을 얻을 수 있다. 쉽사리 쓰러지지 않던 지루하고 안 좋은 습관을 구체적인 흥미를 앞세워 시선을 돌리면 무너트릴 수 있다. 이것은 보람된 일상과 의미 있는 하루를 보내는 방법으로 연결된다. '막연하게 언제까지 무엇을 끝내자.', '이달 안으로 이 책을 꼭 읽자.', '다음 달 내로 그곳에 방문해야지.' 등의 계획과 생각을 바꿔야 한다. '몇 날 몇 시까지 어떠한 결론을 도출하여 끝내야지.', '하루에 10페이지씩 일주일에 최소 70페이지에 해당하는 몇 단락은 꼭 읽어야지.', '다음 달 며칠 몇 시까지 그곳에 가서 계획한 어떠한 일을 수행해야지.' 등의 구체적인 생각과 계획을 기록해두어야 한다. 이런 구체적인 계획도 막상 진행하다 보면 틀어지기 일쑤다. 하물며 뭉뚱그려진 생각이나 계획은 지켜지기는커녕 시도조차 하지 않을 가능성이 높다.

인간의 의지는 생각보다 강하지 않다. 뭘 해도 되는 사람은 타인이 알지 못하는 곳에 자신만의 흔들리지 않는 돌덩이 하나쯤은 품고 있다. 모래사장의 모래성처럼 쉽게 허물어질 수 있는 것이 의지이기에 우리는 여러 번 반복해서 다져야 한다. 커다란 돌덩이를 품는 게 쉽지 않다면 작은 돌멩이를 품는 연습부터 해야 한다. 자신이 이겨내고 감당할 수 있는 돌의 무게와 사이즈를 점점 늘려나가야 한다. 이 역시 막연하게 늘리고 키우는 것이 아닌 목표로 하는 큰 돌덩이를 향해 점진적으로 나아가야 한다. 원하는 것을 명확하게 세분화해서 말이다.

'R=VD, 생생하게(Vivid) 꿈꾸면(Dream) 이루어진다(Realization).' 2007년에 초판이 나온 이후 꾸준히 재판이 되고 사랑받는 베스트셀러 책 『꿈꾸는 다락방』에 나오는 이야기이다. 이 문구에 많은 사람들이 영향을 받았고, 많은 사람들의 삶을 성공으로 이끈 글귀이다. 인간이기에 생각하고 상상할 수 있다. 그 말인즉슨 원하는 것은 자신의 명확한 생각과 마음으로 이룰 수 있다는 뜻이다. 실제로 이러한 법칙은 여러 사람들의 성공담으로 검증이 됐다. 인생을 통틀어 큰 성공을 누구나 바라지만 정말 소수만이 누구도 넘볼 수 없는 곳에 닿는다. 확실한 건 우리가 넘볼 수 없는 그곳에 닿은 사람들은 매 순간을 생생하고 명확하게 생각하고 상상하면서 정진해 나갔다는 사실이다.

모두가 새로운 오늘을 맞이하지만 모두가 원하는 오늘을 만들진 못한다. '오늘만 날은 아니잖아.', '내일이 있는데 왜 그래.' 이렇듯 오늘을 가볍게 여기는 생각과 언행은 매 순간 오늘을 맞이해도 결코 원하는 오늘과 성공의 삶을 만들어 나갈 수 없다. 오늘 내가 흥미 있는 것들을 찾아내고 그것을 이뤄나가기 위해 세분화해서 기록해두어야 한다. 이러한 습관으로 만들어진 진심이 가득 담긴 오늘이 쌓이면 원하는 오늘은 자연스럽게 현실이 될 수밖에 없다.

Check Point

진정한 오늘을 만드는 법칙

1. 하루의 시작과 끝을 정확히 맺자.

2. 사소한 것에 신경을 쓰지 않는 습관을 조금씩 들이자.

3. 하루를 마무리할 때는 아쉬운 것이나 걱정을 최대한 배제하자.

4. 자신만의 '눈가리개'를 만들자.

5. 일상을 세분화해서 흥미를 유발하자.

3. 내가 살아가는 오늘은 내 것이어야 한다

성공의 바구니에 무엇을 얼마만큼 담을 것인가

어떤 부자가 표류를 하다 섬으로 떠밀려왔다. 정신을 차리고 보니 섬에는 사람들이 살고 있었다. 많지 않은 사람들이었지만 도시와는 동떨어진 곳에서 최소한의 편의를 갖추고 사는 모습이 행복해 보였다. 인정이 많아 보이는 사람들이라는 생각이 들어서 자신의 사정을 말하고 도움을 요청했다. 신세 진 것을 나중에 갚는다고 하고 어느 어부의 집에 며칠 머무르기로 했다. 하루는 어부가 고기를 잡는 모습을 보았다. 생각보다 쉽게 많은 고기를 잡는 어부를 보고 부자는 감탄을 금치 못했다. 그런데 어부는 잡은 물고기를 살펴본 후 한두 끼 먹을 양만 남겨두고 나머지는 놓아주었다. 그걸 보자 부자는 말했다.

부자: "아니, 왜 애써 잡은 물고기를 놓아주나요? 많이 잡아서 모았다가 도시에 내다 팔면 돈도 많이 벌고 좋을 텐데요."

어부: "아, 그래요? 그런데 전 오늘은 이 정도의 물고기면 충분해요. 내일 필요한 건 내일 또 잡으면 되니까요."

부자: "아니, 그 좋은 기술을 왜 써먹지 않아요? 내가 물고기도 더 많이 잡고 돈도 많이 벌 수 있게 해 줄게요."

어부: "그건 어떻게 하면 할 수 있는데요?"

부자: "우선 당신의 기술을 내가 알 수 있게 정형화된 문서로 작성해서 도

시로 나가면 구체적으로 기계를 만들고 시스템을 만들어 볼게요."

어부: "그리고 나서요?"

부자: "작은 회사를 만들고 사람들을 모집해서 회사를 키워나가면 돼요."

어부: "그리고 나서요?"

부자: "어느 정도 회사가 성장할 수 있게 당신이 직접 사람들을 가르치고
회사를 이끌어주면 돼요."

어부: "그리고 나서요?"

부자: "회사가 더욱 성장을 하면 당신이 회사를 운영하지 않아도 알아서
잘 돌아갈 거예요."

어부: "그렇게 되기까지 얼마나 걸리나요?"

부자: "한 15~20년은 걸릴 거예요."

어부: "그리고 나서 전 무얼 하면 되죠?"

부자: "마음 편히 원하는 일을 하며 쉬엄쉬엄 물고기나 잡으면서 인생을
즐기면 돼요."

어부: "지금 저처럼요?"

부자: "네, 맞아요!"

부자의 눈에는 어부가 충분히 더 성공할 수 있고 행복할 수 있는데 하지
않는 것처럼 보였다. 그러나 어부는 이미 자신이 원하는 성공과 행복한 인
생을 살고 있었다. 어부의 삶은 결국 부자가 꿈꾸는 그런 성공적인 삶이었
는데도 부자는 자신의 기준에 부합되지 않는다고 생각했다. 부자의 삶의 대
부분은 돈을 벌기 위해 고난과 역경이 가득했었기 때문이다. 어부는 성공과
행복에 닿는 여러 가지 요소 중 부자가 쉽게 가질 수 없었던 흔한 것을 더
갖고 있었다. 풍족한 현실과 함께 여유로운 마음과 평온한 정신이었다.

세상 모든 사람들은 성공하고 싶어 한다. 그리고 모두가 성공하기 위해 집중하는 일이 있다. 돈을 버는 일이다. 인생을 돈으로 가득 채우면 성공과 행복이 따라올 것이라고 믿는다. 그러나 이것은 어느 정도만 맞는 말이다. 돈은 성공에 있어 꼭 필요한 것이지만 전부가 아니다. 이러한 사실은 아주 오래전부터 많은 사람들에 의해 진리로 여겨지고 있다. 하지만 여전히 그리고 앞으로도 대다수의 사람들은 성공과 행복을 위해 오직 돈만을 채우려 할 것이다. 그렇기에 삶에서 행복의 그래프가 치솟는 빈도는 절대적으로 많지 않다. 왜냐하면 모두가 원하는 만큼의 돈을 벌기도 쉽지 않을뿐더러 그것에 가까이 가기 위해 일상의 많은 부분을 미루거나 포기하며 살아가기 때문이다. 그러면 당연하다는 듯이 생각한다. '돈이 부족하니까 현실이 이런 거야'라고. 부자가 되면 모두가 성공했다고 생각하지만 모든 부자들은 자신의 성공과 행복을 소유한 돈에 빗대지 않는다. 돈을 좇아 원하는 만큼 소유하라는 성공의 법칙들이 많은 것은 그것이 사람들을 쉽게 자극하고 본능적으로 거부할 수 없는 달콤함을 떠먹여 주기 때문이다. 당장 눈에 보이고 느낄 수 있는 것만큼 즉각적인 자극을 믿지 않거나 거부하는 건 결코 쉽지 않은 인생의 선택지 중 하나이다. 중요한 건 꼭 필요한 돈의 소유만큼 자신의 마음과 정신도 성공이라는 바구니에 같이 담고 있느냐이다.

성공은 결코 한 가지만으로 이룰 수 없다. 어쩌다 운이 좋아 황금알을 낳는 거위를 얻었어도 욕심과 참을 수 없는 욕망으로 인해 거위의 배를 가르는 행위로 복을 차버리는 어리석은 일을 하는 것이 인간이다. 멋진 정원은 비싸고 좋은 나무 몇 그루만으론 꾸밀 수 없다. 쓸모없을 것 같은 돌과 바위를 어디에 놓는지에 따라 분위기는 사뭇 달라진다. 하찮아서 신경 쓰지도 않을 것 같은 잔디는 어떤 것을 선택하고 어떻게 관리해 줘야 하는지를 배우지 않으면 모래 먼지가 휘몰아치는 황량한 정원이 된다. 자신의 성공 바구니에 어떤 것들을 어떤 비율로 넣고 균형을 맞출 것인지는 무엇보다 중요한 진심이 담긴 성공의 모습이다.

오늘을 탐닉하자

탐닉하다(형용사): 어떤 일을 몹시 즐겨서 거기에 빠지다.

당신은 오늘을 탐닉하며 살아가고 있는가? 아마도 대부분의 사람들은 온전한 오늘을 즐기려 노력하지만 머릿속엔 수없이 어제의 일들이 떠오르고 내일의 걱정이 머리와 가슴 한구석에 꿈틀대고 있을 것이다. 그리고 이런 일은 아주 흔한 일상이며 평생을 지속하게 된다. 어떻게 보면 '오늘'은 온전한 오늘이 아니다. 어제의 기억과 추억이 뒤섞인 후회와 내일과 미래의 크고 작은 걱정으로 이루어진 것이다. 그래도 수많은 사람들은 행복한 오늘을 품기 위해 고개를 절레절레 흔들며 내리쬐는 따뜻한 햇살과 불어오는 바람을 느끼려 많이 노력한다. 그럼에도 불구하고 온전한 오늘을 살아가는 사람들은 매우 드물다. 그래서 오늘을 탐닉해야 한다. 오늘을 즐기고 오늘에 빠져야 한다. 오늘은 오늘뿐인데 오늘이 내일에도 있다고 믿는 사람들이 많다. 지난 어제를 반복하지 않겠다고 수없이 다짐하지만 큰 변화 없는 오늘을 매일 맞이하며 살아가고 있다.

행복한 오늘을 살아가려고 많은 사람들은 열심히 채운다. 돈을 벌기 위해 뼈 빠지게 고생하고 남들보다 좋은 것들을 소유하기 위해 빠른 정보를 얻어 발 빠르게 원하는 것을 쟁취한다. 이렇게 채우고 얻는 것들은 큰 만족감을 가져다주며 실제로도 현실의 삶을 윤택하게 만들어준다. 돈과 물질을 지속적으로 끊임없이 채우는 것이 진정한 행복을 보장할까? 지속적인 채움만이 결코 행복이 아니라는 걸 인생을 어느 정도 살아본 사람은 안다. 그러나 개중에는 살날이 얼마 남지 않았는데도 채움의 욕심을 버리거나 떨치지 못하는 안타까운 사람들도 있다. 어느 베테랑 장의사가 방송에 나와 기억에 남는 장례를 이야기한 적이 있다. 돈이 많은 어느 부자의 시신을 보니 양손을 꽉 움켜쥐고 돌아가셨다고 한다. 죽기 직전까지도 가진 걸 놓지 못하는 모습이 너무나 안쓰러워 보였다고 한다.

채움은 오늘과 인생의 전반에 걸쳐 매우 중요하다. 스스로의 존재와 가치 그리고 주위의 좋은 것들과 좋은 사람들과의 행복은 채움에서 비롯된다. 그러나 채우는 본능에 빠져버리면 비우는 지혜를 절대 얻을 수 없다. 채움과 비움은 동시에 이루어져야 원하는 걸 얻음과 동시에 그것을 유지할 수 있다. 단지 우리는 어릴 때부터 오랫동안 채우는 방법만을 익혀왔기에 비움으로 얻을 수 있는 것이 무엇인지 알지 못할 뿐이다.

몸에 좋은 약은 입에 쓰다. 그렇기에 섣불리 접하거나 쉽게 입에 넣지 못한다. 또한 참고 견디면서 많은 양을 한 번에 먹어도 탈이 난다. 조금씩 점진적으로 섭취를 해야 몸에 좋은 약이 된다. 비움도 마찬가지다. 비우는 것이 좋다고 갑자기 집안 물건들을 깡그리 갖다 버리거나 필요한 것들도 참아가며 안 사고, 안 입고, 안 먹는 행위는 오히려 독이 된다. 아주 조금씩 눈에 띄지도 않게 시작해야 한다. 비율로 따지면 9.9:0.1부터 시작해야 한다. 이번 달에 100개를 채웠으면 소유하고 있는 것들 중 최대한 골라서 하나 정도는 처리해 보자. 벌어들인 100만 원 중에 매달 치킨값으로 쓰는 10만 원을 단번에 줄이기 어렵다면 1만 원 정도는 책을 사보는 행위를 해보자.

우리의 인생은 유한하지만 현실적으로 인지하며 살아가고 있는 사람은 많지 않다. 그 말인즉슨 한정된 삶에서 진정하고 값진 오늘을 사는 사람은 많지 않다는 뜻이다. 끊임없이 어제를 되돌아보고 내일을 생각하며 살아갈 뿐이다. 후회와 미련은 어제로 끝날 거라 생각하지만 여전히 오늘의 이 순간에도 떨쳐버릴 수 없는 생각이 되곤 한다. 늘 기대와 희망을 품고 내일을 맞이하지만 생각보다 평범하거나 혹은 더 좋지 않은 내일을 맞이할 때도 있다. 이런 모든 순간을 가만히 들여다보면 오늘은 빠져있다. 오늘은 그저 어제의 연속이자 내일을 위한 날일 뿐이다. 모두가 온전한 오늘을 살고 싶지만 살고 있는 오늘의 페이지는 깨끗한 백지장이 아닌 수없이 썼다가 지운 흔적의 종이일 경우가 많다. 매일 새롭게 일기를 써 내려가지만 그 일기는 톱니바퀴가 여럿 맞물린 쳇바퀴일 확률이 높다. 어제보다 나은 오늘과 내일보다 기쁜 오늘을 살아가기 위해서 당신의 오늘은 무엇을 생각하고 무엇으로 채우려 하는가? 가장 먼저 오늘을 온전한 오늘로써 생각하고 대하는 마음을 가져야 한다. 오늘은 어제의 연속이자 내일의 준비이기 전에 그저 오늘이라는 생각을 마음에 품어야 한다.

온전한 오늘을 방해하는 5가지 요소들

1. 멀어지거나 끝나버린 사람

종종 매스컴에 연인을 스토킹하거나 끔찍한 범죄를 저지른 범죄자들이 나온다. 연령대를 보면 20~30대가 많다. 그렇다. 혈기 왕성하고 한창인 나이 땐 돈도, 명예도, 직업도, 삶의 1순위가 아니다. 가장 중요한 건 사람이고 사랑이다. 사랑 때문에 격한 감정의 롤러코스터를 하루에도 수십 번을 탄다. 설탕과 꿀을 미친 듯이 먹다가 사약 같은 독약을 들이붓듯 마시기도 한다. 이런 희로애락을 몇 주나 몇 달 동안 지속적으로 느끼다 보면 당연히 삶의 이유와 자신의 존재는 곁에 가까이 있는 사람밖에 보이지 않는다. 가족과 친구도 안중에 없다. 그 사람이 없으면 자신도 없기에 극단적인 생각과 행위를 할 수밖에 없다. 그렇게 인생이라는 아주 짧은 순간에 큰 후회만을 남긴다. 지극히 오늘만 살아가는 하루살이 같은 생각과 행동이다. 단순한 본능이 자신은 물론이고 주위에 많은 것들에게도 피해를 준다. 불을 향해 돌진하는 불나방은 그 누구도 막을 수 없다.

누구나 타인에게 쏟아붓는 시간과 열정은 자신이 원하는 모습의 열매로 맺어지길 바란다. 그러나 모든 열매가 예쁘고 탐스럽게 열리지 않는다는 현실을 인지하고 인정해야 한다. 삶의 많은 순간들은 내 마음대로 되지 않는 것들이 훨씬 많다. 그중 가장 내 마음대로 안 되고, 힘들며, 어려운 것은 '사람'임을 잊지 말아야 한다.

2. 전부 가질 수 없다

알다시피 삶의 매 순간은 선택이다. 인생을 펼쳐보면 수많은 갈래 길을 고르고 골라서 이제껏 지나온 것이다. 우리는 잘못 선택한 길을 후회하고 잘 선택한 길에서도 조금은 아쉬움을 갖는다. 잘 고른 길인지 아닌지는 스스로의 만족이 말해주는 것이지 타인이 평가하고 판단할 수는 없다. 어떠한 길을 택하든 충분한 만족은 있을 수 없다. 그렇기에 모든 사람들은 평생을 아쉬워하고 후회하며 살아간다. 그런 결핍된 마음을 채우기 위해 최대한 많은 것을 갖기 위해 끊임없는 노력을 하기도 한다. 최대한 많은 것을 갖는 것이 오늘의 목표라면 어쩔 수 없다. 그러나 그 많은 소유들이 자신을 말해줄 수 있고 언제나 이로움으로 스며들지는 충분히 생각해 보아야 한다. 분명한 건 어쩔 수 없는 것들 때문에 원하는 오늘을 채워나갈 수 없다는 게 당연하다는 점이다. 원하는 오늘은 적당한 만족으로 끝나는 시점에 조금 남겨지는 것이다.

후회와 미련의 마음을 갖지 않고 살아가는 사람은 없다. 그러나 많이 가지려 하는 사람과 적게 가져도 상관없는 사람은 확연히 구분된다. 채워지지 않는 소유에 아쉬움이라는 꼬리표는 늘 따라다닌다. 이런 생각과 마음으로 온전한 오늘을 살아가기는 힘들다. 그러나 이런 아쉬운 마음은 자신의 노력으로 충분히 줄일 수 있다. 지나간 것에 후회하고 집착할수록 새롭게 채울 수 있는 기회는 줄어들 수밖에 없다. 적당한 채움은 좀 더 나은 것을 접하고 받아들일 수 있는 새로운 기회다. 전부 가지려고 애쓰는 건 전부 채울 수도 없거니와 새로운 것을 받아들일 수도 없다는 슬픈 현실이라는 걸 인지해야 한다.

3. 미움, 질투, 복수

모두가 자신의 오늘을 살아간다고 믿지만 그 하루 안에는 수많은 타인이 들어가 있다. 그 타인들의 모습이 긍정의 요소로 그려진다면 삶의 순간은 흐뭇한 미소로 활력이 된다. 그러나 문제는 부정의 요소로 가득 채워지기에 매일 반복되는 소중한 자신의 하루가 삐거덕대는 경우가 많다. 평범한 일상에 미움의 마음이 도드라지면 우리는 언제든 타인을 해하게 될 수도 있다. 미움이 심해지면 그런 행위조차 이상하지 않은 마음을 갖게 된다. 이런 불편한 마음으로 자신의 오늘을 살아가는 것은 결코 쉽지 않다. 그리고 아이러니한 건 알면서도 버리지 못하는 타인에 대한 부정의 마음이다.

인간이기에 누군가를 좋아하는 만큼 누군가를 미워하는 감정도 생기는 게 당연하다. 좋은 감정은 자신을 이롭게 하지만 미워하는 감정은 자신의 삶에 아무 도움도 안 된다는 현실을 자각해야 한다. 좋은 생각과 마음이 시너지 효과를 일으키는 만큼 불편한 생각과 마음도 오래 머물고 널리 퍼진다. 누군가를 미워한다는 생각과 마음을 갖고 있는 것 자체는 좋은 것으로 채울 수 있는 모든 것들을 막는 안타까운 행위이다. 자신에게 주어진 능력을 발휘하지도 못하고 정체하거나 퇴보하게 만드는 악마의 속삭임과 같은 유혹이다.

'미운 짓을 했으니 조금 미워하고 질타해도 괜찮아.'라는 것은 절대 그것만으로 끝나지 않는다. 단순하게 시작된 미움은 타인이 잘되는 꼴을 볼 수 없는 질투로 성장한다. 자신에게 이로운 것을 집중해야 할 시간에 타인의 불행에 시간과 열정을 쏟고 있다. 이런 마음을 제대로 잡지 않으면 발전은커녕 스스로 불행의 무덤을 파는 복수의 마음을 품게 된다. 복수는 그 자체로서 어떠한 것을 해결하는 행위가 아닌 쌓아놓은 것을 잃는 행위이다. 결국 미움은 스스로를 파국으로 치닫게 하는 현실일 뿐 성장과 발전과는 반대의 방향이다. 그렇기에 수단과 방법을 가리지 않고 막고, 끊고, 멀리해야 한다. 나쁜 것의 달콤함에 빠져버리면 이제껏 가졌던 꿈과 희망은 더욱더 멀어질 뿐이다. 온전한 오늘은 물론이고 나은 내일을 무너뜨리는 가장 무서운 마음이다.

부정의 마음은 본능이다. 큰 의미를 갖지 않아도 쉽게 섬길 수 있는 마음이다. 그에 반해 긍정의 마음은 쉽게 얻을 수 있는 마음이 아니다. 더 생각하고 더 마음을 써야 곁에 놓을 수 있는 마음이다. 타인과의 불화로 자신의 인생을 망치고 싶지 않다면 타인에 대한 부정의 마음을 품는 본능을 의식적으로 막아야 한다. 그래야 오롯한 자신만의 행복한 인생을 늘려나갈 수 있다.

4. 되도록 후회가 없어야 한다

인생은 태어나는 순간부터 죽는 순간까지 선택의 연속이다. 하루에도 수십 수백 번의 선택 속에서 살아간다. 그리고 그 선택은 곧 과거가 되고 또다시 새로운 많은 선택이 기다린다. 그저 삶에 주어진 크고 작은 선택을 순차적으로 받아들이는 자세가 매우 중요하다. 왜냐하면 모든 선택이 옳을 수도 없고 잘못된 선택도 많기 때문이다. 잘못된 선택을 했다고 뒤돌아보며 다시 고치려는 행위는 성장이 되는 결과보다는 퇴보에 가깝다. 그것은 곧 과거에 얽매여 묻혀 사는 삶이다. 더 나은 선택으로 좋은 내일을 바라는 마음은 그저 주어진 것을 잘 지나가는 것이지, 돌아보고 반성하며 고치려 머리를 싸매는 일이 아니다.

크고 작은 선택만큼 크고 작은 후회가 생기는 건 당연한 일이다. 지나간 선택을 마주하고 후회의 감정을 섞어서 연관성을 가지면 안 된다. 어차피 끊임없이 선택해야 하고 후회를 지나치지 않으면 선택해야 하는 것보다 몇 배 이상의 후회가 쌓이기 때문이다. 적당히 생각하고 떨쳐버리는 일은 생각보다 꽤 힘들고 어려운 일이다. 그러나 반드시 기억해야 한다. 삶은 밀물 같은 것이다. 괜찮다는 생각에 잠시 주춤해 버리면 발은 금방 젖고 무릎과 허리까지 물은 금방 차오를 것이다. 그러니 지체하지 말고 최대한 빨리 빠져나와야 새로운 좋은 것들을 맞이할 수 있다.

5. 걱정과 두려움

내일을 위한 계획을 아무리 한다 한들 내일을 미리 살아보는 사람은 단한 명도 없다. 그럼에도 불구하고 세상 모든 사람들은 내일을 위한 생각과 계획을 수도 없이 한다. 그런 생각과 계획들은 온전히 이루어지지도 않을뿐더러 부정의 마음만을 낳는다. 걱정과 두려움만이 존재할 뿐이다.

유명한 말이 있다. '걱정은 걱정을 낳고 태어난 걱정은 또 다른 걱정을 낳는다.' 끊을 수 없는 뫼비우스의 띠 같은 것이다. 인간은 죽을 때까지 걱정의 울타리를 빠져나갈 수 없다. 단지 그 양과 범위가 누구는 많고 누구는 적을 뿐이다. 행복이 풍부한 사람들은 걱정이 적을 뿐이고 행복이 덜한 사람들은 걱정이 많을 뿐이다. 행복하건 행복하지 않건 걱정 자체가 없는 삶은 있을 수 없다. 또한 걱정과 두려움은 가장 친한 사이라서 떼려야 뗄 수도 없다. 두려움은 걱정이 낳은 부산물 정도이다. 걱정이 없는 것엔 두려움도 없다. 이것 역시 일어나지 않은 현재로선 그저 허상일 뿐이다. 그렇다고 내일 두려운 무언가가 확실히 발생한다는 확신도 없다. 행여나 내일이 되고 나서 어제 생각했던 걱정과 두려운 것이 일어난다 해도 미리 생각했던 것보다 별것도 아닌 것들이 많다.

걱정과 두려움은 늘 기대하는 것 이하의 아주 작은 것들이 주위에 머물 뿐, 그것으로 삶과 인생 자체가 흔들리거나 좌지우지되는 일은 흔하지 않다. 그리고 우리는 이것들로 인해 가장 큰 것을 잃고 살아간다. 바로 온전한 오늘을 살 수 없다. 소중한 매일의 오늘이 쓸데없는 걱정과 두려움의 늪을 빠져나오지 못한다. 이러한 사실을 알면서도 많은 사람들은 걱정과 두려움을 쉽게 놓지 못한다. 모두에게 똑같이 주어진 오늘을 누구는 온전히 즐겁고 행복하게 보내면서 원하는 곳을 향해 정진하지만 일부는 그 누구도 건네주지 않은 걱정과 두려움을 스스로 덥석 안아 품고 지낸다.

삶은 몇 가지의 길이나 어중간한 길 따위로 흐르지 않는다. 이것 아니면 저것이다. 출처도 없는 걱정과 두려움을 언제까지 품고 살아갈 것인지 스스로에게 물어봐야 한다. 그 선택은 당장 지금 해야 한다.

성공은 오늘을 즐기는 자에게 있다

2000년도 훨씬 전인 기원전 65년에 태어난 '퀸투스 호라티우스 플라쿠스(Quintus Horatius Flaccus)'라는 유명한 시인이 있다. 기원전 로마의 시인이 남긴 한마디는 현재에도 사람들의 입을 오르내리고 있다. 바로 '카르페 디엠(Carpe diem)', '지금 이 순간에 충실하라.'이다. 그러나 수천 년이 지난 지금도 사람들은 오늘 이 순간에 집중하는 삶을 살기 어려워한다. 수천 년이 흘러도 인간은 쉽게 변하지 않는다는 뜻이다. 그 말인즉슨 단단히 마음을 먹고 오늘에 충실한 삶을 살려고 노력한다면 그 누구보다 나은 삶을 살 수 있을 거란 확신에 가까이 갈 수 있다.

'당신은 어제의 일로 오늘 할 말이 많은가?', '무슨 일이 있을지 모를 내일이 궁금해서 계속 생각하고 있나?' 이 두 가지에 빠지면 절대 오늘을 살아갈 수 없다. 늘 새롭게 시작하는 마음으로 오늘을 맞이해야 한다. 오늘은 당신이 태어난 이유이고 당신의 존재를 세상에 새기는 순간이다. 오늘이 진심이어야 하는 이유는 지나온 어제를 후회가 아닌, 찬란하게 남겨야 하기 때문이며, 다가올 내일의 희망을 품어야 하기 때문이다. 모두에게 똑같이 주어진 24시간인 하루를 무엇으로 채워나갈 것인가? 어제와 변함없는 오늘이길 바라고 있나? 오늘과 똑같은 내일이길 바라는가?

진심과 의미가 담긴 오늘을 만들려면 당연한 시선을 조금은 돌릴 필요가 있다. 인생이란 것은 많이 배우건, 적게 배우건, 많이 가졌건, 적게 가졌건 그 살아가는 틀은 크게 다르지 않다. 무언가의 유무나 양으로는 인생을 절대 평가할 수 없다. 일률적으로 뻔한 삶 속에서 자신만의 독특한 모습과 그 모습이 타인에게 좋게 보이고 부러움의 대상이 되려면 남들이 부러워하는 것을 월등히 잘하거나 생각지도 못한 것을 해야 한다. 모두가 원하는 것을 월등히 잘하려는 것은 쉽지도 않을뿐더러 경쟁도 너무나 세다. 그러면 타인이 보지 않는 것들이나 뻔한 것들의 반대편을 바라보면 조금은 수월하다.

오늘의 진심은 잊히지 않는 자신의 흔적들이 아름답게 남게 해준다. 그래야 어제가 될 오늘의 후회는 현저히 적어지고 알 수 없는 내일의 걱정은 확연히 줄어든다. 자신의 존재와 의미를 찾는 것, 그것이 오늘의 진심이다. 오늘의 진심은 만족할 만한 인생을 위한 작은 것들을 모으는 것이다.

'했었고'는 의미 없고 '해야지.'는 허상일 뿐이다.

지금 하는 것이 중요하고 오늘의 나를 변화시킨다.

미련이 가득한 어제와

기대가 충만한 내일을

버리고 지우고 잊어야

온전한 오늘을 걷는다.

Check Point

- 온전한 자신만의 오늘을 위해서 어떠한 습관과 루틴을 갖고 있는가?

4. 불공평한 삶을 성공으로 이끄는 힘

인생을 만족하면서 사는 사람은 거의 없다. 어제보다 좀 더 나은 오늘을 살고 있더라도 큰 것을 얻지 않는 이상 '만족'이라는 프레임에 자신을 절대 넣지 못한다. 삶과 인생은 나아가고 성장하는 것이지 멈추는 것이 아니라고 모두가 생각한다. 나아가고 성장하려면 만족해선 안 된다. 그래서 끊임없이 부정하고 불만을 표출한다. 그렇기에 대부분의 삶은 불공평하다는 현실의 굴레를 무의식에 심고 벗어나지 못한다. 불만을 표출하는 행위는 자신에게 이익이 되는 성장이라 믿기 때문이다.

수많은 곳에서 수많은 사람들이 현실을 공평하지 않다고 여기며, 불평불만으로 오늘을 살아간다. 수많은 불공평한 것들 중 시작(출발선)이 같지가 않아서 어쩔 수 없다는 불평불만을 하는, 그런 어리석은 생각을 하는 사람이 있다. 그런 사람은 같은 줄에서 출발을 하더라도 뒤처지거나 낙후될 확률이 높다. 오히려 성공한 사람은 훨씬 뒤처진 출발선에서 시작하더라도 자신이 이루려는 목표에 집중하기에 그 어떤 것도 문제로 삼지 않는다.

불공평을 의식하면 기회마저 잃는다

세계적인 외식기업 KFC(Kentucky Fried Chicken)를 만든 '할랜드 데이비드 샌더스(Harland David Sanders)'는 40살이 넘을 때까지 고정된 직장도 없었으며, 60대 중반이 되어서야 안정적인 일상을 넘어 성공한 사람으로 여유롭게 살게 되었다. 할랜드 샌더스는 현실의 수많은 우여곡절에도 늘 자신의 레시피가 세상에 빛을 볼 것이라는 믿음을 꿈꿔왔고 정진했다. 근 팔백 번이 넘는 실패에도 절대 포기하지 않았다. 결국에 '웬디스(Wendy's)' 창업주인 '렉스 데이비드 토마스(Rex David Thomas)'의 가게에서 샌더스의 레시피로 만든 치킨을 판매하는 조건으로 로열티 계약을 맺었다. 이후 샌더스는 사업가인 '피트 하먼(Pete Harman)'을 만나게 되었고 드디어 KFC 1호점을 탄생시켰다. 오랫동안 맡은 바 주어진 일을 열심히 했지만 40살, 50살을 넘어서까지 뜻대로 일이 풀리지 않았던 할랜드 샌더스가 세상이 불공평하다고 느끼며 포기했다면 우리는 KFC의 치킨을 맛보지 못했을 것이다.

불공평한 것을 탓하는 건 성장하고 발전하겠다는 의지가 없다는 것이다. 엄연한 사실이지만 많은 사람들은 불공평한 것이 자신이 가진 재능이나 능력을 세상에 펼치거나 빛을 볼 수 없게 하는 가장 큰 벽이라고 생각한다. 이미 많은 부분이 잘려나갔다는 망상으로 능력을 스스로 저하시키는 어리석은 언행을 자신도 모르게 무의식적으로 한다. 또한 그런 불만은 자기 합리화의 핑계로 자연스럽게 이어진다. 그 탓하는 시간마저 자신을 곪게 한다는 사실을 알지도 깨닫지도 못하며 일상을 보낸다. 공평과 불공평을 구분하고 판단하며 재는 쓸데없는 허무한 행위에 우리는 생각보다 시간을 많이 낭비하고 있다. 그리고 우리는 착각하고 있는 것이 있다. 불공평한 것은 애초에 가진 게 많은 사람들에게도 적용되고 있다. 처음부터 많은 것을 가지고 시작한다고 해서 내일은 반드시 더 성장하란 법은 없다. 여러 가지의 이유로 창대한 시작이 무너지는 경우가 흔한 것도 현실이자 일상이다. 그러므로 없음이 계속 없던 것도 아닌데 없는 것에 너무 집중한 나머지 애초부터 있는 것에는 생각과 관심조차 잃어버린 삶이 많다.

이것은 나이와 성별은 물론 다양한 격차에 상관없이 비슷하게 나타난다. 불평불만의 오늘이 내일로 이어지는 건 당연한 수순이다. 결국 못마땅한 마음으로 살아간 오늘은 절대로 나은 내일이 될 수 없다. 억울함이 존재한다고 느끼는 세상에서 보란 듯이 떳떳하게 우뚝 설 수 있는 방법은 있고 없고의 집중하는 것이 아닌 멈춤과 포기가 스스로의 삶에 얼마나 녹아있는지를 살펴보는 것이다.

불공평한 건 문제가 아니다 모든 건 참을성이 판가름한다

심리학자 '월터 미셸(Walter Mischel)'의 유명한 마시멜로 실험이 있다. 빈방에 어린아이들을 모아놓고 달콤한 마시멜로를 지금 당장 1개를 먹을지 나중에 실험 진행자가 돌아오면 2개를 먹을지 아이들에게 선택하게 하는 실험이다. 아이들은 다양한 반응을 보이면서 한쪽에만 치우치는 선택을 하진 않았다. 비교적 간단한 실험이었지만 이 실험의 목적은 1개와 2개를 선택한 두 부류의 아이들이 어떻게 성장해 나가는지, 그것을 관찰하는 데 목적이 있었다. 이건 바로 '만족 지연 능력'의 높고 낮음에 따른 성장과 성공의 격차를 알아보기 위함이었다. 차후 10여 년간의 추적연구를 통해 알아본 결과 나중에 2개를 먹기로 선택한 '만족 지연 능력'이 높은 아이들은 학업성적, 대인관계, 취업형태, 결혼생활 등에서 우수한 상태를 유지하고 있음이 증명되었다. 또한 약물 남용, 폭력성, 사회 부적응 등에서는 거리가 멀거나 관련이 없는 것으로 나타났다.

뇌과학적으로 보면 스스로 정한 목표를 이루었을 때 성취감으로 인해 도파민이 분비된다. 도파민은 사람에게 단순히 쾌감만을 주는 것이 아니라 반복하고 싶다는 충동을 느끼게 한다. 목표를 달성했다는 짜릿한 쾌감을 알기에 고통스러운 숙련 과정을 견딜 수 있는 것이다. 자기 조절 능력으로 인해 만족 지연 능력이 상승하고 쌓이면 원하는 것을 얻고 성취하는 건 당연하다. 그리고 더욱 중요한 사실은 '만족 지연 능력'은 후천적인 학습과 노력으로 얼마든지 만들고 쌓을 수 있다는 것이다. 이것을 입증하기 위해 '월터 미쉘'은 아이들을 두 부류로 나누어 실험했다.

첫 번째 아이들에겐 마시멜로가 얼마나 달콤하고 맛있는 것인지를 상세하게 설명했다. 두 번째 아이들에겐 마시멜로가 그저 폭신한 솜이나 구름 정도로 여기게끔 별것 아닌 듯이 설명했다. 그 결과 마시멜로의 맛을 알고 상상했던 첫 번째 아이들은 유혹을 참지 못하고 바로 먹었고, 두 번째 아이들은 첫 번째 아이들보다 2배 이상의 긴 시간을 버텨냈다. 이 실험으로 '만족 지연 능력'은 타고난다기보다 후천적인 학습에 의해 형성된다는 것을 확인할 수 있다.

성공은 시작이 중요하지 않다. 또한 과정의 어느 지점도 결과에 지대적인 영향을 미치는 것도 아니다. 중요한 건 목표를 위해 매 순간의 유혹을 얼마나 참고 견디느냐의 싸움이다. 그렇기에 당장의 욕구를 포기할 줄 아는 능력, '보상 유예(Delayed Gratification)'를 키우고 지속한다면, 반드시 더욱 가치 있는 것을 오랫동안 갖고 품을 수 있게 된다. 이 능력을 키우기 위해서 '충동 컨트롤(Impulse Control)' 능력 또한 필요한데, 이는 성공뿐만 아니라 삶 자체에서도 매우 중요한 마음가짐이다. 원하는 것을 당장 얻을 수 없을 때 감정을 다스릴 줄 아는 사람은 쉽게 좌절하지 않는다. 설사 스트레스나 슬럼프가 오더라도 그 늪에 빠지지 않고 지나가는 바람 정도로 가볍게 여긴다. 멀리 보이는 것이 분명 자신의 것임을 알고 그것을 위해 흔들리지 않는 오늘을 살아가는 사람이 반드시 성공할 수밖에 없는 건, 이러한 이유 때문이다.

얼마나 살펴갈 수 있는가

누구나 나은 삶을 살기 위해 오늘을 살아가지만 보람된 하루의 끝에는 언제나 뜨뜻미지근하고 씁쓸한 잔재가 남는다. 원하는 것을 끝내지 못해서도 아니고, 원하는 만큼 돈을 많이 벌지 못해서도 아니다. 습관이 된 부정의 마음이 좀 더 나은 무언가로 채워지지 않기 때문이다.

'진취적'이란 말을 무엇이든 적극적으로 해나가라는 말로 생각한다면 브레이크를 밟는 것을 잊어버릴 수 있다. 진취적인 삶이란 적당한 속도를 유지하며 살펴 가는 오늘이다. 그래야 더 나은 내일로 올라갈 수 있다. 타오르는 열정이 분명 삶에 큰 도움을 주는 것은 사실이다. 하지만 말의 눈가리개를 장착하고 무서운 힘과 매서운 속도로 나아가면 반드시 사고가 나기 마련이다. 오히려 하지 않은 것보다 못한 후회스러운 결과를 맞이하게 된다.

타오르는 열정이 분명 삶에 큰 도움을 주는 것은 사실이다. 일부 성공한 모습은 악에 받쳐 물불 안 가리고 어떻게 해서든 그곳에 닿은 경우가 많기 때문이다. 그러나 그러한 성공은 분명 탈이 나기 일쑤다. 불안과 분노는 성공의 원동력이 될 수는 있겠지만 행복으로 이어지기란 쉽지 않다. 결국 원하는 것을 얻었어도 그 과정에서 잃은 것들이 많아지게 된다. 잃은 것들은 결코 그 순간엔 보이지 않는다. 후회라는 열매가 열려야 비로소 보인다. 성공은 단순한 모습으로 열리지 않는다. 결점이라고 생각된 것들이 생각지도 못한 것들과 만나서 시너지 효과를 이루어 화려하게 피어나는 것이다.

삶은 불공평한 게 당연하다. 같은 환경과 조건에서도 자신보다 월등히 많은 걸 얻고 쟁취하는 사람들은 많다. 모두가 나아가는 길에서 뒤를 돌아보거나 잠시 걸터앉아 쉬면서 생각하는 사람은 그다지 많지 않다. 원하는 것을 이루는 성공의 목적에만 집중하기 때문이다. 최선의 노력을 했는데도 타인보다 나아지거나 얻는 것이 월등하지 않다면 잠시 쉬었다 가거나 뒤돌아보고 살펴보면 된다. 분명 다른 사람들이 놓친 것들을 발견하고 주워서 자신만의 것을 새롭게 만들고 완성할 수 있다. 시작과 과정에서 열등함에 기죽거나 주저할 필요는 없다. 종착역에 닿았을 때 자신보다 나아 보이는 사람들이 갖지 못한 것들을 가질 수 있게 될 것이다. 성공은 속도와 양으로 승부를 보는 것이 아니다. 자신만의 고유한 모습이 얼마나 빛을 발하는가에 따라 그 누구도 예상할 수 없는 곳에 서 있을 수 있다.

Check Point

- 불공평하고 냉철한 현실이라는 생각에 불평불만을 일삼을 것인가?
- 타인이 놓치거나 지나치는 것들을 살피며 자신만의 성공과 행복을 만들어 나갈 것인가?

5. 익숙하고 길들여진 것들의 함정: 변화의 중요성

'세상은 넓다'라는 말을 한다. 정말 세상은 넓다. 많은 사람들은 세상의 일부만을 직접 경험하며 살아간다. 그 외의 수많은 것들은 간접적으로 겪거나 혹은 모르고 살아가는 경우가 허다하다. 역량이 있거나 대단하다고 생각되는 사람들도 생각보다 세상에 많은 것들을 직접 겪거나 접하고 살아가진 못한다. 대부분은 자신이 속한 울타리 안에서만 얄팍한 생각과 지식을 펼치며 살아간다.

학창 시절을 지나 20대쯤에 겪은 몇 가지의 것들이 평생을 가는 경우도 많다. 배움이건, 일이건, 관계건 삶의 모든 곳에서 말이다. 20대쯤에 겪은 대부분의 것들은 30, 40대를 지나도 늘 미세하게 남아있다. 일이건, 관계건, 취향이건 완전히 새로운 사람과 환경을 어느 날 갑자기 맞이하고 흡수하는 경우는 드물다. 그래서 우리들의 삶은 힘들다. 모든 것들은 변하고 바뀌어 가는데 그 흐름을 타지 못하거나 거부하는 경우가 많기 때문이다. 인생과 삶에는 당연한 것이 그리 많지 않은데도 당연하다 생각되는 것을 품고만 사는 삶이 스스로를 더욱 힘들고 외롭게 만든다.

새로운 것을 대하는 자세

새로운 것을 받아들이지 못하는 사람들이 가장 먼저 퇴화하는 것은 '눈'과 '귀'이다. 보려 하지 않고 들으려 하지 않기 때문이다. 대신 '입'은 끊임없이 발전한다. 쏟아내고 표현하려는 본능은 나이를 먹어감에 따라 더욱 커진다. 그도 그럴 것이 연륜에 의해 쌓이는 것이 방출되는 것은 누구나 품고 있는 삶의 순리에 가깝다. 표현하고픈 본능은 살아온 시간과 비례한다. 오랫동안 지속적으로 습득한 것을 자신 안에만 가두려는 생각은 흔치 않다. 아무리 입이 무거운 사람이나 오지랖이 없는 사람이라도 잘못된 방향으로 가고 있는 누군가를 보면 손을 뻗거나 한마디를 하는 게 아주 당연하다. 또한 괜한 참견을 하기 싫다는 마음이 강하게 있어도 다른 마음 한구석에는 "아~저거 아닌데!", "거참~그게 아닌데!"라는 생각이 생각에서 멈추지 않고 입술 앞에서 수차례 떨린다. 참견의 좋은 방향은 아름다운 관계의 결과물로 서로에게 '정'과 '미소'를 남기겠지만 심심치 않게 '오해'와 '적대'의 관계가 되는 경우가 많이 생기는 것이 문제이다.

우리는 늘 이렇게 자신이 쌓아나간 것으로 타인에게도 이로움을 주려는 '미덕'으로 살아가려 한다. 그리고 다른 한편에서는 그것이 미덕이라 생각하지 않고 경계와 적대의 부산물쯤이라 여기고 견제하며 사는 사람도 있다. 이런 보이지 않는 양극화의 일상에서 어느 한쪽에도 속하지 않고 환영받는 사람이 있다. 퇴화되지 않은 눈과 귀를 갖고 있는 사람이다. 이들은 양쪽의 모든 사람들에게 큰 관심이 없으면서도 기회가 되면 언제든 눈과 귀를 내어주는 사람이다. 이들의 큰 특징은 수십 번을 보고 수십 번을 들은 후에 겨우 한마디를 한다. 이렇듯 당연하게 흘러가는 삶에서 우리에게 필요한 건 뻔하고 익숙한 것들을 새롭게 바라보는 연습이다. 쌓인 지식만큼 지혜와 융통성도 쌓일 거라 믿지만 그것은 쉽게 비례하지 않는다.

삶에서 쌓은 것을 허무는 일은 쉽지도 않을뿐더러 할 엄두도 나지 않는 미친 짓이다. 그리고 오해하지 않아야 한다. 버리라는 말이 아니다. 잠시 접어두고 백지화를 만든 후 새로운 것들을 다시 배우고 접해보라는 뜻이다. 가장 이상적인 관계는 공존인 것을 알고 있다. 그러나 자신보다 못한 것과의 공존은 상하관계이지 동등한 입장이 될 수 없다는 생각이 대부분 지배적이다. 세대를 뛰어넘는 눈높이를 맞추는 것, 모든 것을 접어두고 '존중'의 마음이 무조건적으로 이루어져야 한다. 통념은 관계를 가르는 가장 무서운 칼인 것을 기억해야 한다. '가르침'이 아닌 '알려줌'으로 다가서야 하고, 모름의 '창피함'이 아닌 '호기심'의 열정으로 접근해야 한다. 자신의 삶에서 늘 맞아왔던 익숙한 것들은 결코 진리로 남지 않는다. 시간이 흐르면 더 이상 쓸모없는 과거가 될 뿐이다. 계절이 바뀌면 새 옷으로 갈아입듯 새로운 환경과 사람 그리고 변해가는 시간 안에서 자신의 마음도 바뀌 입을 줄 알아야 한다. 깨끗이 청소한 열린 생각은 어떠한 곳에서든 환영을 받는다. 그것이 원하는 삶의 길을 예쁘게 잘 닦아나가는 가장 현명한 방법이다.

익숙한 것을 잘라낼 수 있는 힘

바뀌겠다는 의지만으로 삶이 변하려면 아주 오랜 시간이 필요하다. 또한 그러한 생각과 의지는 혼자의 노력만으로는 쉽지 않다. 다가올 미래를 새롭게 만들고 싶어서 갖은 노력을 해보지만 발목을 잡는 것들이 존재한다. 그동안 가져왔던 관계들이다. 관계를 한순간에 칼로 자르듯 잘라버리는 것은 불가능에 가깝다. 그러나 필요하다 생각되면 뒤도 돌아보지 말아야 한다. 새로운 자신을 위해 과거를 자르는 행위는 미안함을 최대한 배제해야 한다. 그러기 위해선 미련을 갖지 말아야 한다.

성장하고 발전하기 위해 지금까지 노력해왔던 마음과 현실의 상황은 결코 한순간에 가볍게 만든 것이 아니다. 우리는 그 누구보다 스스로 그것을 잘 알고 있다. 심지어 그런 것들을 갑자기 끊어버리면 이제껏 이어오던 관계는 갑자기 하루아침에 변한 자신을 오롯이 받아들이지 못한다. 쇼를 한다 생각하고 연기를 한다 생각한다. 결국 온갖 비난만이 난무하는 현실 속에서 멘탈이 흔들리고 이어오던 관계를 무시할 수 없게 되어 끊지 못하고 지속하게 된다. 그러나 분명 끊어버려야 할 현실이 있다면, 냉철하게 끊어버리는 강단이 있어야 한다. 그게 없다면 오랫동안 품고 있던 원하는 내일은 절대 오지도 않을뿐더러 만들 수도 없다.

인간이 성장하기 위해 가장 필요한 것은 변화이다. 하지만 인간이 가장 두려워하는 것도 변화이다. 가족 관계에 변화가 필요하다 해도 쉽게 혈연을 끊을 수 없고 친구 관계 또한 오랜 시간의 수많은 추억을 단번에 끊는 건 불가능하다. 그래서 이것 또한 조금씩 천천히 거리를 둬야 한다. 며칠 혹은 몇 달, 길면 몇 년이 걸릴 수도 있다. 아마도 평생 좁혀질 수 없는 거리를 품고 살아갈 수도 있다. 너무나 가깝고 밀접한 관계 때문에 관계를 잃는 것이 두렵다면 그것을 자신의 성장과 맞바꾸는 것이라 생각해야 한다. 원치 않은 어제의 반복과 뻔한 오늘이 죽기보다 싫다면 원하는 모습의 내일이 우선되어야 함을 명심해야 한다. 이것 또한 선택이다. 전부 가질 순 없다. 중요하고 소중한 우선순위는 사람마다 다르다. 익숙한 안락함과 새로운 환희의 중간에 서고 싶겠지만 그런 것은 세상에 없다. 퇴보로 이어지기 쉬운 익숙함을 몸과 마음에서 점점 멀리하고 어색한 새로움이 들어올 자리를 마련해야 한다.

새로운 것도 어차피 익숙해지기 마련이다

나의 하루 일과 중 아직은 조금 익숙하지 않은 것이 가까운 사람들과의 일상이다. 글 쓰는 삶을 살기 이전에는 지금의 모습과 달랐기에 현재의 가까운 사람들은 여전히 나를 지금 현재의 오롯한 나의 모습으로 봐주지 않는 경우가 많다. 그래서 일부러 관계를 회피하려 하는 건 아니지만 되도록 언행을 줄인 것은 사실이다. 반면에 변하려 하는 현재 나의 모습을 좋아해 주고 적극적으로 응원해 주는 사람들에겐 더욱 마음이 간다. 당연한 것이다. 알고 지냈던 관계와 새롭게 알고 난 관계를 똑같이 대한다 해도 분명 이전 관계의 타인들은 소홀하다는 느낌을 받는다. 그러나 이런 모든 상황에 대해 시시콜콜 설명하며 서운함을 떨치려 노력하다 보면 오해의 골은 더욱 깊어질 뿐이다. 그래서 아닌 것은 냉정하게 끊을 필요가 있다. 차별없이 대하는 모든 관계에서 부정으로 돌아오는 것들에 신경 쓰며 마음을 졸이는 것보다 긍정으로 받아주는 관계에 더 집중하는 것이 자연스럽게 이어져야 한다.

　장사를 오래 한 사람은 손님이 들어올 때 물건을 살 것인지, 아니면 그냥 갈 것인지를 적당히 구분한다. 관계를 맺을 때 자신의 언행에 긍정과 부정으로 대하는 사람들 중 결국 자신의 곁에 남을 사람은 적당히 보인다. 그것이 아부 식의 긍정인지, 아니면 진심으로 걱정이 녹아든 부정인지도 완전 바보가 아닌 이상 느낄 수 있다. 그렇기에 익숙한 것을 잃는다는 것에 두려워할 필요가 없다. 새로운 것도 어차피 익숙해지기 마련이다. 우리가 정작 두려워해야 할 것은 익숙한 것들이 자신의 삶을 정체시키며 좀먹고 있지는 않은지를 판단하지 못하는 것이다. 아닌 걸 알면서 쉽사리 끊지 못하는 소신 없고 우유부단한 자신을 스스로 원망해야 한다. 그래서 익숙함의 안락보단 새로움의 꿀단지를 찾고 발견하는 것이 삶을 이로움으로 이끄는 중요한 방향이다.

모든 건 변할 수 있음을 자각해야 한다

2001년에 개봉한 영화 〈봄날은 간다〉에서 유지태가 이영애에게 이렇게 말한다.

"사랑이 어떻게 변하니?"

아주 오랫동안 회자된 영화 속 대사로서 유행을 탔으며 여전히 인용되는 문장이다. 그러나 현실은 사랑뿐만이 아닌 모든 것들이 변한다. 그것도 아주 빠르게 말이다. 대부분 사람들의 생각과 마음속엔 인정하고 싶지 않은 본능이 강해서 잘 느끼지 못할 뿐이다. 변하지 않는다는 것은 삶에서 미덕으로 존재한다. 사랑뿐만이 아닌 사람 그리고 자신을 중심으로 돌아가는 모든 현실이 변하지 않고 그대로인 것이 안정된 행복이라는 의식이 강하다.

그러나 그렇게 느끼며 살아가는 행복은 변해야 할 것들도 바뀌지 않고 그대로 있길 바라는 마음이 된다. 그로 인해 때로 사람들의 삶은 성장의 반대 방향으로 퇴보하고 있다. 그런 생경한 생각과 마음을 인지하지 못하고 바꾸지 않는다면 가난과 불행을 정면으로 맞는 현실을 맞이할 수밖에 없다. 더욱 안타까운 건 우리는 이러한 행동을 적극적으로 하고 있다. 새로운 것과 변화를 받아들이지 않고 적대하는 행위를 무의식중에 능동적으로 하고 있다. 다시 말해 열의를 다해서 가난과 불행을 자초하고 있다는 것이다. 삶의 순리는 정체가 아닌 변화이다. 빠르게 바뀌는 세상이 어색하다 하더라도, 그것을 인정하고 받아들이면 불행은 가까이 오지 않는다. 당신이 지금 가난하고 불행하다면 삶의 당연한 순리를 역행하고 과거에 안주하려 애쓰는 경우가 많다.

변화는 생존으로 이어진다

미국의 시인 '에밀리 디킨슨'은 이별을 지옥에 빗대어 표현하기도 했다. 이별에 대해 '우리가 지옥에서 경험할 수 있는 모든 것'이라고 말하기까지 했다.

이별을 겪으면 뇌에서는 '아드레날린'과 함께 분노 호르몬인 '노르에피네프린'이 분비되고 몸은 흥분하게 된다. 그로 인해 무기력감으로 울기도 하고 화를 내는 행위를 반복하게 된다. 이러한 육체의 부정적인 행위는 스트레스 호르몬인 '코르티솔'을 순차적으로 분비하게 하고, '코르티솔'이 많아지면 입맛도 없고 고열에 시달리다 앓아눕게 된다. 비단 이성과의 이별뿐만이 아니다. 익숙했던 것들이 사라지거나 친근한 것들이 낯설게 느껴지면 인간의 정신과 육체는 비슷한 상황에 놓인다. 변화라는 두려움에 휩싸이면 인간은 한없이 나약한 존재가 된다.

우리가 놓지 못하고 끊지 못하는 이유는 매우 간단하다. 지난 과거에 가졌던 고난과 시련에 대한 보상을 받지 못했기 때문이다. 아무 이유 없이 자신을 혹사시키거나 고생을 하는 사람은 없다. 현재의 고생은 반드시 미래의 아름다운 열매가 될 것이라는 강한 믿음을 갖고 있다. 그러나 모든 고생과 고난이 보상을 받지 못할 것이라는 현실은 누구나가 넌지시 느낄 수 있다. 아주 작게 느꼈을 땐 그저 별것 아니라는 생각을 한다. 그리고 점점 생각이 확실해져도 주저앉아 쓰디쓴 눈물만 흘릴 뿐 홀연히 손을 놓는 사람은 흔하지 않다.

대부분의 불행은 여기에서 시작된다. 아닌 것을 놓고 새로운 것을 시작할 현실이 주어졌는데도 인간의 본능은 지나온 길을 자신의 삶에서 지우지 못한다. 과거의 미련과 집착은 그나마 현재에 남아있는 작은 것마저 모조리 사라지게 할 수 있는데도 말이다. 현명한 사람은 순간의 판단으로 지난 것들을 빠르게 손절할 수 있는 사람이다. 잘못됐다는 실수를 인정하고 배워나가야 한다. 자책과 비관만큼 쓸데없는 시간 낭비는 없다. 실수를 낭비한 삶이라고 생각해선 안 된다. 실수는 새로운 것을 볼 수 있는 혜안을 준 감사한 선물이다. 새로운 것에 대한 긍정의 생각을 넓혀나갈 수 있는 좋은 기회를 익숙한 것들로 인해 놓치면 안 된다는 마음가짐이 중요하다.

영국의 유명한 생물학자인 '찰스 다윈(Charles Darwin)'의 명언이 있다.
"가장 강한 자가 살아남는 것도, 가장 현명한 자가 살아남는 것도 아니다. 유일하게 살아남을 수 있는 자는 변화할 수 있는 자이다."
예전부터 세상은 빠르게 변해왔고 지금 우리는 놀라움을 피부로 느낄 정도로 시대가 빠르게 변하고 있다. 100세 시대를 살아가는 우리들은 이제 더 이상 '변하지 않는 강직함', '잃지 않는 초심' 등을 성공의 키워드로 잡고 정진하면 안 된다. 상황에 따라 잘 넘나들 수 있는 유연성을 갖추고 있는 사람이 성공할 수밖에 없는 명확한 이유이다.

Check Point

"내가 여기까지 오느라 어떤 고생을 했는데…."

"그동안 투자한 시간과 돈이 얼만데…."

• 삶에서 이러한 블랙홀에 빠져 날아가는 풍선을 잡지 못한 경우는 몇 번이나

  있는가?

6. 단점은 죽이고 장점을 살려라

부정은 본능이고 긍정은 노력이다

좋은 것을 나누려고 할 땐 좋은 것을 준비해야 한다. 하지만 나쁜 것을 표출할 땐 이유도, 상황도, 그 어떤 것도 필요 없다. 자신이 어떤 잘못을 하지 않았는데도 비난을 받을 때가 있다. 억울하고 분한 마음에 안절부절못하는 몸과 마음으로 일상이 망가지기도 한다. 누군가가 싫어지고 미워질 땐 꼭 그 사람의 나쁜 행동이나 생각으로만 나타나진 않는다. 나보다 무엇을 더 잘해서, 내가 갖지 못하는 것을 쉽게 가질 수 있어서, 아무리 노력해도 안 되는 것을 아무렇지 않게 손쉽게 해내는 누군가가 미워지는 마음은 누구에게나 있을 수 있다. 따라서 타인이 자신을 그런 생각과 눈으로 본다면 개의치 않아야 한다. 그저 질투일 뿐이고 어차피 멀어질 사람이다. 좋은 것을 함께 나눌 땐 세상 끝까지 가겠다는 약속을 철석같이 믿지만 아무것도 아닌 사소한 일로 금이 가서 깨지는 건 순식간이다. 자신이 직접 누군가를 비난할 일이 없어도 그와 관련된 사람들로 인해 원치 않는 비난으로 이어지고 관계까지 끝나버리기도 한다. 좋은 관계를 맺기는 세심하고 조심스럽게 정성을 다해야 이루어진다. 하지만 안 좋은 관계로의 끝은 길 한 귀퉁이에 뭉쳐있는 민들레 씨앗에 불을 붙이는 것처럼 순식간이다.

인간은 본능적으로 성장하고 싶은 욕망이 있다. 그러한 욕망은 배움의 욕구로 이어진다. 인간이 발전하는 근원적 요인은 부족함에 있다고 할 수 있다. 즉, 자신의 부족한 것들을 인지하고 되뇌기 때문에 성장의 욕구가 생긴다는 것이다.

"나는 왜 돈이 없을까?"

"난 왜 성격이 이 모양일까?"

"내 실력은 왜 이것밖에 안 될까?"

"난 왜 좀 더 상냥하지 못할까?"

"이 나쁜 습관을 어떻게 하면 고칠 수 있을까?"

"하면 안 되는 걸 알면서 왜 자꾸 반복할까?"

누구나 일상에서 자연스럽게 떠오르거나 생각나는 것들이자 무심결에 입 밖으로 튀어나오는 것이다. 그리곤 본능적으로 고쳐야지! 바뀌어야지! 다시 해봐야지! 등으로 한 박자 쉬거나 반환점을 돌려고 다짐하며 애쓴다. 성공을 하기 위한 성장의 시작은 이처럼 부정에서 출발한다. 이처럼 수없이 많은 사람은 자신의 허물을 끌어안고 그것을 고치고 변화시키는 과정을 거쳐서 원하는 성공에 닿으려고 한다. 하지만 자신의 부족한 것을 이겨내고 새로운 성공의 삶을 누리는 사람들이 생각보다 많지 않은 이유는 모두가 부정에서 출발을 하기 때문이다. 긍정의 성공은 부정의 것들을 없애고 이겨낸다고 얻는 것이 아니다. 처음부터 긍정의 성공만을 명확하고 선명하게 그려나가야 가까워질 수 있다.

모두가 흔히 아는 유명한 말이 있다. "지금부터 코끼리를 생각하지 마세요. 그러나 당신은 코끼리를 생각할 수밖에 없습니다." 생각하지 말라는 것을 타인에게 말하는 순간 그것을 생각하지 않는 건 불가능하다. 유명한 심리학자이자 정신과 의사인 '밀턴 에릭슨(Milton H. Erickson)'도 말했다.

"무언가를 하지 않겠다는 결심을 마음에 새기는 것은 불가능하다." 부정을 떠올리고 자책하면서 되새기는 행위를 안 하거나 멈추는 것은 절대 쉬운 일이 아니다. 그럼에도 대부분은 성공의 도착지점에 닿기 위한 과정을 부정에서 찾고 시작하려 한다. 문제점을 발견하고 인지하며 해결해 나가는 것이 성공의 법칙에 가깝다고 믿는 사람들이 많다. 절대 틀린 말은 아니지만 결코 쉬운 일도 아니다. 성공으로 가는 모든 길이 험난하겠지만 생각과 마음에 담긴 부정을 덜어가며 해결하려 하는 길은 애써 짐을 더욱 짊어지려 하는 것일 뿐이다. 왜 돈이 없을까에 집중하다 보면 돈이 없는 이유를 찾고 분석하며 해결하려 들지, 돈이 많이 생겼을 상황이나 그 돈으로 무엇을 할지는 생각하지 못한다. 자신의 성격을 탓하면 자책의 늪에 빠지는 것에 집중할 뿐, 좋아진 성격으로 변한 자신을 상상하진 못한다. 부족한 실력이나 나쁜 습관 또한 그것의 원인을 찾는 것에 집중하고 자책을 많이 할 뿐, 정작 실력을 늘리는 것과 좋은 습관을 들이기 위한 것은 나중으로 미룬다. 우리는 이처럼 좋은 것에 닿기 위해 나쁜 것을 피하는 것에 더 집중한다. 긍정으로 더해지는 작은 관심이 횃불로 타오를 줄 모른 채 말이다.

부족함의 극복보단 원하는 것의 성취에 집중하라

똥인지 된장인지를 구분할 줄 알아야 똥을 피할 수 있다. 자신의 부족함을 인지하는 것은 된장 같아 보이는 세상에서 똥을 구분할 수 있는 눈을 키우는 것이다. 부족함을 인지하지 못하면 '고삐 풀린 망아지'처럼 원하는 길의 방향도 찾을 수 없다. 그러나 부족함을 인지하는 것에만 너무 집착하면 주체할 수 없는 혼란에 빠지기도 한다. 자신이 가야 할 길을 망각하고 구멍난 곳을 메우고 채우며 수습하는 데에만 많은 시간을 보낸다. 너무나 쓸데없고 안타까운 행위이다.

중요한 건 자신의 단점과 부족함을 인지는 하되 매우 얕게 그리고 빠르게 스킵(skip)하듯 넘어가야 한다. 그러나 피하고 싶은 부족한 것들은 은연중에 자주 떠오르게 되며, 이 때문에 자신이 원하는 모습은 잘 그려지지 않는다. 잘못된 걸 고쳐나가는 능동적인 행위는 자연스럽게 끌어올릴 수 있지만 이루고자 하는 모습을 구체적으로 만들어 나아가는 데에는 노력이 필요하다. 본능의 해결도 중요하지만 쉽지 않은 노력에 집중하는 것이 같은 선상에서 성공의 길을 걷는 타인보다 앞서나갈 수 있는 방법이다. 자신이 원하고 이루고자 하는 성취에 집중하는 것은 불필요한 시간과 잡념을 떨치는 가장 좋은 방법이 된다.

많이 번 돈으로 무엇을 할지 구체적으로 생각하는 사람은 드물다. 성격이 좋아졌다면 새로 만날 사람과 어떤 대화를 하며 관계를 형성할지 생각해야 함에도, 그걸 구체적으로 생각하는 사람은 드물다. 나아진 실력과 좋은 습관으로 어떤 것을 이뤘다 해도, 변화된 자신의 모습으로 하루를 어떻게 보낼지 구체적으로 생각하는 사람은 드물다. 멀리 있을 것 같은 성취를 상상하는 것만으로도 삶의 균형은 단점과 멀어지고 강점에 가까워진다.

단점을 개선하는 데에는 생각보다 많은 에너지와 시간이 필요하다. 또한 강점을 늘리는 것도 결코 쉬운 일은 아니다. 그러나 단점의 역행보단 강점의 순행이 자신이 원하는 것을 성취하는 길에 더욱 빨리 들어서게 한다. 단점은 자신에게 원래 있던 것을 수정하고 변화시켜 개선해 나가야 하는 과정이 필요하지만 강점은 흰 종이에 그림을 그리듯 점진적으로 쌓아나가면 된다. 따라서 강점을 우선적으로 발전시키다 보면 삶에서 차지하는 단점의 비중은 줄어들고 개선해 나가기도 수월해진다. 성공의 법칙은 한두 가지에

국한되어 있지 않다. 먼저 이룰 수 있는 것들이 보인다면 자신이 꽂을 수 있는 성공의 깃발이 작아 보여도 먼저 꽂아야 한다. 그런 작은 성취가 스스로를 점점 빛나게 만들어준다.

Check Point

- 자신의 장점과 단점을 종이에 써보자. 장점 중에서 가장 마음에 드는 것을 1번부터 시작하고 단점 중에서 정말 쉽지 않고 피하고 싶은 것을 뒷번호로 쓴다. 차례대로 실행해 나간다.

7. 인생의 시간은 농축되어야 한다

우리 모두는 주어진 시간 안에서 살아간다. 그러나 모두가 주어진 시간을 자기 뜻대로 다룰 수 있는 건 아니다. 누군가는 한없이 높은 곳에서 시간을 채찍과 당근으로 조련하듯 마음대로 부리고, 누군가는 한없이 높은 시간을 우러러보며 끌려가듯 하루하루를 살아간다. 시간에게 그렇게 하라고 한 사람은 애초에 아무도 없다. 각자가 시간을 대하는 태도와 마음이 그렇게 형성된 것이다. 그렇다면 왜 대부분의 사람은 시간에 끌려다니는 삶을 살고 있는 것일까? 시간을 효율적으로 쓰는 수많은 방법과 법칙이 있는데도 현실의 삶에서 적용하기란 왜 그렇게 어려운 것일까? 그것은 현실에서 시간의 주체가 자신이 아니기 때문이다. 우리가 시간을 쓰게 하는 주체는 대부분 돈이다. 정확히 말해서 시간의 모든 주체를 돈으로 생각하고 여기기 때문이다.

시간의 주인이 된다는 건 삶이 자유롭다는 뜻이다

누구나 돈을 벌기 위해서 많은 노력을 하며 살아간다. 그리고 대다수의 사람들은 스스로가 원하는 일을 하면서 돈을 벌기보단 어쩔 수 없는 것과 해야만 하는 일을 하면서 각자의 상황에 맞게 하루를 보내며 돈을 번다. 그 시기도 천차만별이다. 10대 때부터 열심히 일해서 돈을 버는 사람도 있고, 10, 20대엔 학업이나 그 외의 사정으로 인해 돈을 버는 행위가 30대부터 시작되는 경우도 있다. 그리고 사람들은 어느 순간부터 알 것도 같으면서도 의아한 삶의 현실에 대해 고민한다. 10대 때부터 열심히 일해서 돈을 버는 사람이 무조건 부자가 되는 것도 아니고, 좀 늦은 30대 때부터 일을 시작한다고 해서 돈을 적게 벌거나 가난하게 살지도 않는다. 그럼에도 사람들은 많은 돈을 벌기 위해선 남들보다 더 빨리 움직여야만 부를 축적할 수 있다고 믿는다. 이런 단순한 생각만으로 돈을 많이 벌기 위해 세상에 뛰어들면 명확해지는 사실이 있다. 자신의 삶의 시간을 정해진 얼마큼의 돈과 맞바꾸는 행위이다. 그리고 모든 사람들은 충분히 알고 있다. 이러한 일반적인 생각의 삶은 여유롭고 부유한 삶을 약속하지 않는다는 것을 말이다. 그저 삶을 연명하는 데 필요한 만큼의 돈이 주어지거나 혹은 모자라서 늘 허덕인다. 이렇듯 우리는 알고 있지만 어쩔 수 없는 현실을 그저 당연한 듯이 잃어가고 있다. 바로 시간이 흘러간다는 것이다.

우리 모두가 생각하고 품고 있는 삶의 가장 큰 목표는 '돈을 버는 것'이라는 사실을 부정하는 사람은 아무도 없다. 모두가 되도록 많은 돈을 벌기 위해 각자의 위치에서 노력한다. 그러나 시간과 돈의 관계를 깊이 생각해 보는 사람은 드물다. 돈과 시간의 가치는 상상할 수 없을 정도로 차이가 있지만 현실에서는 '많은 시간'보다 '많은 돈'이 더 가치가 있다고 생각한다. 보편적으로 삶에서 줄어드는 시간을 인지하고 소중하게 쓰려는 생각보다 더 많은 돈을 어떻게 하면 취득할 수 있느냐에 집중하기 때문이다.

자신에게 한정된 시간 안에서 능력껏 얻을 수 있는 돈은 '번다'라는 말을 쓰지만 그 이상의 말도 안 되는 돈을 갖는 건 '취득'한다는 쪽에 가깝다. '버는 건' 자신이 원할 때 할 수 있는 것이지만 '취득하는 건' 자신도 모르게 어쩌다 뜻밖에 생긴 행운 같은 것이다. 취득한다는 건 쉽지도 않고, 원한다고 자유롭게 할 수도 없는 것이기에, 돈을 양껏 많이 갖기란 불가능한 것에 가깝게 느껴진다. 그러나 시간을 다스리는 사람들은 돈과 시간 사이의 보편적인 상관관계를 생각하지 않는다. 덕분에 이들은 돈에 집중되는 삶을 살지 않아도 경제적으로 부족함 없는 삶을 살아간다. 한정된 시간을 타인과 똑같이 소비하는데도 더 많은 돈을 가질 수 있는 이유는 시간을 대하고 생각하는 마음과 자세가 확연히 다르기 때문이다. 그들은 자신이 소비하는 시간을 절대 돈과 비례해서 맞바꾸지 않는다. 또한 자신이 가진 시간과 소비하는 시간의 가치를 매 순간마다 부여하지도 않는다. 그들은 시간의 양보다는 질에 집중한다.

당장은 소비된 시간으로 그 어떠한 보상을 받지 못하더라도 작게 뭉쳐진 눈 뭉치를 굴리는 데에만 집중하고 시간을 소비한다. 그들은 하나둘씩 만드는 눈 뭉치에 크게 신경도 쓰지 않을뿐더러 그때마다의 보상엔 관심도 없고 신경도 안 쓴다. 타인이 보기에 의미 없어 보이거나 이상하리만큼 쓸데없어 보이는 것들에 집중과 몰입을 할 때도 많다. 당장 쓸모없고 의미 없어 보이는 그들의 '눈뭉치 만들기'는 때가 되면 순식간에 커다란 눈덩이가 될 것을 믿고 있기 때문이다. 그리고 분명 침체하거나 퇴행하는 것처럼 보이는 그들의 행위는 순식간에 수직 상승하여 그 결과의 자리엔 엄청난 돈과 더불어 명예도 함께 놓이곤 한다. 이 모든 것들을 세상과 타인들은 애써 부정하며 좋은 '운'을 가졌다고 부러움과 함께 시기 질투한다. 그러나 그 누구보다 스스로는 알 수 있다. 한순간에 생겨버린 것 같은 부와 명예는 정한 목표를 오랫동안 끓여서 만든 농축된 시간이 만들어낸 결과물이다.

세계적으로 유명한 화가 '피카소'는 화가로서 드물게 생존했을 때 부와 명예를 충분히 누리고 살다 간 인물이다. 그런 '피카소'의 일화 중 너무나 유명한 일이 하나 있다. 이미 살아생전에도 유명해서 거리를 걷거나 카페에 앉아 있으면 사람들이 말을 걸고 인사를 했다. 하루는 '피카소'가 어느 카페에 앉아서 쉬고 있는데 그를 알아본 행인이 인사를 하며 냅킨에 아무 그림이나 적당히 대충 그려줄 것을 요구했다. 물론 공짜는 아니라며 사례를 한다고 했다. '피카소'는 그 행인에게 친절하게 대하면서 건네받은 냅킨에 그림을 그려서 주었다. 그림을 그리는 데는 불과 몇 분밖에 걸리지 않았다. 행인은 감사하다며 인사를 하면서 얼마를 드리면 되겠냐고 물어보았다. 그러자 '피카소'는 자연스럽고 당연한 어투로 우리 돈 1억 원에 가까운 금액을 말했다. 순간 그 행인은 놀람과 동시에 말도 안 된다는 언행으로 '피카소'를 비난했다.

"아니, 고작 냅킨에 몇 분간 휘갈긴 그림이 1억 원이라니 말이 됩니까?
그러자 '피카소'는 낮은 어투로 말했다.
"이것을 그리는 데 40년이 걸렸습니다. 사시겠습니까?"
행인이 황당해하며 불평불만을 계속 늘어놓자 '피카소'는 아무 일도 없었던 듯 시크하게 그림을 그린 냅킨을 자신의 주머니에 구겨 넣고 카페를 나왔다.

인간관계와 상담에 관한 예능 프로그램으로 많이 알려진 의학박사 '오은영'을 모르는 국민은 거의 없다. 전 국민의 멘토로서 자녀의 문제나 부부 문제 등 많은 고민을 풍부한 의학지식과 특유의 친근함으로 현명하고 시원하게 상담을 해준다. 상식적으로 이해되지 않는 아이들이나 성인들의 문제를 담담하고 이성적으로 논리 정연하게 풀어주는 모습으로 많은 사람에게 추앙을 받고 있다. 이런 '오은영 박사'를 인터넷에 검색하면 '오은영 상담비'

라는 키워드가 있다. 그중 여러 커뮤니티에 많이 올라와 있는 정보 중 하나는 '오은영 박사'의 상담비가 '10분에 9만 원'이라는 것이다. 90분 상담을 받은 사람이 81만 원을 지불했다는 인증이 여러 커뮤니티에 게시되어 노출되었다. 이것을 가지고 소수는 비난을 하기도 한다. 유명세를 갖고 장사를 한다고 말이다. 그러나 이런 난리 속에서도 '오은영 박사'에게 상담을 받으려면 최소 6개월에서 1년을 기다려야 한다고 한다. 그리고 많은 사람들은 기꺼이 기다린다고 한다. '오은영 박사'의 이런 상담비는 앞서 이야기한 '피카소'와 다를 바 없다. 상담하는 박사님의 한마디 한마디는 수십 년간 쌓고 이루어나간 수많은 지식과 함께 이성과 감정의 적절한 조화로 해답과 해결책을 제시해 주고 있다.

시간을 자신의 것으로 만들어 살아가는 사람들은 어느 순간부터 적게 일하고 많이 버는 때를 맞이한다. 이러한 경우가 진정 오랫동안 끓여서 만든 농축된 시간으로 원하는 일을 하며 많은 돈을 벌 수 있는 명확한 현실이다. 어쩌다가 운이 좋아 원하는 일로 많은 돈을 취득한 것과는 차원이 다르다. 배움의 양에 따른 삶의 질로도 부를 축적하는 양은 달라질 수도 있다. 이 모든 건 모두에게 매일 똑같이 주어지는 24시간이라는 시간 안에서 이루어진다. 지식이 많은 사람이 시간을 관리하고 다스리는 능력이 조금 더 나을 수도 있겠지만 결코 지식만으론 이렇다 저렇다 할 확신은 주어지지 않는다. 중요한 건 시간의 노예가 아닌 시간의 주인으로 살아갈 수 있는가의 문제이다.

시간의 주인으로 살아간다는 것은 주어진 시간에 자신을 끼워 맞추는 것이 아닌, 놓인 시간을 자신이 원하는 대로 원하는 곳에 나누고 분배해서 자유롭게 쓸 수 있는 상태를 말한다. 대단하고 유명한 사람들처럼 당장에 큰 것을 이루진 못하더라도 하루의 작은 부분인 일부를 자신의 것으로 만들어 나가는 연습과 노력이 필요하다. 이것은 곧 내 삶이 내 것이고 내 삶의 시간이 내 것이 될 수 있다는 초석이 되어준다. 삶의 모든 순간을 자신의 것으로 만드는 목표를 모두가 이룰 순 없다. 그럼에도 삶의 일부, 하루의 일부를 다스리고, 시간의 주인으로 살아간다는 느낌을 지속적으로 받는다면 그것은 돈을 포함한 마음과 정신이 자유로워질 수 있고 현실에 가까워지는 것이 확실하다.

장소에 구애받지 않는 삶을 살 수 있는가

수 세기에 걸쳐 사람들은 해가 뜨면 일을 하러 나가고 밤이 되면 집으로 귀가해서 쉬는 삶을 살아왔다. 이것은 시대가 아무리 변해도 모습은 각양각색일지언정 그 형태는 거의 변함이 없다. 그렇다. 현대인들은 대부분은 '9 to 6'의 삶이다. 특별한 경우를 제외하고는 아침 9시에 출근을 해서 저녁 6시까지 일을 해야 원하는 돈을 벌고 살아갈 수 있다. 휴일인 일요일 저녁에 편한 몸과 마음으로 쉬어야 하는데 다음날 출근할 생각에 가슴이 답답해지고 미세한 두통이 찾아오는 것을 많이 느껴봤을 것이다. 이로 인해 '월요병'이란 신조어도 이미 오래전에 생겨났다.

사실상 특별한 직업군이 아니면 '9 to 6'의 삶을 벗어나긴 쉽지 않다. 그러나 다행인 건 빠르게 변해가는 요즘 시대엔 몇 년 전까지만 해도 생각지도 못한 직업들이 생겨나면서 '9 to 6'의 삶을 벗어나는 사람들이 많아졌다는 점이다. 그러나 단지 아침 9시 출근과 저녁 6시 퇴근만을 벗어났을 뿐이지, 일정한 장소가 필요하고 하루 평균 8~9시간의 노동시간은 더 늘어났거나 설사 짧아졌어도 노동의 질은 더 고달파졌다. 여기서 우리는 알 수 있다. 정형화된 시간에 일을 하지 않는 것만이 성공의 길은 아니다. 모두가 바라는 이상적인 성공의 일과는 시간과 장소를 자신이 원하는 대로 세팅하고 그 안에서 자유롭게 움직이며 일을 할 수 있는가이다. 현실적으로 쉽지 않아 보이지만 생각보다 점점 많은 사람들이 이러한 시스템을 스스로 만들어 나가고 있다.

　2019년 코로나 팬데믹(covid19 pandemic) 이후 인간의 삶 가운데 획기적으로 바뀐 것 중 하나는 사람들의 일하는 모습이다. 정확히 말하면 하루의 시작과 끝이 예전만큼 많은 사람들이 일정하게 이동하지 않는다는 것이다. 재택근무도 많아졌고 본인의 업무 능력에 따라 출퇴근의 시간과 장소도 자유로워졌다. 이건 그동안 해오던 수많은 일들의 업무가 변했다는 게 아니다. 기술의 발전과 함께 좀 더 효율적인 인간 중심적으로 사무환경을 충분히 개선할 수 있다는 것이다. 코로나가 아니었더라도 사람들은 원하는 대로 흘러왔을 것이다. 코로나로 인해 반강제적인 모습으로 급속히 바뀐 것뿐이다. 그렇다면 이미 개개인도 어떤 일을 하든 간에 원하는 작업 환경을 만들 수 있다. 이런 근무 환경은 비단 사무직에만 국한된 게 아니다. 어찌할 수 없을 것만 같았던 서비스직도 '배달'이라는 획기적인 아이템이 이미 십수 년 전에 등장했다. 그리고 이 '배달'로 큰돈을 번 사람들은 대다수의 사람들이 거들떠보지도 않던 초창기에 시작했던 소수의 몇몇 사람들이다. 2011년에 탄생한 '배달의 민족'이 코로나를 기점으로 급성장한 것은 놀라운 일도 아니다. '배달의 민족'의 성장은 이미 예견돼 있었던 것이고 코로나로 인해 급격한 물살을 잘 탄 것뿐이다. 여기서 놀라운 사실 하나는 외식업 앱인 '배달의 민족'을 창업한 '김봉진' 대표는 외식업 출신이 아닌 디자이너 출신이라는 점이다.

성공은 장소뿐만이 아닌 직업의 종류와도 상관없다는 사실은 이미 오래 전부터 있었다. 그러나 보통은 자신이 하고자 하는 일의 너머를 생각하고 상상하는 것이 쉽지 않을 뿐이다. 그렇기에 우선은 자신의 일을 장소에 구애받지 않고 지속적으로 확장할 수 있는 것이 중요하다. 즉 어디에서도 자신의 일을 지속적으로 해나갈 수 있는 환경을 구축하는 건 자신의 삶에 튼튼한 날개를 달아주는 것과 같다. 그러나 아직까지는 수많은 직업들에 자유로운 날개를 일률적으로 달 순 없다. 개개인의 직업 특성상 장소에 구애받을 수밖에 없는 직업을 가진 사람들이 세상에는 더 많기 때문이다. 바로 이 점에서 우리는 생각해 봐야 할 것이 있다. 장소에 구애받을 수밖에 없는 직업에서 장소에 구애받지 않는 가능성을 아주 작게라도 찾는다면 당신이 속한 그 직업군에서 당신은 그 누구도 대체될 수 없는 유일무이한 존재가 될 수 있다.

코로나 이후 도심의 수많은 점포들이 폐업을 하고 문을 닫았지만 여전히 번화가의 중심은 많은 가게들이 오픈을 하고 있다. 예전보다는 임대료나 권리금이 떨어졌다고는 하지만 여전히 목이 좋은 곳은 낮아지거나 떨어지지 않는다. 부동산의 가격이 많이 떨어졌어도 사람들은 가게를 오픈할 때 가격보다는 위치와 장소를 먼저 보고 선택하는 경향이 여전히 크다. 인터넷과 앱이 많이 발달했음에도 점포를 오픈하는 데에는 실제로 사람들이 가게 앞을 많이 지나가야만 한다는 생각과, 사람들 눈에 띄어야 한다는 생각이 우선하기 때문이다. 세상이 아무리 변해도 삶의 일부분은 늘 다람쥐 쳇바퀴 돌듯 제자리 안에서 돌아간다. 이유는 간단하다. 두 가지다. 살아온 경험을 버릴 수 없고, 새로운 것에 대한 두려움이 크기 때문이다. 그리고 대부분 알고 있다. 이 두 가지를 정면으로 대하고 맞서면 낮은 확률의 실패와 함께 성공에 닿을 수 있는 기회가 많이 주어진다는 사실이다. 그럼에도 이 두 가지 장애물을 넘지 않거나 시도조차 하지 않는다면 뻔한 폐업을 하게 될 뿐이고, 망하는 길로 스스로 돌진하는 불나방 같은 삶을 살게 될 뿐이다.

'안정된 직장'이란 말은 이미 오래전에 사라졌다. 실은 안정된 창업도 있지 않다. 그저 마케팅 회사들의 꼼수에 넘어가 돈만 낭비하는 경우가 허다하다. 우리가 눈여겨보고 생각해 봐야 할 것은 되도록 많이 투자해서 그럴싸해 보이는 화려한 외관의 점포가 아니다. 교통도 안 좋은 외진 곳에 위치한 입소문 난 맛집의 성공 방법이다. 어디에서 무엇을 하는 것이 먼저가 아니다. 변화의 두려운 마음을 떨치면서 자신만의 독특한 아이디어와 기술을 습득하고 발전시키는 시간을 농축해 나간다면 그리 머지않은 미래에 당신은 독보적인 존재로 살아갈 수 있다.

Check Point

- 자신이 만들고 있는 농축된 시간은 무엇이며 언제쯤 그 모습을 구체적으로 그려낼 수 있는가?

8. 도끼질하고 있는 나무가 쓰러진다: 선택의 중요성

나무가 필요해서 산에 올라갔다. 보란 듯이 무수히 많은 나무가 있다. 어느 것을 먼저 베어도 문제는 없다. 그러나 좀 더 단단하고 실용성 있어 보이는 나무를 먼저 고른다. 어차피 다 비슷하겠지만 그래도 조금이라도 나아 보이는 나무를 고른다. 워낙에 좋은 나무들이 많기에 열심히 도끼질을 하고 있어도 다른 나무들이 눈에 밟힌다. 그렇다고 한창 하고 있는 도끼질을 멈추고 좀 더 좋아 보이는 다른 나무에게로 갈 수는 없다. 어차피 가장 먼저 쓰러지는 나무는 지금 도끼질하고 있는 나무인 걸 알고 있기 때문이다.

그러나 생각보다 많은 사람들은 하고 있는 도끼질을 멈추고 좀 더 나아 보이는 다른 나무를 향해 발걸음을 옮긴다. 그리곤 모두가 깨닫는다. 생각보다 월등하게 좋거나 완전히 새로운 나무는 아니라는 것을 말이다. 그리곤 생각의 갈림길에 들어선다. "아 어떡하지?", "별다를 것 없네?", "다시 돌아갈까?", "아니면 그냥 새로 시작할까?" 그리고 또 하나 중요하게 놓치고 있는 것이 있다. 그 고민하고 생각하고 있는 시간마저 낭비하고 있다는 사실이다. 이래저래 갈팡질팡하며 시간도 버리고 열정도 낭비했다. 생각지도 않게 얽히고설켜 버린 현실에 짜증이 나고 화까지 치밀어 오를 때가 많다. 되돌아가는 것도 의미 없고 다시 나아간다 해도 이전만 못한 현실인 걸 뻔히 알고 있다. 단 몇 그루만이라도 깔끔하게 베어서 등에 짊어졌다면 그나마 만족스러운 하루를 보냈을 것이다. 그러나 그 짧은 욕심과 생각에 사로잡혀 하루 종일 열심히 일을 했는데도 불구하고 단 한 그루조차 얻지 못하고 숲을 내려가며 후회하는 사람들이 많다. 더욱이 심란하고 씁쓸한 마음이 온몸을 휘감으면 쓰던 도끼나 사용하던 장비를 잃어버리는 예기치 않은 일까지도 일어나곤 한다.

운은 선물일 뿐이다

주식을 잘 모르는데도 무조건 확실하다는 전문가의 말을 믿고 가진 것을 전부 거는 사람, 돈이 벌리는 것을 두 눈으로 확인한 후 확신에 찬 마음으로 가상화폐 등에 가진 것을 모두 넣는 사람들은 우리 주위에 심심치 않게 많다. 만족을 하지 못하는 욕구, 불만족의 마음을 갖고 있는 사람은 대개 '유리 멘탈'과 '팔랑귀'를 동시에 갖고 있으며 그 끝은 나락일 수밖에 없다.

삶을 살다 보면 저절로 굴러 들어오는 호박은 삶의 곳곳에 있다. 보통은 (행)운이라고 한다. 그러나 그것은 자신의 것이 아니다. 성실한 삶을 잘 살고 있는 당신에게 하늘이 어쩌다 주는 작은 선물 같은 것이다. 그 선물은 5천 원이 될 수도 있고, 5억 원이 될 수도 있다. 5천 원이면 크게 신경을 안 쓰겠지만 5억 원이면 삶을 바꿔보려는 생각을 누구나 한다. 지극히 위험한 생각이다. 변화는 자신이 걷고 있는 길 위에서 기존의 것과 새로운 것의 조화로 이뤄지는 것이다.

새로운 것의 좋은 점에만 혹하여 단번에 변화를 시도하다간 안 하느니만 못한 상황을 맞이하기 십상이다. 어쩌다 얻어걸린 작은 행운이 눈밭을 구르고 있는 눈덩이처럼 커진다 해도 스스로 정성 들여 다지면서 굴린 눈덩이가 아니기에 녹아서 날아가 버릴 수증기에 불과하다. 운도 능력이라고 말하는 사람들은 위태로운 외줄타기를 하는 것이다. 화려하게 걸친 옷과 흔들리지 않는 시선으로 당당하게 전진하는 것처럼 보이지만 알고 보면 가느다란 줄 위에 올려진 발은 매우 위태롭게 떨고 있다. 그래도 꼿꼿하게 웃으며 줄타기를 하는 사람들은 보통 이렇게 말한다.

"공중에 떠 있는 줄이라 생각하지 말고 바닥에 붙어있는 줄이라 생각하면 무서울 것도 위험할 것도 없다."

"평지를 안정적으로 평생 걸어봤자 겨우 밥이나 먹고 살거나 그보다 못한 삶을 살 수밖에 없다."

"성공이 주어지는 행운을 기회라 생각하고 불안하거나 위태로워도 멋진 삶을 위해 기회를 놓치지 말아야 한다."

"도전과 모험은 불안할 수밖에 없지만 그 끝은 크고 안락한 좋은 집과 화려하고 멋진 자동차 등이 반드시 보상해 줄 것이다."

그래서 그런 (행)운들을 가지고 도전한 사람들은 과연 그것들을 몇 배로 늘려서 남들이 부러워할 만한 삶을 살아가고 있을까? 별 볼 일 없는 자신에게 위태로운 줄타기를 할 수 있는 기회가 주어진다면, 우리는 그것을 하늘이 주신 기회라고 생각하며 줄타기에 도전한 후, 마침내 모험에 성공해서 남부럽지 않은 화려한 인생을 보장받을 수 있을까?

사람은 보통 삶에 운이 들어오면 운이라 생각하지 않고 예견돼 있는 자신의 인생이라 여기는 경향이 크다. 자신을 이롭게 하는 것에 대한 관대함은 자연스럽기 때문이다. 그러나 진짜 성공할 사람들은 들어온 운을 사방팔방으로 둘러보고 훑어본다. 자신의 손바닥 위에 놓고 통제할 수 있는지를 살펴본다. 기쁨에 들떠서 운 자체에 취해버리는 것이 아닌 객관적인 생각과 시선으로 냉철하게 판단한다. 순간의 기쁨으로 즐길 것인지, 자신의 삶에 부스터가 되어줄지를 판단한다. 대부분의 운은 삶의 보상이자 쉼표일 때가 많다. 힘겹게 오르는 산 중턱에서 발견한 시원한 냇물 같은 것이다.

냇물은 그 즉시 시원하게 한 사발 들이켜야 진가를 느낄 수 있다. 집에 갖고 간들 얼마나 갖고 갈 것이며 가져간 냇물로 삶을 바꿀 순 없다.

우리는 생각보다 인생을 살아가면서 크고 작은 여러 가지 (행)운들을 만나게 된다. 그것들을 대하는 냉철한 자세는 동요하지 않는 마음으로 쌓아온 것들이 무너지지 않고 변함없이 정진할 수 있는 힘이 되어줄 것이다.

사소한 선택이 곧 가까운 미래다

열심히 꾸준히 도끼질을 하다 보면 반드시 몇 그루의 나무를 얻을 수 있다. 시간이 흘러서 노련해지면 몇십 그루도 한 번에 얻을 수 있다. 그러나 어디서 나타났는지 모를 전기톱을 갑자기 얻었다고 해보자. 우린 그날부터 수백 그루의 나무를 단번에 얻을 거란 생각을 쉽게도 한다. 하지만 갑자기 손에 든 전기톱은 서툴게 다룰 수밖에 없고, 이 때문에 고장 날 수 있다. 그 전기톱은 자신의 힘으로 유창하게 다룰 수 있어야 사용하다 망가지더라도 고칠 수 있는 능력이 생겨서 비로소 자신의 것이 된다. 그전에는 잠시 몇 번 써본 것뿐이지 자신의 것이라 생각하면 분명 크고 작은 문제와 사고가 생긴다.

우리의 삶은 생각보다 많은 갈림길에 늘 놓여있다. 좋아 보이는 것들의 유혹을 이겨내는 선택은 원하는 성공에 닿을 수 있는 가장 중요한 갈림길이다. 일상에서 접하는 사소한 선택일지라도 그로 인해 내일은 어떻게 바뀔지? 한 달 후엔 어떻게 바뀔지 알지 못한다. 한순간에 흐트러지고 한순간에 쓰러지는 수많은 일이 하루 동안에도 부지기수로 일어난다. 꼭 중요하고 큰일만이 삶을 바꾸고 변화시켜 주는 것은 아니다. 중요한 선택은 사소하게 딛는 한 발짝에서부터 시작할 수 있다. 평소에 중요한 선택지 못지않게 사소한 선택을 잘하는 건 인생의 맵(map)을 잘 그리는 것과 같다.

프랑스의 철학가이자 작가인 '장 폴 사르트르(Jean-Paul Sartre)'는 말했다.

"Life is C between B and D."

"인생은 삶(birth)과 죽음(death) 사이의 선택(choice)이다."

두 음식점이 있다. 어디를 갈지 고민하다가 한 곳을 가서 음식을 먹었다. 우리는 선택하고 맛을 본 음식점의 음식을 평가할 수 있을 뿐이다. 선택하지 않은 음식점의 음식이 맛있는지 맛없는지는 평가할 수 없다. 사람들의 일상에 모든 선택이 늘 좋거나 옳을 수만은 없다. 그럼에도 선택은 삶과 불가분의 관계이다. 인생에서 우린 늘 두 가지 이상의 길을 마주하고 한 가지 길만 갈 수 있다. 그렇기에 자신의 뜻과 소신대로 원하는 것을 선택해야 바라는 것에 가까워질 수 있다. 목표를 위한 많은 경험은 굳건한 나무의 잔가지 같다. 잔가지들은 나무를 지탱해 주는 데다가, 나무가 성장하는 데 중요한 요소이다. 태어난 삶(birth)의 순간부터 수많은 선택을 죽을 때까지(death) 할 수밖에 없다는 것을 강하게 인지해야 한다.

일상의 작은 선택들은 현재의 자신에게 큰 영향이 되지 않는다는 무의식의 생각을 떨쳐야 한다. 습관적인 작은 선택으로 돌이킬 수 없는 강을 건너는 경우가 부지기수이기 때문이다. 밥을 먹을 때 한 모금의 탄산음료가 건강에 큰 지장을 주는 것은 아니다. 주말마다 먹는 치킨에 마시는 맥주 한두 캔이 당장 건강에 영향을 끼치진 않는다. 그러나 매일 먹는 식사에 빠질 수 없는 탄산음료와 치킨을 먹을 때마다 마시는 맥주는 당뇨와 통풍을 일으킬 확률이 매우 높다. 이왕 먹는 음식을 최대한 맛있게 먹으려는 의도에 훼방을 놓으려는 게 아니다. 지금의 행동을 지속했을 때, 가까운 미래의 자신의 모습이 어떨지 조금만 헤아려본다면 원하는 삶의 방향과 동떨어진 곳은 쳐다볼 일도 없게 된다.

선택할 수 있는 것에 집중하기

나무를 하러 산에 올라갔는데 근처에 보이는 나무들이 시답지 않았다. 조금씩 발걸음을 움직이다가 멀리 내다보니 다른 봉우리가 더 빼곡하고 풍성해 보인다. 하산을 해서 다른 봉우리까지 다시 올라가려면 오늘 내로는 불가능하다. 아깝지만 오늘을 버리고 내일 다시 다른 산을 올라야 한다. 그러나 저 멀리 빼곡히 들어찬 나무들이 보이는 산에는 가본 적이 없어서 진짜 좋은 나무들만 있을지는 확실히 알 수가 없다.

선택해야 한다. 오늘을 아깝게 흘려버리는 대신, 보상이 될 수 있는, 내일 갈 수 있는 멀리 보이는 다른 산봉우리를 택할지, 선택해야 한다. 정답은 아무도 모른다. 운에 맡길 수밖에 없다. 삶에는 잘못된 선택이라 생각될 때 며칠이든 몇 달이든 자신을 되돌아보고 다시 자신에게 맞는 길을 선택할 수 있는 시간이 있다. 그러나 인생 전체를 펼쳐놓고 보면 선택할 수 없는 어쩔 수 없는 것들 또한 있다. 자신이 태어난 것과 환경이다. 스스로 행복한 이유를 찾지 못하고 불행한 이유만 번복하게 하는 가장 큰 주된 이유는 바로 여기에서 비롯된 게 의외로 많다.

모든 인간은 불변의 선택을 받고 태어난다. 똑똑한 부모님과 넉넉한 부잣집에서 태어나고 싶지만 대부분은 그렇지 않은 환경에서 태어난다. 삶의 시작부터 자신의 의지로 변화시킬 수 있는 것들은 많지 않다. 태어나서도 수년간은 자신의 의지보다는 부모와 세상이 이끄는 대로 성장한다. 성인이 되면 세상과 자신을 통제할 수 있을 거라 생각하지만 이보다 큰 착각은 없다는 걸 현실로 곧 받아들인다. 무언가를 알아가고 배우면서 성장하고 강인해질 거라는 착각 속에서 수차례 넘어지고 실패만을 반복한다. 스스로 선택할 수 있는 것들이 많아진 것 같은 현실을 맞이해도 넘을 수 없는 벽이 세상에 많다는 걸 뼈저리게 느끼게 된다. 그렇기에 우리는 살아가면서 자신의 의지와 상관없는 것들과의 싸움을 피하는 것이 인생에서 이롭다는 걸 알게 된다. 우리가 선택하지 않은 것들 중에 자신의 것인 양 따라붙는 것들이 있다. 그리고 그중에서 우리가 이길 수 있는 건 그리 많지 않다. 기나긴 인생에서 선택해야 하는 것들은 자신의 의지대로 이끌 수 있거나 일구어나갈 수 있는 것들로만 제한해야 한다.

삶에는 불변까지는 아니더라도 바꾸기가 무척 어려운 것들이 많다. 성형, 문신, 결혼, 사는 집 등이다. 물론 이것들을 빠르고 쉽게 바꾸려는 사람들도 있다. 결혼 후 아닌 것 같아 초고속 이혼으로 방향을 틀거나, 성형이 마음에 안 든다고 계속 뜯어고치거나, 했던 문신이 마음에 안 들면 더 큰돈과 더 큰 고통을 감내하며 지우면 된다. 그러나 원상태로의 깨끗한 피부는 쉽게 가질 수 없다. 이혼을 했다고 결혼한 적이 없는 사람도 될 수 없다. 이사 온 집이 마음에 안 든다고 당장 며칠 내로 또 다른 곳으로 이사를 하는 것도 쉬운 일은 아니다. 그리고 그 짧은 시간 동안 큰돈을 낭비해야 하는 각오도 해야 한다. 이처럼 무수히 많은 선택들을 다시 되돌리지 못하는 건 아니다. 하지만 그러려면 시간과 돈이 많이 들어가야 하고 그만큼의 정신과 마음의 인내도 필요하다. 그것은 고스란히 삶의 흔적으로 남는다. 모든 것이 실수와 실패였다고, 돌이킬 수 있다며 위안을 받지만, 완전히 지워지지 않는 흔적을 남기고 다시 시작해야 한다.

지금은 아닌 것 같은 선택도 당시엔 최고였고 최선이었다. 선택에 후회를 느끼는 것만큼 바보 같은 마음도 없겠지만 더 미련한 행동은 또다시 주어진 새로운 것을 선택은커녕 인지하지도 못하는 것이다. 후회와 미련은 성공과 성장은커녕 퇴보하는 삶이 보장될 뿐이다. 생각보다 인생엔 많은 것들이 주어진다. 지식과 혜안이 넓으면 인생의 순간에 좋은 것이 여기저기서 많이 보인다. 반면 옹졸한 생각과 시선으로 가진 것을 신봉한다면 새로운 좋은 것이 다가와도 결코 좋게 보이지 않는다. 나아가고 정진한다는 건 내 안의 것을 키워나가는 것도 있겠지만 새로운 것을 긍정으로 선택하고 자신에게 익숙하게끔 이질감을 없애는 것이기도 하다. 도끼질을 하다 잠깐 쉴 수는 있지만 오랫동안 멈추면 안 된다. 도끼질을 멈추면 그 어떠한 나무도 벨 수 없다. 속도를 줄일 순 있어도 방향을 크게 바꾸거나 멈추지 말아야 한다. 지속적인 선택으로 작은 성공과 실패가 반복되다 보면 자신이 원하는 큰 성공이 쌓이는 건 당연할 수밖에 없다.

- 자신의 삶에서 지속적으로 하고 있는 도끼질은 무엇인가?
- (행)운에 관대하지 않고 냉철하게 대할 수 있는 자신만의 마음가짐은 무엇인가?

9. 신경 쓰이는 것을 신경 쓰지 않는 방법

공부를 하려고 하거나 혹은 무언가를 시작하기에 앞서 우리는 각자 나름의 준비단계를 거친다. 이들 중 일부는 하려고 하는 것을 곧바로 시작하지 못한다. 왜냐하면 준비가 안 됐다고 생각하기 때문이다. 어떠한 일을 시작하려는 시발점에는 그것을 위한 준비와 중요한 한 가지가 있다. 바로 신경 쓰이는 것을 배제하는 것이다.

공부를 하기 위해 책상에 앉으면 평소에 보이지 않던 흐트러진 것들이 눈에 확 들어온다. 또한 평소에 보이지 않았던 먼지 같은 것들도 어디서 나왔는지 너무 선명하게 보인다. 도저히 치우지 않고서는 공부를 시작할 수 없다. 그저 휴지로 몇 번 닦으면 될 것인데 수 분 동안 오물을 치우고 나면 오히려 더 주위가 어질러진 것을 볼 수 있다. 과연 이런 상황에서 당신은 이런 것들을 무시하고 원하는 공부에 집중할 수 있겠는가? 공부뿐만이 아니다. 오늘의 할 일을 충분히 숙지한 후 회사에 출근하자마자 곧바로 일을 시작하고 집중해서 일을 끝낼 수 있는가? 보통은 출근을 하면 한숨을 돌릴 겸 커피를 한 잔 마신다. 어제 급하게 퇴근하느라 동료 직원과 끝내지 못했던 이야기도 마무리 지어야 한다. 때마침 상사의 부름에 달려가기도 한다.

이처럼 보통의 삶은 어쩔 수 없는 상황을 실타래 풀듯 풀어나가는 퍼즐 맞추기와 같다. 자신이 완성해야 할 실타래보다 풀어야 하는 실타래가 더 많다. 그럼에도 놓인 것에 집중하는 사람이 있다. 이들은 자신이 해결해야 하는 것의 결과가 선명하지 않으면 더한 두려움을 느낀다.

부정적인 생각을 줄이려면 몰입을 해야 한다

인간은 '긍정'보다는 '부정'에 신경을 더 쓰고 사는 삶이 일반적이다. 심리학자 '릭 핸슨(Rick Hanson)'은 사람의 뇌는 긍정적인 것들보단 부정적인 정보에 더 많은 관심을 기울인다고 했다. 이런 부정적 편향(negativity bias)은 지금처럼 발전된 문명이 있기 오래전 우리 인간들이 위험한 상황을 극복하려는 노력의 일환으로 현명한 결정을 내리기 위해 진화한 결과이다. 즉 우리 스스로를 안전하게 보호하려는 노력이다. 그러나 현대의 발전된 삶과 일상에서 부정적 편향(negativity bias)은 삶을 정진하기보단 퇴보시키려는 경향이 많다. 현대사회에 들어 부정적인 생각을 긍정적으로 바꾸는 일은 필요에 의해서가 아니라 생존의 수단으로서 마땅히 변해야 한다.

오늘을 긍정으로 이끌고 살아야 하는 이유는 과거와 미래는 대부분 부정적인 굴레에 쌓여 있기 때문이다. 보통의 과거는 후회와 미련이고, 보통의 미래는 불안과 걱정이다. 그래서 오늘을 긍정으로 살아가지 않는다면 삶 전체는 실패와 불행으로 쉽사리 물들어버린다. 그러나 어제도 안 좋은 생각이 삶에 스며들었고 내일의 일과도 조금은 걱정이 자리하는데 어떻게 오늘을 온전하게 긍정으로 품을 수 있을까?

그렇게 하기 위해선 후회와 걱정의 영향이 최대한 덜 스며들게 해야 한다. 바로 '몰입'에서 해답을 찾을 수 있다. 오늘의 지금을 만족하기 위해선 자신의 일과 삶에 몰입해야 한다. 그러나 어떠한 것에 원하는 만큼 자연스럽게 집중한다는 건 결코 쉬운 일이 아니다. 의지와 끈기가 필요하다. 여기서 문제는 의지와 끈기를 갖기도 쉽지 않을뿐더러 매사에 집중을 잘하는 사람이 보편적이지도 않다는 것이다. 그래서 대부분 몰입이나 집중은 쉽게 가질 수 없는 먼 것으로 생각하기에 변하지 않는 현실을 반복적으로 살아갈 뿐이다.

뭐든 좋은 것을 몸에 적응시키려면 충분한 시간이 필요하다. 익숙하지 않은 것을 자신의 것으로 만드는 데 몇 시간이나 며칠 만에 가능할 거라 생각하는가? 아주 사소한 것부터 시작해야 하며 중요한 개념을 반드시 숙지해야 한다. 익숙하지 않은 '몰입'을 익숙하게 만들려면 자신이 가장 좋아하고 쉬운 행위들로 시작해야 한다. 어려운 것을 이겨내야만 하는 부담의 무게로 접근하고 시도한다면 절대 오랫동안 지속할 수 없다. 정신건강을 위해서라도 사소하고 작은 것에서부터 성취감을 느껴야 한다.

그중 가장 일반적인 건 취미를 갖는 것이다. 그러나 보통은 취미에도 시간과 돈이 들어간다. 되도록 시간과 돈이 덜 들어가면 좋겠지만 과하거나 무리하지 않는 적당한 투자를 해서 취미를 갖는 것이 자신을 몰입에 넣을 수 있는 가장 쉬운 방법이다. 이보다 더 쉬운 행위를 찾는다면 TV 시청을 들 수 있다. 보통 TV를 많이 보면 바보가 된다는 것은 쓸데없이 습관적으로 틀어 놓는 것을 말한다. 보고자 하는 프로그램을 정해놓고 그것만을 시청하는 것은 다른 맥락이다. 유머든, 과학이든, 사회든, 동물이든, 자신이 관심 있고 호감이 가는 주제의 콘텐츠를 전문적으로 꾸준히 방영해 주는 방송은 분명 그 안에서 자신이 몰입하여 얻을 수 있는 것을 발견할 수 있다.

몰입은 시간이라는 개념을 되도록 잊고 순간에 집중해서 원하는 것을 얻는 행위이다. 어떠한 것에 대해 완벽히 몰입한다면 반드시 그것을 얻을 수밖에 없다. 사소한 것으로부터의 몰입이 발전되면 자신이 동경하고 원하는 것으로의 발전은 자연스럽게 이어진다. 성공과 행복은 바로 사소한 것으로 시작하여 장대한 것을 이루어나가는 확증된 단계이다.

'해결'이라는 프레임에 갇히지 말자

살아가면서 무엇이 가장 크게 신경이 쓰일까? 스스로가 능동적으로 움직이는 것들? 내 뜻대로 안 되는 것들? 무엇보다 매 순간 끊을 수 없는 것은 타인의 시선과 간섭이다. 우리 모두가 평생 벗어날 수 없는 울타리이다. 모두가 똑같이 느끼는 것이지만 개개인에 따라 삶에서의 비중은 제각기 다르다. 의식을 덜 하며 사는 사람이 있고, 일상이 불편할 정도로 신경을 쓰는 사람도 있다. 그로 인해 정도의 차이와 상관없이 시선과 간섭은 항상 뜻하지 않은 불편한 상황을 초래하기도 한다. 타인으로부터의 질책과 비난 역시 삶의 매 순간에 놓여있고 평생 느낄 수밖에 없다. 그 누구도 질책과 비난에서 자유로울 순 없다. 또한 타인에게 자신도 모르게 질책과 비난을 쏟기도 한다는 사실을 우리는 망각하며 살아간다.

질책과 비난받는 것을 좋아할 사람은 세상에 단 한 명도 없다. 그러나 세상 모든 사람들은 질책과 비난을 평생 받기도 하고 때론 알게 모르게 주거나 내뱉기도 한다. 자신이 내뱉은 비난은 그때 그 순간이 아니더라도 언젠간 반드시 용서하고 회개해야 한다. 던지는 입장에선 가볍게 잊을 수 있지만 받는 입장에선 깊이 박혀 지워지지 않기 때문이다. 그리고 중요한 건 질책과 비난을 받았을 때의 마음가짐이다. 살다 보면 잘해도 욕먹고 못 하면 더 욕먹는 게 일상다반사이다. 인간관계에서 절대 피할 수 없는 당연한 것이다. 받은 비난 때문에 삶이 불행해지지 않고 안정적이게 되려면 어떻게 해야 할까? 대부분은 그것을 '해결'이라는 프레임에 넣고 원리원칙과 문제 해결에만 집중을 한다. 긁어서 부스럼 만들 것을 알면서도 말이다. 원인과 출처가 불분명한 질책과 비난은 불가항력에 가깝다. 그렇기에 피하거나 흘려야 한다. 그런데 그걸 해결하려 드니 문제는 커질 수밖에 없다. 여기서 열쇠는 그 누구도 아닌 자신에게 있다는 걸 인지해야 한다. 아무것도 아닌 일에 몸과 마음이 휩쓸려 고통과 고난을 맞이하는 건 자신의 선택이다. 사소한 것에 신경은 쓰이겠지만 굳이 '해결'이라는 길에 서서 쓸데없이 시간과 마음을 낭비해야만 하는지 빠르게 판단해야 한다. '해결'이라는 맺음으로 마침표를 꼭 찍어야만 한다면 반드시 더한 것을 잃을 수도 있다는 걸 명심해야 한다. 따지고 파헤쳐 대갚음하는 모든 행위의 결과가 결코 좋음으로만 끝날 순 없다. 원리원칙으로 돌아가는 세상이지만 결국 이 모든 걸 만든 주체는 감정을 가진 인간이다.

불분명하게 자신에게 들어오거나 쏟아지는 부정의 열쇠는 자신에게 있다는 것을 반드시 기억해야 한다. 어떠한 상황이건 무마시킬 수도, 더 커지게 만들 수도 있다. 더 커지게 만들어서 이익을 볼 수 있거나 정신적, 육체적인 데미지를 감당할 수 있다면 정면으로 맞서야 한다. 그러나 자신에게 유리하거나 이익이 되는 일은 흔하지도 않을뿐더러 후유증도 크다. 그럼 그 반대를 생각해야 한다. 피폐해진 자신을 지켜야 한다는 말이다. 방치하거나 맞서면 악화될 뿐이다. 괜찮다고 넘어가는 행위, 알았다고 무시하는 행위, 됐으니까 더 이상 관여하고 싶지 않다는 생각과 마음을 지녀야 한다. 회피와는 다른 것이다. 자신을 지켜야 한다는 사실에 초점을 맞춰야 한다. 옛 속담에도 있지 않은가. '똥은 무서워서 피하는 게 아닌 더러워서 피하는 것이다.' 무조건 참기만 하라는 말이 아니다. 참기만 해서 손해 보는 바보로 살아가라는 뜻이 아니다. 자기 자신을 스스로 통제하며 지킬 것과 잃을 것을 이성적으로 냉철하게 생각하고 판단해야 한다.

삶에선 이렇듯 종종 시험이 찾아온다. 이런 인생의 시험을 대부분은 감정적으로 대하기에 오랫동안 쌓아놓았던 것들이 무너지는 걸 흔하게 볼 수 있다. 이런 일은 다람쥐 쳇바퀴의 제자리걸음도 아닌 낙후시키려는 모함과 유혹에 가깝다. 그러니 감정 앞에서 흔들리지 않는 강단이 중요하다. 자신을 지키고 가진 것을 빼앗기지 않을 현명함은 참을 인(忍) 자를 일상에서 얼마나 자주 드러낼 수 있느냐와 비례한다. 욕먹는 것이 두렵지 않거나 크게 신경 쓰이지 않을수록 자신이 원하는 삶의 길을 걸어갈 수 있다.

불행을 자초하는 삶을 끊어내기

쓸데없이 신경 쓰이는 수많은 것들은 긍정의 결과보단 부정의 산물로 내려앉는 경우가 많다. 그렇기에 우리는 자신도 모르게 불행을 자초하는 길에 들어서기도 한다. 그것이 실수였다면 방향을 바꾸면 되지만 미련과 집착의 본능으로 인해 불행을 자초하는 일은 일상에서 흔하다. 이제는 더 이상 어찌할 수 없다는 핑계의 포장지를 걷어내야 한다. 쉽진 않겠지만 조금씩이라도 의지의 마음을 품고 떨치려는 노력이 필요하다. 생각하고 인지하며 방향을 틀고 한걸음이라도 나아가는 작은 행위는 반드시 자신이 원하는 좋은 곳으로 이끌어준다.

불행을 자초하는 삶을 끊는 방법 3가지

1. 어쩔 수 없는 것들에서 벗어나기

생각보다 삶은 어쩔 수 없는 것들의 연속이다. 그리고 우리는 잘 생각해 보아야 한다. 그런 일이, 그런 상황이, 그런 것들이, 그런 사람이 자신의 삶에 얼마만큼의 값어치가 있고 얼마나 중요한지를 생각해 봐야 한다. 또한 그러한 것들을 해결했을 때, 자신의 삶이 얼마나 화려하고 다양하게 변하거나 바뀌는지도 생각해 봐야 한다. 생각보다 자신의 삶을 이롭게 하는 것은 어쩔 수 없다고 놓인 것을 해결하는 데에 있지 않다. 스스로의 온전한 모습으로 오늘을 자신의 의지대로 살아가는 모습에 있다.

2. 가져야 하는 것과 갖고 싶은 것을 구분하기

꼭 가져야 하는 것과 갖고 싶은 것은 확연히 다르다. 그러나 대부분의 사람들은 갖고 싶은 것을 가져야 한다고 착각을 한다. 그렇기에 삶의 대부분의 시간과 열정을 헛되게 쓰는 경우가 많다. 정신 똑바로 차리고 천천히 생각해 보자. 반드시 가져야 하는 것인지? 가지면 그저 삶이 조금 더 윤택해지는 것뿐인지?

3. 몸에 좋은 건 쓰고 몸에 나쁜 건 달다는 걸 인지하기

모든 사람들이 이론적으로만 알고 현실에선 거의 실천하지 않는 것이다. 자신을 이롭게 하는 것이 무엇인지 머리로 잘 알고 있다면 일단 눈앞에 보이게 해야 한다. 그것을 자신의 삶에 쉽게 대입할 수 없을지라도 늘 인지할 수 있는 범위 안에 놓아야 한다. 같은 이치로 자신을 해롭게 하는 것이 무엇인지 모두가 잘 알고 있다. 그러나 삶에선 안 좋은 것임을 알면서도 절대 멀리할 수 없는 것들이 너무나 많다.

모든 걸 단번에 끊을 수 있다는 생각은 절대 하지 말아야 한다. 줄여나가야 한다. 아주 조금씩, 미세할 만큼, 느끼지 못할 만큼이라도 멀리할 수 있다는 생각을 늘 인지해야 한다. 그러면 시간이 오래 걸리더라도 분명 멀어질 수 있고 그 반대의 좋은 것들과 가까운 삶을 살아갈 수 있다.

명심해야 한다. 좋은 걸 단번에 가까이할 수 없고, 나쁜 걸 단번에 멀리할 수 없다. 조금씩 가까워지고 조금씩 멀어져야 한다. 그래야 삶이 바뀌고 변한다.

Check Point

- 부정은 본능이고 긍정은 노력이다.
- 긍정의 몰입을 위한 자신만의 계획을 작게라도 세워보자.

10. 배고픔보단 머리가 고프다는 생각이 들어야 한다

　보다 나은 자신과 성공을 위해 우리들은 삶을 계획하며 살아간다. 유명한 사람들의 성공 법칙을 일상에 적용하려 노력도 해본다. 허투루 보내는 매일이 없음을 강조하고 하루를 나눠 쓰는 법, 시간을 효율적으로 분배하는 법 등 수많은 성공 노하우를 삶에 대입시키고 애쓴다. 그러나 알다시피 많은 사람들의 삶은 용두사미인 경우가 많다. 지속적으로 정진하며 끊임없이 나아가는 걸 모두가 원하지만 각자의 이유로 그것에 도착하는 과정을 이뤄낼 수 없는 삶이 더 많다.

배움이 멈추면 죽은 삶이다

　나의 아버지는 팔순을 바라보신다. 객관적으로 봐도 다른 또래분들보다 특별하신 분이신데 이제껏 아버지가 특별한 줄 모르고 살아왔다. 대부분 아버지 또래의 분들은 물론이고, 한참 밑인 6~70대의 대부분의 분들은 휴대폰으로 전화를 걸고 받는 것과 '카톡' 정도만 하신다. 그런데 아버지는 스마트폰으로 원하는 정보를 검색도 하시고, '스타벅스' 등의 프랜차이즈 카페에 가셔서 전자쿠폰을 이용하여 원하시는 커피를 취향에 맞게 골라서 사 드신다. 샷과 시럽을 원하는 대로 주문하시고 우유를 두유로 바꿔 드시기도 한다. 반면 열 살 정도 젊으신 어머니는 커피는 '맥심 믹스'밖에 모르신다. 어머니 또한 스마트폰을 사용하시지만 다운로드한 앱은 '카톡'뿐이다. 아버지와 어머니 나이 때인 70~80대의 분 중에 '스타벅스'를 이용하시는 분은 평소에 보기도 어렵고 흔하지도 않다. 아버지는 항상 변하는 세상에 발맞추어 살아가려 노력하신 분이었는데 그동안은 그저 나의 아버지라서 모르고 살았었다. 아버지는 세상이 생각보다 빠르게 변하고 있다는 걸 진작에 인지하고 계셨다. 당신이 할 수 있고 배울 수 있는 많은 걸 최대한 배우려고 노력하신다. 그 모습과 말씀이 아들로서가 아닌 객관적으로 봐도 너무나 멋있어 보인다.

아버지는 식사 자리에서 나에게 말씀하셨다. "배움에 의지가 없거나 멈추면 그건 죽은 삶이나 마찬가지다."라고. 배움을 온전히 받아들이려면 숫자에 관련된 모든 것들에 편견 없이 겸손해야 한다고 말씀하셨다. 그 말씀은 즉시 나의 온몸에 흡수됐다. 허리가 굽어 초라해 보이는 아버지의 외모에서 후광이 비쳤다. 아버지는 늘 이런 모습이었는데 그동안 자식인 내가 몰랐던 것이었다. 좋은 말과 좋은 생각의 명언 글 등을 '카톡'으로 보내주시기도 한다. 전 세계적으로 유명한 'BTS'의 칼럼 기사를 캡처해서 가족 '단톡방'에 올려주시기도 한다. 팔순인 분들 중에는 'BTS'가 누구인지는커녕 "그게 뭐냐?"라고 하시는 분들이 태반일 것이다. 모든 새로운 것을 접하고 습득할 순 없어도 호기심을 갖고 의지를 보이는 행위는 자신을 발전하고 성장시킬 수밖에 없다고 늘 말씀하신다. 아버지는 육체만 늙었을 뿐 젊은 생각과 마인드로 늘 생생하게 매일을 살아가고 계신다. 이런 분이 나의 아버지인 걸 뒤늦게 알아서 너무 죄송하고 자랑스럽다.

원하는 것은 누구나 배움으로 얻을 수 있다

2000년대 초반 강남 유흥업소 쪽에서 큰 사건이 하나 있었다. 유흥업소와 술집 등에서 최초로 각종 시스템을 도입해서 큰돈을 번 L씨이다. L씨는 유능함과 노련함 덕분에 당시의 경기 침체 속에서도 관련 업종의 각종 사업 등으로 승승장구했던 인물이다. 요즘에 흔한 '양주 한 병 얼마 + 맥주와 안주 무제한', '맥주 몇 병 얼마 + 노래와 안주 무료' 같은 서비스를 최초로 도입한 사람이다. L씨는 이 당시 이런 시스템을 최초이자 유일무이하게 거의 독점으로 운영을 해서 몇 년이라는 짧은 단기간에 수천억 원대를 벌어들였다. L씨는 단순히 돈만 많이 번 것이 아닌, 많은 돈과 함께 정계와 법계 쪽으로도 인맥을 이어나갔다. L씨가 결정적으로 구속이 되기 전까진 경찰과 국세청, 법원, 검찰에도 든든한 인맥이 있음을 과시했다. 자잘한 사건들은 L씨와 연계되거나 밑에 있는 '바지 사장(회사의 경영에 참여하지 않고, 운영하는 데 필요한 명의만 빌려주는)'만 수사 대상에 오르고 처벌받았을 뿐 L씨 본인은 형사처분을 많이 피해 갔다. 그러나 모든 범법행위는 새드 엔딩(sad ending)이듯 결국 L씨는 구속됐고 사회와 격리되었다. 그리고 그 당시 이 인물의 사건에서 유독 머릿속을 떠나지 않은 기사가 있었다. L씨가 검거된 후 주변인들의 진술 중에 이런 말이 있었다.

"L씨는 유흥업계 쪽에선 스티브 잡스와 같은 존재이다."
평소 L씨는 경제와 경영학 책을 즐겨 읽었으며 주변 지인들에게 "나는 당신들처럼 술 먹고 놀지 않고 도서관 가서 마케팅 공부한다."라고 자랑했다고 한다.

범법 행위와 각종 비리, 편법을 이용해서 돈을 번 것의 이야기를 하고자 하는 게 아니다. 한낱 웨이터의 삶을 살았던 L씨를 크고 강하게 성장시켜 준 것이 무엇인지를 말하고 싶은 것이다. 밤에 일한다고, 막사는 인생이라고, 하루살이 같은 삶이라고, L씨 스스로는 한 번도 생각해 본 적이 없다.

고단하고 고된 삶 한편에는 배움이라는 명확하고 확고한 미래가 있음을 누구보다 잘 알고 있었다. 백화점 1층 명품 매장에서 일하는 점원들 중 일부는 사치와 낭비가 심하다. 늘 보는 것들이 그런 물건들이고 늘 마주하는 사람들이 부자이기에 자신도 그렇다고 자연스럽게 도취되는 현상이다. 밤에 웨이터 일을 하는 사람이라면 당연히 비슷한 사람들이랑 어울리며 술과 각종 유혹들에 쉽게 빠지기 십상이다. 그러나 L씨는 자신은 다르다고 생각했다. 그리고 최고가 되기 위해 배움을 선택했다. 그 누가 밤에 일하는 웨이터가 낮에는 경제, 경영, 마케팅을 공부한다고 생각하겠는가? 설사 그런 책을 본다고 한들 주위 사람들이나 동료들이 박수라도 쳐주겠는가? 아마도 주위의 모든 사람들에게 놀림감이나 무시당했을 것이다. L씨는 배움이 자신의 미래를 명확하게 만들어줄 것이라는 걸 확고히 인지하고 그것을 현실로 만들었다.

그때나 지금이나 수많은 사람들이 배우며 살아간다. 그러나 여전히 배움이란 자신이 하는 일이나 하고자 하는 일에서의 배움 정도이다. 주방 보조로 일하는 사람은 주방장이 되기 위해 요리책 정도는 볼 수 있겠지만 경제학이나 경영학 책을 보는 경우는 흔하지 않다. 프로그램을 만드는 개발자가 관련 분야의 전문서적은 양껏 충분히 보겠지만 인문학이나 심리학 서적 등을 정독하며 공부하는 경우는 흔하지 않다. 우리는 배움을 잘못 인지하고 있다. 현재 하는 일을 성장시키고 돈을 많이 벌기 위한 배움에만 집중하고 있다. 그런 좁은 시야로는 원하는 돈은커녕 현상 유지도 쉽지 않은 시대에 살고 있다.

누구나 원하는 성장과 성공을 하기 위해선, 나무 한 그루만을 웅장하고 커다랗게 키워선 될 수 없다. '나무 한 그루 멋지게 키우는 방법'은 유한한 성장에만 그친다. 또한 그 나무 한 그루가 잘 자란다는 확실한 보장도 없다. '다양한 나무를 키우는 방법'이나 '숲을 조성하는 방법'을 공부해야 한다. 다양한 나무를 키우다 보면 한두 그루 시들어 죽는다고 해도 큰 타격은 없다. 더욱이 직접적으로 신경을 많이 쓰지 않아도 알아서 잘 자라는 나무도 있다. 애초에 숲을 조성하려면 큰 시야와 안목으로 바라보는 연습이 필요하다. '이건 좀 너무하다' 싶을 정도로 넓게 바라봐도 정작 숲을 가꾸고 일구는 과정에서 범위는 상당히 줄어들게 마련이다. 더욱이 몇십 그루의 나무가 병들어 죽는다 해도 일부의 나무이고 죽은 나무들의 원인을 찾아서 다른 나무들을 더 잘 키울 수 있다. 몇십 그루의 손해로 몇백 그루의 나무를 얻을 수 있는 지식과 지혜가 자연스럽게 생겨난다.

어떠한 일을 하며 살아가든 세상을 알고, 나를 알고, 타인을 알아야 한다. 경제와 경영, 심리와 마케팅, 그리고 자아 성찰을 위한 마음 등의 다양한 앎은 우리를 성공하는 길로 인도해 줄 수밖에 없다. 좋다는 배움 한두 가지에만 몰입하면 영양 불균형으로 생명력은 그리 길지 않다. 생각보다 세상엔 똑똑하고 잘난 사람들이 넘쳐나기 때문이다. 한두 가지 잘한다고 많이 안다고 으스대거나 잘난 체하다간 되돌릴 수 없는 굴욕과 창피함에 몸서리치게 된다. 얇고 높게, 빠르게 쌓으면 반드시 무너진다. 누가 뭐라 하든 강직한 겸손의 마음을 품고 천천히 두껍게 쌓아 올려야 한다. 그렇게 쌓아 올린 배움은 얄팍하게 속성으로 얻은 것들과는 차원이 다르다. 세상에 둘도 없는 자신만의 강력한 무기가 확실히 되어준다.

한 우물만 파서 성공한 사람은 분명히 있다. 그러나 대부분 과거의 이야기이다. 빠르게 변화하는 현시대에서 한 우물만 파기에는 세상과 환경이 쉴새없이 발전하고 있다. 자신만의 한 우물은 지정해 놓되 두루두루 주변을 살피고 세상을 보는 습관을 들여야 한다. 세상에 대한 호기심은 자신의 것을 지키면서 새로운 것을 자연스럽게 받아들일 수 있는 동기를 만들어준다.

활동 중인 배우 '김지훈'도 방송에서 이런 말을 했다.
"배움을 멈추는 순간 비로소 늙는다."

배움에 대한 갈망이 높은 사람들은 실패하려야 실패할 수 없는 현실을 살아가고 있다. 아래를 볼 일도 없고 아래를 향할 일도 없으니 나아가고 성장할 뿐이다. 그런 생각이 자연스럽게 들도록 긍정의 마음을 품는 것이 중요하다. '해야 한다'는 의무보단 '뭘까? 왜 그럴까?'의 생각과 마음이 꿈틀거려야 한다. 처음부터 '왜?'라는 생각이 자연스럽게 드는 건 누구에게나 쉬운 일은 아니다. 길고 짧은 여러 가지 목적과 목표를 항상 생각하고 있다면 호기심과 의문은 삶의 여러 순간에서 뜻밖에 나타난다.

자신이 이루고자 하는 뜻과 목표가 명확하다면 배움은 그곳에 순조롭게 닿기 위해 필요한 무기가 된다. 그런 무기를 인지하고 활용하는 것을 귀찮음과 고통이라는 현실이 종종 방해를 하지만, 그렇더라도 아랑곳하면 안 된다. 누구에게나 배움의 고통은 그리 유쾌하거나 즐겁게 다가와 주진 않으니 말이다. 배움의 고통은 일시적일 수 있으나 모르고 살아가는 고통은 영원하다.

• 배움이 삶에 스며들 수 있게 일상의 생각과 규칙을 나름대로 정해보자.

11. 특별한 사람이 될 수 있는 간단하고 쉬운 방법

남들이 잘하지 않는 것들의 힘

지극히도 평범한 어느 초여름 날, 길을 걷다가 교통정리를 하고 있는 경찰을 봤다. 아직은 그리 더운 여름도 아니었는데 땀을 꽤나 흘리고 있는 경찰이 눈에 밟혔다. 더욱이 교통법규를 어기는 오토바이들을 색출하느라 분주한 모습이 나의 시야를 벗어나지 못했다. 나는 때마침 그리 바쁜 날도 아니어서 쉬어갈 겸 편의점엘 들어갔다. 즐겨 마시는 시원한 커피를 하나 고르고 잠시 머뭇거리다가 하나를 더 집었다. 커피를 집는 잠깐 동안 머릿속엔 자아 둘이 싸우고 있었다.

"쓸데없는 오지랖 피우지 말고 내 갈 길 가자."
"별건 아니지만 커피 하나 드리면 웃으면서 기분 전환하시겠지."

평소의 이성적인 모습으론 하지 못했을 생각이었지만 괜히 그날따라 수고하시는 경찰 공무원의 모습이 눈을 거쳐 마음에까지 스며들었다. 여전히 경계를 늦추지 않고 횡단보도에서 긴장된 얼굴로 서 있는 경찰에게 다가갔다. 자신에게 다가가는 모습을 인지한 경찰은 내가 도움을 요청하는 듯 보였는지 경계한 눈빛이 조금은 풀리면서 나를 맞아주었다. 나는 약간은 어색하고 불편한 몸짓으로 입을 열었다.

"수고하십니다. 날씨가 많이 더운데 고생하시네요. 별건 아닌데 이거 하나 드세요."

짧은 인사말인데도 수월하게 나오지 않을 것 같아 몇 걸음 걸어가는 동안 입으로 중얼거리며 자연스럽게 커피를 건넸다. 순간 약간은 당황하며 놀란 기색을 보인 경찰관은 금세 눈빛이 바뀌고 어깨가 살짝 내려갔다.

"아, 네. 어…. 괜찮은데…. 감사합니다. 아직 초여름인데 날씨가 많이 덥네요. 감사히 잘 먹겠습니다."

경찰관에게 일반 시민이 음료수를 건네는 일이 평범하거나 보통의 일상이 아님을 알기에 그 경찰관도 적잖이 당황했을 것이다. 그러나 나는 분명히 그 경찰관의 눈빛과 말투에서 진심으로 고맙고 감사하다는 표정을 보았다. 비록 천 원짜리 음료수에 담은 작은 진심이지만 그 진심을 온전히 받아준 경찰관이 고마웠던 흔하지 않은 날이었다. 그 후로 경찰관을 볼 때마다 매번 음료수를 사드리진 못하지만 멀리서 스쳐 지나갈 때마다 "고생하시네요. 수고하세요."라는 인사의 말이 입가에 맴돈다. 또한 길에 서서 일하는 경찰관이 때마침 바쁘지 않거나 잠시 쉬고 있는 상태에서 곁을 지나가면 꼭 "수고하십니다."라는 인사말을 건넨다. 그러면 백이면 백 모두가 "아~ 네. 감사합니다."라는 답문을 그 즉시 해준다.

모르는 사람들이 보면 오지랖이라 느낄 상황이다. 그러나 이러한 행위를 늘 하는 것도 아니고 기회가 되면 그저 자연스럽게 할 뿐이다. 평소엔 오지랖에 'ㅇ'자도 모르는 내가 하는 이러한 행위는 오지랖이라고 생각하지 않는다. 남들이 하지 않지만 특별하고 의미도 있으며 큰 열정이나 시간이 필요한 일도 아니다. 지나가는 경찰관에게 인사를 건네는 사람이 우리나라에, 아니 전 세계적으로 몇이나 될까? 나는 스스로 특별한 의미 있는 일을 하고 있다고 생각했다.

2021년 12월 대구 달서구의 다세대 빌라 가정집 문 앞에 놓인 작은 간식 상자가 화제가 되어 뉴스에 나왔다. 간식 상자에는 음료 몇 종류와 간편하게 먹을 수 있는 간식거리가 놓여있었다. 그리고 쪽지엔 이렇게 쓰여 있었다.

"배송 기사님 늘 수고해 주셔서 감사합니다. 필요한 만큼 가져가셔서 드세요."

현관에 설치한 CCTV에 배송 기사님들의 얼굴은 대부분은 흐뭇한 미소를 띠며 음료수와 간식을 가져가셨다. 그렇게 간식을 1년 넘게 제공한 분이 방송국에 제보를 한 이유는 젊은 청년 때문이었다. 그 청년은 의아한 박스가 무엇인지 잠깐 살펴본 후 음료수와 간식을 챙겨 내려가면서 그 집 문을 향해 허리 굽혀 인사를 했다. 영상의 모습은 누가 봐도 흔히 나오는 행위가 아니었다. 뉴스 기사의 댓글에 그 청년은 무엇을 해도 될 사람이라는 수많은 칭찬의 글이 도배를 이루었다. 음료와 간식을 준비해 놓은 사람도, 별 것 아닌 음료 한 캔을 집어 든 배송 기사님들의 마음도 너무나 따뜻한 모습이었다. 배송 기사님들에게 음료수를 나눠주는 행위나, 길거리에서 일하는 공무원이나 그밖에 사람들에게 인사를 건네는 행위는 쉽게 할 수 있는 일반적인 모습은 아니다. 그리고 어떻게 보면 쉽게 생각하거나 몸이 자연스럽게 움직이는 행위도 아니다.

우리의 평범한 일상에서 보지 못한 것들이나 보이지 않았던 것들이 무엇인지를 보는 사람들은 주위에 늘 존재한다. 그들은 그런 평범함 속에서 다른 사람들이 인식하지 못하는 것들을 당연하고 자연스럽게 해 나간다. 흔하고 사소한 일상에서 남들이 인식하지 못하는 것에 눈이 뜨이고 그것을 품는 사람들은 타인보다 월등히 많은 행운을 끌어당기고 하는 일이 잘될 수밖에 없다.

최근, 갈수록 무인점포에서의 절도와 도난 사건이 자주 발생하고 있다. 그러던 중 2023년 3월 서울 노원구의 무인점포에서 특별한 일이 있었다. 한 여성이 5천 원짜리 간식을 하나 들고 계산대로 갔다. 바코드를 찍고 계산을 하려는데 뭔가 이상했다. 결제 금액이 500원으로 뜬 것이다. 악의가 없어도 보통의 사람이라면 "아싸 얼른 결제하고 가야지."라는 생각이 지배적일 것이다. 그러나 그 여성은 물건이 있는 곳을 번갈아 이동하면서 재차 물건 가격을 확인했다. 그러더니 500원이라고 표시된 물건값의 수량을 10개로 하고 5천 원을 결제했다. 무인점포의 점주는 그동안 수차례 분실과 도난사고가 빈번해서 속상했었는데 이런 놀라운 광경을 보고 방송국에 제보를 했다. 기자는 이러한 사실을 기사로 쓰면서 수소문 끝에 그 여자를 인터뷰했다. 고려대학교에 다니는 23살의 여성이었다. 인터뷰의 내용 또한 올바르고 반듯한 선한 모습이 물씬 풍기는 그런 사람이었다. 누리꾼들은 댓글로 그 여성분과 함께 부모님을 많이 칭찬했다. 순식간에 그 여성은 국민 며느리로 등극했다.

그 여성은 인터뷰에서 말했다. "물건을 제값 주고 사는 것이 무슨 기삿거리냐. 당연한 것이다." 그런데 세상은 당연한 것에 놀라움을 표하고 당연하지 않은 것에 혀를 찬다. 어느 순간부터 사람들은 아무렇지 않은 당연한 것을 배제하고 아주 작은 이익이라도 생기면 그것을 취하는 것의 본능에만 몸을 맡긴다. 그런 일이 빈번하게 반복되면서 사람들의 생각 또한 그릇된 잘못을 인정하지 않고 자신의 억울함에만 억지를 부린다. 이것은 돈은 물론이고 마음과 정신까지 밑바닥으로 끌어내리는 삶을 자초하고 있는 것이다. 고생하는 공무원에게 작은 고마움을 표하는 행위, 작은 정성에 감사함을 표하는 행위, 당연하지 않은 것을 의아해하며 당연하게 바로잡는 행위. 이제는 삶에서 당연한 것들을 당연하게만 해나가도 특별한 사람이 될 수 있다.

행운을 줍는 야구선수

일본의 프로 야구 선수 '오타니 쇼헤이'는 행운을 줍는 야구 선수로 유명하다. 훈련 도중이나 경기가 끝나면 그라운드에 떨어진 쓰레기를 줍는 장면이 수차례 포착된다. 이에 대한 인터뷰에서 "나는 쓰레기를 줍는 게 아니다. 타인이 버린 행운을 줍는 것이다."라고 말했다. 오타니 쇼헤이의 이러한 모습은 이뿐만이 아니다. 관중들에게 인사하기, 심판을 정중하게 대하기, 책 읽기 등 그는 성공을 위해 해나가야 할 것을 마인드맵으로 정리해서 실천하고 있다. 한마디로 그는 야구 실력만 좋은 야구 선수가 아니라 한 사람으로서 인성이 좋은 야구 선수이다. 성공은 실력뿐만이 아닌 운이 더해져야 한다. 그는 이 운을 끌어당기기 위해 올바른 태도와 바른 인성으로 삶을 쌓아나가고 있다.

우리가 성공을 어렵게 생각하는 이유는 여러 가지가 있다. 그중 객관적이고 명확한 것들에서만 자신의 가치를 증명받으려 하는 보편적인 성향이 크다. 이것은 숫자로 나타낼 수 있기에 무리들 속에서 빠른 인정과 수긍을 할 수밖에 없다. 그리고 대부분은 쉽게 바뀔 수 없는 숫자놀이에만 집착하여 자신을 더욱 자괴감에 빠트린다. 한정돼 있고 크게 늘어나지 않는 통장의 잔고와 한순간에 바꿀 수 없는 거주하는 집의 평수 같은 것들에서 말이다. 물론 이것들은 노력을 하면 얼마든지 숫자를 올릴 수 있다. 그러나 그러려면 얼마나 긴 시간과 대가가 따라야 하는지 우리는 잘 알고 있다. 그래서 성공은 모두가 바라보는 객관적인 것도 중요하지만 모두가 생각지도 못한 것을 바라볼 수 있는 능력이 필요하다. 타인과 비교를 해서 월등한 것을 찾는 것보다 자신만이 가질 수 있는 것에 관심을 갖고 실천할 수 있는 일상을 찾는 것이다. 타인보다 더 착함을 갖는 것, 더 친절함을 갖는 것, 더 너그러움을 갖는 것, 더 이해심을 갖는 것, 더 배려심을 갖는 것은 사실 너무나도 쉬운 것이다. 그저 당연한 것들을 당연하게 해 나가면 된다.

특별한 것은 무언가의 목적을 위해 일부러 찾는다면 더욱 보이지 않는다. 특별함은 남들과 같은 것들 사이에서 월등히 뛰어나야 하는 것도 있겠지만 남들이 미처 생각지도 못한 것들 사이에서 충분히 가질 수 있다. 이러한 생각과 마음은 독보적인 경쟁보다는 어우르는 관찰에서 주로 나온다. 우리 모두의 인생은 늘 바쁘다고 하지만 여유를 갖고 일상을 둘러보면 자신도 모르는 사이에 특별한 것을 얻을 수 있다. 타인과 차별되는 '당연한 특별함'을 갖는 것은 자신도 모르게 타인보다 우위에 자연스럽게 앉을 수 있는 고귀한 것이다.

Check Point

• 남들과는 남다른 자신만의 특별한 일상은 무엇이 있는지 생각해 보자.

12. 성공한 사람들에게 있는 명확한 두 가지

부자들의 자손은 그들도 부자로 살아갈 확률이 높다. 단순히 벌었던 돈을 물려주는 것 외에 돈을 관리하는 법과 세상과 삶의 이치를 그의 부모가 함께 물려준다. 반면 가난한 사람의 자손에게 가난의 대물림이 발생하는 것 또한 자연스러운 게 일반적이다. 자신이 이루지 못한 부의 세상을 알지 못하기에 자식이나 후손에게 알려주거나 남겨줄 것이 없다. 그러나 인간사에는 늘 예외란 것이 존재한다. 부자들 중에서도 몰락하는 사람이 있고, 가난한 사람 중에서도 인생역전으로 부자가 되는 사람이 있다. 인생의 전환은 흔하지 않은 케이스인 것만은 확실하다. 중요한 건 우리가 가난하게 살아가지 않고, 일확천금이 떨어진 졸부가 되는 것이 아닌, 진짜 성공한 부자로 살아가기 위해 꼭 필요한 것을 의식하고 있느냐이다.

유연한 자기 관리와 부드러운 인내심

배움의 의지를 높이는 것은 단순히 지식의 습득을 목표로 하는 것만이 아니다. 단순한 지식의 습득은 성공과 행복에 비례하지 않는다. 배움에 의지를 갖고 있다는 것은 세상을 알고 싶고 자신을 성장하고픈 마음이 의식과 무의식에 깔려있다는 증거이다. 중요한 건 오늘의 나와 내일의 내가 다른 모습으로 바뀔 수 있다는 명확한 의지이다. 과거의 나는 결코 중요하지 않다. 선천적인 IQ나 지적능력, 낮은 사회적 위치와는 전혀 무관하다. 배움에 의지가 강한 사람은 자기 관리와 인내심이 높을 수밖에 없다. 때 되면 책 읽고, 때 되면 운동하고의 좋은 생활 패턴을 자연스럽게 지켜나간다. 그렇지 않은 일반적인 사람은 결심을 해야 하고, 큰마음을 먹어야 겨우 시작의 단계에 들어설 수 있다. 그러나 그보다 중요한 문제는 그것을 지속할 수 없다는 것에 있다.

익숙하지 않은 것을 접하고 그것을 배움의 테두리 안에 넣고 자신의 것으로 만들려는 의지는 절대 쉽게 할 수 없는 행위이다. 따라서 대부분 뭔가 삶에 큰 변화를 주고 싶어서 큰마음을 먹거나 큰 결단을 하고 큰 행위를 한다. 이런 갑작스러운 변화를 통해선 원하는 목표에 닿기가 힘들다. 성공이라는 과녁에만 몰두하는 생각과 행위는 위험하다. 그곳에 닿기 위한 자신의 모습, 주위 환경의 변화, 자연스러운 일상적인 행동 패턴을 만드는 것이 중요하다. 그러기 위해 필요한 것이 '자기 관리와 인내심'이다. 여기서 말하는 자기 관리와 인내심이란 '철저한 자기 관리'와 '강인한 인내심'이 아니다. '유연한 자기 관리'와 '부드러운 인내심'이다.

독하게 마음먹는 무서운 사람을 보면 다들 한마디를 한다. "쟤는 뭘 해도 될 애야." 그러나 그보다 더 무서운 사람들이 있다. 일상에서 특별할 것 없는 언행이긴 한데 뭔가 평소와 다른 모습이 보이는 사람이다. 그들은 보통 대수롭지 않게 표현하지만 큰 것을 이루려는 결의가 행동과 말투의 여러 곳에서 나온다.

아는 지인 중에 만남을 약속하면 제시간보다 일찍 나오는 분이 계신다. 시간에 맞춰 장소에 도착하는 내가 미안할 정도로 그분은 언제나 나보다 일찍 약속 장소에 나와 계신다. 하루는 이전 스케줄 때문에 약속 시간보다 30여 분 정도 늦을 것 같아서 그분께 미리 연락을 했다.

나　: 선생님, 제가 일 때문에 좀 늦을 것 같습니다. 미리 도착해 있지
　　　마시고 천천히 나오세요.

선생님: 충분히 일 보시고 천천히 오세요. 저는 괜찮습니다.

그리고 약속 장소에 도착하면 역시나 선생님은 이미 오셔서 책을 읽고
계셨다. 주문해 놓은 커피도 반 이상이나 드신 걸 보니 오늘도 여전히 일찍
나오셔서 기다리고 계셨던 것이 분명했다.

나　: 선생님. 죄송합니다. 오래 기다리셨죠? 차도 거의 다 드셨네요.
　　　제 음료를 시켜야 하니 선생님도 드시고 싶으신 것 하나 더 말씀
　　　해 주세요.

선생님: 아뇨. 괜찮습니다. 음료도 마실 만큼 충분히 마시고 쉬고 있었습
　　　니다.

나　: 아니, 좀 천천히 시간 맞춰 나오시지 매번 일찍 나오셔서 기다리
　　　시는 게 지루하지 않으세요. 제가 늘 죄송해서 몸 둘 바를 모르겠
　　　습니다.

선생님: 아니요, 그런 말씀하지 마세요. 저는 진짜 괜찮습니다. 오히려 일
　　　찍 다니는 게 마음도 편하고 선생님과의 약속 전에 저의 시간을
　　　충분히 갖고 쉴 수 있어서 좋습니다.

나　: 그렇게 생각해 주시면 감사할 따름입니다. 책을 읽고 계셨네요?

선생님: 네. 그동안 이런저런 핑계를 대고 독서에 소홀했는데 새로운 습
　　　관을 들이니 책 읽기가 가벼워져서 좋습니다.

나　: 평소에 책을 많이 읽지 않으세요? 지식이 해박하셔서 독서를 많
　　　이 하시는 줄 알았습니다.

선생님: 아이고, 아닙니다. 평소에 일도 많고 삶이 그렇게 여유롭지 않아서 책을 많이 못 읽고 있습니다. 그런데 이번에 이렇게 누굴 기다리는 '킬링 타임'에 독서를 하니 특별히 시간을 내서 책을 읽지 않아도 한 달에 두어 권을 읽을 수 있어 좋습니다.

나 : 아, 그러세요? 그래 봤자 몇십 분일 텐데 그 짧은 시간이 독서습관에 도움이 될까요?

선생님: 아닙니다. 보통 누군가와 약속을 하면 1~2시간 정도 일찍 나가서 책을 읽으니 평소에 특별히 책을 읽으려고 시간을 낼 필요가 없어서 좋습니다.

나 : 그럼 늘 저와 만날 때도 1~2시간을 기다리셨던 거예요?

선생님: 네. 그런데 괜찮습니다. 타인에게 기다리고 있다는 부담을 주려는 의도는 없습니다. 단지 저의 다른 습관을 억지로라도 들이는 방법을 생각하다가 약속 시간에 일찍 나가면 마음도 편하고 그 시간에 좋은 습관을 들일 수 있는 무언가를 할 수 있어서 오히려 좋습니다.

나 : 아, 그렇군요. 저도 늘 독서의 중요성을 알고 있는데 습관을 들인다는 것이 여간 어려운 일이 아니더라고요. 저도 선생님처럼 일부러 책 읽을 시간을 내기가 쉽지 않으니 좀 더 부지런히 움직이면서 자투리 시간에 독서를 해봐야겠습니다. 좋은 조언 감사합니다.

그러고 보니 이제껏 내가 해왔던 독서를 생각해 봤다. 독서뿐만이 아닌 뭐든 필요한 걸 알면서도 잘하지 못하는 것이 인간이란 걸 새삼 느꼈다. 그럴수록 수많은 책에 쓰여 있는 철저한 자기 관리와 강인한 인내심으로 나 자신을 채찍질하고 몰아넣었었다. 물론 그것으로 인해 얻은 것들은 많았다. 나약했던 정신이 새로 태어났고 물러터진 육체가 긴장을 하게 되었다. 목표에 닿기 위한 길은 고난이라는 것이 당연하다는 생각에 부릅뜬 눈과 다문 입은 오직 한 곳만을 향해 견디고 버텼다. 그러나 오래 지속되진 못했다. 그럴수록 계속 채찍을 들었지만 한결같은 컨디션을 유지할 순 없었다. 그러니 어느 순간이 되면 지치는 게 당연했고 스트레스도 쌓였다. 그러면 또다시 세상과 자신을 향해 원망만을 할 뿐이었다.

열심히 해도 안 되는 걸 피부로 느낄수록 의기소침해지고 눈빛은 흐릿해져 갔다. 그러나 정말 다행이라고 생각되는 건 그럴 때마다 누군가가 옆에서 온화한 미소를 건넨다는 것이었다. 그들의 미소는 정말 편안하고 안락한 여유가 담긴 눈빛과 토닥임이었다. 그저 '힘들면 쉬어도 돼.', '지치면 잠시 내려놔.' 정도의 위로가 아니었다. 원하는 것을 위해 지치지 않고 지속적으로 나아갈 수 있는 방법을 알려주는 것이었다. 그때마다 의심이 들긴 했다. 저렇게 긴장감 없이 느긋하게 해서 원하는 걸 가질 수 있고 원하는 것에 닿을 수 있을까? 시간이 충분히 흐른 뒤 비로소 알게 되었다. 원래 없던 것이 내 것이 되려면 그것에 대한 강한 동경과 집착 그리고 의지가 필요했다. 그러나 어차피 내 것이라면 믿음과 끈기도 필요했다. 마치 한정판을 사고 싶어서 마트 입구에 장사진을 이루며 문이 열리길 기다리다 문이 열리면 우르르 몰리는 사람들과, 한정판이지만 언제든 살 수 있다는 마음에 백화점을 여유롭게 쇼핑하는 사람들처럼 말이다. 내가 알고 있던 그분들은 그랬다. 돈이 몇십억 몇백억이 있는 부자들은 아니었지만 살아가면서 원하는 것들은 언제든 소유할 수 있었으며 어떠한 상황이나 분위기에도 마음이 요동치거나 정신이 흐트러지는 사람들이 아니었다. 그제야 나는 진정한 부자가 어떤 모습인지를 알 수 있었다.

배우지 않고 가지려는 이기적인 욕심

모든 사람들은 많은 걸 가지려 한다. 그러나 모든 사람들이 배우려 애쓰고 노력하는 건 아니다. 공짜를 좋아하는 것은 본능이고 어쩌다 얻어걸린 것들에 마냥 행복해한다. 삶에서 '어쩌다'는 생각보다 자주 있을 것 같지만 아주 희박하게 놓이는 먼지 같은 것이다. 그럼에도 불구하고 사람들은 감나무 밑에서 입을 벌리며 살아가곤 한다. 감나무를 심을 생각도, 감나무를 키울 생각도 하지 않는다. 당연하다는 이기심이 무지와 가난을 낳고 있다. 지식과 지혜, 그리고 부는 결코 쉽게 얻거나 가질 수 없다. 이것을 갖고 있는 사람은 늘 부러움의 대상이다.

부러워하는 사람은 대부분 쫓으려 하기보단 평생 부러워만 하고 산다. 방법을 알아도 시도하거나 도전하지 않는다. 인간의 육체는 정신이 지배할 수 있다고 하지만 육체를 지배하려는 고난과 고통을 일부러 사려 하진 않는다. 언제가 될지 모르는 먼 미래의 행복보다 당장의 편안함과 안락함이 더 큰 행복이라 여기기 때문이다. 그러나 오늘의 행복이 오늘만의 행복으로 끝나길 바라는 사람은 없을 것이다. 오늘의 행복이 지속되려면 꺼져가는 횃불에 장작을 더 넣든, 기름을 가져와서 붓든, 타오를 수 있는 행위를 반드시 해야 한다. 그것의 가장 기본이 배움이다.

두려움을 모르고 사는 사람들: 그러나 그들도 두렵기는 마찬가지다

2002년 어느 심리학자가 노벨경제학상을 받았다. 바로 '행동 경제학'의 창시자 '대니엘 카너먼(Daniel Kahneman)'이다. 대니엘 카너먼은 1979년 전망이론(prospect theory)을 발표하게 된다. 이 이론에서 의사결정을 내릴 때 나타나는 행태 중 하나인 손실 회피(loss aversion)라는 개념을 통해 이익보다는 손실에 더 민감하게 반응한다는 사실을 밝혀낸다. 사람들은 실생활에서 의사결정을 합리적으로 한다고 생각하지만 긍정의 기쁨으로 정진하는 것보다 부정의 고통으로 후퇴하는 경우가 훨씬 크다.

'대니얼 카너먼'의 말에 의하면 인간은 무언가를 얻었을 때 느끼는 기쁨보다 무언가를 잃었을 때 느끼는 고통이 2.5배 정도 크다고 한다. 이런 경우는 주위에서 아주 흔하게 볼 수 있다. 길을 가다 주운 10만 원이랑 자신이 잃어버린 10만 원은 같은 돈 같지만 다르게 느껴진다. 그래서 우리는 이를 다르게 받아들이고 느끼는 여운도 상당히 다르다. 길에서 주운 10만 원의 기쁨은 좋은 것을 소비하는 순간의 즐거움, 딱 그만큼으로 끝난다. 더이상의 여운이나 감흥이 오랫동안 지속되지는 않는다. 그러나 잃어버린 10만 원의 여운은 생각보다 꽤 깊고 오래간다. 그날 할 일을 못 한다거나 돈을 잃어버렸다는 생각에 일을 하다가 실수도 하게 된다. 그 돈을 자신이 어떻게 벌었고 취득했는지에 대한 시간들이 파노라마처럼 머릿속을 헤집기도 한다. 바보같이 돈을 잃어버린 자신을 자책한다. 잃어버린 금액이 커질수록 고통의 데미지와 스트레스의 수치는 엄청나게 올라간다.

이렇듯 보통 사람들은 정진을 하다가 시련이 닥치면 그것을 이겨내려 하거나 버티려 노력하기보단 부정의 생각이 머릿속을 지배하게 된다. 이런 현상은 나태하거나 나약해서 일어나는 것이 아니다. 인간은 지극히 평범하기에 흔하게 나타난다. 다른 말로 하면 지극히 인간적이고 인간 본성이 발현되는 건강하고 평범한 상태를 말하는 것이다. 이러한 평범한 상태에서 성공에 가까워지기란 쉽지 않다. 성공은 절대 평범한 상태에서 이루어지거나 발현되지 않는다.

성공은 늘 접하는 익숙한 것들에서 나오지 않는다. 1의 기쁨을 느꼈을 때보다 2.5의 고통을 견뎌냈을 때 명확히 보이고 알 수 있는 것이다. 불안이나 두려움, 무서움 등은 익숙한 안락함에선 느낄 수 없다. 다르게 말하면 불안이나 두려움, 무서움을 느끼지 않으려고 익숙한 안락함을 버리지 못하고 뗄 수가 없다. 이것은 곧 삶과도 연관된다. 희망이나 기대는 없어도 살아갈 수 있지만 불안이나 두려움이 삶에 들어오면 살아가는 것에 문제가 생긴다. 즉 적당히 살아가면서 성공을 꿈꾸거나 기대하는 건 따뜻하고 안락한 집에서 찬바람이 부는 창밖에 잠시 손을 내밀어 보는 것일 뿐이다. 그러면서 노력을 했다고 말한다. 창밖으로 잠깐 손을 내밀어보니 얼어버릴 것 같은 통증을 느껴서 집 밖을 나간다는 건 불가능하다고 생각한다.

새로운 것이나 도전을 흥미로 받아들이는 사람은 주위에 그렇게 많지 않다. 새로운 건 안전하지 못하다는 내재적 뜻이 잠재해 있기 때문이다. 즉 무언가의 시작은 두려움 자체. 그래서 무언가를 시작할 때, 늘 두 부류의 사람들이 존재한다. 두려움이나 무서움을 모른 척 도전하는 사람. 두려움과 무서움의 커다란 벽 앞에서 아무것도 못 하고 포기하며 낙담하는 사람. 도전하는 사람도 두렵기는 마찬가지다. 그들은 그저 굴곡이 심한 길을 넘어지고 엎어지면서 나아갈 뿐이다. 시작을 했다는 건 실패도 온다는 뜻이고, 망신도 당한다는 의미이다. 이런 시작-실패-망신의 단계를 반복하는 것이다.

혹자는 그것을 보며 미련하다고, 바보 같다고 할 수도 있다. 그러나 도전하는 사람은 대부분 끝내 성공을 한다. 자신이 믿고 있는 것에 의심을 품지 않고 타인의 시선을 최대한 배제하며 묵묵히 꿋꿋이 자신의 길을 걷기 때문이다. 반면 두려움의 벽이 크게 느껴지는 사람은 보이지도 않고 존재하지도 않는 것들에 자신을 내던진 사람이다. 두려움과 무서움은 존재하기보단 사람들 각자가 받아들이는 마인드에 따라 존재의 유무와 크기가 결정된다. 애초에 존재하는 것이라면 정형화된 형태로 모든 사람이 느낄 것이다. 존재하지 않지만 느끼고 그것으로 인해 삶이 불편하다면 스스로의 마음가짐이 부정적인 것에 더 크게 쏠려있는 것이다.

부정적인 생각은 처음부터 아주 크게 다가오진 않는다. 불편하다는 작은 느낌이 점점 커지는 것이다. 위에서 언급했듯 부정적인 생각은 긍정의 것보다 2.5배 강하다고 했다. 그렇기에 처음엔 가볍게 여겨졌던 것이 어느샌가 자신도 모르게 거대해지는 것이다. 초기에 부정의 생각을 떨쳐버리지 못하면 빠져나올 수 없는 구덩이에 빠지는 것과 같다. 이것은 마치 스스로를 학대하는 것이다. 자신의 생각과 정신을 끊임없이 나쁜 쪽으로 몰아가며 학대하고 있는 것이다. 우리는 평소에 늘 좋은 음식만을 먹으려 하고 체력과 건강을 위해 운동도 하려는 생각을 바로 실천으로 옮긴다. 그런데 왜 정신과 마음은 좋은 쪽으로 바라보거나 가지 못하고 부정적인 생각이 조금이라도 스며들면 그것에 얽매이고 빠져버리는 것일까? 분명히 알아야 할 사실이 있다. '실패는 성공의 불가분한 일부이다.' 실패를 무조건적인 부정으로 치부하고 적대하여 피하려고만 든다면 그 자체가 성공과 멀어지는 꼴이다. 중요한 건 실패를 대하는 마음이다.

성공을 대하는 마음만큼의 긍정을 끌어올릴 수는 없겠지만 최소한 실패를 대할 때 그 감정의 무게에 짓눌리면 안 된다. 비록 실패가 현실이 되어도 아주 극단적인 현상은 쉽사리 오지 않는다. 실패로 인해 자신이나 누군가가 죽을 수도 있다는 말도 안 되는 일 따윈 생각할 필요도 없다. 자신을 스스로 빠져나올 수 없는 구덩이에 몰아넣으면 안 된다. 실패가 끝이라는 잘못된 생각과 판단을 머릿속에서 지워야 한다. 실패는 성공의 방법을 찾기 위한 디딤돌이다.

성공을 생각하고 꿈꾸고 있다는 것은 한 번도 가져보지 못한 것을 갖겠다는 생각과 의지이다. 가져보지 못한 걸 갖겠다는 건 해보지 않은 걸 해야한다는 뜻이기도 하다. 세상에 두렵지 않은 사람은 없다. 원하는 것을 위해느끼는 기쁨과 고통의 차이를 두지 않으려 애쓰는 것뿐이다.

삶을 살아가면서 걷기 편하게 닦아놓은 길에는 매력적인 것들이나 보석이 널려있지 않다. 설사 있다고 해도 시안성이 좋기 때문에 오래 머물지도않는다. 원하는 값진 것은 모두가 꺼리는 가시밭과 자갈밭에 숨어있고 널려있다. 그것을 가지고 나올 것인가를 당신이 선택해야 한다.

Check Point

- 유연하게 지속적으로 해나갈 수 있는 자신만의 성공 전략은 무엇인가?
- 실패가 삶을 지배하지 않게 하기 위한 자신만의 마음가짐은 무엇인가?

The Sincerity of Success

part 2.

얼마나
많은 사람을
품을 수 있는가

다름이 거북해서 멀리할 것인가,
다름을 인정하고 품을 것인가

The Sincerity of Success

1. 다름을 인정하는 것이 자신의 성장이다

사람들의 삶은 대부분 비슷한 테두리 안에서 움직인다. 돈이 아주 많거나 지식이 월등하다고 해서 남들과 완전히 다른 특이하고 놀라울 정도의 독특한 삶을 살진 않는다. 때 되면 밥 먹고, 화장실 가고, 운동하고, 사람들 만나서 술 한잔하면서 어제와 오늘 그리고 내일을 이야기하며 보낸다. 모두가 비슷한 삶이기에 우리는 간과하는 부분이 있다. 비슷한 것들 안에는 생각보다 다양한 것들이 존재한다. 중요한 건 사람들의 다양한 모습을 인지하고 인정하는 언행과 태도이다. 관계를 맺고 이어나가는 사람들이 하는 가장 큰 실수가 비슷하거나 똑같은 것들의 공통분모 안에서 타인과 자신을 동일시하는 착각이다. 이런 실수로 인해 서로 간에 가졌던 좋은 마음들이 상처로 남고 불화로 끝나는 경우가 일상다반사이다.

'좋은 것' 위에는 '맞는 것'이 있다

세상엔 나쁜 사람들도 많지만 비율적으로 보면 좋은 사람들이 훨씬 많다. 그래서 늘 하는 말이 '세상은 그래도 살만하다.'라는 것이다. 그러나 살만한 세상에서 아무리 좋은 사람이 되려고 애를 써도 인간관계에서는 불협화음이 나게 마련이다. 서로들 좋은 사람이 되려고 애를 쓰는데 무엇이 문제인가를 생각해 보면 답은 간단하다. 좋은 사람과 자신과 맞는 사람은 다른 맥락이라는 걸 인지해야 한다. 좋은 사람과 좋은 사람이 만난다고 관계가 늘 좋은 쪽으로만 발전하는 건 아니다. 좋다는 건 상대적인 것이다. 같은 언행과 행동이라도 누구에겐 좋게 보일 수도 있고 또 다른 누구에겐 꺼림칙하게 느껴질 수도 있다. 그래서 우리는 좋음에만 집중하는 과오를 되도록 줄여나가야 한다. 관계에선 좋은 것보다 중요한 게 있기 때문이다. 그건 타인과 내가 맞는 부분의 비중이다.

좋은 관계란 좋은 사람을 만난다고 형성되는 것이 아니다. 그 좋은 사람에게 내가 무조건 좋은 사람일 리가 없기 때문이다. 그럼에도 우리는 좋은 내가(나) 되려 하고 좋은 타인을(너) 만나려고만 한다. 모든 좋은 것들이 성공과 행복으로 이끌어준다고 강하게 믿는다. 그러나 성공과 행복은 좋은 것들 안에서만 꽃피우진 않는다. 각종 풍파와 시련이 곁들여야만 비로소 좋은 것들이 피어나거나 싹이 튼다. 좋은 사람을 만나려고 신중에 신중을 더하다가 20대는 물론이고 30대를 흘려보내는 사람들이 꽤나 많다. 좋은 것을 마주하다가도 거슬리는 것 한두 가지가 눈에 뜨이면 가차 없이 뒤도 안 돌아보는 경우도 부지기수이다. 나이가 들고 시간이 흐른다고 거슬리는 것들이 무뎌지거나 흐려지는 경우는 흔치 않다. 강한 고집과 아집으로 시간이 흐를수록 스스로 고립만 될 뿐 원인도 이유도 모르고 살아간다. 이뿐만이 아니다. 대부분의 사람들은 자신의 확고하고 명확한 기준이 스스로의 가치를 점점 떨어트리고 있다는 사실을 모른다. 아무리 동안이고 예쁘다고 해도 40, 50대는 그 나잇대로 보인다. 아무리 돈이 많다고 해도 그 돈으로 친구를 살 순 없다. 거친 피부와 주름살, 그리고 뱃살을 20대의 것으로 돌리는 건 결코 돈만으로는 할 수 없다.

많은 사람들은 자신이 잃고 있는 것은 자각하지 못하고 갖고 있는 것에만 스스로를 투영한다. 자신의 경험으로 도움이 안 된다고 생각되는 것들을 구분하고 멀리하며 배척하는 것에 쏟는 에너지는 삶을 오히려 퇴보시키는 결과를 초래한다. 그저 좋은 것들이 자신을 성장시켜 주고 성공으로 이끌 것이라는 착각은 변화하는 시대를 역행하는 것이다. 좋은 것에 대한 욕심은 결국 정체를 가져온다. 좋은 것보다 맞는 게 무엇인지 찾아야 한다. 사탕발림의 좋은 것으로 순간의 쾌락에 만족해하는 우를 범하지 않아야 한다. 당장은 불편하더라도 맞는 것을 찾는 여정은 결국 스스로를 성장으로 이끌고 성공을 바라보는 눈을 키우게 해 준다.

끝없이 고공행진하는 성장은 없다. 행복도 마찬가지다. 끊임없이 좋고 행복한 날이 몇 날 며칠 이어질 수는 있겠지만 몇 달, 몇 년씩 한없이 행복하기만 한 사람은 없다. 성장과 함께하는 실패와 좌절을 맛봐야만 또다시 성장할 수 있고 불행과 슬픔을 받아들여야만 또다시 행복할 수 있다. 명확한 진리이고 당연한 현실인데도 애써 부정하며 인정하려 들지 않기에 원하는 것은 자연스럽게 스며들지 않는다. 그저 좋은 것에만 집중하고 흔들리지 않으려는 위태롭고 불안한 마음을 품고만 살아가고 있다. 좋은 것을 많이 품을수록 좋은 사람이라는 프레임을 두껍게 쓸수록 더 좋은 것들을 가질 수 있고 자신에게 온다고 믿는다. 그러나 이것은 좋은 것을 놓치고 원하는 것을 더 멀게 하는 행위이다. 좋은 것을 원하고 그것을 품으려면 솔직한 자신이(나) 되어야 한다. 그래야 자신에게 맞는 것들이 더욱 쌓이게 된다.

그저 좋기만 한 것들은 생명력이 짧다. 자신에게 오래 머물지 못한다는 말이다. 자신에게 맞는 것이 들러붙어야 한다. 그것이 진정한 좋은 것이고 무의식중에 늘 원하는 것이다. 맞는다는 것은 단순히 식성이 맞고 취향이 맞는 공통분모만을 말하는 것은 아니다. 내가 이렇게 행동했을 때 저렇게 받아주는 사람이다. 꼭 자신이 부족한 걸 완벽하게 갖추고 있는 사람이 아니다. 좋아하는 운동을 타인에게 권유할 때, 그 운동이 별로 맘에 안 든다고 말했음에도 운동의 좋은 이점을 설교하듯 말하고 설득해서 억지로 하게 하는 것은 맞지 않는 것이다. 반대로 운동이라고 말할 수 없을 정도의 가벼운 행위로 관심을 끌고 그 운동으로 이끌어주는 사람이 맞는 사람이다.

독서가 무조건 좋은 것이란 걸 알지만 그렇다고 책을 읽지 않는 사람을 비판하고 무시하는 행동을 하면 안 되는 것도 마찬가지다. 그렇게 좋은 독서를 처음 할 때의 당신을 생각해 보면 된다. 무엇을 위해서 독서를 시작했는지, 책 읽기가 수월하지 않았을 때 어떤 방식으로 자연스럽게 독서를 이어왔는지를 생각해 보자. 좋은 것은 독서를 무조건 권유하는 사람보다 독서방법이나 궁금한 것을 나누고 공유해 줄 수 있는 사람인지 구별하는 것이다. 당장 물고기 몇 마리를 선심 쓰듯 베풀어주는 사람에게 빠지기보단 차근차근 쉽고 다정하게 물고기를 잡는 방법을 알려주는 사람을 곁에 두어야 한다.

다르기 때문에 같이 잘 살 수 있다

우리는 모두가 다르다. 모습도 다르고 생각과 가치관도 다르다. 중요한 건 이렇게 다른 사람들이 자신과의 인연이나 관련의 유무를 판단하고 선택하는 것이다. 달라서 배척한다면 얻는 것은 없고, 달라서 궁금하다면 새로운 것을 얻을 수 있다. 다르기에 몰랐던 좋은 것이 생겨나고 달라서 상대방에게 도움을 줄 수 있다. 같이 좋은 것을 나누는 것은 생각보다 순간이고 빨리 지나간다. 다른 것들을 펼쳐놓고 생각을 맞춰가는 시간 중에 더 좋은 것이 탄생하고 의외의 것이 서로에게 큰 도움이 된다. 같음에 자석처럼 이끌려 흠뻑 빠지기보단 퍼즐 맞추듯 서로의 부족한 부분을 채워주고 남는 것을 나눌 수 있는 그런 관계가 더 잘 살 수 있는 관계이다.

Check Point

- 여전히 좋은 것만 찾고 있는 나는 아닌지 생각해 보자.
- 나와 맞는 사람, 맞는 상황, 맞는 장소, 맞는 것은 무엇인지 생각해 보자.

2. 인성의 유무는 천국과 지옥을 결정한다

보드게임 '젠가'를 할 때 쉽고 빠르게 상대를 이길 수 있는 방법이 있다. 가장 밑에 있는 블록을 제거하는 것이다. 그러면 위에 블록이 아무리 촘촘하게 쌓여 있어도 블록들은 허무하게 무너지고 만다. 오히려 촘촘하고 단단할수록 더 쉽게 무너진다. 젠가의 모든 블록이 삶에서 들이고 품은 여러 가지 요소들이라면 가장 밑에 있는 블록은 '인성'이다.

연예인이나 유명인들이 부와 명예를 쌓을 때 어디에선가 드러난 나쁘고 안 좋은 인성에 관한 짧은 이슈는 단번에 그의 모든 걸 충분히 앗아간다. 이것은 비단 유명인들만의 얘기가 아니다. 우리의 일상에서도 안 좋은 인성은 사회적으로 쌓아둔 신뢰와 믿음 등이 하루아침에 쉽게 무너질 수 있는 충분한 요소가 된다. 벼린 도끼의 이가 빠지는 어이없는 상황은 자신도 모르는 사이 순식간에 일어난다. 그러나 생각보다 자신의 인성이 나쁘다고 생각하거나 그렇게 심각한 문제라고 여기는 경우는 많지 않다. 세상은 어느 정도의 이기심으로 돌아간다고 생각하는 것이 지배적이기 때문이다. 자신의 이익을 위해선 어느 정도 타인의 희생이 따라야 한다는 논리가 머릿속에 박혀있는 사람이 있다. 이들은 다수의 타인이 자신을 비판할 때도 그 심각성을 느끼지 못한다. 그저 자신의 억울함만을 끊임없이 표출할 뿐이다. 인성은 인간의 성공과 행복을 포함한 삶의 기본적인 대부분의 요소들을 이길 수 있는 가장 중요하면서도 그렇게 드러나지 않는 치트키(cheat key) 같은 것이다.

마법 같은 조미료

훌륭한 식재료를 가지고 음식을 만들면 맛있을 수밖에 없다. 그러나 아무리 뛰어난 요리 실력이라도 간혹 뭔가 부족한 느낌을 받을 때가 있다. 그때 아주 적은 조미료는 마법같이 음식의 맛을 극대화해 준다. 반면 잘못된 조미료의 사용은 본연의 식재료를 망칠뿐더러 완성된 음식을 아주 형편없이 만들어 놓는다. 인성은 이런 조미료와 같다. 인성은 자신이 이루어놓은 것을 극대화하여 더욱 빛을 발하게 할 수도 있고, 가지고 있는 것을 형편없게 만들거나 사라지게 할 수도 있다. 성장에만 몰입하다 기본으로 갖추어야 할 덕목들을 배제한다면 피, 땀, 눈물의 노력이 하루아침에 수포로 돌아가는 건 당연한 일이다.

대형 연예 기획사인 JYP의 '박진영'이 소속 연습생들에게 연예인으로서의 실력을 쌓는 것만큼 중요시하는 것이 인성 교육이다. 이런 '박진영'의 인성 교육이 큰 빛을 발했을 때가 있다. 동급의 다른 기획사의 연예인들이 온갖 범법행위들로 사회적인 물의를 일으켰을 때였다. 다른 기획사의 연습생들도 같은 선상에서 출발했지만 결과는 정반대의 모습으로 대중에게 각인되고 퇴출됐다. 이뿐만이 아니다. 사회적인 유명 인사들이나 개인적으로 영향력을 미치고 있는 수많은 능력 있는 사람들과 인플루언서들도 해당된다. 그들의 특별한 능력은 결코 하루아침에 이룬 것이 아닐 텐데 그 크고 멋진 것들을 하루아침에 무너트리는 것도 본인 자신이다. 그들의 대부분은 모르고 있다. 모르고 있으니 뻔한 끝을 향해 달려가고 있다. 그것을 지켜보는 대중들은 이구동성으로 말한다.

"내가 저럴 줄 알았어.", "어쩐지 위태해 보이더라."

멀리서 바라보는 사람은 거의 다 알 수 있다. 그들의 주위 사람도 알았을 것이고 충고했을 것이다. 그러나 쌓일 대로 쌓인 자만은 그 누구도 막을 수 없다. 나락으로 떨어지는 현실은 이미 애초부터 예정돼 있었다. 잘 나가다가 한순간에 사라지는 사람은 그 고귀한 능력을 받쳐주고 보호해 줄 수 있는 그 어떤 것도 갖춘 게 없는 안타까운 사람이다. 세상과 사람을 보는 눈도, 멀리서 자기 자신을 비춰보고 판단하는 눈도 없다. 어제를 돌아보고 내일을 적당히 예측하는 생각의 브레이크가 애초에 없기도 하고, 때로는 고장 난 것을 망각한 채로 삶에 취해서 살고 있다.

성공은 건물을 올리는 것과 똑같다. 많은 것을 쌓고 이루어나가면 성공한다. 그러나 무너지는 건물은 확실히 기초공사가 부실하다. 급한 마음에 화려하고 웅장한 건물을 빨리 짓는 것이 목표이기 때문이다. 땅을 다지고 철골을 잘 선택하며 연마하는 것은 적당히 해도 된다고 생각한다. 뼈대는 부실하게 대충 만들면서 화려하게 만들고 꾸밀 외관에 정성을 다한다. 한마디로 뻔한 결과가 보이는 헛짓거리인 것이다. 그럼에도 우리의 삶에서 부실공사는 때와 장소를 막론하고 여전히 곳곳에서 일어난다. 인성을 갖춘 사람으로서 더디게 성장하는 것보다 남들보다 빠르게 잘 나가고 화려하게 성장하는 것이 중요하다고 생각하는 사람이 많기 때문이다. 오늘 당장 10만 원을 더 버는 것이 당장 크게 변하지 않을 책을 읽는 것보다 더 중요하다고 생각하는 사람이 많다. 그럼에도 개중에는 당장 10만 원을 더 버는 것보다 기초공사를 철저하고 단단하게 하려는 이들이 있다. 그들의 삶은 대부분 팍팍하고 고달프기도 하다. 자신의 목표와 성장이 하루아침에 끝날 일이 아닌 것을 잘 알고 있다. 그들은 쌓아 올릴 화려한 건물을 매일 상상하면서 땅을 다지는 데에 많은 시간을 소비하고 기둥 하나를 세우는 데에도 기둥의 재료와 굵기 등 아주 세심하고 세밀하게 고르고 선택한다. 그러한 작업이 끝나면 생각보다 건물 자체를 올리는 데엔 그리 많은 시간을 들이지 않아도 수월하게 완성한다. 그리고 중요한 마지막 단계가 남았다. 외부의 온갖 풍파에도 거뜬히 견딜 수 있게 마법의 가루인 인성을 자신이 쌓아 올린 건물에 사르르 뿌린다. 그러면 그 건물은 자신이 생명을 다하는 날까지 절대 무너지지 않는다.

자신의 모든 걸 한순간에 잃을 수 있다는 걸 몰랐을까?

2020년 7월에 있었던 일이다. 미국의 실리콘밸리 벤처기업 '솔리드8(Solid8)'의 대표 CEO '마이클 로프트하우스(Michael Lofthouse)'는 저녁 식사를 하던 어느 식당에서 자신의 그릇된 언행으로 하루아침에 자신의 회사 대표직을 사퇴하였다. 평화로운 식당 안에서 생일파티로 모인 동양인 가족들에게 온갖 욕설을 퍼부은 것이다. 가운뎃손가락을 치켜들며 동양인 가족에게 모욕적인 언행을 한 잘 나가던 회사의 대표는 자신의 행동이 자신의 모든 것을 한순간에 앗아갈 거라는 생각은 하지 못했다. 이 장면을 가족 중 한 명이 휴대폰으로 촬영하여 SNS에 올리자 순식간에 많은 사람들로부터 비난을 받게 되었다. 영상이 퍼진 직후 대표 CEO는 피해자 가족들에게 사과하고 잘못을 뉘우쳤지만 이미 엄청난 속도로 퍼진 영상 때문에 자신의 가족들과 지인들에게도 피해가 우려될 수밖에 없었고, 결국 회사의 대표직까지 내려놓았다. 그러면서 연신 피해자 가족들에게 사과의 뜻을 밝혔지만 이미 엎질러진 물을 담을 수는 없었다.

일상에서 이런 경우는 드물다고 생각하겠지만 그렇지 않다. 자신의 위치와 상황을 망각한 채 본능적으로 돌출되는 언행은 언제나 있을 수 있는 자연스러운 상황이다. 똑똑하고 많이 가진 사람일수록 더 신경 쓰고 조심해야 함을 알지만 감정과 기분이 본래의 태도로 각인되는 건 순간이다. 이것은 그때의 순간에 노력을 한다고 막을 수 있는 일이 아니다. 평소의 생활습관과 갖고 있는 인성에서 돌출되는 본능인 것이다. 그래서 부와 명예, 명성을 쌓는 것만큼 인성을 쌓는 것이 매우 중요한 이유이다. 인성을 키우는 것은 자신의 노력이 흔들리거나 위태로워져도 쉽게 무너지지 않게 도와준다. 단순히 타인에게 좋은 모습으로 보이는 것으로 끝나는 것이 아니다. 자신의 성공과 성장을 가속화시켜 주는 큰 역할에 꼭 필요한 요소이다.

올바른 생각과 언행으로 받은 팁 1억 원

올바른 인성이 돈을 벌어주는 일화는 '마이클 로프트하우스'의 사건에 같이 담겨있다. 난동을 부리는 CEO를 적극적으로 제지하고 식당 밖으로 내쫓았던 식당의 종업원 '제니카 코크란(Jennica Cochran)'은 자그마치 1억원이라는 돈을 팁으로 받게 되었다. (모금은 더 올라갔다고 한다.) 사건의 영상이 SNS로 알려지면서 CEO의 추태와 함께 식당 직원의 올바른 태도가 고스란히 영상에 찍히게 되었다. 네티즌들은 이 직원의 올바른 행위를 칭찬하고 보상을 해주자는 취지로 온라인 모금사이트(고펀드미 GoFundMe)를 개설했다. 팁을 주자는 취지에 몇천 원씩 모였을 돈이 1주일 만에 1억 원 (7만 5천 달러 이상)이 모이게 된 것이다.

인성이 돈을 벌게 해주는 현실의 사례들은 이 밖에도 많다. 능력과 실력이 우선시되어 성장과 성공을 하는 현실이지만 인성은 분명 그 우위에 있다. 이러한 인성은 만들고 싶다고 하루아침에 만들어지는 것이 아니다. 사람에 대한 예의, 관계에 대한 올바른 생각과 일상의 판단으로 아주 조금씩 몸과 마음에 쌓이고 축적되는 것이다. 비록 실력과 능력이 조금 떨어진다하여도 월등한 인성을 갖추고 있으면 기회와 행운은 타인보다 더 자주 그리고 더 많이 온다. 그렇기에 우리는 삶에서 일상이 삐걱거리고 관계가 지속적으로 어긋나면 무엇보다 자신을 돌아볼 필요가 있다. 목적과 목표도 중요하지만 그 바탕에 무엇이 깔려있어야 하는지 크고 넓게 내다보며 늘 인지하며 살아가야 한다. 설사 당장 큰 성장을 이루지 못하였더라도 바른 인성이 굳건하게 내재돼 있으면 뜻하지 않은 기회와 행운은 삶에 반드시 주어진다. 좋은 기운을 갖고 살아간다는 것은 좋은 것과 좋은 사람을 이끄는 힘을 갖는 것이다.

올라가는 것보다 내려가는 것이 중요하다

성공을 위해 정진하고 올라가는 사람의 속도는 대부분 일정하고 비슷하다. 간혹 처음부터 전력을 다하여 미친 듯이 올라가는 사람도 있다. 그러면 분명 숨을 고르기 위해 중간에 멈춰 서게 되고 어차피 다른 사람과의 선상은 비슷하게 된다. 흔히 20, 30대에는 소수의 특별한 사람을 제외하곤 모두가 비슷한 길을 걷는다. 그러면서 배우고 익히고 깨닫는다. 최고의 정상에 모든 사람이 오르지 못하더라도 어느 정도의 길을 걷고 오르면서 대부분은 인생과 삶을 배우고 가슴에 새긴다. 그러나 모두가 비슷하게 올라가지만 내려오는 길에서 사람들은 정말 각양각색 여러 가지 모습으로 나타난다. 내려오는 방법과 속도, 방향 등이 저마다 제각각 다르기 때문이다. 올라갈 때와 비슷하게 내려오는 사람도 있고 경사를 미끄러지듯 급하강하는 사람도 있다. 빠른 속도의 하산은 반드시 탈이 난다. 돈을 잃고, 사람을 잃고, 자기 자신도 잃는다. 대부분은 인지를 하면서도 사람이기에 잊고 살아간다.

인생의 브레이크는 나아갈 때도 필요하고 되돌아올 때도 필요하다. 정진을 잘하기 위해 윤활유를 바르는 것처럼 제어를 잘하기 위해 인성을 삶의 모든 순간에 잘 발라놔야 한다. 성공을 향한 당신의 모든 계획이 흐트러짐 없이 좋은 결과를 이루고 오래도록 잊히지 않기 위해선 당신만의 치트키인 인성을 삶의 전반에 늘 펼쳐놔야 한다.

Check Point

- 자신의 삶에 인성을 한 스푼 추가하기 위해 했던 일상의 노력은 무엇이 있는 지 생각해 보자.

3. 금지된 것에 숨어있는 보석

세상에는 해야 할 일만큼 하지 말아야 할 것들이 많다. 특히 어릴 때는 부모님을 포함한 수많은 어른들의 통제에 의해 해야 할 것들을 강요받으면서 하지 말아야 할 것들을 철저하게 통제당한다. 그런 통제들은 보호와 안정이라는 명목하에 강제되고, 몇몇 이들은 그것이 자신의 인생을 옭아매는 족쇄란 걸 느끼지 못한 채로 성인을 맞이하기도 한다. 시간이 흘러 그게 족쇄란 걸 느끼고 깨달았다 한들 그 울타리를 박차고 세상에 나가 자신의 꿈과 희망을 펼치는 사람 또한 드물다. 대부분은 검증된 사실이라고 믿는 길을 걷기 마련이다. 이렇게 한창 성장기의 청소년이나 20대 대다수의 사람들은 부모님을 포함한 인생의 연장자에게 자신의 삶을 맡기거나 의지하는 경우가 많다. 이런 보편적인 삶의 길이 안전하며 확실하다고 생각되겠지만 그럼에도 불구하고 보통의 삶은 그리 호락호락하지 않다. 이미 먼저 인생을 겪은 부모님이나 연장자도 보통의 삶은 결코 쉽지만은 않았다. 그래도 몸과 마음의 안정과 행복이 보장된다는 길을 믿으며 살아왔기에 사랑하는 이들에게 그 길을 전해주고 인도하는 것이다.

우리는 누구나 자신의 성공과 행복의 길을 선택할 수 있지만 아무것도 없는 백지장 같은 인생에서 스스로 무언갈 그려나가는 사람은 그리 많지 않다. 시대가 변하는 만큼 각 세대의 성공과 행복의 모습이 다른 것을 인정해야 하지만 세습에 젖은 좁은 시야의 삶은 서로의 이해관계만 악화시키는 현실만을 낳고 있다.

하지 말라는 것을 할 수밖에 없는 사람들

아인슈타인이나 에디슨 같은 유명한 위인들의 어린 시절을 보면 상당히 이해되지 않는 언행으로 주위의 많은 사람을 고생시켰다. 평범하지 않은 언행을 하는 사람은 지능이 낮을 것이라는 편견 때문에 그들은 사회의 부적응자라는 꼬리표를 일찍이 달고 다녀야 했다. 그러나 그들의 남다른 생각과 행동은 결국 세상이 알아주고 빛을 봤다. 세상이 일찍 알아봐 주는 경우도 있고 아니라 해도 조금 늦게 인정받을 뿐이지, 그들은 반드시 그들의 세계를 세상에 펼쳐놓음으로써 독보적인 존재임을 확인받는다.

현대사회라고 별반 다르지 않다. 매스 미디어(mass media)의 발전은 세계 곳곳의 독특한 사람들을 유명하게 하거나 부자로 만들어준다. 흔히 유튜브만 보더라도 특이한 사람들이 유명해지고 부자가 되는 건 흔하게 볼 수 있다. 그들의 기행을 많은 사람들이 부정의 시각으로 비난하고 비판해도 결국 그들은 부와 명예를 얻는다. 물론 그 과정은 결코 하루아침에 쉽게 이루어지지 않는다. 보통의 사람들이 꺼리거나 할 수 없는 일들을 그들은 자발적으로 하며, 그런 행동은 평소 그런 행위에 대한 욕구를 품은 사람들의 지지를 받는다. 음식을 많이, 맛있게 먹는다거나, 궁금한 것을 대신해 준다거나, 일반적인 것들을 역발상으로 재정리해 준다거나 하는 것들에 대해 보통 사람은 생각에서만 머물거나 시도할 엄두를 못 낸다. 이렇듯 많은 사람들이 생각에만 머문 것을 실천에 옮기는 행위는 현재를 비롯한 과거에도 쓸데없는 짓이라는 비난을 면치 못했다. 또한 통계적으로 봐도 쓸데없는 짓을 해서 성공하고 빛을 보는 경우는 흔하지 않기에 본능적으로 하지 말아야 할 것들의 목록에 들어있다.

우리의 일상은 늘 그렇다. 해야 하는 것들은 모두가 하고 있기에 한정된 공간에 들어가려면 경쟁이라는 관문을 통과해야 한다. 그렇기에 우리는 늘 타인보다 탁월한 실력을 키우는 것이고 모두가 아는 것을 타인보다 월등히 잘하기 위해 끊임없이 기존의 것들을 습득하고 있다. 열심히 노력만 한다고 해서 무조건적인 성공의 결과물이 주어지지 않는 것이 바로 이 때문이다. 같은 것을 습득해서 타인보다 월등해지려면 그것의 지식과 방법을 최대한 완벽에 가깝게 구현해 내야 한다. 이것 역시 엄청나게 힘든 과정인데 최근엔 또 다른 여러 가지 요소를 더 갖춰야 뛰어나게 될 수 있기까지 하다. 좀 더 나은 외모나, 센스를 갖추거나, 되도록 많은 사람에게 환영받을 수 있는 모습이나 제스처 등을 익히는 것도 필요하다. 경쟁 사회에서는 같은 시간에 타인보다 얼마나 더 많은 것을 내 것으로 만들 수 있느냐가 성공으로 연결되곤 한다.

보통의 삶 속에서 하지 말라는 것을 추구하는 사람의 성공은 경쟁이라는 틀에 들어가려 하지 않는 행위이다. 현실에선 그들의 특별하고 독창적인 모습을 쉽게 발견할 수는 없다. 그들도 보통의 삶 속에서 가장 우선인 먹고 사는 중요한 문제를 해결하며 살아가야 하기 때문이다. 그러나 그들은 현실에 놓이거나 주어진 상황만을 해결해 가며 살아가진 않는다. 남들에게 없거나 흔하지 않은 것, 타인이 쉽게 하지 못하거나 접할 수 없는 것들에 대한 호기심과 연구를 하고 있다. 그들은 하지 말라는 것의 힘을 알고 있다. 그것이 자신을 언젠간 수직 상승시켜 줄 것을 직감하고 있다. 하지 말라는 것이 힘을 가진 이유는 '동경'을 불러일으키기 때문이다. 사람들은 자신이 갖지 못하는 것에 대한 욕망을 버릴 수 없기에 평생 그것을 열망한다. 맛있는 음식을 많이 먹고는 싶지만 먹을 수 없는 상황이나 육체를 갖고 있다면 맛있는 음식을 엄청나게 많이 먹는 유튜버에게 돈을 써가면서 그들의 팬이 된다. 코스프레를 좋아하지만 평범한 직장인으로서 직접 코스튬을 입고 화장을 할 수 없기에 자신이 좋아하는 코스튬 플레이어한테 돈을 써가면서 그들의 팬이 된다. 책을 자주 접하고 읽고 싶지만 그럴만한 여력과 여유가 없으면 책을 읽고 분석하며 재미있게 연출까지 해주는 북튜버의 팬이 된다. 그러는 중에 이들 중 일부는 자신이 꿈꾸던 것을 이루며 살고 있는 사람에 대한 동경이 커지면서 결국 자신도 그 길에 들어선다. 충동적으로 잘 나가는 것을 따라 하거나 흉내 내는 것이 아닌 마음속에 품고 있던 것을 이루는 길을 현실의 상황에 맞춰서 조금씩 걷는다.

위기를 기회로, 불안을 확신으로 만드는 힘

하지 말라는 것은 아주 오래전부터 있었다. 100년 전에도, 1000년 전에도 그 당시의 현자들은 자신들이 일궈왔던 안정된 삶으로 후손들을 이끌었다. 그러나 인류의 발전은 결코 안정된 삶에서만 이루어지지 않았다. 현자들을 따르지 않았던 시대의 반항아들로 인해 인류는 성장했다. 현재의 인류도 마찬가지다. 학교를 자주 빼먹고 불량하게 유년 시절을 보낸 스티브 잡스 같은 1%가 세상을 변화시키고 움직였다. 그러나 우리의 대부분은 99%의 삶을 살아간다. 1%의 특별한 사람으로 거듭나는 건 노력만으론 어림없다. 그렇기에 우리는 다른 방향으로 노력해야 한다.

평범하지 않은 남다른 모습의 사람들을 배척하지 않고 관심 있게 바라봐야 한다. 그들을 유심하게 관찰하면 쓸데없는 것들 사이에 숨어있는 보석을 발견할 수 있다. 이 또한 발견한 것이 보석인지 알아보는 눈도 필요하다. 노력만으로 가질 수 없는 창의성이나 기발한 아이디어는 말이 안 되는 뜻하지 않은 곳이나 사람에게서 튀어 오르기 마련이다. 자신과는 거리가 멀다고 생각되는 것을 접하고 품기 위해선 일률적이고 평범한 삶에 스며드는 이상하고 독특한 것들에 주의를 기울일 필요가 있다.

20여 년 전 광고인 2001년 동원증권의 광고 메시지가 있다.
"남들이 모두 yes라고 할 때 no라고 하는, 모두가 no라고 할 때 yes라고 할 수 있는 그런 친구."

수십 년 전에도 소수의 목소리를 내려면 큰 용기를 내야 했다. 하지만 큰 결과로 세상이 획기적으로 변하지 않는 이상, 소수의 목소리는 지나가는 개가 짖는 꼴이었다. 그도 그럴 것이 심리학적으로 다수가 옳다고 생각하는 인간 심리의 비율은 75%라고 한다. 더 놀라운 건 나머지 25%들도 '아마도 다수가 옳다'고 한 번쯤은 생각하고 있다는 점이다. 그렇지만 세상을 조금만 둘러보아도 쉽게 알 수 있는 것이 있다. 세상을 움직이고 성공한 소수의 사람은 대부분 하지 말라는 것에 강한 호감을 느끼고 그것과 함께했다. 반면 다수의 사람들은 명확하고 안정된 세상과 삶의 길을 걸으려 한다. 왜냐하면 그것이 옳은 것이라 믿고 배워왔기 때문이다. 그러나 세상은 결코 옳은 것들로만 돌아가진 않는다. 명확한 것들이 인생을 책임져주지 않는다는 사실도 누구나가 은연중에 느끼며 살아간다.

성공은 명확한 것에서만 꽃이 피는 게 아닌 걸 알지만 불확실한 것에선 더욱 피어나지 않는다는 생각이 사람들에게 만연하다. 그렇기에 사람들은 명확한 것에서 좌절을 맛보고 불확실한 것에서 두려움을 느낀다. 세상은 빠르게 변하지만 사람들의 정체된 생각과 언행은 그만큼 따라가지 못하기에 삶의 일상은 고난과 고통이 난무할 수밖에 없다. 본능을 거스르려는 의지보단 본능에 충실하려는 것이 그저 삶이기 때문이다. 더 나은 것은 결코 일반적인 것에서 태어나거나 나올 수 없다. 위기를 기회로 만들고 불안을 확신으로 만드는 힘은 타인의 관심밖에 있는 것을 쓰레기라 생각하지 않고 관심을 가져보려는 호기심의 실천에서 나온다.

Check Point

- 자신만의 남다른 감각을 키우기 위한 일상의 취미나 습관을 계획하고 실천해 보자.

4. 불안과 불행을 막으려면 단조로움을 가까이해라

성공과 행복을 아름다운 색이라고 말한다. 분명 성공과 행복은 지루할 틈도 없고 외로울 틈이 없는 휘황찬란한 아름다운 색이다. 해가 뜬 낮에도, 해가 진 어두운 밤에도 성공은 늘 환하게 빛난다. 밤하늘이 어둡게만 보이지만 가끔 작은 별들이 선명해지며 밝고 환하게 보일 때가 찾아온다. 그때에 우리는 원하는 삶에 근접했다는 여유를 느끼곤 한다. 반면 시간의 흐름을 느끼지 못하고 정적인 나날이 반복되면 실패와 불행이 삶에 스며드는 것 같다. 이러한 느낌은 속도가 금세 더해져 바닥이 보이지 않는 곳으로 우릴 데려가기도 한다. 삶의 불행을 무겁게 가라앉은 소리 없이 잔잔한 숲이나 호수 같은 짙은 슬픔으로 묘사하거나 표현하기도 한다. 그런데 현실의 삶은 그와 반대라는 것을 많은 이들이 모르고 있다. 성공과 행복은 잔잔한 고요함에 가깝고 실패와 불행은 정신없이 어지러운 화려한 불빛에 가깝다.

긁어서 부스럼 만드는 일상

잘하려고 노력하는 사람 중 많은 수가 시키지 않은 일을 알아서 할 때 문제를 일으키곤 한다. 일을 할 때에 주체적이고 능동적인 모습을 보이는 것은 분명 성장하고 성공하는 길을 걷는 것이다. 하지만 자신의 위치와 상황을 충분히 고려하고 현실을 인지해야 하는 순간도 있기 마련이다.

예전에 청소 일을 잠깐 한 적이 있다. 말 그대로 건물과 사무실을 청소하는 일이었다. 나의 월급은 해당 사무실에서 받는 것이 아닌 따로 소속된 회사가 있었고 그곳에서 매달 고정된 날에 월급이 들어왔다. 전문적인 청소업체도 아니었고 사무실의 간단한 위생환경의 정돈을 위해 적은 비용으로 채용돼서 일을 다녔었다. 계약직이었고 일 자체도 그리 힘들지 않아서 큰 사명감을 가질 필요도 없었다. 주어진 맡은 일만 수행하면 일을 더 시키거나 간섭하는 사람도 없었다. 더욱이 계약조건도 기본 사대보험과 연차 및 퇴직금이 보장된 안정된 일이었다. 비록 최저시급에 일하는 시간도 짧아서 충분한 돈을 번 것은 아니었지만, 운동한다 생각하며 하루의 일부분을 할애하는 것이었기에 충분히 만족하면서 일을 할 수 있었다.

첫 출근을 하는 날, 혼자서 하는 일이 아니라는 걸 알았다. 사회생활이란 건 당연히 여럿이 부대낄 수밖에 없는 것이니까. 첫 출근을 해서 일주일 정도는 일터의 분위기를 파악하느라 신경을 조금은 곤두세웠다. 내가 할 일과 잠깐 쉴 수 있는 곳, 그리고 출근해서 얼굴을 마주치는 사람들과의 무탈한 일상을 이어나가기 위한 마음가짐을 살폈다. 그렇게 며칠 만에 1년을 무탈하게 보낼 이곳에서 내가 적응해야 하는 처신을 익혔다. 예상대로 일은 크게 힘들거나 어려운 게 없었다. 스트레스도 전혀 없었고 사람들과 부딪힐 일도 없었다. 그러나 어느 집단이든 사회생활이란 건 나만 잘한다고 되는 것이 아니었다. 같이 일하는 파트너분의 오지랖으로 퇴근 시간이 늘어나거나 듣지 않아도 될 훈계를 종종 듣는 날이 있기도 했다. 오지랖이 조금 있었던 그분은 지극히 평범했지만 문제는 늘 열정이 넘쳤다는 것에 있었다. 그분은 늘 알아서 일을 잘하셨다. 그렇다고 내가 일을 못 하는 게 아니었는데 그분이 유독 돋보이게 열심히 하시니 사무실의 관계자분들이 잊을 만하면 입에 침이 마르도록 그분 칭찬을 하셨다.

그렇게 상반기가 지날 무렵 작은 문제들이 생겨나기 시작했다. 어느 날부터 그분은 일이 끝나면 허리와 어깨가 아프다고 병원을 다니셨다. 우리가 하는 일이 객관적으로 봐도 근육통이 생길 만한 일들은 아니었는데 그분은 종종 통증을 호소하셨다. 그뿐만이 아니었다. 더 안타까운 건 우리를 통솔하는 관계자분이 그분에게 질책하는 것이었다.

"이걸 왜 이렇게 하셨어요?"
"이건 말씀 안 드렸는데 왜 치우셨어요?"
"선생님께서 청소를 열심히 하시는 건 알겠는데 직원들이 ○○에서 냄새가 난다고 하네요."

그러면 그분은 다른 분들이 쉴 때 혼자서 남은 청소를 하셨다. 옆에서 보는 내가 안쓰러워서 가끔은 도와드리곤 했지만 같은 일이 반복되니 어느 순간 나는 내 할 일만 하고 신경을 쓰지 않았다. 그러다 어느 날 쉬는 시간에 그분에게 몇 마디 말을 건넸다.

나: "선생님, 저희는 그냥 시키는 것만 하면 될듯해요. 더 많은 걸 잘한다고 크게 달라지거나 돈을 더 받는 것도 아니니까요."
그러면 그분은 바로 수긍을 하고 인정하시면서 말씀하셨다.
그분: "맞아요. 선생님 말이 맞아요. 용돈 조금 버는 일인데 적당히 해야죠. 몸 생각하며 천천히 할게요. 고맙습니다."

그러나 다음 날 바뀌는 건 없었다. 그분은 여전히 자기 몸을 희생해 가며 열심히 일을 하고 계셨지만 가끔가다 오가는 관계자분의 질책과 훈계를 늘 받았으며 근육통으로 병원에 계속 다니셨다. 그리고 그분과 나를 포함한

다른 분들의 월급은 똑같았다.

윗사람이, 혹은 상사가 시키지 않은 일을 알아서 잘하면 당연히 칭찬을 받는다. 그러나 시키지 않는 일을 해서 훈계와 욕을 듣는 경우가 있다. 좋은 칭찬으로 돌아올 것을 기대하지만, 안 하느니만 못하게 되는 현실을 마주한다. 열심히 해도 잘하지 못하면 자신에게 주어진 일은 줄어들지 않는다. 오히려 수습해야 될 상황이 더 쌓일 뿐 예상치 못한 현실에 놓인다. 시킨 것, 시키지 않은 것, 모두 잘하면 어딜 가든 환영받는 인재가 된다. 문제는 인정받기 위해 노력하는 모습이 과잉으로 나타날 때 그것으로 입을 상처와 침울한 모습이 열심히 살아가는 오늘을 퇴행시키는 결과를 초래하는 것이다.

칭찬받고 인정받는 열망은 누구에게나 있다. 그러나 자신에게 주어진 것 안에서의 잘함보다는 그 밖에서 돋보이고 싶은 쓸데없는 언행이 오히려 모든 걸 망칠 수 있다. 인정받는 것에 집중하다 보면 본질을 잊는다. 인정받는 것보다 중요한 건 질책을 받지 않는 것이다. 일상의 삶도 더 크고 화려한 돌을 얹는 것보다 쌓아나가는 돌들이 무너지지 않는 것이 중요하다. 무엇에 초점을 맞춰야 하는지, 무엇을 먼저 살펴야 하는지, 일상의 삶에는 분명 우선순위가 존재한다. 차곡차곡 쌓이는 돌들이 흔들리지 않고 안정됨을 확신한 후에 다른 것들을 둘러봐야 한다. 우리는 생각보다 자신의 부족한 면을 들여다보는 것보다 타인의 부족한 것을 더 잘 보는 편이다. 이것은 자신을 객관화하지 못하고 세상과 사람을 보는 본능에서 나온다. 그래서 삶과 관계는 이성으로 접근하고 본능으로 깊어져야 한다. 객관적으로 자신의 모습과 위치를 파악해야 갖고 있는 주관적인 것이 긍정적으로 영향을 미치게 된다.

자신이 가진 것으로 성공에 닿을 수 있다고 생각하며 큰 액션을 취하는 사람은 그것으로 더 빨리 닿을 수 있다는 착각을 하고 있다. 큰 액션보다는 본질에 충실해야 된다는 진리를 알고도 접어둔다. 본질에 충실하다 보면 비어있는 구멍이 보인다. 그 작은 것을 잘 찾아내서 자신만의 방식으로 채우다 보면 누구보다 독보적으로 상승할 수 있는 기회는 찾아온다. 사람의 삶에는 열심히 많이 쌓는 만큼 터무니없는 곳에서 무너지거나 소실되는 경우가 많다. 긁어서 부스럼을 만드는 사람들 속에서 당신의 침묵과 신중한 작은 행동은 요란한 일상에서 빛을 발할 수 있다. 그러니 자신의 항아리에 본질을 채우는 것을 우선적으로 해나가야 한다.

행복은 잔잔하고 불행은 들떠있다

성공해서 행복한 사람은 자신이 이룬 성공에 감당할 수 없을 정도의 애정을 끊임없이 담는다. 반면 행복하기 위해 성공한 사람은 많은 과정의 행복이 모여서 자신이 늘 선명하게 생각했던 성공을 이룬 것이다. 성공과 행복의 연관성은 비슷해 보이지만 결코 같은 과정이나 같은 결과를 초래하지는 않는다.

자신이 성공했기 때문에 행복하다는 사람은 주위에서 찾기가 쉽다. 좋은 차를 타고 다니거나 좋은 옷, 더 크고 좋은 집으로 갑자기 이사를 가는 사람들이다. 이 모든 건 돈으로 살 수 있는 것이다. 뽐내거나 자랑하는 사람은 돈으로 할 수 있는 것을 부각하고 강조한다. 그렇다면 똑같이 많은 돈을 벌긴 했지만 행복하기 위해 성공한 사람은 왜 돈 자랑을 하지 않는 것일까? 그것은 진짜로 성공한 사람은 단순히 돈이 많은 걸로는 성공의 잣대를 재지 않기 때문이다. 단순히 돈만 많은 걸로 성공과 행복을 논하는 것은 지속되지 않는 순간일 뿐이란 걸 많은 사람들은 이미 잘 알고 있다. 진심이 깃든 성공의 삶은 돈으로 얼룩지거나 돈 때문에 제약받는 일이 일어나지 않게 하는 데 초점이 맞춰져 있다. 돈으로 인해 육체와 정신이 휘둘리지 않는 일상을 맞이했기에 온갖 화려한 것들의 필요성을 느끼지 못한다. 그래서 진짜 성공한 사람은 자신의 삶에 돈 자랑이 큰 의미가 없다. 그들이 가진 돈의 용도는 살아가는 삶이 안정적이고 평화로울 수 있도록 막아주고, 지켜주고, 해결해 주는 역할을 무난하게 해 줄 뿐이다. 그렇기에 돈은 그저 자유롭고 행복하게 살아갈 자신과 얽혀있는 모든 것을 잔잔하게 해주는 수단에 불과하다. 그러나 부자가 돼서 성공했다고 강조하는 사람은 돈 자체가 삶의 행복이다. 돈의 유무에 따라, 얼마나 있고 없느냐의 숫자가 중요하기 때문에 돈이 많은 부자가 되었어도 끊임없이 돈에 열망하는 노예로 살아갈 수밖에 없다. 삶 자체는 돈을 더 늘리는 것과 그 돈을 지키고 유지할 수 있는 것에만 관심을 가진다. 아침에 눈을 떴을 때부터 잠자리에 들 때까지 돈과 숫자가 매 순간에 깔려있다.

10억을 가진 사람이 전자일 수 있고 100억을 가진 사람이 후자일 수 있다. 남들보다 적게 가졌다고 더 원하거나 남들보다 많이 가졌다고 덜 원하는 게 아니다. 자신이 생각하는 성공에 닿았는지 그리고 그 성공으로 무엇을 이루며 살아가고 있는지가 중요하다. 1억도 없는 대다수의 사람들이 보면 고래들 싸움이라고 여길 것이다. 그리고 그 고래들을 부러워하고 행복할 것이라 믿는다. 그러나 현실은 100억을 가졌어도 욕망과 불안에 휩싸여 돈에 집착하는 사람보다 소중하게 마련한 1억으로 삶의 질과 행복의 척도를 높지 않은 곳에 둔 사람이 행복을 가질 기회가 높다. 자신이 번 돈에 자신이 원하는 성공과 행복의 구체적인 모습과 의의가 많이 녹아있어야 도착하는 결승점뿐만이 아닌, 고달팠던 시작과 힘겨웠던 과정이 모두 행복할 수 있다.

감사함이 낳은 진정한 성공

유명한 소설가이자 철학자 '알랭 드 보통(Alain de Botton)'은 '진정한 성공이란 평화로운 상태에 놓이는 것'이라고 말했다. 그러나 여전히 사람들은 '진정한 성공'보다는 '그냥 성공'을 원한다. 그냥 성공이란 돈을 많이 버는 것뿐이다. 안타까운 건 그냥 성공을 도전하는 대부분의 사람들이 원하는 만큼의 돈을 삶에서 얻지 못하는 경우가 태반이라는 것이다. 늘 돈이 없다고 생각하며 살아가는 사람이 부지기수인 현실에서 많은 돈을 버는 사람은 흔하지 않다. 1억짜리 전세에 사는 사람도 10억짜리 자가에 사는 사람도 모두가 돈이 부족하다고 느끼며 산다. 막연한 그냥 성공을 삶에 목표로 두는 건 의미 없는 삶을 연명하는 것뿐이다. 그렇다고 몸과 마음이 평화로운 상태를 갖는 성공의 삶에 닿는 건 더욱 불가능하다. 인간은 본능적으로 자극이 없는 평온한 상태는 긍정이 아닌 불안에 가깝다고 느끼기 때문이다. 그렇기에 이상적인 성공은 그 중간 어디쯤에서 남들 해보는 것 다해가며 몸과 마음이 편한 상태를 유지하는 것이다. 우리는 이것의 완벽한 상태에 닿을 수 없고 평생을 흔들리면서 평형을 유지하기 위해 저마다 열심히 일을 하며 살아가고 있다.

우리는 늘 불안하다. 안정된 오늘이 되려면 어제의 후회가 완전히 잊히고 내일의 걱정이 완전히 사라져야 한다. 이것 역시 불가능하기에 삶은 그저 불안의 연속이다. 어쩌면 인간의 진정한 행복은 평온이 아닌 적당한 불안에서 올지도 모른다. 은연중에 불안하지 않으면 불행하다는 느낌이 무의식 속에서 자라나기 때문이다. 그럼에도 사람들은 끊임없이 불안을 벗어나려 하는 모순 속에서 살아간다. 삶에서 누리는 좋은 것들이 불안을 잠재워준다고 믿는다. 알다시피 좋은 것들의 효력은 순간의 찰나이다. 효과가 짧기에 끊임없이 같은 걸 반복하고 채워 넣어야 한다. 그러다 보면 어느새 삶은 기울어지고 병이 난다. 비만 같은 육체의 병과 우울증 같은 정신의 병이 현대인들의 흔한 일상이 되어 버린 지도 오래되었다. 그러나 우리네 보통의 일상은 부정으로만 얼룩지진 않았다. 좋은 것과 좋은 상황, 좋은 사람들을 풍족하진 않더라도 늘 접하며 살아간다. 문제는 만족하지 못하는 결핍에서 오는 부정의 마음을 떨치지 못함에 있다.

'알랭 드 보통'은 이런 말도 했다.
'불안에서 벗어나는 가장 좋은 방법은 지금 이 순간의 좋은 일에 감사하는 것.'

알랭 드 보통의 이 말을 몰라도 누구나 짐작하고 생각할 수 있다. 지금 자신의 불안을 떨치고 싶고 벗어나고 싶다면 현재의 긍정을 끌어안고 기뻐하며 감사하면 된다. 대부분의 불안은 스스로 커지지 않는다. 불안이 두려운 순간은 스스로 감당할 수 없을 정도로 커졌다고 느끼기 때문이다. 이것은 평소에 작은 것들로부터 만족과 위안을 받지 못해서이다. 누구에게나 일상의 작은 행복은 놓여있다. 그러나 불안이 스며들지 못할 정도로 잦은 기쁨을 느끼는 사람과 그렇지 못한 사람의 차이는 크다. 그것은 최대한 오늘에 집중을 하느냐의 차이에서 알 수 있다. 오늘을 중요하고 소중하게 생각하는 사람은 단지 오늘만을 살아가려는 게 아니다. 풍족한 오늘을 만들어가는 그 근본에는 어제의 후회를 줄이고 내일의 걱정을 키우지 않으려는 염원이 깃들어 있다. 해결할 수도 없고(어제) 닿을 수도 없는(내일) 허구의 것에 쓰는 시간은 정말 낭비 중에 최악이다. 허구의 것에 쓰는 신경이나 마음의 양만큼 그것은 절대 줄어들지 않는다는 사실을 인지하고 기억해야 한다.

불안은 아주 불필요한 언행으로 키우는 독초 같은 것이다. 스스로의 부정이 부정을 낳는 것은 당연하다. 그렇기에 불안과 멀어지려면 지금 이 순간의 좋은 것들에 감사해야 한다. 불안을 벗어나기 위한 목적의 수단으로 감사를 이용해야 한다. 감사도 습관이다. 아무것도 아닌 것에 감사의 마음을 품는 습관을 들이면 불안의 소멸은 당연하며 삶은 좋은 방향으로 흘러간다. 느끼지 못했던 작은 것의 기쁨을 느낌과 동시에 성공해서 느끼는 행복이 아닌, 행복하기 위한 성공의 길을 걸을 수 있다. 닿을 수 없을 것만 같은 진정한 성공은 자신과 주위의 것을 평화롭게 하는 데 그 의의가 있다. 평온을 느끼는 몸과 마음을 삶의 우선순위로 둔다면 최소한 돈 때문에 삶이 피폐해지는 현실은 맞이하지 않는다. 그것이 당신이 원하는 진정한 성공이다.

Check Point

- 오늘 나에게 감사한 것들을 생각해 보자.
- 그 감사가 성공과 행복으로 이어지도록 마음속에 품어보자.

5. 당신도 '얼죽아'인가요: 화를 통제하지 못하는 사람들

우리나라 사람들은 유독 겨울에도 찬 음료를 많이 마신다. 일명 '얼죽아'(얼어 죽어도 아이스)인 사람들이 많다. 추운 날씨에 찬 음료를 마시는 이해 안 되는 행위에 집중하려는 것이 아니다. 사람들의 무의식과 내면에 내재돼 있는 무언가 때문에 음료 한 잔을 먹더라도 찬 음료를 먹으려 한다. 그 무언가 중 가장 대표적인 것은 누구나 짐작하는 '화병'이 나이와 성별을 불문하고 많은 사람들의 육체와 정신에 깃들어 있다.

가해자는 없고 피해자만 있는 일상

중국과 인도 등지에서는 찬 음료를 마시지 않는다. 중국 여행을 하다 보면 무더위에 시원한 맥주가 먹고 싶어서 맥주를 주문하면 미지근한 맥주가 나온다. 외국인들에게는 "시원한 거로 드릴까요?" 정도는 물어보지만 복불복이라서 주문 시 시원한 것으로 달라고 하지 않으면 대부분 미지근한 맥주나 음료가 나온다. 현지인들은 대부분 미지근한 맥주 및 음료를 마신다. 당연히 물도 미지근하거나 따뜻하게 마신다. 여름에도 마찬가지다. 찬 음료나 음식은 사람의 몸을 망친다고 생각하기 때문이다. 차가운 것이 몸으로 들어오면 혈액순환 및 몸에 흐르는 기가 막힌다고 생각해서 아무리 더워도 차가운 음료는 되도록 마시지 않는다. 이것은 그들의 과거로부터 내려오는 식습관과 관련이 있다. 냉장, 냉동 시설이 없었을 무렵 식품이나 물을 익히거나 뜨겁게 하지 않고 먹으면 탈이 났기 때문이다. 물을 뜨겁게 해서 마시는 오래된 습관은 냉장, 냉동 시설이 발달되어 있는 현재에도 변함 없이 이어져 내려오고 있다.

우리나라 사람들도 예전엔 '국민 보리차 유리 물병' (오렌지 주스 유리병) 이 있을 정도로 물과 음료는 끓여 먹는 것이 일상이었다. 하지만 생수의 등장과 함께 현재 사회에선 일 년 내내 차가운 음료를 달고 살게 됐다. 이러한 모습은 중국권의 나라들뿐만 아니라 서양권의 사람들도 이상하게 본다. 도저히 이해할 수 없는 출근길 직장인의 사진이 인터넷에 화제가 된 적도 있다. 인터넷에 떠도는 '얼죽아' 사진은 충격 그 자체다. 눈이 펑펑 내리는 날 패딩 점퍼와 모자까지 눌러쓴 채, 한 손에는 '아이스 아메리카노'를 들고 출근하는 직장인의 사진이었다. 몰아치는 눈발을 맞아가며 한 손에는 얼음이 가득 든 차가운 커피를 소중하게 들고 걷는 장면이었다. 합성이라는 시시비비도 있긴 했지만 알고 보니 한겨울에 뉴스를 진행 중에 찍힌 영상을 캡처한 진짜였다.

우리나라 사람들이 일 년 내내 찬 음료를 마시는 것은 삶과 무의식 속에 내재돼 있는 화와 관련이 깊다. 왜 우리나라 사람들은 화가 많은 걸까? 별것 아닌 작은 실수에도 큰 소리는 기본이고 문제를 크게 부풀리려는 의도의 사람이 많다. 도로에서는 빨리 가지 않는다고 경적을 울리고 멈춰 서서 싸우는 사람들이 흔하다. 밥은 어찌나 그렇게 빨리 먹는지 무리에서 한두 명이 조금 천천히 먹으면 눈치가 장난이 아니다. 그러면 대부분 밥을 남기거나 체하기 일쑤다. 후식으로 먹는 커피나 음료는 거의 대부분이 차가운 음료이다. 아무 곳이나 사무실 밀집 지역을 가보면 열에 아홉은 차가운 음료다. 수십 명의 집단 중에서 따뜻한 음료를 마시는 단 한 사람을 찾기가 어려울 정도다.

대부분의 사람들이 '얼죽아'이기에 사람들은 쉽게 친해지고 쉽게 다툰다. 관계에서도 속된 말로 '냄비근성'이 있는 민족이라고 빨리 뜨거워졌다가 빨리 식는다. 한두 가지 조금이라도 비슷하거나 친밀성이 있으면 금방 친해졌다가 의외인 것을 알아버리면 '그럴 줄 알았다'라면서 관계는 쉽게 끝난다. 물론 모든 사람이 그러는 건 아니지만 보편적으로 우리나라 사람들의 관계는 그러하다. 그래서 고민도 많고 어렵다. 제각기 내 맘 같은 사람이 아니라고 타인에게 문제를 돌린다. 피해자만 있는 삶이다. 가해자가 없는 관계를 우리는 매일 흔하게 겪으며 살아가고 있다.

분노와 화는 가난과 건강악화의 빠른 지름길이다

살면서 화를 안 내고 살 수는 없다. 그러면 우리 한번 생각해 보자. 화를 내서 얻는 것은 무엇일까? 분노와 화로 인해 누가 어떤 이익을 가장 많이 볼 수 있을까?

화는 수단과 이익이라기보단 해소에 가깝다. 일반적으로 스트레스가 쌓이면 음식을 먹는 사람이 많은 것처럼 어떠한 것을 해소하려면 자신의 육체와 정신에 좋은 것을 주어야 한다. 맛있는 것을 먹으면 기분이 풀리고, 마음이 맞는 사람들과 이야기를 나누면 기분이 한결 나아지는 것처럼 말이다. 이러한 행위를 하기 위해 우리는 두 가지를 소비해야 한다. 바로 시간과 돈이다. 그중 돈을 생각보다 많이 써야 한다. 좋은 사람을 만나고 맛있는 것을 먹으려면 마음먹고 돈을 쓸 준비를 해야 한다. 이것은 그나마 계획적이고 만족스러운 아름다운 행위이다. 문제는 계획에도 없고, 생각지도 못한, 뜻하지 않은 사건과 일들로 인해 자신의 의지와 상관없는 분노와 화가 표출될 때이다. 누구에게나 살면서 있을 수 있는 일이다. 이러한 일은 대부분 감정적으로 풀려고 한다. 이성적으로 대하고 행동하려 노력해도 결코 쉽게 나오지 않는다. 이성을 끄집어내서 전면에 내세울 수 없다면 반드시 하나를 생각해야 한다. 이러한 뜻하지 않은 표출로 인해 건강이 악화되고 가난해질 수 있다는 사실이다.

화는 그 누구에게도 그 어느 상황에서도 도움이나 이득이 될 수 없다. 그럼에도 우리는 화로 인해 자신이 쌓아왔거나 지키고 있던 것을 단숨에 잃을 수 있다는 걸 알면서도 끓어오르는 화를 억누르거나 막지 못한다. 서로에게 이득이 없는 화는 인간의 삶에서 절대 빼놓을 수 없는 부정의 감정이다. 끊임없이 서로에게 육체와 감정의 상처를 입히고 남기는 화는 왜 그렇게 반복될까? 서로를 위한다는 관계도 결국엔 자신이 만들어 놓은 꽃밭 안에서의 관계이다. 온전히 타인을 위한, 타인의 것만을 위한 좋은 관계란 형성되기가 어렵다. 자신이 가지고 있는 좋은 것들을 펼쳐놓고 섞어가며 함께 하는 것을 원한다. 좋은 것을 함께하고 나눈다는 것에 문제가 있는 건 아니다. 다만 그 좋다는 것은 주관적인 것이지 객관적인 건 그렇게 많지 않다. 그렇게 좋다는 것을 부정할 때 우리는 화를 낸다. 좋은 의도를 받아주지 않아서, 외로운 마음을 이해해 주지 못해서, 억울하고 분한 안타까운 수많은 부정의 감정에 빠진다. 굳이 자신의 이득을 위한 행위와 시간이 아닌데도 긍정의 감정들은 부딪혀 충돌하여 화를 부른다.

공든 탑을 일상에서 쉽게 무너트리며 사는 삶

심리학의 아버지 '윌리엄 제임스'는 말했다.

"행복해서 웃는 것이 아니라 웃어서 행복한 것이다."

우리는 일상에서 행복해지려고 많이 웃지만 웃는 행위만으론 조금씩 쌓여가는 분노의 감정을 제때에 버리진 못한다. 분노의 감정이 생기면 그 감정은 교감 신경을 자극한다. 심장박동과 혈류는 증가하고 아드레날린이 분비되고 근육이 긴장된다. 즉 화를 낼 준비가 된 것이다. 화를 낼 준비단계에 들어가지 않는 것이 가장 좋겠지만 이미 화가 올라왔다면 그래도 조금의 이성의 감정을 붙잡아야 한다. 무조건 감정을 제어하려고 억누르거나 마냥 발산해서는 안 된다. 최대한 가라앉히려 생각의 방향을 돌려야 한다. 대표적으로 가장 좋은 방법은 호흡법이다. 천천히 들이마시고 내뱉는 행위는 미주 신경을 자극하여 부교감 신경에 영향을 주어 흥분된 교감 신경을 가라앉히고 심장박동을 천천히 떨어트려 준다. 그러나 확실한 이 방법이 극도로 흥분되어 있는 사람에게 즉각적인 효과를 가져다줄 것인가는 미지수다. 그보다는 현실적인 생각과 상상이 더 도움이 될 수 있다. 흥분해서 화를 내고 분출하면 건강이 나빠지고 가난해진다는 사실을 즉각 떠올리고 입으로도 웅얼거려야 한다. 끓어오르는 성질을 누그러질 때까지 표출을 한다면 혈압이 상승하는 것은 당연한 일이고 그로 인해 신체기관은 안정을 찾지 못한다. 가장 크게 스트레스가 높게 치솟아 극단적인 상황까지 충분히 갈 수 있다. 또한 통제가 안 되는 손과 발을 제멋대로 사용하다간 수많은 기물이 파손되는 것은 당연한 일이고 사람에게까지 폭력과 폭행이 가해진다. 기물 파손과 타인의 신체 폭행의 결말은 자신의 돈과 시간을 들여야 조금이나마 해결할 수 있다. 그동안 힘들게 벌어 놓은 돈을 고스란히 지불해야 한다. 결국 감정과 분노를 스스로 지배하지 못하는 사람은 건강하게 살지도 못하고 가난해질 확률이 매우 높다. 잠깐만 생각해 보아도 충분히 알 수 있는 사실이다.

현명한 사람은 화와 분노를 표출하기보단 다른 방식으로 해소하거나 삭인다. 그런 사람을 잘 살펴보면 매우 이성적인 사람이 많다. 작은 일에도 자신의 이익과 손해를 빨리 판단하고 받아들인다. 어렵고 힘들게 이룬 오늘과 지금의 삶을 한순간에 무너뜨리고 싶은 마음이 추호도 없다. 누구나 알고 있는 현실의 진리를 늘 곱씹는다. 길길이 무섭게 날뛰는 사람을 보면 대부분 이렇게 말한다. "잃을 게 없으니 무서운 것도 없구나."

Check Point

● 화는 성장하고 발전해 나가는 오늘을 시기하고 질투하는 누군가가 주는 리셋 버튼(reset button)이다.

6. 불편한 것들로부터 자신을 지키는 법

광수는 어릴 적 친구다. 소위 말하는 불알친구다. 내가 그 친구랑 연락을 끊어야겠다고 생각한 건 한순간의 다툼이나 의견 충돌로 인해 마음이 상하거나 기분이 나빠서가 아니었다. 그 친구의 변하지 않는 모습 때문이었다. 광수를 포함한 여러 친구들과는 최소 20년은 알고 지냈고 근 30년에 가까운 친구들도 있었다. 그러나 왕성했던 20대를 훌쩍 지난 어느 시점에 친구들의 관계도 정리가 필요하다는 생각을 하게 되었다. 그 생각에 불씨를 댕겨준 일은 내가 운영하는 회사가 성장하면서부터였다.

그저 직장인이었을 때에도 모든 친구들과의 연락과 소통에는 별다른 문제가 없었다. 어차피 대부분의 사람들은 30대에 접어들면 친구도 중요하지만 그보다 자신의 삶을 설계하고 일구어나갈 초석을 마련하는 중요한 시점임을 알기에 자신에게 집중하게 된다. 그렇게 삶에서 사회적인 위치를 만들어나가는 시점이 오면 친구라는 단어는 추억을 나누는 삶의 휴식 같은 존재로 자리매김한다. 친구라는 관계는 누가 잘 나가고 누군 힘들게 살고의 격차 따위로 깨거나 무너트릴 수 있을 만큼 가벼운 관계가 아니다. 다만 재정 격차와 상관없이, 사람이 나이를 먹으면서 더 깊어지거나 멀어지는 건 서로 존중하고 배려하는 마음의 유무에 달려있다.

광수는 가끔 내가 운영하는 회사의 회식에 참석하기도 했다. 내가 바빠서 휴대폰으로 연락이 되지 않을 때 회사로 걸려온 광수의 유선전화로 인해 회사 직원들은 광수의 존재를 대부분 알고 있었다. 회식 자리에서의 광수는 나를 포함한 모든 직원들에게 스스럼없이 편하고 유쾌한 모습을 보여줬다. 종종 화기애애한 분위기를 위해 직원들이 모르는 나와의 어릴 적 이야기들로 분위기를 띄우기도 했다. 나는 살짝 당황하기도 했지만 즐거워하는 회사 사람들의 분위기에 유쾌한 하루를 보낸다고 생각했다. 그러나 문제는 이해할 수 없는 광수의 언행이 잦아지면서였다. 회사에는 사장인 나보다 나이가 많은 직원들도 더러 있었는데 광수는 공적인 자리에서도 우리 둘 사이의 관계에 심취한 나머지 직원들 앞에서 말실수를 하곤 했다. 그럴 때마다 나는 태연한 척 분위기를 넘기곤 했지만 불편해하는 직원들의 모습과 상황을 파악하지 못하는 광수의 인지능력이 문제였다.

하루는 점심시간에 오랜만에 직원들이랑 식사를 하게 되었는데 한 직원이 내게 말을 건넸다. "사장님, 저는 사장님을 좋아하고 존경합니다. 그런데 전에 회식 자리에서 함께했던 그 친구분으로 인해 사장님에 대한 존경이 흐려지고 있습니다. 저는 사장님을 사회에서 뵌 직장 상사이자 인생 선배로서 많은 걸 배우며 감사해하고 있는데, 사장님의 친구분이 사장님의 부족했던 옛 시절의 일들을 언급하며 사장님을 깎아내리는 모습이 매우 불편해 보였습니다. 사장님과 회사에 대한 마음에 사적인 감정을 이입시키면 안 되는데 그분의 존재로 인해 종종 혼란스럽기도 하고 여러 가지가 흐트러집니다. 사장님과 회사를 위해서라도 친구분과 거리를 두는 게 어떠신지 말씀드려 봅니다."

나는 예상치 못한 직원의 말에 두 가지를 느꼈다. 이 사람은 사장인 나와 회사를 좋아하는구나. 그리고 광수는 어릴 적 추억에서 헤어 나오지 못하고 똥과 된장을 구분하지 못하는구나. 직원의 그 얘기를 들은 후 다른 친구들과의 관계도 그제야 살펴보게 됐다. 그러고 보니 전에 퇴근 시간이 맞아서 회사 앞으로 놀러 온 문철이는 광수와 달랐다. 나는 그때 문철이가 내게 "사장님, 안녕하세요."라고 인사를 하는 모습에 장난하지 말라고 핀잔을 준 적이 있었다. 그때 문철이가 말했다. "야, 너희 회사 앞에선 보는 눈도 많은데 당연히 사장님이라고 불러야지 뭐라고 부르냐?" 하고 너스레를 떨던 게 기억이 났다. 그리곤 회사를 한참 벗어난 번화가에서 밥을 먹고 술한 잔을 하면서도 문철이는 어릴 적의 추억을 끄집어내기보단 자신이 하고 있는 일과 나중에 할 일들에 대한 아이디어와 계획들을 살펴봐달라고 부탁을 했다. 어려운 부탁도 아니어서 나는 스케줄을 훑어본 후 문철이에게 언제든 오라고 했다. 그러고 보니 회사 직원들은 광수만 나의 친구인 줄 알고 문철이는 친구인 줄 모르고 있었다. 회사 내에서 마주치는 직원들에게 깍듯하게 인사를 하는 모습과 나를 만나는 모습이 외부 사람과의 미팅인 줄 알고 있었다. 나중에 다른 직원에게 들은 바로는 자신을 내 친구라고 말하지 않고 사장님이랑 오래전부터 알고 지낸 사이라며 자신에게 많은 도움을 준 은인이라고 말하며 갔다고 했다. 그 얘기를 전해 들은 뒤부터 나는 친구라는 단어를 여러 번 곱씹으면서 자연스럽게 휴대폰의 번호를 지워나갔다. 지워나감과 동시에 차단까지 설정하고는 몇 안 남은 친구들에게 전화를 걸어서 부탁을 했다.

"친구야, 미안하다. 나 앞으로 광수의 연락은 받지 않을 테니 혹시 광수가 나를 찾거나 내 안부를 물으면 그냥 모른다고 해줘라."
친구의 관계를 정리한 후의 나의 모습과 나의 일에도 작은 변화가 생겼다. 좋은 습관과 나쁜 습관이 동시에 생겼다. 좋은 습관은 어디에서건 누구와의 만남이나 관계를 맺어도 최소한의 예의를 지키겠다는 마음이었고, 나쁜 습관은 아니라고 생각되면 미련 없이 모든 걸 한순간에 끊어버리는 것이다. 아니다 싶은 건 앞뒤 안 보고 끊어버리는 행위가 그렇게 좋은 것이라는 생각이 들진 않지만 나의 심신이 안정되고 평화로워지는 것이 우선이라는 생각이 앞섰다. 며칠간은 잡념으로 괴롭겠지만 이것이 불편한 것들로부터 나를 지키는 방법이라 생각했다.

관계란 게 그렇다. 어느 순간 어떠한 부분에 있어서 일방적인 건 어쩔 수 없다. 희생이라는 단어도 끊임없이 반복되다 보면 결국 자신만 곪아 터진다. 그리곤 철칙이 생겼다. 마음으로 결정한 그 순간까지 절대 미소를 잃지 말자는 것이다. 만남과 관계는 무조건 좋음에 기반을 두어야 한다. 한두 번 혹은 몇 번은 불편한 상황이 될 수도 있고 비판으로의 진심도 알 수 있는 좋은 시간이라고 생각한다. 그러나 그런 홀딱 벗겨진 진심이 반복되는 가운데 스스로가 불편하고 기분이 언짢게 된다면, 그건 그 누구의 기준이 아닌 자신의 기준으로 아니게 되는 것이다. 관계에서의 미련은 오래됐다는 이유만으로 버리지도 못하고 집안 구석에 쌓여 있는 쓸모없는 쓰레기 같은 것이다. 그 미련의 울타리에 둘러싸이면 정체하다가 결국엔 퇴행하는 삶의 낙오자의 모습을 쉽게 발견하게 된다.

보이지 않는 타인의 비난에 현명하게 맞서기

오랫동안 묵혀있는 불편한 것은 매 순간을 스쳐 가는 가벼운 감정들이 쌓인 것이다. 그중 일상에서 들려오는 가벼운 비난의 목소리는 늘 온몸을 휘감고 사라진다. 가볍게 왔다가 흔적도 없이 사라지는 것 같지만 자신에게만큼은 아주 작게라도 어딘가에 남아 있다. 수없이 흘리고 던지는 말에서 생각보다 많은 사람들은 상처를 받으며 살아간다. 수많은 곳에서 아무렇게나 던진 말에 상처받는 영혼들은 많지만 가해자는 없는 게 현실이다. 이렇듯 사람은 자신이 하는 행위보단 듣고 받는 것에 더 집중되어 있다. 가볍게 오가는 대화 속에서 타인에게 미치는 부정적인 언행을 스스로 인지한다면 어느 정도는 자제를 할 수 있다. 그러나 타인이 자신에게 생각 없이 던지는 말이나 무례한 행동을 한 순간 아닌 것 같은 생각에 바로 반격을 한다면 그 문제를 해결하기란 쉽지 않다. 더욱이 당당한 언행으로 비난하면서 뻔뻔한 태도와 안일한 자세를 취한다면 주위의 사람들은 그 심각성을 느끼지 못한다. 이럴 때는 그 어떤 행동이나 조치를 취하지 못하고 속수무책으로 당하는 기분이다.

타인이 눈치채지 못하는 상황에서 비난하고자 마음먹고 행동하는 사람을 그 즉시 묵살하기란 쉽지 않다. 억지와 무력으로 대하다간 오히려 역풍이 불어오기 십상이다. 상대가 원하는 혼란한 상황이 만들어지는 것이다. 이럴 땐 침착한 마음가짐으로 담담하게 받아들여야 한다. 작은 감정이라도 섞이면 멘탈이 흔들려서 상대의 생각에 휘말리게 된다. '네가 무얼 하든 나는 흔들리지 않아.'라는 마음으로 담담해져야 한다. 지나가는 폭풍우라고 생각해야 한다. 그렇게 잠시만 평정을 유지하다 보면 중요한 걸 깨닫게 된다.

아무렇지 않은 자신에게 악행을 지속적으로 쏟아붓는 사람은 이미 스스로가 부족하고 못났다는 것을 표출하고 있는 것이다. 목소리 큰 사람이 이긴다는 생각을 가진 무식한 타인에게 똑같이 맞설 필요는 없다. 이성적이고 논리적인 차분한 마음으로 던지는 한마디 한마디가 스스로를 견고하게 만들어줄뿐더러 불특정 다수에게 흠 없는 모습으로 새겨진다. 돌이 날아온다고 같은 돌을 던져서 막으려고 생각하면 자신도 반드시 다치고 타인에게 해를 끼치게 된다. 날아오는 돌을 스펀지나 헝겊 등으로 부드럽게 받아 내려놓으면 튀는 돌에 맞을 일도 없고 그 모양새를 보는 타인에게 환영과 환대를 받는다.

분쟁의 상황에서 여러모로 부족한 게 많을수록 목소리나 행동은 클 수밖에 없다. 그렇게 하지 않으면 내세울 게 없기 때문이다. 내실이 무거운 사람은 목소리나 액션을 크게 취할 필요가 없다. 침착한 모습과 차분한 행동에서 이미 타인보다 한참 위에 있기 때문이다. '눈에는 눈, 이에는 이'와 같은 해결 방법은 진흙탕에 섞여 있는 수많은 미꾸라지들 중 하나일 뿐이다. 스스로가 바닷장어 같은 존재라는 생각이 들면 굳이 그 흙탕물에 들어가서 한바탕 할 생각을 하지 않는다. 스스로가 타인보다 큰 사람이라고 생각되면 삶 속에 수없이 떠다니고 흐르는 하찮은 비난은 자신과 상관없는 것이라는 걸 인지하고 느낄 수 있다. 미꾸라지와 바닷장어 같은 정해진 삶은 누구에게도 없다. 저마다 비슷한 삶 속에서 고만고만한 삶인지 특별한 삶인지는 누구나 스스로 선택하고 만들어나갈 수 있는 게 인생이다.

에너지를 낭비할 필요가 없다

사람은 감정의 동물이다. 이성으로 세상을 만들고 이끌어간다 해도 결국 모든 것들은 감정에 의해 결론지어진다. 그래서 세상엔 억울한 사람이 많은 것처럼 보인다. 그러나 결국 세상엔 이성이 통제하는 옳은 테두리가 있고, 대부분은 그 안에서 미소를 짓는다. 있는 자들이 죄를 짓고도 돈으로 최대한 죗값을 감형받는 억울한 경우도 많지만 약자를 내팽개치는 그런 세상은 없다. 진정으로 결백한 피해자라면 진실은 드러나게 마련이다. 언젠간 밝혀질 진실 앞에서 무너지는 경우는 대부분 견디지 못해서이다. 옳고 그름의 결론이 지어지기도 전에 감정에 휩쓸려 에너지를 포함한 많은 것이 소비되는 경우가 많다.

　삶은 멘탈 싸움이라고도 한다. 결국엔 정신이 강한 사람이 성공을 거머쥐는 것도 당연한 이치다. 멘탈은 원하는 것을 얻기 위한 강인한 정신의 상태이기도 하지만 자신과 상관없는 불편한 것과의 거리를 두기 위한 차분한 마음이기도 하다. 성공하기 위한 정신은 끈기에 가깝고 실패를 피하기 위한 정신은 해탈에 가깝다. 따라서 자신과 상관없는 비난과 수모에 얼마나 담담해지고 무뎌질 수 있는지가 자신의 성장과 직접적인 연관이 된다. 사람에 따라 차이는 있겠지만 한 사람이 일정 시간 동안 쓸 수 있는 에너지는 한계가 있다. 어떤 사람은 성장하는 곳에만 전념하여 에너지를 쓰고 어떤 사람은 쓰러지지 않으려고 아등바등하는 곳에 쓴다.

　사람의 뇌는 부정에 더 쉽게 자극받기 때문에 두려운 것을 피하거나 떨쳐버릴 일에 더 신경을 쓰고 에너지를 소비할 수밖에 없다. 우리는 이러한 본능에 순응하며 살아가는 보통의 사람들이기에 두려움과 피해의식을 떨쳐버리기가 쉽지 않다. 불행의 늪에 빠지지 않고 성공의 길로 들어서려면 자연스럽게 부정으로 이끌리는 몸과 마음을 스스로 제어할 줄 알아야 한다. 자신의 의지와 상관없는 불행이 자신을 해할 거라는 생각보단 자신과 상관없기에 비껴갈 것이라는 믿음으로 평온해져야 한다. 쏟아져 나오는 감정을 주체하지 못한다면 누군가 파놓은 구덩이에 스스로 들어가 그들의 놀음에 얽히게 되는 꼴이 될 수밖에 없다.
　삶에서 좋아 보이는 것들은 불편함에 쌓여 있는 경우가 많다. 나 역시 오랜 시간 동안 그 불편한 것을 제거해야만 원하는 것이 앞에 놓일 거라 생각했다. 그러나 당장 불편한 것을 아무리 치워내도 불편한 것은 늘 새롭게 생겨났다. 자의에 의해서도 생기고 타의에 의해서도 생겼다. 원하는 성공을 위해 정진을 하다가도 거슬리는 것이 있으면 멈칫하는 본능을 제어할 수 없었다. 쓸 수 있는 에너지와 시간은 한정되어 있는 걸 알면서도 늘 불편한 것을 처리하는 데 기꺼이 시간과 에너지를 썼다. 그러다 보니 제자리걸음을 하는 날이 많았다.

삶에서 거슬리는 것에 신경을 쓰지 않기란 웬만한 정신 상태와 강인한 마음을 갖지 않고서는 쉽지 않다. 원하는 것을 위해 정진할 때도 에너지가 필요하고 불편한 것을 제거할 때도 에너지가 필요하다. 그럼 당연히 정진과 성장을 위해서 쓰는 에너지가 먼저다. 설사 무시할 수 없는 거슬리는 것들로 인해 주춤하고 나아가지 못하더라도 우선적으로 신경 쓰고 움직여야 할 것은 앞을 향해 나아가는 것에 생각의 못을 박아야 한다. 그래야 거슬리는 것에 잠시 신경을 쓰더라도 이내 곧 돌아올 수 있다.

어쩔 수 없는 것 때문에 신경은 쓰이겠지만 집중하지 않겠다는 마음가짐이 매우 중요하다. 어쩔 수 없는 것을 완전히 무시할 순 없겠지만 성공에 조금이라도 간절한 마음이 쏠린다면 방향을 돌릴 수 있는 의지가 튀어나와야 한다. 사람은 살아가면서 아주 다양한 불편한 것들과 평생 마주하며 함께 한다. 그것의 존재를 부정하기보단 인정하면서 우선순위를 최대한 뒤로 미루는 연습과 습관이 필요하다. 본능에 반응하지 않는 사람이 결국 원하는 쪽으로 나아가는 건 당연하다. 감정에 치우쳐 망쳐버린 하루는 그 하루만으로 끝나지 않는다. 되새기고 연습하지 않으면 불행의 반복은 언제든 찾아온다.

Check Point

- 삶에 우선순위를 정하는 건 성공과 행복을 위해 매우 중요하다.
- 이성과 감정을 적절히 조절할 수 있다는 건 누구나 부러워하는 완벽에 가까운 성공의 삶을 만드는 것이다.

7. 결코 무너지지 않는 인생은 삶의 탄력에서 나온다

우리는 능동적이고 적극적인 삶을 살아가라는 교육을 늘 받고 성장하지만 어느 순간 대부분의 사람들은 사회와 현실에 흡수되듯 자연스럽게 수동적인 삶을 살아간다. 그 안에는 성공과 행복을 위해 자의건 타의건 항상 들려오는 소리가 있다. 이것은 목표를 위해 정진하는 스스로에게 매 순간 무의식이 던지는 말이기도 하다. 바로 '~만 하면 돼. ~만 하면 끝이니 조금만 더 견디자.'이다.

인지능력이 발달하기 전부터 부모들은 많은 지식을 채워주기 위해 습관처럼 '이것만 하면 된다.'라는 달콤한 말로 자식을 키운다. 많은 지식을 습득하는 게 곧 경제적으로 풍족한 삶을 보장해 주며, 그 경제적 풍족이 행복으로 연결된다는 확실한 믿음 때문이다. 이러한 교육은 지속적인 습관을 인간에게 새겨넣고, 결국 사람들은 어른이 되어서도 그 굴레를 벗어나지 못하게 된다. 확실하지 않은 인생에서 집념과 의지로 '이것만 하면 된다.', '조금만 더 견디자.'라는 말을 하며 버티게 되는 것이다. 그들은 이런 말이 돈과 함께 더 나은 환경으로 자신을 이끌 수 있는 확실한 열쇠라고 믿는다. 물론 나약한 인간보다는 끈기와 집념이 강한 사람이 성공자이고 그 누가 봐도 인생의 승리자이다. 포기하지 않는 강인함은 모두에게 동기부여가 되고 결국엔 원하는 것을 얻고 행복해지는 길을 걷는 수순이기도 하다. 우리가 보는 세상은 이렇게 결국에 승리하는 사람들만 보고 있다. 하지만 분명 피눈물 나게 견디고 버텼어도 실패하고 쓰러지는 사람들이 꽤나 많은데도 그들의 이야기는 들을 수가 없다.

인간이 가진 에너지는 무한하지 않다. 어느 정도 쓰면 충전해야 하고 재정비를 해야 한다. 독기를 품은 자가 대부분은 성공하겠지만 그 독기로 인해 자신의 존재와 삶을 잃어버리는 사람들 또한 많다. 삶은 부동적인 공간에서 흑과 백으로만 이루어진 것이 아니다. 그렇기에 '삶의 탄력'은 인생을 살아가면서 너무나 중요한 요소 중 하나이다.

성공적인 삶을 위한 유연성 3가지

삶을 유연하고 탄력적으로 살아간다는 건 삶에 어떠한 상황이 놓여도 결코 무너지지 않는다는 의미이기도 하다.

첫째, '삶의 탄력'이 있는 사람은 지각 능력이 뛰어나다. 이것은 단순히 즉각적인 현실 대처능력이 좋은 것과는 구분이 된다. 그들은 자신이 속해 있는 공간과 더불어 사람과의 관계에도 현명함을 발휘한다. 자신이 걸어온 길과 앞으로 나아갈 길에 대해 완벽하진 않아도 적절한 예측을 키울 수 있다. 삶의 탄력은 곧 삶을 관망할 수 있는 어느 정도의 통찰력을 키우는 것과도 비슷하다. 그러나 보통 사람들은 삶에서 탄력을 원하지도 않고 키우려 하지 않는다. 좋은 것이 보이면 본능적으로 돌진하려는 인간 본연의 근성을 주체할 수 없기 때문이다. 그 본능으로 인해 모두가 일명 '존버(비속어인 '존나 버티다'의 합성어를 줄인 말로써 엄청 힘든 과정을 거치는 중이거나 참는 상황에서 사용하는 말)'의 힘을 전적으로 신뢰한다. 결국 '존버'로 승리하는 자는 타인의 본보기가 되며 많은 추앙을 받고 피라미드의 꼭

대기에 우뚝 오른다. 그러나 이것은 본인의 실력과 함께 여러 가지 운 등이 따라주었다는 사실을 간과하고 있다. 왜냐하면 피라미드 같은 꼭대기에 서 있는 그 한 사람 외의 수많은 다수는 '존버'의 좋은 결과를 얻지 못했기 때문이다. 우리는 결국 다수가 아닌 일부 소수의 성공담을 신봉하는 과정과 결과를 곧이곧대로 믿고 따르며 행하는 어리석은 길을 걷곤 한다. 이것이 지각 능력의 부족에서 오는 부정의 결과물이다.

둘째, 유연한 삶에서 얻는 이득은 생각보다 많다. 자신의 밥그릇을 못 찾아 먹으면 바보 같다는 말은 누구나 알고 있다. 그렇기에 사람들은 일상의 모든 일에서 손해 보는 행동은 하지 않으려 한다. 손해 보는 행동을 꺼리기에 문제가 일어나지 않는 지점을 정확히 찾아서 선을 긋는 행위는 자연스럽고 올바른 행동이라 규정짓는다. 혹은 좀 더 이득을 보려고 자신에게 유리한 쪽으로 기울이려 한다. 오로지 이득만을 위한 삶의 쏠림이 결국 부자로 만들어준다고 믿는다. 그러나 수단과 방법을 가리지 않는 이익 창출은 커다란 독에 작은 구멍이 뚫린 것처럼 자신도 모르는 사이에 좋은 것들이 빠져나가게 되는 현상을 발생시킨다.

이익에만 혈안이 되어 있는 사람은 성공을 향해 전진만을 한다. 하지만 손해를 감수하며 자신의 옳은 길을 걷는 사람은 그럼 실패만 하게 될까? 경제적인 성공은 결코 잔머리를 굴리며 승승장구할 것 같은 사람에게 주어지지 않는다. 우리의 일상에서 잘 되는 사람들의 모습은 타인을 이롭게 하려는 큰 틀 안에서 공감과 배려 등이 어우러져야 그 능력이 빛을 보고 더불어 행운도 따른다. '소탐대실(小貪大失: 작은 것을 탐하다가 큰 것을 잃게 된다.)'이란 말은 일상에서도 흔하게 쓰이는 말로서 사자성어를 잘 모르는 사람도 알고 있다. 그러나 우리의 일상에서 실제로 쓰이는 소탐대실(小貪

大室)은 집 실 자를 써서 '작은 걸 탐하면 큰 집을 얻는다.'로 사용되는 경우가 많다. 이것을 소수의 사람들은 '티끌 모아 태산'이라는 말로 합리화하며 와전하기도 한다.

우린 모두 성공의 밑바탕에 작은 이익도 소홀하면 안 된다는 생각이 있다고 믿는다. 그러나 작은 이익으로 성공을 논하고 바라보는 건 사금을 모아서 금괴를 만들겠다는 생각이다. 금괴를 갖고 싶으면 금덩이가 있는 곳을 보고 그곳으로 가야 한다. 크고 넓은 곳을 바라보며 나아가다 결국에 금덩이를 얻게 되면, 그전까지 그것을 위해 소비하거나 놓친 사금들 또한 과정이라 여기거나 보상으로 여길 수 있게 된다.

셋째, 삶의 여유는 모두에게 공평하게 주어지지만 가질 수 있는 사람만 그것을 볼 수 있고 또 누릴 수 있다. 우리 모두에겐 자신이 목표로 하는 지점에 닿기 위해 허리띠를 졸라매는 순간이 있다. 이건 어느 특정 나이 때나 계층에서만 이루어지는 것이 아니다. 20대엔 그들 나름대로 월세나 전세자금을 마련하기 위해, 혹은 학자금 대출을 갚거나 작은 사업을 준비하기 위해 안 먹고 안 쓴다. 30대엔 집을 사기 위해 대출을 받고 원하는 자동차를 사기 위해 끊임없이 일을 하며 돈을 모은다. 40대엔 30대부터 이어진 것들과 더불어 아이들을 키우는 비용을 감당하거나 부모에게 들어가는 생각지도 못한 큰돈과 그밖에 흔한 일상의 경조사와 사건 사고로 돈 쓸 일이 너무나 많다. 50대와 60대엔 미처 준비하지 못한 노후자금 마련을 위해 육체가 자신의 의지대로 움직이지 않을 때까지 일을 해야 한다. 결국 인간은 죽을 때까지 일을 할 수밖에 없는 상황만이 인생 전반에 놓인다.

이것이 보통의 삶인데 어떻게 여유를 가질 수 있을까? 그럼에도 여유롭게 생활하는 사람은 바보들일까? 그들은 복권에 당첨되거나 생각지도 못하게 집값이 수배로 올라서 횡재를 한 것인가? 그런 생각밖에 들지 않는다. 사람들은 알면서 인정하지 못하는 것이 있다. 여유는 단순히 돈이 많다고 찾아오는 것이 아니다. 여유는 자신이 가지겠다고 생각하면 언제든 가질 수 있다. 다만 삶과 환경에서 자신의 뜻대로 인정해 주지 않는 쓸쓸한 현실이 가로막고 있어 마음 편히 받아들이지 못할 뿐이다. 그러면서 늘 꿈을 꾼다. '지금 하고 있는 이것만 끝내면 좀 쉬어야지.', '내년엔 모든 게 정리가 될 테니 하던 걸 내려놓고 반드시 원하는 걸 해야지.', '집만 사면~', '애들만 크면~', '하던 게 정리되면~' 등등. 이렇게 말하는 이들도 원하는 대로 수월하게 되지 않는 꿈인 줄 알면서 그저 희망을 갖고 살아간다.

인생은 원하는 대로, 계획한 대로, 단락대로 딱딱 시작되고 끝나는 경우가 드물다. 삶의 모든 사건과 사고는 탄생과 죽음이 하나인 것처럼 연결되어 있다. 원치 않은 일이 멈추는 날은 없고 원하는 일이 곁에 놓이는 날은 흔하지 않다. 그러므로 우리는 원치 않는 일상을 살아가는 매 순간에 최대한 많은 여유를 끼워 넣어야 한다. 중요한 건 시간의 양이 아니라 횟수다. 잦은 여유가 삶에 많이 녹아있으면 시간의 흐름에 따라 스스로 만족할 만한 여유를 원할 때 언제든 끄집어낼 수 있다. 삶의 여유를 갖는 건 누구나 할 수 있지만 아무나 누릴 수 없다. 지나간 시간을 돌아보며 한탄하는 후회를 막을 수도 없다. 그래서 우리는 여유의 씨앗을 최대한 많이 삶에 뿌려놓아야 한다. 그럴수록 인생 전반이 행복으로 물든다.

너무 힘주면 올 것도 안 온다
진정한 성공과 행복은 고난과 역경을 견뎌낸 끝의 성취로 얻거나 갖는 것이 아니다. 원치 않는 순간들은 반복되어 찾아오고 또다시 고통과 견딤을 강요한다. 그러한 인내는 보람과 만족이라는 성취를 매번 느끼게 해 준다. 이런 지속적인 반복으로 우리는 삶을 무난히 살아간다고 말한다. 그렇지 않다면 고난과 고통이 난무하는 어두운 실패한 인생이 주어진다고 생각한다. 뚜렷한 목표와 악착같은 정신력은 반드시 필요하다. 그것은 원하는 것을 얻게 해주는 성공의 확실한 길이기 때문이다. 그러나 세게 다문 입 때문에 이빨이 부러질 수도 있고, 꽉 쥔 손이 반복되면 관절에 문제가 생기며, 온몸에 늘 긴장을 달고 살면 근육경련과 통증은 당연히 유발된다.

성공의 꽃은 악착과 집념이라는 씨앗에서 피어나지 않는다. 땅이 얼마나 기름졌는지, 햇살은 늘 따뜻함을 유지하는지, 메마르지 않게 물은 잘 흐르는지, 무엇보다 잘 성장할 수 있게 주위의 식물들과 적정한 거리와 관계를 유지하는지의 여러 가지 요소가 필요하다. 그래야만 간혹 찾아오는 매서운 강풍이나 가뭄, 해충들의 공격에도 큰 문제 없이 살아남을 수 있다. 끝이 보인다는 달콤한 말, 저 끝에 원하는 것이 기다리고 있다는 확신에 찬 언행에 자신의 소신을 담는 순간, 원하는 성공과 행복은 멀어진다. 정답을 찾으려는 목적보단 유유자적(悠悠自適)하는 마음을 새기며 자신의 존재를 확고하고 명확하게 표현할 수 있는 주체성을 품는 것이 중요하다.

- 성공과 목표를 위해 무엇을 가장 중요하게 생각하는가?
- 그 중요하게 생각하는 것으로 인해 잃게 되는 건 무엇인지 생각해 보자.

8. 인정과 수용은 명확하고 확실한 성공의 길이다

모난 돌은 깎이게 마련이다

30대 초반이라는 나이에 수십 명의 직원이 있는 중소기업을 운영하는 어느 청년이 있다. 대표로서의 청년의 삶은 성공 그 자체이다. 출근을 하면 40~50대의 간부급 임원들이 청년 대표의 말을 늘 경청하고 회사의 안위를 살피며 회사는 매년 성장을 웃돌곤 한다. 청년 대표도 자신의 언행을 수용해 주고 회사를 위해 힘써주는 직원들이 늘 고마워서 매번 베풀려고 많은 노력을 한다. 청년 대표는 자신의 프로페셔널적인 사회생활만큼 일상에서도 나이에 걸맞은 멋있는 삶을 살고 있다. 독서와 운동, 그리고 매달 한 번씩은 봉사활동을 다니며 늘 부족하다는 겸손한 마음으로 자신의 삶을 살아간다. 회사 내에서 그 어떤 사람들에게도 말을 놓지 않고 존칭으로 모든 사람을 대하는 건 당연하다고 생각한다. 그래서 대부분의 직원들은 배울 것이 많은 대표로서의 청년을 존경하며 따르고 있다. 그러나 아무리 좋아 보이는 집단에도 미꾸라지는 있게 마련이다.

일상에서 그들은 늘 모이면 대표의 이야기를 종종 하곤 한다. 인생과 사회경험이 많은 50대 이상의 간부들은 자식뻘 같은 대표를 부러워하며 자신의 신세를 한탄한다. 대표와 비슷한 나이의 30대 직원들은 자신보다 많은 돈을 버는 대표가 가끔은 미워 보일 때도 있다. 이들의 위험한 모임은 공동의 특정한 주제가 점점 커지고 있었지만 꼬리가 길면 밟힌다는 당연한 순리를 모르고 있었다.

회사에 애정이 깊고 열정적인 청년 대표는 종종 혼자 남아서 일을 하는 경우가 있었다. 대표로서의 당연한 모습인데도 일부의 직원들은 못마땅한 눈치와 표정을 숨기지 못했다. 그러거나 말거나 청년 대표는 어김없이 자정에 가까운 시간까지 일을 마치고 꾀죄죄한 모습으로 퇴근을 준비 중이다. 불편한 슈트를 입고 퇴근을 할 수가 없어서 사무실 구석에 나뒹구는 후줄근한 후드티를 눌러쓰고 회사를 나갔다. 경비원마저 그런 모습의 대표를 단번에 알아보지 못하고 한참을 본 후 인사를 할 지경이었다.

오피스 지역의 금요일 밤은 휘황찬란했다. 일 때문에 특별한 약속을 잡지 못한 청년 대표는 번쩍거리는 번화가를 가로질러 대중교통을 타고 귀가할 생각이었다. 마음 같아선 당장 친구라도 불러서 시원한 맥주라도 간단히 한잔하고 싶었지만 내일은 한 달에 한 번 있는 봉사활동을 가는 날이라서 꾹꾹 참았다. 그렇게 헛헛한 마음을 안고 거리를 걷고 있는데 멀리서 익숙한 무리의 사람들이 보였다. 회사 사람들이었다. 반가운 얼굴들을 멀리서 본 대표는 입가에 미소를 띠고 그들에게 점점 다가갔다. 이미 다들 술을 많이 마신지라 고성방가가 오가는 떠들썩한 분위기였다. 회사 사람들과 대표와의 거리가 근접했는데도 대표의 옷차림 때문인지 사람들은 대표를 알아보지 못했다. 당연하다는 생각에 대표는 먼저 인사를 건네야겠다는 생각으로 그들에게 바싹 다가갔다. 그러나 그들은 앞에서 누가 오는지 신경도 쓰지 않으면서 하던 이야기를 계속 이어나갔다.

직원1: "정말 나이 먹고 어린놈의 대표 밑에서 일하는 게 쉽지 않다."
직원2: "자기가 알면 뭐 얼마나 안다고 사사건건 이래라 저래라야."
직원3: "나이도 나랑 같으면서 꼴에 대표라고 어찌나 똥폼 잡는지 아니꼬

워서 못 봐주겠네."

  직원4: "알고 보니까 우리 아들 친구랑 동창이래. 나 이거 쪽팔려서 회사
      를 계속 다녀야 하는 건지 고민이네."

무리들과 스치는 그 몇 초의 짧은 순간에 그들의 넋두리가 청년 대표의
귀에 박혀버렸다. 그와 동시에 표정이 굳어지면서 충격에 휩싸였다. 그들
은 대표를 스쳐서 가던 길을 계속 갔고 대표는 길 한쪽에 잠시 서서 생각에
잠겼다. 순간적으로 화가 났지만 분노는 금세 사그라들었다. 삶을 오래 살
진 않았지만 매 순간을 열심히 살았기에 회사를 운영했던 몇 년간의 시간
이 주마등처럼 머릿속을 훑고 지나갔다. 다음날 대표는 적잖은 충격에 나
가야 할 봉사활동을 취소하고 한적한 곳으로 바람을 쐬러 나갔다. 생각할
수록 더욱 화가 날 것 같았지만 대표는 오히려 더 편안함을 보였다. 생각보
다 모든 것들의 정리가 빨리 되었기 때문이다.

월요일 아침 대표는 회사에 출근을 하자마자 그날 무리에 있었던 사람들
을 회의실로 모았다. 흥분하거나 격양되지 않은 차분하고 묵직한 말투로 대
표는 직원 한 명 한 명에게 그날 했었던 말을 그대로 전하며 정말 그렇게 생
각하는지를 물었다. 자리에 모인 직원들은 상기된 얼굴과 어쩔 줄 모르는
표정을 감추지 못했고 고개도 들지 못했다. 대표는 차분하게 다시 말했다.

"저는 저를 이 회사의 대표로 생각하지 않는 분들과는 일을 할 수 없습니
다. 직원분들 각자에게는 아무런 감정도 없으니 제게 용서를 구하는 언행
은 하지 말아 주세요. 저는 그저 이 회사를 아끼는 한 사람으로서 공공의
목적을 함께 짊어지고 나갈 분들과 일하고 싶을 뿐입니다."

대표의 말이 끝나기가 무섭게 바로 무릎을 꿇고 울면서 용서를 구하는 사람들이 있었지만 대표는 차가운 존칭의 말투를 이어나갔다. "이러실 필요 없습니다. 직원분들이 제게 잘못한 건 없습니다. 저와 이 회사가 직원분들과 맞지 않는 것이니 여러분들이 떠나시면 됩니다. 그럼 이만."

이해할 수 없고 인정하기 싫은 삶

세상이 빠르게 변하는 것만큼 아주 더딘 속도이거나 거의 변하지 않는 것이 있다. 바로 세대 간의 융합이다. 쉽게 말해 숫자로 구분되는 10대, 20대, 30대 등이 동등한 입장에서 섞이는 것은 거의 불가능하다. 모든 이들이 머릿속으로 충분히 인지하는 것 중 하나가 삶과 숫자는 절대 비례하지 않는다는 것이지만 현실과 표면적으로 인지하고 행동하며 사는 사람들은 극히 드물다. 자신이 살아온 경험과 연륜, 그런 흔적을 싹 지우거나 잊은 채 타인을 대하기란 너무나 받아들일 수 없고 인정할 수 없는 현실이기 때문이다. 그리곤 주위를 둘러보면 자신보다 한참 나이가 어린 친구들의 뛰어난 모습을 심심찮게 마주한다. 이것이 현실과 자신과의 괴리감에서 평생 빠져나오지 못하는 승패 없는 줄다리기이다. 그러나 의외로 아주 빠른 속도로 인정하는 단순한 현실이 있다. 자신에게 월급을 주는 오너가 자신보다 충분히 나이가 어릴 수 있다는 것이다. 공과 사의 경계가 뚜렷한 삶속에선 이상하게 느낄 것이 없지만 현실을 망각하며 살아가는 것이 우리의 흔한 모습이다.

내 자식에게 월급을 받는 직원이 내 친구가 될 수 있고, 나의 부모에게 월급을 주는 사장님이 내가 나온 학교의 후배가 될 수 있는데도 삶에선 극구 부정을 하며 살아간다. 그로 인해 생긴 괴리감은 삶을 더욱 버겁게 만든다. 자신은 평생 타볼 수 없는 고가의 외제차에서 내리는 사람이 내 자식보다 어려 보이고, 수십 년을 탔을 법한 경차에서 내리는 연세 지긋한 분을 막 대하는 태도와 행위가 흔하다. 반드시 문제가 일어나고 탈이 나는 생각과 행동이다. 그러나 우리는 이런 현실에 맞닥뜨려도 운을 논하고 재수가 없음을 운운하지 스스로의 마음가짐을 들여다보진 않는다.

누구나 부족한 모습으로 살아가지만 부족함을 인정하며 사는 모습은 흔하지 않다. 부족함을 인정하며 숙이는 것은 겸손이자 발전할 준비가 되어 있다는 뜻이다. 나이가 어리다고 꼰대가 없는 것은 아니다. 어린 나이에 물질적으로나 지식적으로 많은 걸 가졌지만 겸손하지 못한 몰상식한 언행을 일삼는 어린 꼰대도 의외로 많다.

지식과 경험은 삶의 훈장이 아니다. 새로운 것을 접하고 받아들이는 데에 있어 시간을 단축하고 관계를 수월하게 할 수 있는 지혜와 현명함을 조금 갖춘 것뿐이다. 누구나 어쩔 수 없이 조금씩은 꼰대의 마인드를 갖고 산다. 그 마음과 모습이 큰지, 아니면 작은지 생각해야 한다. 타인은 자신을 어떻게 대하고 생각하는지를 인지하지 못하거나 귀담아듣지 않는다면 성공의 삶을 살아가기란 쉽지 않다. 성공의 삶은 타인과 함께 공존하는 공간의 평온함이 밑바탕 되어야 한다. 인정과 수용을 내 것처럼 삶에 자연스럽게 흡수하려면 '이해할 수 없다'는 부정의 마음을 인생의 사전에서 점차 지워나가야 한다.

나이가 들수록 성공과 거리가 멀어지는 이유
지식과 정보가 적었을 때의 어린 시절엔 그 누가 말을 하든 배우고 습득하려는 의지가 강하다. 그래서 늘 낮은 자세로 경청의 준비가 되어 있는 경우가 흔하다. 이것은 나이와 비례하기도 한다. 대부분 지식과 정보가 적은 나이는 어린 나이일 때가 일반적이다. 그리고 우리들은 나이를 먹고 성장하고 그만큼 많은 지식과 정보로 자신의 삶을 이끌어나간다. 그러나 모두에게 좋은 성공의 결과가 놓이는 것은 아니다. 쓰러지기도 하고 폭삭 주저앉기도 한다. 이쯤에서 인생의 2막이 갈린다. 쓰러지고 주저앉은 많은 사람 중 대다수는 어릴 때만큼의 의지와 열정을 다시 불태우거나 갖추질 못한다. 낮은 자세와 무조건 경청하는 자세가 필요함에도, 자신의 나이와 살아온 흔적 때문에 그걸 인정하지 못한다. 여기에서도 살아남고 또다시 정진하고 올라가는 사람의 큰 특징이 있다. 과거의 낮은 자세와 경청을 몸소 실천하는 것이다. 나이와 성별, 그 밖의 걸림돌이 될 만한 모든 요소를 배제하고 타인을 대하는 사람이다. 급변하는 세상을 이끄는 사람은 지식이 출중하거나 사회적으로 큰 위치에 있는 사람이 아니다. 그 시대를 살아가는 젊은 사람들이다. 현명한 사람은 자신의 무지를 인정하고 나이나 성별에 상관없이 겸손한 배움의 자세를 늘 유지하려 한다.

시대를 이끌어가는 세대는 자신들이 존중받을 때 많은 걸 알려주고 자연스럽게 베푼다. 세대 차이가 난다고 거리를 두는 모습은 새로운 것을 받아들이지 못하는 사람의 비겁한 변명과도 같다. 늘 나아가고 정진하는 사람은 사람을 대할 때 그들이 가진 객관적이고 표면적인 것을 의식하지 않는다. 자신이 모르고 부족한 걸 상대방이 갖고 있는지의 유무를 빠르게 판단한다. 그렇기에 어느 세대와 소통을 해도 탈이 없고 많은 정보와 지식은 물론이고 지혜와 인성도 뛰어날 수밖에 없다.

얼마나 관대할 수 있는지를 보라

관대하다(형용사): 마음이 너그럽고 크다.

사람은 관대하기가 쉽지 않다. 현대 사회에서 관대하다는 건 손해라고 생각하는 경향이 크기 때문이다. 관대할 수 없기에 세대 간의 소통도 쉽지 않다. 관대하기가 어려워서 이해되지 않는 타인을 내 시간과 공간 안에 쉽게 들일 수 없다. 마음이 너그럽고 크다면 이해와 상호작용은 자연스럽게 일어나겠지만 자신이 담을 수 있는 마음의 그릇이 좁고 작기 때문에 타인을 이해할 수 없고 받아들이기도 힘들어한다. 이해가 안 되는 것을 받아들이다니? 뭐 거의 예수님이나 부처님 정도의 마음을 가져야만 가능할 것처럼 보인다. 이러한 생각이 대부분의 사람이 본능적으로 갖고 사는 딱 그만큼의 마음이기에 자신의 일이나 삶의 성장은 더디고 제약을 받을 수밖에 없다.

성공과 성장은 많은 지식만으론 이룰 수 없다. 좋은 대학을 나오고 좋은 직장과 좋은 집에 산다고 해서 모든 삶이 행복으로 가득 채워지지 않는 이유가 그 때문이다. 같은 돈을 벌더라도 어떠한 상황에서 벌었는지, 돈을 벌 때 별문제 없이 수월하게 이익을 창출했는지, 이런 요소는 중요하다. 사람을 대하는 태도와 마음 또한 단순히 돈만을 벌기 위해서 억지로 견디고 버티는 것이라면, 그 단단할 것 같은 기둥은 언젠간 흔들리고 쓰러진다. 나의 이익은 타인의 지불에 비례하는 것이므로 타인의 만족과 나의 보람이 평형을 맞출수록 지속적인 성장과 성공이 가능하다. 인정과 수용의 행위는 관대함의 크기와 깊은 관련이 있다. 인정과 수용이 클수록 서로의 만족감은 비례해서 커진다. 관대함은 진정한 마음이 우러나오지 않고서는 꺼내 보일 수 없고 타인도 알아볼 수 없다. 그렇기에 관대한 마음을 품다 보면 세상과 사람을 대함에 있어 숫자는 줄어든다. 결국 성공의 열매는 단순한 숫자놀음으로만 결실을 맺는 것이 아님을 가슴 깊이 새길 수 있다.

Check Point

• 자신의 삶에서 얼마나 많은 것들이 숫자로 지배되고 있는지 생각해 보자.

9. 누구나 꼰대의 습성을 갖고 살아간다

　백세시대를 살아가는 인간에게 인생의 황금기는 20~30대라 해도 무방
하다. 20년이 채 되지 않는 그 짧은 시기에 인간은 시대의 유행을 온몸으
로 겪고 받아들이게 되며, 자신의 정체성을 형성하게 된다. 그러한 정체성
은 삶이 끝나는 날까지 가는 경우가 많다. 그렇기에 모든 사람은 자신들이
살아온 시대와 언어를 소중하고 중요하게 생각한다. 예전엔 '10년이면 강
산도 변한다.'라는 말이 있었다. 지금은 1년에도 몇 번씩 변한다. 사람이 상
상하는 것들이 현실로 되는 것이 그리 놀랄 일도 아니다. 빠르게 변하는 세
상은 예전보다 더 많은 사람들을 자잘하게 나누고 있다. 한두 살밖에 차이
가 나지 않는데도 생각이나 가치관이 꽤나 벌어지는 경우도 많다. 그렇기
에 서너 살 정도의 차이는 학교를 같이 다니지 않은 경우가 많기에 다른 세
대의 꼰대라고 여기는 경우도 태반이다. 그 이상의 나이 차이는 삼촌이나
이모 혹은 부모 세대 정도로 생각하고 아예 소통의 벽을 쌓는다. 이것은 비
단 한창나이인 젊은 세대들만이 갖고 있는 생각과 고민은 아니다. 다른 세
대들 또한 급변하는 세상을 온전히 받아들일 수가 없기에 삶의 작은 부분
에서 불통이 생기기 마련이다.

　요즘은 어딜 가든 있는 키오스크를 당연하게 생각하고 있지만 30, 40대
인데도 사용이 서투른 사람이 종종 있다. 스마트폰이 일일 단위로 급성장
하고 있지만 특정 세대 이후부턴 전화 통화나 문자 대화 정도만을 사용하

는 '첨단 기기 사용의 부재'가 흔한 현실이다. 그렇기에 지금 우리 사회는 동년배 내에서도 여러 가지 이유로 인해 계층이 나뉘며 꼰대로 연결되고 거리를 둔다. 이처럼 꼰대는 사람이 살아가는 모든 관계에서 흔하고 당연하게 여기는 생각과 경험 사이에 작은 불통이 생겨난 데서 발생한다. 그런데 이 작은 불씨가 때론 걷잡을 수 없이 커지는 경우가 많다. 이것은 단순히 무지와 이해관계의 불통이라고 여기기엔 수많은 감정이 뒤엉킨 실타래 같은 시대의 산물이라 쉽게 해결할 수 없다. 그렇기에 우리는 '문제 해결'이라는 객관적인 접근법보다는 자신과 타인에게 해를 끼치지 않는 상황과 선을 만드는 것이 중요하다. 사람의 관계는 나이라는 단순한 숫자가 아니더라도 해결할 수 없는 수많은 이유들이 존재하기 때문이다.

input을 넓히고 output을 좁혀라

꼰대는 나이가 많은 사람을 지칭하는 말이 아니다. 그럼에도 우리들은 세대가 다르면 일단 거르고 본다. 그리고 함정은 여기에 있다. 또래의 관계에서 꼰대의 언행을 꼰대라고 생각하지 않는 착각을 한다. 그저 의견 충돌일 뿐이라고 생각한다. 또래의 관계에서 다르다는 건 접촉사고 정도의 해프닝이고 세대 간의 다름은 깨부술 수 없는 벽이라는 생각이 만연하다.

우리가 흔히 말하는 관계의 힘듦은 동떨어진 세대 간보다 또래와 주위에서 느끼는 경우가 많다. 그래서 버릴 수도 받아들일 수도 없는 어쩔 수 없는 상황이 늘 주위에 놓여 있다. 알게 모르게 정답이라는 것을 강요받고 '힘 있는 자'와 '목소리 큰 자'의 울타리 안에서 살아간다. 서로가 성장하고 있는 관계이지만 사회적 위치나 지식을 더 가진 사람의 언행은 절대적인 힘으로까지 느껴진다. 그렇기에 서로 간에 이해나 배려를 채울 수 없는 것이 당연하게 느껴진다. 완전히 익은 벼는 고개를 숙이지만 한창 자라나고 있거나 덜 자란 벼는 절대 고개를 숙일 수 없는 것처럼 말이다.

책을 한 권만 읽은 사람의 신념은 무섭다. 적은 입력으로 많은 출력을 뽑아내는 사람이다. 절대 진리라고 믿는 그 작은 신념이 타인에게 고통과 아픔을 준다는 걸 알 리도 없다. 나이가 있는 사람은 한창 젊었을 때 알았던 배움과 진리를 몇십 년째 유지하기에 그들에게 새로운 것을 입력하기란 쉽지 않다. 그들에게 새로운 것을 입력한다는 건 이제껏 잘 살아온 자신의 삶을 어느 정도 무너트려야 하는 아주 큰일이기 때문이다. 입력이 막힐수록 출력의 구멍과 목소리는 더욱 커질 수밖에 없다. 스스로를 고립하고 세상을 등지는 일이란 걸 모르고 사는 안타까운 모습이다. 신조어나 유행어를 일상에서 써야 할 필요는 없지만 알아야 할 필요가 있는 이유는 그게 현재의 세상이자 삶이기 때문이다. 어느 정도 유행어에 관심을 갖고 배워야 하는 이유는 그것을 사용하기 위해서가 아니다. 시대의 흐름을 알고 인지하기 위해서이다. 경망스럽고 이상하다는 생각이 들어 사용할 일은 없지만 알고 있는 것과 모르는 것의 차이는 세상을 투명한 유리로 보느냐 불투명한 뿌연 유리로 보느냐의 차이다. 이것은 곧 자신의 존재가 오늘을 살고 있는지 과거에 갇혀있는지를 구분하는 잣대이기도 하다.

젊었을 때 꼰대가 되는 건 그 외의 세대들보다 더 위험하다. 자신의 어떠한 한두 가지가 증명이 되고 빛을 발하면 그 이후부터는 더 좋은 새로운 것이 놓여도 애써 부정하려 든다. 몇 가지 달콤한 인생의 맛으로 다채로운 것을 경험하거나 느끼지도 못하게 된다. 그래서 어렸을 때의 성공이 무섭다고 하는 것이다. 너무 어린 나이에 경제적으로나 사회적으로 인정받고 부유해지면 나머지의 삶은 그 안에서만 맴돈다. 이미 세상에 자신의 존재와 능력을 증명했기에 그 어떤 좋은 것들이 다가와도 쉽게 인정하거나 받아들이지 못한다. 앞으로 살아갈 날이 더 많은데도 단편적인 것에 사로잡혀 껍데기의 틀이 두꺼워질 뿐이다.

꼰대란 그저 틀에 박힌 생각이나 언행으로 타인을 무시하고 억누르는 행위 정도가 아니다. 자신의 재량과 능력을 키우거나 발휘하지 못하게 만드는 빠져나올 수 없는 모래 지옥 같은 것이다. 더 성장하고 나갈 수 있는 환경과 조건이 있음에도 자신의 감옥을 만들어 스스로 갇혀버린다. 이것은 타인의 충고나 도움만으론 해결할 수 없으며, 그곳에서 빠져나오지도 못한다. 주위의 많은 것들로부터 철저하게 외면받고 동떨어져야 그제야 자신의 옹졸한 생각을 정리할 수 있게 된다. 꼰대는 스스로 꼰대라고 인식하지 못한다. 또한 타인이 인지해주어도 인정하지 않는다. 개인의 주관이 뚜렷하고 소신이 강할수록 꼰대가 될 확률이 높을 수 있겠지만 알고 보면 주관과 소신은 꼰대와는 상관관계가 없다. 주관과 소신에는 관대함과 배려 등이 들어있지만 꼰대는 아집에 가까운 사상이다. 그렇기에 폐쇄적 생각인 꼰대가 들어서면 성장과 발전은커녕 퇴행 길만이 펼쳐질 수밖에 없다.

꼰대가 되지 않는 길은 쉬우면서도 어렵다. 관대함과 너그러움을 품고 타인을 배려하는 마음을 앞세우면 된다. 어려우면서 쉬운 것이다. 자신을 억누르고 생소한 것을 받아들이는 건 곧 자신의 존재를 희석하거나 지워나가야 한다는 생각이 있어야 가능하다. 새로운 것들로 자신을 이롭게 할 수 있다는 긍정의 생각을 키워나가는 연습으로 우리는 누구나 꼰대의 모래 지옥에서 빠져나올 수 있다.

꼰대가 되지 않기 위한 10가지 마음 자세

1. 나이 어리다고 절대 반말하지 않는다. (나이 차가 많은 것보다 한두 살 차이 나는 관계에서 문제가 많이 발생한다.)

2. 모른다고 무시하거나 "그것도 모르냐?"라는 발언을 하지 않는다. (지식으로 우위를 가리는 한심한 행동은 되받을 수 있다.)

3. 틀린 것을 제시하는 사람의 말을 자르지 않는다. (예상치 못한 생각과 발견은 뜻밖의 상황에서 나오는 경우가 많다.)

4. 한 번 말을 하면 열 번을 듣는다. (경청만으로 문제가 해결되는 사례는 너무나도 많다.)

5. 새로운 것들이 이해되지 않고 좋다고 못 느껴져도 최대한 받아들여 보려고 노력해 본다. (새로운 것과 세상을 받아들이면 새로운 사람들에게 환영받는다.)

6. 언성이 높아지는 것은 이미 상대에게 졌다는 뜻이다. (확신과 여유가 있는 자는 절대 흥분하거나 화를 내지 않는다.)

7. 가르치려는 마음보단 알려준다는 마음으로 이야기한다. (상하의 눈높이보다 동등의 눈높이는 마음을 얻을 수 있는 친근감의 가장 좋은 자세이다.)

8. 항상 배운다는 마음을 가지면 겸손해지려 애쓰지 않아도 겸손해진다. (성공한 사람들이 더 늘 부족함을 느낀다.)

9. 자신이 좋아하는 걸 권하는 것은 딱 한 번만 해라. 두 번부터는 강요다. (나눔의 마음이 너무 짙으면 헤아림과 배려가 없다는 오해를 충분히 살 수 있다.)

10. 누구든 평생 꼭 한 번은 겪는 경험인 자신에게 월급을 주는 사람이 자신보다 어릴 수 있다는 사실을 명심해라. (주민등록증에 적힌 숫

자, 통장에 적힌 숫자 등으로 세상과 사람을 자신의 기준으로 분리하고 나눈다면 반드시 후회하는 날이 온다.)

살아가면서 누구나 꼰대가 될 수밖에 없겠지만 정감이 가고, 함께 하고 싶고, 존경받을 수 있는 그런 모습으로 타인에게 비친다면 꼰대냐 아니냐는 큰 상관이 없다. 꼰대여서 멀리하고 아니라서 가까이하는 것이 아니다. 일방적인 부정의 모습이 꼰대로 비치고 겸손한 긍정의 모습이 사람을 끌어들이고 성공의 방향으로 이끈다.

Check Point

• 꼰대가 되지 않기 위해 지킬 수 있는 자신과의 약속을 적어보고 삶에 적용시키자.

10. 편견을 깨려다간 자신이 깨진다

    어느 날 친구가 괴로워하는 목소리로 술 한 잔을 하자고 했다. 전화기 너머로 들리는 친구의 목소리는 매우 불안정하고 심란한 느낌이었다. '왜 그러지? 저번 달에 대기업 서류접수에서 합격했다고 엄청 신나서 면접만 잘 보면 인생 풀린다고 좋아했었는데 잘 안 된 건가?'라는 생각이 들었다. 약속 시간에 장소에 나갔는데 친구는 이미 한두 잔을 마시고 있었다. 얼굴엔 근심 걱정의 어둠이 가득 드리워져 있었다. 자리에 앉아 인사하기가 무섭게 친구가 말했다.

> 친구: "야, 나 진짜 어쩌냐? 나 왜 이럴까? 내가 왜 그랬을까?"
>   나 : "왜? 뭣 때문에 그래? 회사 잘 안 된 거야?"
> 친구: "나 문신한 거 있잖아, 이게 내 앞길을 막을 줄 어떻게 알았냐. 진짜
>   미치고 환장하겠다."

    그러고 보니 친구의 목덜미에 멋있게 있던 문신이 흐릿해졌다. 손등과 손가락에 했던 문신도 흐릿해졌지만 완전히 지워지진 않았다.

> 친구: "요즘 이 문신을 지우려고 애쓰고 있는데 잘되지 않아. 돈도 많이
>   들어가고 피부도 손상이 심해져서 고통스러워. 어떻게든 다 지우고
>   싶은데 더 이상 안 된대."

친구: "회사 면접에서 다른 것들의 성적이 좋아도 문신이 보이면 입사가 힘들대. 그래서 지우고 온다고 했는데 내 맘대로 안 돼. 나 어떡하냐. 정말 괴롭고 미치겠어."

친구의 문신은 예전엔 진짜 멋있었는데 이젠 멋있어 보이지 않았다. 완벽하게 지워진 것도 아니어서 손상된 피부에 지저분하게 흔적이 남아 있었다. 문신을 지운 흔적이 화상을 입은 듯 빨갛게 올라와서 보기에 좀 흉한 모습이 되었다. 보이는 것도 그렇지만 친구는 가렵고 아픈지 연신 피부를 만지며 긁었다. 술을 마시면 안 된다는 의사의 말에 아랑곳하지도 않고 울먹거리며 술잔을 들이켜고 있는 친구가 안타까워 보였다.

친구는 20대 초반, 개성 있고 멋있어 보인다는 이유로 몸의 여러 곳에 문신을 했었다. 처음엔 옷을 입으면 안 보이는 곳에만 하다가 "아니, 문신은 자랑하려고 보여주기 위해 하는 건데 왜 안 보이는 곳에 해야 하지?"라고 하더니 과감하게 옷감이 닿지 않는 곳에도 하기 시작했다. 그렇게 20대 후반까지 친구는 자유분방하게 살았고, 난 그런 친구의 모습이 멋있어 보였고 무엇을 해도 거침없이 잘 되는 친구가 늘 부럽기만 했었다. 그러다 어느 날 친구가 공부를 하기 시작했다. 다른 친구들도 의아해했다.

나 : "너 미쳤냐? 서른 다 돼서 뭔 공부를 한다고 난리야. 그냥 너답게 살아."

친구: "내가 철이 든 건지는 모르겠는데 이런저런 일을 해보니까 사람은 배워야겠더라고. 어차피 인생 한 번인데 후회 없이 열심히 해서 보란 듯이 나도 큰 회사에 한 번 도전해 봐야겠어."

그러더니 친구는 한동안 연락도 잘되지 않았다. 그렇게 몇 년을 공부해서 대기업 서류 전형에 합격했다는 소식을 받았다. 그런데 그 몇 년의 지독한 노력이 한때 친구를 자신 있고 당당하게 만들어주던 문신이 넘어뜨린 것이다.

안타까운 친구를 말없이 바라보며 나도 예전의 기억을 떠올려봤다. 실은 나도 20대엔 그리 평범한 모습은 아니었다. 머리를 길게 기르고 다녔다. 20대 중후반까지 긴 머리를 고수했다. '포니 테일'처럼 뒤로 묶고도 다녔다. 남자지만 긴 머리는 20대의 나를 표현하고 상징해 주는 큰 의미였다. 내외적인 단점과 장애를 감추고 싶은 일종의 일탈이었기도 했다. 호적에서 파버린다는 부모님을 피해 다니며 늘 못마땅한 말투로 자주 화를 내고 다녔다. 타인의 불편한 시선은 아랑곳하지 않는 나만의 개성이 중요한 20대의 인생을 나도 잠시 살았었다. 그러다 나 역시 머리를 자르게 된 큰 계기가 있었다. 그건 바로 일을 하고 싶어도 취업이 잘 안 됐다는 것이다. 직종에 맞는 기술과 실력을 갖추었어도 면접에서 무조건 떨어졌었다. 한 번은 면접관에게 대들기까지 했었다.

면접관: "만약에 출근하시게 되면 머리는 자르실 거죠?"
나 　 : "제 머리가 일하는 데 큰 방해가 되지 않는다면 자를 생각은 없습니다."

그리곤 당연히 연락은 오지 않았다. 그렇게 면접에서 몇 번을 떨어졌을 때도 나는 아쉬울 게 없었다. 오히려, "참나, 사람을 외모로 판단하고 인재를 몰라보네. 그래 봐야 자기들만 손해지. 됐다 그래. 나도 나를 원하는 곳에 가면 돼." 당당하고 자신감 있는 마음은 한동안 변하지 않았다. 그렇지만 그런 마음이 점점 흐려지는 순간은 빨리 찾아왔다. 통장의 잔고가 바닥을 보일 때였다. 그제야 늘 귀에 딱지가 앉도록 했던 어머니의 말이 조금씩 떠올랐다.

"개성도 좋지만 어디 가서 사람들이 널 곧이곧대로 보지 않으면 그만큼 억울한 건 없단다."

그 말이 그제야 몸에 스며들었다. 그날 이후로 바로 머리를 단정히 자르고 원하는 일자리에 취직도 수월하게 됐다. 나와 친구는 다른 점이 있었다. 나는 걸림돌이었던 걸 쉽게 버릴 수 있었지만 친구는 그러지 못했다. 시간은 흘렀고 세상은 변했다. 한때는 '어깨 형님들'이나 했던 문신이 패션이 되었다. 원하면 어디서든 쉽게 할 수 있고 비용도 예전보다 부담스럽지도 않다. 그러나 한번 생각해 볼 게 있다. 타인이 의아하게 생각하는 모습이 자신에게 불이익으로 돌아온다면 그것을 평생 해명해 가며 살아갈 자신이 있는지 스스로에게 물어봐야 한다.

세상에 없는 것을 만들어 낼 자신이 있다면

유명한 연예인 박재범은 자신의 문신이 개성으로서 스스로를 어필하는 장점이 되었고, 그게 시너지 효과를 일으켜 더 많은 돈과 명예를 누리는 삶을 살고 있다. 그러나 알다시피 연예인 박재범의 문신은 그를 알리거나 표현하는 주된 수단이 되진 않는다. 박재범이 유명하고 훌륭한 건 그만큼의 재능과 능력 그리고 사회에 기여하는 큰 영향력 때문이다. 그런 것들을 갖추었기에 몸에 새긴 문신이 한층 더 돋보이는 것이지 문신만으로 박재범이라는 사람을 설명할 순 없다. 박재범 같은 특별한 사람이 아니라면 우리들은 무엇을 할 때 그것이 얼마나 오랫동안 자신의 삶을 지배하고 영향을 끼칠지 충분히 생각해봐야 한다. 원하면 쉽게 떨굴 수 있는 것인지, 최소한 몇 년간은 그 굴레 안에 머물러야 하는지 정도는 생각하고 판단해야 한다.

아직 문신은 긍정보다 부정의 의미가 많다. 아무리 예쁘고 좋고 별것 아닌 것이라고 당장 위로해도 그 별것 아닌 것들은 늘 삶을 예상치 못한 순간으로 이끈다. 분명 뒤에서는 각자의 사정으로 기분 좋게 한 문신을 지우려고 피눈물을 흘리는 사람들이 많다.

아무리 다양성을 인정하고 존중해 주는 사회일지라도 계란으로 바위를 깰 수 있다는 생각은 되도록 하지 말아야 한다. 처마 밑으로 떨어지는 물방울이 오랜 세월 후 바위에 구멍을 뚫을 순 있지만 몇백 년이 걸린다. 이 글을 읽는 당신의 삶은 백 년도 되지 않는 짧은 인생이다. 성공과 행복은 내가 살아 숨 쉬는 이 시대에 갖고 느껴야 한다. 그러려면 독특한 생각과 발상은 필요하겠지만 모두에게 이미 스며든 편견에 맞서는 획기적인 무언가로 이루려는 것은 무모함에 가깝다. 그럼에도 불구하고 의지와 열정이 넘친다면 독특하고 특별한 자신을 어필하여 타인이 쉽게 생각하거나 따라 하지 못할 무기를 만들어야 한다. 아직까지 이 세상에 없는 당신만의 특별한 그 무언가를 꼭 만들길 바란다. 아이폰을 만든 '스티브 잡스'처럼.

• 자신이 걷는 성공의 길에 타인이 불편하거나 불쾌하게 생각하는 편견은 없는가?

The Sincerity of Success

part 3

내 것과
아닌 것을
구분할 수 있는가

이상적인 삶은
채움과 비움의 균형을 맞추는 것이다

The Sincerity of Success

1. 자신을 통제할 수 없는 것만큼 큰 비극은 없다

세상의 모든 범죄는 참지 못한 욕망과 욕구에서 온다. 스스로를 통제할 수 없음에 되돌릴 수 없는 인생의 입구에 들어선다. 극단적인 범죄가 아니더라도 평범한 일상에서 우리는 자기 자신을 방종하는 일이 흔하다. 꼭 해야만 하는 등교나 출근을 제끼는 일부터 몇십 몇백 번을 다짐해도 절대 끊지 못하는 술과 담배는 내가 나를 어찌할 수 없음에서 비롯된다. 내가 나를 통제하지 못하는 상황에서는 아무리 좋은 것이 앞에 있다 한들 온전히 받아들일 수 없다. 자기 통제력이 약한 상태에서 자기 발전과 성장을 한다는 것은 뼈대 없는 건물에 좋은 외장재를 붙이는 격밖에 되지 않는다. 그래서 우리는 좋은 것을 배우고 습득하려는 행위의 준비단계를 시작하는 것도 중요하지만, 자신이 원할 때 언제든지 좋은 걸 쉽게 받아들이고 나쁜 걸 과감하게 지나칠 수 있는, 내가 나의 주인이 되는 것이 더 중요하다는 걸 알아야 한다.

자신과의 약속을 하찮게 여기지 마라
신년이 되면 모두가 다짐을 한다.

"올해엔 꼭 ○○킬로를 빼서 날씬해지겠어!"
"올해엔 정말 한 달에 한 권씩 책을 읽고 말 거야!"
"금년엔 반드시 노력해서 연말에 성과급을 받고 내년엔 연봉을 올리겠어!"

"올해엔 정말 술과 담배를 확 줄이고 되도록 끊겠어!"

　미국의 시장분석 기관인 '통계 브레인 조사연구소(SBRI)'에 따르면 새해 계획을 성공적으로 이루고 지켜나가는 확률은 8%에 그친다. 이 말은 즉 10명 중 9명이 넘는 92%는 작심삼일에 끝나거나 지속하지 못하고 실패한다는 말이다. 그럼에도 매년 대부분의 사람은 새해 계획을 세우고 다짐을 하며 한 해를 시작한다. 모두가 시작해서 거의 모두가 끝을 맺지 못하기에 우리는 누군가 새해 계획이란 걸 잘 지켜나가는 것을 보면 그것을 이상하게 생각할 때도 있다. 오히려 평범하게 보질 않고 '대단하네, 끈질기네, 독종이네.'라는 특별한 사람 취급을 하기도 한다. 이러한 마음은 모두가 어렵게 살아가고 있는 현실을 긍정적으로 바라보려는 생각보단 부정적인 생각으로 이어지는 경우가 많다. 그렇기에 가볍게 시작한 새해 계획을 연말까지 잘 지키고 원하는 목표를 이뤄내는 사람을 보면서 겉으로는 박수를 치지만 속마음은 다를 수 있다. 여기서 사람들이 생각하는 은연중의 마음은 두 가지 정도이다.

　1. 팔자가 좋은가 보네. (살기 편한가 보네.)
　2. 일할 생각은 안 하고 하찮은 것에 목숨 거네.

　이러한 부정의 마음이 깃드는 것은 대부분의 새해 계획이나 신년 계획은 먹고사는 생존의 목적과는 거리가 멀다 생각하기 때문이다. 단지 돈을 많이 벌고 싶거나, 빠르게 승진을 하거나, 1년 안에 삶이 바뀔 만한 원대한 꿈을 신년 계획에 넣는 사람은 드물다. 그래서 새해 계획은 얕고 가벼운 것들 안에서 찾는다. 1년 안에 어느 정도는 목표와 성취의 맛을 조금이라도 볼 수 있는 것들에서 찾는다. 이루어지면 좋고 삶이 바쁘거나 어쩔 수 없으면 잊고 살다가 다음 해로 넘긴다. 이러한 반복은 인간의 본성과도 연관이 있기 때문에 평범한 삶에서 큰 변화는 쉽게 올 수 없다. 그렇기에 우리는 인지해야 한다. 삶의 변화는 큰 것들로부터 이루어 나갈 수도 있겠지만 진정한 삶의 변화와 성공은 작은 것들이 모이고 쌓여서 원하는 것에 닿는다는 진리를 기억해야 한다.

매년 자신과 하는 수많은 작은 약속들은 싹도 틔우지 못하고 평생을 씨앗으로 마음의 땅속에 있을 수 있다. 그 씨앗은 한두 해 정도로는 썩거나 말라죽진 않는다. 또한 작은 것들의 존재는 현실에선 큰 매력이 없기에 오래도록 묵혀두거나 잊기 마련이다. 그러면 썩어서 사라지는 것이 당연하다. 인지하지 못하는 것들이 현실에서 사라진다는 건 넓은 세상을 볼 수 없는 우물 안 개구리로 살아간다는 뜻이다. 우물 안 개구리는 자신이 우물 안에 갇혀 산다는 인식을 하지 못한 채 평생을 살아간다. 생존이라는 우물 안에서 보는 하늘은 손바닥만 할 수밖에 없다. 그렇게 보이는 하늘이 세상 전부라 믿기 때문에 나은 삶이란 우물 안에서 더 배불리 먹고 좀 더 큰집에서 사는 것이 삶에서 가장 큰 성공과 목표라고 생각한다.

무언가 새로운 시작의 날이 자신의 삶에 놓이면 꿈과 목표를 위해서 우리는 자신과의 약속을 조금은 구체적이고 신중하게 생각할 필요가 있다. 간절히 원하는 것을 반드시 현실로 이뤄내기 위해선, 그것을 하루도 빼먹지 않고 아주 조금씩 매일 생각하고 한 걸음씩 내디뎌야 한다. 혹자는 말한다. "티도 나지 않게 건드리는 정도로 무언가를 하는 것이 삶에 무슨 의미가 있느냐고." 그러나 이것은 틀린 생각이다. 간절한 것은 그것에 막대한 시간과 돈 그리고 열정을 들이는 게 다가 아니다. 자신의 삶의 모든 순간에 그것들이 뿌려져 있고 언제든 느낄 수 있는 상태를 말하는 것이다.

진짜 운동을 해서 몸이 좋아지고 싶은 사람은 팔굽혀펴기를 하루에 100개씩 하는 사람이 아니다. 10개씩 10일을 지속하고 100일이 넘도록 포기하지 않는 사람이다. 진짜 책을 읽는 사람으로 변하고 싶은 사람은 하루에 5시간씩 1주일을 읽고 그만두는 사람이 아니다. 하루에 5장씩 50일을 지속하고 500일이 될 때까지 포기하지 않는 사람이다. 하찮은 것이 성공으로 이어지는 수순은 아주 작은 것을 자신도 모르게 자연스럽게 하고 있는 놀라운 현상에서 시작된다. 이것은 작은 습관으로 하나의 성공에 닿는 결론 그 이상의 의미가 있다. 그것은 바로 내가 나를 통제할 수 있다는 놀라운 변화에 큰 의미가 있다. 무언가를 이루고 바꾸기 위해선 좋은 것을 한없이 받아들이고 습득하는 것이 우선이 아니다. 그 좋은 것을 넣고 담을 수 있는 스스로의 몸과 마음이 필요하고, 그렇게 되기 위해 자신이 현재 어떤 상태인지를 알고 파악하는 것이 중요하다. 준비가 되어있는 몸과 마음이라면 좋은 것들을 온전히 습득하여 자신의 것으로 만들 수 있을 테지만, 그렇지 않은 상태라면 '밑 빠진 독에 물 붓기'와 다름없는 쓸데없는 시간 낭비일 뿐이다.

박약한 의지는 누구에게나 찾아올 수 있다. 다만 의지가 박약한 게 습관성인지 어쩌다 한번 풀어지고 싶은 날인지를 구분하는 게 중요하다. 사람이기에 그럴 수는 있지만 사람이라서 그럴 수밖에 없다는 모습으로 살아간다면 그저 그럭저럭 뻔한 예상이 놓인 삶을 살아갈 수밖에 없다.

타인의 삶을 사는 행위를 멈춰야 한다

휴대폰이 없으면 일상생활이 불편하게 된 시점은 불과 얼마 되지 않는다. 휴대폰은 1973년 마틴 쿠퍼(martin cooper)에 의해 처음 탄생되었지만 스마트폰의 형태로 우리네 일상에 스며든 건 2007년 '아이폰'의 탄생부터이다. 더욱이 스마트폰으로 일상의 거의 모든 것을 할 수 있게 된 건 불과 10여 년 안팎이다. 세계 사람들이 휴대폰에 의한 삶을 살 수밖에 없는 현실이 된 건 아주 최근의 일인 것이다. 이제는 휴대폰으로 못 하는 것이 거의 없다. 일상은 물론이고 생각과 미래의 계획까지 손바닥 안에 들어오는 작은 기계와 함께 한다. 그중 제일 많이 하는 것이 무엇일 것 같은가? 일을 하거나 정보를 찾는 것 따위는 두 번째 일이다. 대부분의 사람들이 휴대폰으로 제일 많이 하는 것은 '관계를 갖는 것'이다. 친구나 지인들과 시시때때로 주고받는 메시지의 대화는 이제 밥 먹는 것 이상으로 숨 쉬는 것만큼 하고 있다. 그래서 휴대폰은 우리의 몸과 절대 떨어져서는 안 될 물건이 되어버렸다. 휴대폰이 없으면 일상에서 숨을 쉴 수 없을 만큼 답답함과 불안이 밀려오는 사람들이 정말 많아졌다. 휴대폰 없이 살아가는 건 마치 살아있지만 삶을 살아간다고 볼 수 없는, 병상에 누워있는 환자와 같다고 여기는 사람들은 더 많이 늘어가고 있다.

휴대폰은 인간을 이롭게 하기 위해 만들어졌지만 대부분 사람들의 휴대폰 용도는 '킬링타임'이다. 다르게 생각하면 인간의 이로운 삶은 관계의 연결과 재미의 추구라고 할 수도 있다. 한가할 때, 여유로울 때, 휴식을 취할 때 모두가 휴대폰을 손에 쥔다. 휴대폰 안에 온 세계가 있다는 말이 현실이 되었다. 수많은 앱과 플랫폼으로 인해 원하는 사람들과 원하는 생각을 나눌 수 있는 공간은 점점 더 늘어나고 있다. 예전처럼 한정된 공간과 시간 안에서만 관계를 맺는 시대는 이미 끝났다. 이제는 공간과 시간에 구애받지 않고 국가, 나이, 성별, 종교 등 아무런 제약 없이 원하는 사람들과 관계를 맺고 교류를 할 수 있다. 이러한 관계는 공적인 것보단 사적인 것이 압도적으로 더 많다. 그래서 현대의 우리들은 직접적으로 만나보지 않은 누군가랑 하루 종일, 몇 날 며칠, 몇 달 몇 년 동안 관계를 맺을 수 있다. 이런 관계가 이성이 된다면 만나보지도 않았는데 사귀고 헤어지고의 연애를 휴대폰만으로도 할 수 있는 시대에 살고 있다. 설사 이런 진중하고 깊은 관계가 아니더라도 수많은 필요에 의한 관계가 휴대폰으로만 이루어지고 깨지기도 한다.

SNS에서 서로 '맞팔'을 했는지 안 했는지를 며칠 동안 고민하면서 무엇이 문제일까? 무엇 때문에 마음이 상했을까? 계속 고민하며 자신의 일상이 흐트러지는 경우가 흔하다. 얼굴 마주 보며 온갖 행동과 몸짓으로 희로애락을 느끼는 게 아닌 의미심장한 글귀 몇 줄과 알 수 없는 사진 몇 장으로 희로애락을 느끼는 시대이다. 더욱이 만나본 적 없는 누군가와의 관계는 직접적인 만남을 가질 수 있음에도 하지 않는 관계로 끝나버리기도 한다. 마음만 먹으면 만나서 관계와 소통을 이어나갈 수도 있지만 '굳이 시간과 열정을 들이면서 만나야 하나'라는 생각이 들게끔 만드는 현실이다. 그리고 그 바탕엔 휴대폰이 존재한다.

휴대폰의 발전은 우리의 실생활에서 자신을 점점 미뤄두고 허상과 공상에 더 집착하게 만든다. 그럴수록 퇴화하는 건 스스로의 존재감이다. 신체의 오감을 이용해서 세상과 사람을 느끼며 사는 것이 아닌 경직된 몸과 단순한 생각만으로 작은 화면 속에 살고 있다. 그래서 사람들의 일반적인 생각이나 도덕관념으로 이해되지 않는 사회현상이 보편화되어 가기도 한다. 삶이란 그래도 아직은 육체의 경험이 주를 이루어 자신의 존재를 키워나가는 것이 보편적인데도 시뮬레이션이 삶의 일부가 되어 살아가는 모습이 이상하지 않은 현실로 점점 확장되어가고 있다.

스스로를 잃지 않는 마음가짐

성공하는 사람은 보통 사람들과 달리 휴대폰이 자신의 삶에 시너지 효과를 일으키도록 쓰곤 한다. 휴대폰이 삶의 주체가 되지 않게 전면에 내세우지 않는 것이 큰 특징이다. 하루의 일상을 휴대폰으로 시작하는 것이 아닌 주체적인 생각으로 육체를 움직이며 휴대폰으론 도움을 받는 정도이다. 그들은 작은 화면에 집중하기보단 자신의 실제 현실에 집중하며 산다. 그러나 가상공간의 쾌락은 꽤나 강력하고 중독적이다. 그래서 그것의 경험 자체를 차단하기보단 짧은 경험을 통해 이익과 불이익을 판단하고 받아들여 새로운 것을 접하고 삶을 발전시켜 나간다.

자제력의 크기는 주체적인 삶을 가질 수 있느냐와 밀접한 관련이 있다. '남들 다 하는 것'에 빠지지 않는다는 건 남다른 생각과 정신력으로 원하는 바를 충분히 이룰 수 있는 명확한 모습을 갖고 있다는 것이다. 변화하는 세상을 배제하지 않으려고 노력하면서 이로운 점만을 경험하고 습득하는 건 좋은 물 빠짐 바구니를 갖는 것과 같다. 좋은 정보와 함께 인간을 유혹하는 것들은 점점 더 많이 세상에 나온다. 어떠한 거름망도 없이 단순하고 본능적인 육체와 생각만으로 세상을 살아간다면 그것이 유혹인지조차 모르고 빠져들 수밖에 없다.

주체적인 삶은커녕 좋아 보이는 타인의 삶에 빠져 자신을 잃어가는 건 순식간이다. 좋은 세상에 흡수돼서 여기저기 끌려다니다 보면 그것은 자신도 모르게 삶의 노예를 자처하는 것이다. 좋고 나쁨을 구분하기 전에 자신의 존재를 인지하고 객관적으로 볼 수 있는 눈과 마음을 키운다면 휴대폰 속에 갇혀 살지 않을 수 있다. 휴대폰의 유혹 안에는 좋은 것들이 있고 그 좋은 것들로 스스로를 발전시킬 수 있다. 단 그러기 위해선 절제력과 명확하게 판단할 수 있는 눈을 갖추고 주체적인 사고를 키워나가야 한다.

Check Point

- 내가 나를 마음대로 할 수 없는 순간이 하루에 몇 번이나 되는가.
- 하나씩 조금씩 바꾸고 변해가기 위한 작은 계획을 세워보자.

2. 한 끼 안 먹는다고 죽는 사람은 없다: 쾌락 충전소를 줄여라

세상 살기 좋아졌다는 말이 크게 피부로 와닿는 현실 중 하나는 밥을 못먹어서 굶어 죽는 사람을 찾아보기 힘들다는 것이다. (물론 타국의 극단적인 경우는 제외하고) 그럼에도 우리는 여전히 상대방의 끼니를 걱정한다. 오래전부터 "식사하셨어요?"라는 인사말이 일상의 안부가 되었듯 밥을 먹는다는 건 삶에 있어 중요하다. 밥 한 끼 먹기 위해 일을 해야만 했던 시기의 인사말이 시대가 많이 변했음에도 여전히 인사말로 쓰이고 있다. 시대가 변하고 밥을 못 먹어 굶어 죽는 사람이 거의 없는 현실에서도 우리는 여전히 타인의 끼니를 걱정한다. 그보다 더 중요한 건 궁금해하지도 않으면서 말이다.

끼니 걱정보다 삶에 대한 걱정이 컸었다
어릴 적 어머니께 수시로 했던 불효의 말이 여전히 가끔씩 머리를 맴돈다.

"밥 한 끼 안 먹어도 안 죽어! 밥 먹는 게 뭐 그리 중요해? 엄마는 나 밥챙겨주는 거 말고 할 게 없어?"

누구나 그러하듯 어릴 적 질풍노도의 시기를 한 번쯤은 겪는다. 멈출 수없는 방향으로 분출되는 화를 가장 가까운 부모님과 가족들에게 풀며, 폭언을 일삼았던 철없던 시기였다. 내가 진짜 필요했던 건 배불리 먹는 것보다 원하는 삶을 살고 싶은 것이었다. 잘 사는 법이 궁금했고 돈 버는 법이 궁금했는데 세상을 바라보는 것보다 자식을 키우는 것이 우선이었던 그 시대의 부모님들은 자식의 끼니를 챙겨주는 것 외에는 할 수 있는 게 많이 없었다.

왜 당시 나의 눈엔 잘 사는 집 애들의 똑똑하고 교양 있는 부모들만 눈에 들어왔는지 그저 밥만 챙겨주는 부모가 원망스러웠다. 훗날 자식을 위해 고생하시는 부모에게 내가 얼마나 가슴에 대못을 박았는지 알고 나선 숨죽이며 많이 울기도 했다. 생각해 보면 부모님의 어린 시절은 밥을 못 먹어서 굶어 죽는 사람들이 실제로 많았다. 당신들의 보고 겪은 경험으로 자식을 위해서 할 수 있는 최선의 사랑을 아낌없이 줬던 것뿐인데 그런 부모의 마음을 철없던 나는 알지 못했다. 그리고 여전히 십수 년이 지난 지금도 대부분의 부모들은 자식들 밥걱정을 한다. "밥은 먹고 다녀라.", "끼니는 거르지 말아라." 그리고 또 하나 추가된 게 있다. "사람 조심하고 스트레스받지 말아라."이다. 이제는 끼니를 걸러서 죽는 경우보단 정신과 마음의 결핍으로 죽는 사람들이 실제로 많다.

코로나19 이후 자살률이 3배로 증가한 것도 이를 대변해 준다. (보건복지부 자살률 통계 2022년(12.7%) / 2019년(4.6%)) 우리나라 현재 (2022년 12월 31일 기준) 1인 가구 수는 전체 가구 수의 41%(973만 세대)에 육박한다. 실상 1인 가구 1천만 시대가 되었다. (1인 가구와 함께 2인 가구를 합하면 전체의 65%를 넘는다.) 10가구 중 4가구는 혼자 사는 사람들이다.

이 같은 흐름은 해마다 가파르게 늘고 있다. 참고로 20여 년 전인 2000년엔 1인 가구 수 비율이 15.5%였다. 20여 년 만에 거의 3배가 되어간다. 아이러니한 건 인구수는 줄어들고 있는데 세대수는 증가한다는 것이다. 이 말인즉슨 각자의 공간에서 혼자 살아가는 삶이 많아졌다는 뜻이다. 그리고 이는 관계에서 채울 수 있는 것들이 부족해졌음을 말한다. 혼자 사는 이들이 많아질수록 사람들의 정신과 마음은 보편적으로 더욱 결핍되어 갈 수밖에 없다. 더욱이 혼자 살기에 재정 문제를 해결하기도 힘들어지고, 이 때문에 다시 옛날로 돌아가 끼니마저 걱정해야 하는 고난과 고통이 더해지는 현실이 되어간다. 그렇기에 우리는 육체의 건강을 위해 끼니를 챙겨 먹는 것만큼, 자신의 삶과 타인과의 관계에서 건강한 정신과 마음을 갖는 것이 무엇보다 중요하다. 그런데 인간이란 부족한 것을 채우려 할 때 본능에 따르는 경우가 많다. 우선적으로 식욕을 채우기에 앞서고 감정의 결핍을 못 견뎌 사람을 만나려 하거나 이성을 찾는다. 이런 지극한 삶의 본능적인 도돌이표 안에서는 평범하다 못해 되돌릴 수 없는 강을 수시로 건너기도 한다.

무언가의 결핍이 느껴지면 우리의 뇌는 당연히 그것을 찾게 된다. 그러나 모든 사람이 언제든 원하는 것을 매 순간 충족하며 살 순 없다. 그러면 당연히 스트레스로 인해 스트레스 호르몬인 코르티솔(Cortisol)이 분비된다. 원하는 걸 제때에 해결할 수 없는 현대인은 하루의 많은 부분에서 코르티솔(Cortisol) 호르몬을 꽤나 많이 분비한다. 호르몬이 분비된다는 것은 육체를 최적의 상태로 만들기 위해 몸이 노력하고 있다는 뜻이다. 그러나 현대인의 스트레스는 하루 이틀 반짝하고 사라지는 증상이 아니다. 대부분이 만성적이다. 자신도 모르는 사이 호르몬은 우리를 보호하려고 지속적으로 나온다. 그 결과 우리의 신체와 정신은 오히려 더 망가져 간다. 호르몬의 혈중농도가 높아지면 우리가 흔히 아는 식욕이 증가하고 그로 인해

지방의 축적과 높은 혈압으로 고혈압의 위험성이 생긴다. 정신 상태도 마찬가지다. 불안한 상태가 이어지며 만성피로, 두통, 불면증 같은 증상이 나타난다. 감정에 의한 욕구 충족은 마약과도 같은 것이어서 절대 해결할 수 없고 폐해만 낳는다. 그렇기에 이성적인 생각과 마음으로 자신을 보호하는 것이 우선시되어야 한다.

'쾌락 충전소'의 방문을 줄여나가고 '진심의 방'을 자주 이용해라

자신에게 정확히 무엇이 부족하고 결핍되었는지 아는 사람은 많지 않다. 그렇기에 가장 쉽고 단순한 밥을 챙기는 것이다. 맛있는 음식의 섭취는 도파민(dopamine)을 분비되게 하고 기분을 좋게 만들어준다. 그러나 위장의 포만감은 극히 짧은 쾌락일 뿐이다. 쉽게 사라지고 금방 또 원한다. 이것은 비단 음식뿐만이 아니다. 침체된 육체와 감정의 회복을 위해 무의식적으로 다른 많은 곳에서 도파민(dopamine)을 원하고 있다. 휴대폰을 손에서 놓지 못하는 이유도 이와 같다. 때론 제어할 수 없는 성욕 등으로 돌이킬 수 없는 강을 건너기도 한다. 적당한 식사와 휴대폰으로 휴식을 취하며 좋은 인간관계 및 이성 교제를 한다면 이는 매우 중요한 삶의 원동력이 될 수 있다. 그러나 인간의 가장 원초적 본능인 '욕심'은 이러한 행위를 적당히 취하게만 놔두지 않는다. 원하지 않아도 자연스럽게 '중독'으로 몰아넣는다. 우리는 완전히 쓰러지기 전에 감정의 끌림을 멈추고 이성의 정체성을 찾아야 한다.

밥 먹는 게 중요한 이유는 생명유지의 필수 요소이기 때문이다. 그러나 이러한 단순한 일들은 일상에서 그리 많은 시간을 필요로 하지 않는다. 옛날 사람들은 무엇보다 생명유지가 중요했고 전부였다. 그러나 현대 사람들의 식생활은 생명유지보다는 기쁨과 즐거움의 요소가 더 많이 포함된 쾌락에 가깝다. 식생활뿐만이 아닌 일상의 많은 부분이 육체와 정신의 쾌락 충전에 들어가고 있으며, 우린 그것을 위해 많은 시간과 돈 그리고 열정을 소비하고 있다.

삶의 행복은 결국 쾌락과 연결되어 있기에 많은 것들을 느끼고 즐겨야 한다. 그러나 돈을 버는 이유가 단순히 맛있는 것 먹고 좋은 데 놀러 가기 위한 목적이라면 평생을 돈 버는 다람쥐처럼 쳇바퀴 안에서 무한 반복을 하면서 살아야 한다. 어쩔 수 없는 수많은 현실 속에서 살아가는 이들의 일상에는 생각보다 주체적인 삶의 공간이 거의 없다. 정해진 시간에 맞게 돌아가는 하루 속에서 지켜야 할 것들의 안위를 둘러보고 벗어날 수 없는 한정된 공간 안에서 무사하기만을 바라는 걱정만이 대부분이다. 이들에게 행복이란 그저 자유시간이 주어진 그 몇 시간을 쉽고 단순한 것들로 채우며 쾌락을 충전하는 것이다. 점심시간 1시간 동안 먹을 수 있는 맛있는 점심, 쉬는 시간 10분 사이에 피우는 담배, 퇴근 후 마시는 시원한 맥주 한 잔, 황금 같은 주말에 뒹굴 수 있는 소파 등이 언제든 손 닿을 곳에 있는 '쾌락 충전소'이다. 실은 이것마저 없으면 살아갈 수 없는 사람이 많다.

인간이라면 고단한 일상을 해소해 주는 '쾌락 충전소'를 무시할 수 없다. 그럼에도 소수의 사람들은 반복되는 현실의 악몽을 탈출하고 싶어서 남들 서너 번 들를 '쾌락 충전소'를 한두 번으로 줄이려고 노력한다. 그러한 반복의 습관으로 그들이 바라보는 건 자기 자신이다. 자신이 원하는 삶과 인생을 구체적으로 오랜 시간 동안 명확하게 그려나간다. 때론 '쾌락 충전소'에 들러서 떡이 되도록 밤새 술을 마시고 다음 날 숙취로 고생을 한다고 해도 그건 몇 날 며칠 들러야 할 '쾌락 충전소'를 참았다가 한 번에 쓴 날이다. 또한 그 모습을 바라보는 보통의 사람들은 그런 그들의 단면만을 보고 "그래

역시 삶은 즐기는 것이지!"라고 자기 위로를 한다. 문제는 그런 자기 위로를 해야 한다는 생각이 이삼일에 한 번씩 든다는 것이다.

사람이 살아가면서 '쾌락 충전소'를 끊을 순 없다. 그러나 충분히 줄일 수는 있다. 주 2~3회 먹던 치킨을 1회로 줄이고, 계절마다 사는 옷의 개수를 반으로 줄이고, 때 되면 일주일에서 열흘을 다녀왔던 휴가를 이삼일로 줄이면 된다. 그리고 중요한 건 조용하고 고요한 '진심의 방'으로 들어가는 횟수를 늘려야 한다. 1년에 한두 권 사봤던 책을 두세 달에 한 권은 사보고, 작심삼일로 일삼았던 운동을 주 2~3회로 무조건 한다는 약속을 자기 자신과 해야 한다. 다양한 사람을 만나서 영감을 받기 위한 취미를 갖고 모임도 다니고 (단순한 사교모임은 비추천한다.), 세상이 얼마나 어떻게 변하고 있는지 늘 관심을 갖고 생각해야 한다. '쾌락 충전소'를 줄이는 것과 '진심의 방'을 이용하는 비율을 하루아침에 변화시킬 순 없다. 점차 무기력해지고 피폐해져 가는 자신을 인지한다면 당장 현실을 변화시킬 순 없을지라도 가까운 미래에 이루고 싶은 모습을 상상하며 나은 방향으로 몸과 마음을 기울여야 한다.

부러워하며 살 것인가 부러움의 대상이 될 것인가

'쾌락 충전소'를 자주 드나드는 타인을 부러워하는 건 자연스러운 감정이다. 그러나 우리는 그 사람이 현재 어떠한 상태에서 그렇게 즐기는지 알 수 없다. 당장 눈앞에 보이는 단편적인 것들에 혹해서 무너진다면 평생 이길 수 없는 싸움만을 반복할 뿐이다. 비교에 의한 삶으로 쾌락의 방을 열까 말까 들락날락하기보단 크건 작건 자신이 목표로 하는 것에 닿기 전까진 쾌락의 방 열쇠를 봉인해 둘 수 있는 의지를 가져야 한다. 타인의 무언가를 부러워하는 건 절대 한두 번으로 끝나지 않는다. 욕망은 끊임없이 스스로를 괴롭히기에 평생 그 부러움의 늪을 빠져나올 수 없다. 작은 것이라도 타인이 부러워할 만한 자신의 것을 만들어나가기 위해선 '진심의 방' 열쇠를 늘 손에 쥐고 살아가야 한다.

Check Point

- 당신은 하루를 보냄에 있어 주체적인 시간을 얼마나 능동적으로 갖고 소비하고 있는가.

3. 여러 곳을 파봐야 원하는 우물이 나온다

한 우물만을 파라는 말이 있다. 예전에는 통했다. 그리고 현재도 통하긴 한다. 그러나 그 가능성은 예전만 못하다. 일단 한 우물을 파기 위해선 많은 것들이 필요하다. 기초를 다지기 위해 최소 몇 년은 자신을 버려야 하며, 그 상황과 집단 혹은 책과 배움에 한결같고 끊임없는 습득이 필요하다. 이 시기는 '나는 죽었다', '나는 없다'라는 마음으로 몰입해야 한다. 그 후엔 또다시 깊이 빠져들어야 한다. 소위 전문가가 되기 위해서 초기에 마음먹었던 몇 년의 시간에 두 배 세 배 이상을 투자하고 끊임없이 정진해야 한다. 예전이야 강산이 변하려면 10년이 걸렸다지만 지금은 1년도 안 돼서 많은 것들이 빠르게 변한다. 원하는 것을 이루기 위해 정진하고 있지만 자신만 앞으로 나아가는 게 아니다. 주위의 다른 사람들도 그만큼 노력하고 세상은 더 빠르게 정진 중이다. 오히려 자신보다 빠르게 나아가고 변하는 것에서 오는 회의감과 무력감으로 지치기가 쉽다. 한 우물만 파는 길을 택하는 건 정말 신중히 생각해 봐야 할 일이다.

한 곳을 파다가 샛길로 빠지는 것이 행운이 될 수 있다

한두 가지에 인생을 걸며 살아가는 소위 열심히 산다고 자부하는 사람은 이것저것 짧게 하고 쉽게 다른 것을 시작하는 사람을 비판하고 비난한다.

"그렇게 여기저기 찔러보고 다니다간 세월 다 간다."

"뭐 하나 진득한 맛이 없냐?"

"그래서 대체 뭘 잘하는데?"

딱히 내세울 것 없고 잘하는 것 없는 게 자랑은 아니지만 숨길 것도 아니다. 여러 가지에 관심과 호기심을 가질 수 있다면 자신의 것을 찾는 건 시간문제다. 애초부터 무언가의 전문가를 목표로 시작하고 살아가는 사람은 드물다. 취미가 직업이 되고 직업이 전문성을 넘어 감히 누구도 넘보지 못할 곳까지 상승하는 경우는 의외로 많다. 그 힘과 에너지를 무엇이라 정확히 정의할 순 없지만 자신이 무얼 좋아하고 원하는지 찾는 과정에서 자석이 이끌리듯 들어맞는 지점이 있다. 이것을 찾기 위해선 수시로 다양한 경험과 생각이 동반되어야 한다. 뜨뜻미지근한 인내와 끈기로 버티며 빛을 볼 날을 기다리는 시대는 지났다. 그렇게 관심과 호기심으로 찔러보는 많은 것들 중에서 자신의 눈에만 보이는 보석은 발견되기 마련이다.

이것저것 진득한 맛도 없고 딱히 잘하는 것 없는 당신도 언젠간 빛을 볼 수 있다는 걸 잊지 말아야 한다. 방법을 몰라서 그렇다. 중요한 건 소신과 신념을 가져야 한다. 타인이 보기엔 수박 겉핥기일지 몰라도 알고 보면 다방면에 재주가 있는 팔색조다. 오랜 시간 하나만을 깊이 판다고 반드시 전문가로 성공하는 것은 아니다. 어떠한 것에 전문가가 되기 위해선 한두 가지의 지식만으론 어림없다. 한 가지만을 익히고 습득하는 것만이 무조건적인 진리는 아니다. 삶을 살아감에 있어 원하는 것을 얻는 방법은 한두 가지에만 있지 않다. 많은 퇴적물들이 쌓여 오랜 시간의 압력에 의해 단단한 돌이 되듯 많은 자잘한 것들이 쌓이면 오랜 시간 동안 단단해질 수밖에 없다. 땀을 흘리며 한 가지에만 몰입하는 사람을 비하하는 것이 아니다. 변해가는 흐름을 의식하고 인지하며 세상이 원하는 것이 무엇인지 관심을 갖는 마음의 자세가 중요하다는 걸 알아야 한다.

책을 읽을 때 한 권만 쭉 읽는 사람이 있는 반면, 여러 책을 동시에 읽는 사람도 있다. 한 권을 몇 날 며칠 읽는 사람은 타인이 보기에도 진중한 면이 있어 보이고 그 책에 대해 모든 걸 습득하고 통달할 것 같다. 그러나 책을 다 읽으면 내용과 요점은 알겠지만 책의 구석구석 세세한 것까지 기억하는 사람은 드물다. 동시에 여러 권 읽는 사람도 여러 책을 다 읽었을 때 내용과 요점 정도는 기억한다. 비슷한 시기에 책 한 권을 정독한 사람은 한 권에 대한 지식과 기억만 남지만 여러 권을 술렁술렁 읽은 사람도 여러 권에 대한 지식과 기억이 남는다. 작은 차이는 있겠지만 비슷한 시간과 노력으로 그 둘은 얻는 것이 다르다. 물론 한 번에 한 권씩밖에 못 읽는 사람이라면 어쩔 수 없다. 한 번에 여러 권 읽는 사람의 모습이 잘못된 것도 아니다. 어떤 한 가지에 오랜 시간을 들이지 못하는 게 몰입을 못 하는 것도 아니고 그것에 진중하지 않고 관심이 없다는 것도 아니다. 단지 성향이나 습성이 그럴 뿐 결론적으로 원하는 것은 어떠한 방식으로든 꼭 얻는다.

원하는 목표를 향하는 길은 한두 가지일 수 없다. 수십 수백 가지가 넘을 수도 있다. 그러나 사람들은 정답으로 보이는 길만을 추천하고 선호한다. 좋은 생각과 아이디어는 정형화된 곳보다는 의외의 상황이나 순간에서 나오는 경우가 많다. 그럼에도 아닌 것 같은 길에 들어서지 못하는 이유는 인간에게 내재돼 있는 낯선 것에 대한 두려움 때문이다. 그렇기에 타인보다 남다르게 성공의 길에 들어서는 건 어떻게 보면 간단하다. 모두가 생각하고 가는 길의 반대편을 바라보면 된다. 모르는 것, 의외의 것, 생소한 것, 남들이 찾지 않거나 관심 갖지 않는 것에 관심을 기울이면 자신에게만 보이는 것을 마주할 수 있다.

성공을 위해 남들이 하는 것을 하지 말라는 말이 아니다. 타인이 가는 길을 걷되 늘 주위를 둘러보고, 시야도 넓히며, 가끔은 샛길로도 빠져봐야 한다. 타인만큼 못하거나 타인을 따라잡지 못할 것 같은 두려움에 휩싸이기보단 타인이 한 가지에만 몰두할 때 다른 것을 볼 수 있는 여유와 유연성으로 자신만이 볼 수 있고 할 수 있는 것을 발견하는 것이 중요하다.

변하지 않는 것에 대한 관심과 새로운 것에 대한 호기심

이미 몇 해 전부터 시대의 발전에 따라 없어지는 직업이 발생하고 있다. 그러한 직업의 종류와 순위를 우리는 다양한 매체를 통해 접하고 있다. 앞으로 사라질 직업의 특징은 크게 두 종류이다. '단순한 일'과 '지식을 요하는 일'이다. 쉽게 말해 서비스직과 전문직이다. 그러나 서비스직과 전문직은 생각보다 그리 빨리 사라지진 않을 것이다. 기술이 아무리 발전해도 사람은 사람을 필요로 하기 때문이다. 로봇이 아무리 서비스를 잘하고, 실수도 하지 않고, 음식도 잘 만든다고 해도 사람은 본능적으로 사람에게 서비스받는 것을 선호하며 원한다. 세상의 모든 지식을 섭렵한 로봇이 판사와 변호사, 의사를 대신해서 일을 한다고 하더라도 아직은 전문지식의 서비스를 사람에게 받고 싶어 한다. (전문가가 전문적인 서비스를 융통성도 없고 도덕적인 관념이 닿지 않는 범위 내에서 한다면 더 빨리 사라질 수도 있다.) AI의 발달로 세상이 말도 안 되게 빠르게 변해가고 있지만 여전히 퇴근 시간이 되면 번화가의 술집은 북적거리고 사람들은 사람들과 어울려 하루의 마무리를 보낸다. 그리고 또다시 아침이 되면 큰 변화 없는 일상을 시작하곤 한다. 물론 하던 일을 뜻밖의 상황으로 못하게 되거나 이직을 하는 경우가 생길 수도 있겠지만 갑자기 당장 자신의 직업이 감쪽같이 사라지는 경우는 흔하게 일어나지 않는다. 그러나 자신의 일과 위치가 영원하지 않을 것이란 것도 염두에 두고 있어야 한다.

　세상은 점점 변해가고 있는데, 그 방향은 단순한 일을 기가 막히게 잘하는 달인이나 지식과 사실을 명확히 많이 알고 있는 사람만을 필요로 하지 않는 것이다. 앞으로 사회는 인간미를 더 잘 파악해서 서비스를 하는 사람과 기계와 프로그램을 잘 다루는 사람을 필요로 할 확률이 높다. 한마디로 사람의 마음을 잘 파악하여 원하는 상황과 분위기를 제공하는 능력과 새로운 기계나 프로그램을 잘 다루는 능력이다. 이 두 가지는 사람의 본질을 이해하는 인문과 심리 그리고 관심과 호기심을 필요로 한다. 그렇다고 당장 기술과 서비스를 배우지 않거나 지식의 습득을 멈추면 곤란하다. 말했듯이 세상이 당장 뚝딱 하고 변하진 않을 것이기 때문이다. 하고자 하는 것에 열중하면서 틈틈이 사람에게 관심을 두고 새로운 것에 호기심을 가져야 한다. 이 말은 사람은 아주 오래전부터 혼자 살아갈 수 없는 동물이면서 새로운 것을 항상 만드는 동물이다. 태어나서 죽을 때까지 늘 옆에 있는 자신과 닮은 존재를 알아야 하고 그들은 항상 무엇을 새롭게 만들어내는가에 관심을 가져야 한다.

　인류의 탄생 때부터 어렵지 않거나 힘들지 않던 때는 단 한 번도 없었다. 고난과 역경은 인간의 삶 그 자체이기에 멀리하고 피해야 할 상관없는 것이 아니다. 그 안에서 좋은 것이 탄생하고 우리는 고난을 통해 성공과 행복을 얻고 기쁨과 즐거움을 누릴 수 있는 것이다. 살아가면서 세상 모든 걸 다 알 수는 없지만 최대한 자신의 손발이 뻗을 수 있는 범위 안에서 많은 것을 품어야 한다. 취향과 편견에 사로잡혀 좋은 것을 볼 수 있는 눈이 퇴화되고 나쁜 것을 피할 수 있는 눈을 뜨지 못하면 안 된다. 그러기 위해선 기름진 땅이라고 해서 가진 씨앗을 모두 뿌리지 말아야 한다.

길을 걷다 보면 보도블록 위로도 풀들이 무성히 자라나는 것을 종종 본다. 좋고 나쁜 상황과 환경을 구분하는 것이 중요한 게 아니다. 흔들리지 않는 마음으로 여러 곳에 씨앗을 적당히 뿌리는 것이 중요하다. 볕이 잘 드는 기름진 땅에서 기다리는 싹이 안 나올 수도 있고, 그 누가 봐도 척박한 환경이지만 잡초처럼 강인하게 자라나는 풀을 발견하기도 한다. 예견하고 예상하지 말고 소신과 신념을 지키며 유유자적 흐르다 보면 많은 이들이 부러워할 곳에 자연스럽게 안착할 수 있다.

Check Point

- 자신이 관심 있는 분야가 사람들에게 얼마나 이로움을 끼치는지 생각해 보자.

4. 꾸준함의 진정한 의미

꾸준하다(형용사): 한결같이 부지런하고 끈기가 있다.

국어사전에 등재된 꾸준함의 뜻이다. 그러나 1. 한결같이 2. 부지런하고 3. 끈기 있는, 이 세 가지를 동시에 하면서 유지하기란 매우 힘들다. 그렇기에 단어의 뜻대로 일상에서 무언가를 꾸준히 하는 사람은 드물다. 그럼에도 불구하고 많은 사람들은 끊임없이 꾸준함을 갖거나 유지하려고 노력한다. 생각보다 꾸준함을 지속하거나 유지하는 사람의 비슷한 특징이 있다. 위의 세 가지 요소를 전부 유지하진 못하더라도 한두 가지는 유지하되 다른 요소를 품고 있다. 바로 '놓지 않는 것'이다. 꾸준함이란 꼭 한결같을 필요도, 꼭 부지런해야 하는 것도, 꼭 끈기가 있어야만 되는 것도 아니다. 꾸준함이란 매일 정해진 무언가를 정해진 시간에 꼭 해야만 하는 것이 아니다. 몇 날 며칠 그것을 잠시 잊더라도 지우거나 포기하지 않는 것이다. 자신의 삶에서 무슨 일이 있어도 절대 놓지 않는 것이 진정한 꾸준함이다.

리듬을 타지 않고 파장이 일정하지 않더라도 꾸준한 것이다

어떠한 것에 리듬을 타며 그것을 유지하는 것을 대개 '꾸준하다'라고 한다. 꾸준한 운동으로 몸짱이 되거나 꾸준한 학습으로 원하는 것을 얻고 이룬다. 정점에 다다르기 위한, 꾸준함과 목표를 이루기 위한 꾸준함은 정말 어렵고 힘들다는 것을 알기에 사람들은 꾸준한 것을 대단하다고 생각하는 경향이 있다. 그러나 모두가 그럴 필요는 없다. 그렇게 하지 않아도 꾸준할 수 있기 때문이다. 목표를 이루고 정점에 다다르는 것이 목적이긴 하지만 자신이 감당하지도 못할 에너지를 소비하면서 참고 견뎌가며 보상을 바라는 꾸준함만이 진정한 꾸준함이 아니다. 때론 잔잔할 수도 있고 때론 커다란 파도같이 몰아칠 수도 있는 그 모든 상황을 마주할 수 있다면 그것이 진정한 꾸준함이다. 그러다가 정체가 되어서 몇 날 며칠 쉬거나 잠시 잊을 수도 있다. 그러나 중요하고 확실한 건 그것을 절대 놓지 않는 것이다.

삶을 살다 보면 어쩔 수 없는 상황과 환경을 맞이할 수밖에 없다. 중요한 건 그런 어쩔 수 없는 것 때문에 포기라는 단어를 붙이면 안 된다. 그저 쉬어간다는 마음으로 잠시 접어두어야 한다. 일률적인 리듬을 타지 않았다고 해서 혹은 미친 듯이 열정적으로 모든 걸 쏟아붓지 않았다고 해서 간절함이 없는 것도 아니고 원하지 않는 것도 아니다. 늘 마음과 생각 속에 자리하고 있기에 육체나 정신이 원하는 안정의 순간에 들면 자석이 달라붙듯 꾸준함도 자연스럽게 언제든 달라붙는다. 의지나 명분으로 없던 꾸준함을 만들거나 가져오는 것이 아닌 몸과 마음이 움직이는 그 순간에 꾸준함도 같이 따라온다.

꾸준함을 유지하는 방법

타인이 보기에 끊었다고 여겨지는 것은 그저 타인의 생각일 뿐이다. 무언가를 포기한 순간에도 그것을 영원히 버리거나 잊었다는 다짐 따윈 할 필요가 없다. 늘 마음속에는 한결같음이 숨 쉬고 있기 때문이다. 최선을 다하다가도 삶의 어쩔 수 없는 순간이 오면 가위로 싹둑 자르듯 내려놓을 때도 있다. 최선을 다하지 않았다고 해서 결코 중요하지 않은 것도 아니다.

오히려 조금 부족하다 생각이 들 때 일부러 멈출 수 있다. 이유를 만들고 이어나갈 끈을 만들어서 마음이 흐려지거나 흐트러지지 않을 수 있도록 꽉 붙잡고 놓지 않아야 한다.

시간과 계절에도 영향을 받지 않도록 해야 한다. 그러려면 체력은 필수이다. 시간과 계절은 외부적인 영향으로 육체와 정신에 영향을 미칠 수 있다. 모두가 이른 아침 시간에 업무의 효율이 높은 건 아니다. 모두가 늦은 저녁 시간에 정신이 흐트러져서 쉬어야만 하는 것도 아니다. 더운 것을 유난히 못 견디는 사람이 있는가 하면 추위를 고통이라고 여겨 겨울엔 많은 것을 하지 못하는 사람도 있다. 최대한 시간과 계절의 영향을 덜 받으려면 육체적인 체력과 함께 정신력도 길러야 한다. 그래야만 원하는 것을 이뤄나가는 한결같음의 울타리를 벗어나지 않을 수 있다.

육체뿐만이 아닌 생각의 유연함도 매우 중요하다. 고정관념과 편견을 멀리하고 너그러운 마음을 품어야 한다. 물론 이런 생각을 갖는 것이 가장 어려울 수 있다. 고정관념과 편견은 아무리 지혜롭거나 현명하더라도 완벽하게 떼어낼 수 있는 것이 아니기 때문이다. 완전히 잊거나 버릴 수 없다는 걸 안다. 그래서 최대한 '그럴 수도 있다.'라는 생각을 가져야 한다. 편견을 갖지 말자라는 강압보단 '그럴 수도 있겠구나.'라는 너그러움을 갖는 습관이 생각의 유연함을 키우는 데 큰 도움이 된다.

하지만 이런 내적인 생각과 마음으로 한결같음을 유지하려 애써도 예상할 수 없는 외적인 데미지에 충분히 흔들릴 수 있다. 그럼에도 놓을 수 없는 자신만의 명분을 두텁게 쌓아나가야 한다. 한결같음은 굳건하고 강인한 것보단 부드럽고 유연한 것에 가깝다. 탄력적이어야 하고 폭이 넓어야 한다. 짧고 굵은 것보단 길고 가는 것에 가깝다. 티가 나지 않아서 자신에게는 크고 소중하지만 타인에게는 별 볼 일 없는 것처럼 보일 수도 있다. 있는 듯 없는 듯 언제든 끄집어내어 시작할 수 있고 아무 일 없었던 듯이 대충 처박아 놓을 수도 있다. 하지만 그럼에도 반드시 기억해야 한다. 한결같음은 가공되지 않은 원석이다. 언젠간 반드시 모두가 부러워할 보석이 될 것이다. 그래서 자신만이 그 진가와 가치를 알아볼 수 있다. 그렇기에 타인의 시선이나 생각, 평가는 의미 없다. 스스로 혼자서 묵묵히 언제든 예쁘게 다듬기만 하면 된다. 서두르지 말고, 조급해하지 말고, 믿음을 가슴 깊이 품으면 한결같음의 끝은 아주 화려하게 빛난다. 그날만을 생각하며 조금씩 그리고 천천히 정진하기만 하면 된다.

Check Point

- 사소하더라도 어떠한 일이 있어도 평생 놓지 않을 자신만의 꾸준한 것을 마음에 새기고 정진하자.

5. 외양간을 튼튼히 하려면 소를 잃어봐야 한다: 경험의 중요성

어릴 적 한창 배울 때 많은 속담을 익히면서 현명함과 지혜를 얻으려 노력했다. 그런데 어느 날 아무리 생각을 해봐도 이 속담은 잘못되었다는 생각이 들었다.

소 잃고 외양간 고친다: 일이 이미 잘못된 뒤에는 손을 써도 소용이 없다.

세상만사의 일들을 잘못되기 전에 어떻게 매번 방지하고 막을 수 있겠는가? 물론 늘 주의 깊게 뭐든 살피면 사건 사고를 충분히 막을 수 있다. 그러나 인생을 조심만 하면서 살다 보면 나아갈 수 없다는 것도 사실이다. 잦은 실패를 일삼는 진취적이며 도전적인 사람이 스스로 발전하고 세상을 변화시키는 건 당연하다. 실패는 성공과 정말 떼려야 뗄 수 없는 밀접한 관련이 있다. 소를 잃을까 봐 늘 조심스럽게 일 처리를 하는 것보다 적극적이고 긍정적인 마음으로 일상을 맞이해야 한다. 그러면 반드시 어긋나고 실패를 하기 마련이겠지만 실패가 두려운 마음으론 정말 아무것도 할 수 없다. 수천, 수만 번의 실패로 수많은 발명품을 만들어낸 에디슨도 말했다. "나는 실패를 한 것이 아니라 잘못된 경우를 찾은 것이다."라고. 중요한 건 마음가짐이다. 같은 실패라 하더라도 누구에겐 도약의 발판이 되는가 하면 누구에겐 불행의 시작이 되기도 한다. 같은 돌을 밟아도 디딤돌이라 생각하는 사람과 걸림돌이라 생각하는 사람은 분명히 나뉜다. 조심해서 나쁠 건 없다. 그러나 유한한 인생의 오늘 안에서 조심만 하면서 정진할 생각을 하는 건 모순이다. 성공한 수많은 사람들 중에는 못 먹어도 '고'를 외친 사람이 눈치 보며 '스톱'을 외친 사람보다 훨씬 많다.

쉽고 빠른 성공과 고된 값진 성공

돈에 이름을 붙여주라는 말이 있다. 하루를 보냄에 있어 우연히 얻은 10만 원이랑 뼈 빠지게 일해서 번 10만 원은 다르다. 그렇기에 그 돈을 쓰는 마음가짐도 다를 수밖에 없다. 우연히 얻어걸린 돈은 신중하고 조심스럽게 쓰이기보단 흥청망청 날리거나 혹은 연민의 마음으로 베풀 듯 쓰는 경향이 크다. 그러나 어렵고 힘들게 번 돈은 각자의 갈 길이 정해져 있다. 1천 원짜리, 1만 원짜리 한 장이 쓰이고 닳아야 할 곳이 정해져 있고 신중하게 쓰인다. 타인이 보기엔 그저 같은 돈으로 보이겠지만 그 돈의 주인은 각각의 돈에 이름과 의미를 부여한다. 그렇다면 성공은 어떨까? 성공은 아무나 쉽게 할 수 있을까? 여러 가지 운으로 수월하게 올라서 원하는 곳에 도착할 수도 있고, 수년간 수차례 온몸이 부서지면서 흔들리는 영혼을 부여잡고 힘겹게 도착한 사람도 있다. 그 둘의 성공이 같다고 말할 수 있을까?

부자들에 관한 연구와 책, 그리고 영상에서 공통적인 모습이 있다. 부자들은 생각보다 돈을 흥청망청 막 쓰지 않는다. 어느 방송 프로그램에서 건물과 아파트, 오피스텔을 여러 채 보유한 40억대 부자의 일상을 봤다. 평소에 하는 식사는 밥값 1만 원을 넘지 않았고 쓸데없는 물건은 절대 사지 않았다. 모든 부자들이 이렇게 짠돌이처럼 아끼고 절약하진 않겠지만 대부분의 부자들은 삶에 있어 지출을 최소화한다는 통계적인 결과도 있다. 그런 사람들의 재산은 대부분 혹독한 현실을 견디며 이뤄낸 결과물이다.

되도록 손쉬운 성공을 원하고 바란다면 위험한 착각을 하고 있는 것이다. 쉬운 성공의 달콤한 유혹에 빠져서 허우적대며 인생을 망친 사람들은 주위에서 흔하게 찾아볼 수 있다. 확실하다는 투자의 권유를 받아 하루아침에 큰돈을 가진 사람들, 타인의 눈과 세상을 교묘히 속여 편법을 일삼는 사람들, 원하는 것을 얻기 위해 남의 불행이나 안위 따윈 거들떠도 안 보는 사람들, 이런 사람들이 이루어 놓은 부나 사회적인 명성이 오래갈 것 같은가? 실패 없는 말랑하고 안락한 비단길은 현실에선 희박하다. 좋은 것과 좋아 보이는 것의 뒤에는 고통과 아픔 그리고 쓰라린 현실이 찰싹 붙어있다. 그것을 인정하려 하지 않고 받아들이기가 쉽지 않기에 성공은 일부 사람들의 전유물처럼 보이는 것이다.

부자가 되고 싶은 사람들에게 "구체적으로 어떤 부자가 되고 싶으세요?"라고 물어보면 어리둥절해 하며 정확하고 명확한 대답을 하지 못한다. 이 말은 대부분의 사람들은 삶에서 그저 '돈'이 많기만을 바랄 뿐, 그 이상과 이하에 어떠한 생각이나 이념도 없다는 걸 말해준다. 돈과 행복의 관계는 통계자료에서도 보여주듯 평균 8천만 원에서 1억 원 사이가 사람이 돈으로 느낄 수 있는 행복의 최고점이라고 한다. 이처럼 돈 자체는 삶의 행복이나 의미와 상관관계가 크게 없는데도 많은 사람들이 끊임없이 돈을 욕망하는 건 성공과 행복 그리고 스스로의 존재와 의미를 망각하며 살아가기 때문이다. 진정한 성공은 자신의 존재를 인지하며 원하는 모습을 그려나가는 과정의 끝에 만족할 만한 돈이 놓이는 수순을 밟을 때 비로소 엄청난 행복을 느끼게 된다. 명확히 놓인 자신의 삶에서 고난과 역경을 경험으로 헤쳐나가는 과정으로 얻는 빛은 영원히 꺼지지 않는다.

제발 실패 좀 많이 하자

성공으로 향하는 모든 사람의 의지와 열정은 늘 가득 차오르지만 대부분은 실패를 두려워한다. 그렇기에 용두사미의 경우가 많다. 진심이 담긴 성공은 가시밭과 자갈밭이 난무하는 현실을 잘 헤쳐나가면 원하는 곳에 닿을 수 있다. 성공의 방법과 길은 생각보다 모두에게 공평하게 주어진다. 각자의 사정이 조금씩은 다르더라도 모두가 24시간을 살아가고 있으며 밥 한 끼를 먹을 수 없을 만큼 굶주린 삶을 사는 사람은 생각보다 드물다. 이런 공평한 세상에서 원하는 것에 닿지 못하거나 얻지 못하는 것은 여러 가지 이유 중 자신의 마음가짐이 가장 크다.

좋은 것들의 이면엔 좋지 않고 불편한 것들이 많다. 그런 것들을 인정하고 직접적으로 마주해 봐야 원하는 것을 가질 수 있다. 그러려면 반드시 실패를 많이 해봐야 한다. 실패는 무언가를 잃는 게 아닌 성공의 방법을 조금씩 쌓아나가는 길이다. 잘못된 것을 겪었는데도 계속 반복할 바보는 결코 없다. 무섭거나 두려운 것들을 피하기만 하다 보면 원하는 것을 가질 수 없다는 것 또한 진리이다. 세상에 공짜가 있다는 믿음을 버려야 한다. 공짜로 보이는 것들은 공짜가 아님을 인식해야 한다. 쓰러진 만큼 꼿꼿이 일어설 수 있다면, 흔들린 만큼 더욱 단단해질 수 있다면, 그것은 원하는 목표를 이룰 수밖에 없는 명확한 모습이 되어준다. 그러니 마냥 좋아 보이는 꽃길 위에서 성공을 찾지 않길 바란다. 원하는 성공은 수많은 가시에 찔리면서 튀는 자갈에 발등과 온몸이 멍들어야 어떠한 풍파가 몰아쳐도 쓰러지지 않는 성공을 끌어안을 수 있다.

- 실패는 쌓아온 것을 잃는 두려움이 아니다.
- 성공의 길을 막고 있는 장애물을 걷어내고 넘고 있는 과정이다.

6. 바꿀 수 있는 것과 바꿀 수 없는 것

바꿀 수 없는 것의 늪에 빠지다

학창 시절 때 유난히 친한 두 친구가 있었다. 그 둘은 항상 붙어 다녔다. 그런데 다른 아이들처럼 시끄럽게 떠들며 어울렸다기보단 짧은 대화를 나누어도 깊은 대화를 나누는 것 같았다. 학교에서 만난 친구였지만 형제라 해도 이상할 것 없는 뭔가 끈끈함이 느껴졌다. 나중에 알게 된 사실이지만 두 친구의 가정사가 비슷했다. 나는 그들과 '절친'은 아니었지만 친구들이 어울릴 때면 늘 함께했기에 그들이 무슨 이야기를 나누고 고민하는지 정도는 대충 알고 있었다. 두 친구는 늘 같은 고민으로 대화를 했지만 받아들이는 모습은 서로가 달랐다. 정도의 차이는 조금 있었지만 두 친구의 아버지들은 그리 좋은 아버지가 아니었다. 그럼에도 그 둘은 어두운 가정환경에서도 늘 밝은 모습이었다. 그러나 다른 한 친구는 감정의 기복이 조금 있어서 평소에 좋았다가도 약간의 화와 폭력성을 드러내곤 했다. 하루는 수업이 끝나고 운동장을 가로질러 학교를 나가려는 찰나에 그 두 친구가 심각하게 이야기하는 것을 보았다. 나는 펑펑 울면서 힘들어하는 그 친구가 다른 친구에게 무슨 이야기를 하는지 궁금해서 엿듣게 되었다.

친구1: "우리 부모가 그런 걸 우리가 바꿀 순 없잖아. 우리는 우리의 나은 인생을 위해 열심히 공부해야지. 그러니 너무 집안일에 신경 쓰지 말고 우선 공부에 집중하자. 그게 지금 우리가 할 수 있는 최선의 선택이자 방법이잖아."

친구2: "공부고 나발이고 집안이 개판인데 무슨 공부를 해서 나은 삶을 살자는 소리야. 넌 좀 상황이 나아서 공부할 맛이 나니? 난 지긋 지긋한 집구석 때문에 아무것도 하기 싫어. 내가 공부를 잘해서 좋은 대학에 간다고 우리 부모가 바뀌고 우리 집이 바뀔 것 같아? 헛소리 집어치워. 다 필요 없으니까."

나는 그 친구가 그렇게까지 힘든 고민이 있는 줄 몰랐다. 가정이 조금 불우하다는 정도만 알고 있었지, 가슴에 쌓아둔 것이 이토록 많을 줄은 꿈에도 몰랐다. 그 친구와 그리 친한 사이는 아니었지만 그 비밀을 몰래 엿들은 후로 먼저 말도 걸어보고 매점에서 빵과 음료수도 몇 번 사주곤 했다. 그래도 그 친구는 모나거나 삐딱하진 않아서 내 호의를 받고 고맙다며 웃어주기도 했다. 나도 공부를 잘하는 편이 아니어서 내 앞가림이나 잘해야 했지만 진심으로 그 두 친구가 좋은 대학도 가고 잘 되길 마음속으로 빌었다.

시간이 한참 흘러 성인이 된 나는 다른 동창 친구들에게 궁금했던 두 친구들의 소식을 물어보았다. 역시나 긍정적이던 한 친구는 서울의 좋은 대학을 나와서 전공했던 좋아하는 일을 하며 돈도 많이 벌고 잘살고 있다고 한다. 반면 늘 괴롭고 힘들어하던 다른 친구의 소식을 아는 동창들은 아무도 없었다. 학교를 졸업하자마자 집도 이사를 갔고 모든 연락처도 바뀌었다고 한다. 그렇게 생각하면 안 되지만 아마도 그때의 암울한 모습으로 여전히 살아가고 있는 게 아닐까 하는 생각이 들었다. 좋은 모습으로 살고 있다면 굳이 다른 친구들과의 연락을 일부러 끊을 리는 없다는 생각에서였다. 그래도 어릴 때 그 친구의 좋은 모습을 기억하며 큰 별일 없이 잘 지내길 바라는 마음의 기도를 여전히 속으로 하고 있다.

눈도 보이지 않고 말도 못 하는 병신

그 친구를 생각하면 나 역시 바꿀 수 없는 현실의 것들에 괴로워하던 예전의 모습과 닮아서 안타까움이 앞선다. 실은 나도 쉽게 바꿀 수 없고 숨기고 싶던 단점들로 인해 10대와 20대를 흘려보냈으니 말이다. 내 젊은 날의 청춘은 온통 말도 잘 못 하는 '어버버 병신의 모습'과 '애꾸눈 장님'의 늪에 빠져 허우적대다가 결국엔 나아지는 것 없이 침몰하고 말았다. 한쪽 눈이 보이지 않아서 실수하는 모든 것들을 대충 웃으며 넘기고 살았다. 한쪽 눈만 갖고 생활하는 일상이 당시엔 지금만큼 익숙하지 않아서 쉽게 피로해지는 육체를 그 누구에게도 구체적으로 설명한 적이 단 한 번도 없었다. 그러나 안 보이는 눈이 불편해서 완전한 장님이 되지 않기 위해 보이는 눈을 소중히 여기며 살아야 하는 것보다 더 비참한 것이 나를 지배해 버렸다. 육체적인 장애도 장애였지만 평범한 일상에서 내가 말하고 싶고 표현하고 싶은 말을 하지 못할 때의 그 비참함과 수치스러움은 종종 나쁜 생각으로까지 영향을 미치기도 했다.

당시엔 스스로나 사회적으로 더 나아지고 발전되고 싶은 마음 따윈 안중에도 없었다. 그저 평범하게 남들처럼 하고 싶은 말, 할 말을 자연스럽게만 할 수 있다면 세상에 바랄 것이 아무것도 없었다. 그렇기에 그 시절의 하루하루는 온통 '말실수하지 말아야지', '최대한 말을 안 하고 하루를 보내야지', '발음이 잘 나오지 않는 말은 다른 어떤 단어로 돌려서 말할까' 등의 순간순간을 아무렇지 않게 무사히 보낼 생각으로 머리가 꽉 차 있었다. 수치스럽게 살고 싶지 않다는 욕망은 크다 못해 나의 전부였다. 말더듬증을 고쳐보려고 학원과 기관을 수차례 알아보았다. 그러나 서울뿐만이 아닌 다른 지방의 여러 곳을 알아보고 다녔어도 20대가 끝날 때까지 나아지는 건 거의 없었다. 부모님에게조차 더 이상 짐이 되기 싫어서 창피함에 편지만 써 놓고 가출을 하기도 했었다. 쉽게 고쳐지지 않는 장애를 비관만 하며 빠져나올 수 없는 늪지대를 황금 같은 시절 내내 헤매고 살았다.

이제야 생각해 보면 인생에서 정말 아름다운 날들을 참으로 바보같이 살았다. 뭐든 할 수 있는 아름답던 20대의 많은 시간을 스스로 자책만 하며 흘려보낸 것이다. 공부도 안 했고 일도 정상적으로 취직을 해서 안정적인 직장을 다녀본 기억이 거의 없었다. 그냥 그때마다 필요한 돈을 충당하듯 아무 일이나 하면서 대충 살았다. 그런 자유로움마저 없었다면 육체적으로나 마음적으로 갖고 있는 나의 장애들은 아마도 곪아서 썩어 지금의 내 모습은커녕 존재조차 없을 것이라 생각한다. 생각해 보면 허송세월을 보낸 아름다운 순간들이었지만 그 의미 없어 보이는 시간들로 인해 어느 순간 나의 모습을 조금씩 찾을 수 있었던 것 같다. 그것만으로 충분히 감사하며 오늘을 살아가고 있다.

바꿀 수 있는 것들에 집중했던 순간

중년의 나이가 된 지금이지만 그때의 그 단점들은 여전히 남아 있다. 단지 많이 엷어졌을 뿐이다. 중요한 건 그땐 그것 때문에 죽고 싶다는 생각도 여러 번 했었는데 이제는 단점들이 아무렇지도 않게 됐다. 여전히 나의 단점들은 나의 생활을 불편하게 한다. 예전만큼 자주는 아니지만 여전히 말이 종종 안 나오거나 막힌다. 그럴 때면 이 불편한 순간을 빠져나올 수 있는 나만의 방법을 쓴다. 규칙적으로 움직이는 사물이나 물체를 파악하고 박자를 맞춘다. 멀리 보이는 사람들의 발걸음이나 시계의 초침 같은 것들

말이다. 그 박자에 집중하고 심호흡을 몇 번 하면 말이 막혀서 안 나오거나 더듬대는 말이 자연스럽게 나오는 경우가 많다. 나의 단점이 내 삶에 아무런 영향도 미치지 않게 하는 방법을 찾아낸 것이다. 안 보이는 불편한 눈은 시간이 아주 오래 지나고 나니 익숙해졌다. 여전히 눈은 쉽게 피로해지긴 하지만 평소에 무리하지 않으려 노력하고 눈 피로를 회복할 수 있는 나만의 방법을 행하고 있다. 그리고 나는 비로소 깨달았다. 나의 삶을 정진하지 못하게 제한하는 단점을 이기는 방법은 그것과 맞서 싸우는 것이 아닌 바꿀 수 있는 다른 것을 찾고 그것에 집중하는 것이었다. 나는 이것을 서른이 훌쩍 넘어서 깨달았다. 그래도 마흔이나 쉰이 넘어서까지 이것을 알지 못하고 괴로움의 늪에 빠지지 않은 것에 진심으로 감사한다.

인생은 희로애락이라고 했다. 나쁜 일 뒤에 찾아온 기쁨이 있는가 하면, 또 다른 불행이 기다리고 있기도 하다. 젊었을 때 나를 괴롭히던 장애와 단점이 아무렇지 않게 된 중년의 나이가 되니까 또 다른 불편함이 찾아왔다. 약간의 공황장애와 극심한 이명이 어느 순간 갑자기 삶을 덮쳤다. 이로 인해 거의 1년이 넘는 시간 동안 외출이나 누군가를 만나는 일상이 불가능할 정도로 아무것도 할 수 없었다. 원인과 해결책을 찾으러 병원을 다니고 약을 먹어봤지만 큰 의미가 없었다. 그렇게 고통의 1년여의 시간이 지나고 나는 또다시 알았다. 이것 역시 정면으로 맞설 필요가 없었다. 또다시 찾아온 마음의 병으로 인해 삶을 멈추는 일을 반복할 수는 없었다. 이 책의 원고를 한창 쓰고 있던 초창기에도 극심한 이명으로 인해 진도를 잘 나가지 못했었다. 그러나 원고의 마무리가 되어갈 때쯤엔 이명도 크게 신경 쓰이지 않게 되었다. 쉽게 바꿀 수 없는 육체의 불편함보다 내 의지대로 해나갈 수 있는 원고 쓰기에 집중했기 때문이다.

삶에는 자신이 바꿀 수 있는 것과 바꿀 수 없는 것이 있다. 바꿀 수 있는 것인데도 용기가 나지 않아서 포기하거나 시도조차 하지 않는 것들이 있다. 바꿀 수 없는 것인데도 싸우다 보면 언젠간 이길 수 있다는 희망을 품고 끊임없이 도전하는 것도 있다. 생각보다 길지 않은 삶에서 자신이 선택한 길이 한없이 뚫려있는지 막혀있는지를 구분하는 건 매우 중요하다. 미련한 끈기가 되어선 안 되고 안타까운 포기가 되어서도 안 된다. 내게 주어진 것, 내가 정진할 수 있는 것, 내가 바꿀 수 있는 것이 무엇인지 우선적으로 선택하고 짊어져야 한다. 고난과 역경으로 힘겹게 오르는 걸 무작정 내려놓으라는 말이 아니다. 가장 먼저 해야 할 것이 무엇인지 게임에서 아이템을 모으듯 조금씩 우선적으로 성장할 수 있는 게 무엇인지 최대한 빠르게 판단을 기울여야 한다.

살다 보면 두 마리 토끼를 순차적으로 잡을 수 있는 행운의 순간이 있을 수 있다. 그러나 동시에 두 마리 토끼를 잡는다는 건 쉽지도 않고 바라서도 안 된다. 날렵하고 건강해 보이는 토끼를 먼저 잡으면 좋겠지만 쉽지 않다면 눈앞에 보이는 아무 토끼를 먼저 잡아야 한다. 두 마리 토끼를 잡겠다고 생각하는 순간 두 마리 전부를 못 잡을 확률은 꽤나 높다.

Check Point

- 지금 당장 자신이 할 수 있고 해야만 하는 것들의 목록을 적어보자.
  그리고 그것이 끝날 때까지 그 어떤 것도 생각하지 말고 바라보지 말자.

7. 운을 좇는 사람들

행운의 결과만이 성공이라는 착각

부모님은 서울의 중심인 중구에서 복권 장사를 40년 가까이 하고 계신다. 칠순을 넘기셨고 팔순을 바라보시는데도 여전히 3평짜리 가게를 지키고 계신다. 아버지의 이름은 '장영태'로서 '한국 취미 복권 동호회'를 운영하시며 한때 매스컴과 방송에도 여러 번 나오셨다. 복권과 그 밖의 각종 취미&수집물로 우리나라에서 최고에 가깝게 오르셨던 분이다. 어릴 땐 아버지의 위치와 일을 잘 몰랐었다. 그저 매일 출퇴근을 하는 다른 친구들의 부모님과는 다르구나 정도의 생각뿐이었다. 아버지의 손님들로 인해 늘 분주했던 집안의 분위기를 당연하고 자연스럽게 생각했다. 아버지는 친구들도 많고 여러 사람들과 많은 일을 하시는구나 하고 생각했다. 그저 그 정도였을 뿐 아버지의 위치와 업적이 어느 정도인지 느끼고 깨달은 건 그리 오래되지 않았다. 아버지의 물건 중 희귀품 중에는 우리나라에서 유일하게 아버지만 갖고 계신 물건도 있다. 한때는 은행에 돈을 내면서 은행 금고를 이용한 적도 있었다. 복권을 기반으로 전국을 돌며 여러 수집품을 모으고 거래를 하셨던 아버지로 인해 나와 동생들은 유년기와 청소년기를 부족함 없이 보냈다.

아버지의 일이 한창일 땐 아버지의 물건들을 보고 싶어 전국에서 수많은 사람들이 아버지를 찾아왔다. 늘 정신없었던 집 대부분의 공간은 진열장으로 만들어졌었고 수많은 박스들이 여기저기에 쌓여 있었다. 아버지는 보통 시간을 정하고 사람들을 만나서 일을 보셨지만 약속 없이 찾아오는 분들로 인해 인산인해를 이루는 분위기가 수차례였다. 무작정 찾아오는 사람들에게도 아버지는 싫은 내색을 하는 경우가 거의 없었고 당신을 찾아와 주는 분들을 고맙게 생각하며 사람들을 소중하게 여겼다. 그러나 수많은 사람들이 모두 좋은 마음과 의도로 아버지에게 다가오는 것은 아니었다. 아버지의 일을 곁에서 도와주시던 어머니의 말로는 물건을 분실하고 잃어버린 적이 수십 수차례였다고 한다. 그런 일이 반복되었지만 아버지는 여전히 사람들을 환대하고 품으셨다. 그런 모습을 옆에서 지켜보는 어머니는 속이 터졌지만 아버지의 일을 어머니가 주도할 수는 없는 노릇이었다.

세월이 흘렀어도 여전히 아버지는 매일 당신의 물건을 둘러보고 정리하시며 하루를 보내신다. 몇십 년을 같은 자리에서 복권을 파는 생계를 이어나가면서도 당신의 일은 복권이라는 물건 소유의 의미와 행복일 뿐, 복권의 순기능으로 삶이 바뀌고픈 기대는 한 번도 해본 적이 없으셨다. 그러나 아버지를 찾아온 수많은 사람들 중에는 복권이 수집품으로든 순기능으로든 자신에게 많은 돈을 가져다줄 것이라 믿고, 그런 목적을 갖고 다가온 사람들이 많았다. 그래서 아버지를 이용한 사람들이 많았다고 어머니가 말씀해 주셨다. 몇십 년이 흘렀지만 아버지는 예나 지금이나 당신만의 공간에서 평온하고 행복한 매일을 보내고 계신다. 한탕을 꿈꾸며 아버지를 스쳐 갔던 대부분의 사람들은 소식이 끊기거나 나은 삶과는 거리가 먼 현실을 연명해가고 있다고 한다.

수십 년 복권 장사를 하며 수많은 사람을 겪어본 부모님이 가끔 해주시는 말이 있다.

"욕심을 부리는 만큼 오히려 기회와 행운은 더 멀어진다."

부모님은 복권을 팔면서 5만 원, 10만 원씩 복권을 사는 사람들보다 1천 원짜리 한 장을 사거나 5천 원씩 매주 꾸준히 사는 사람들이 당첨되는 경우가 많다고 한다. 실제로도 어쩌다 한 번씩 1천 원짜리 복권을 사는 사람들 중 5만 원에 당첨되는 경우가 많다고 한다. 코로나 팬데믹 이후엔 20, 30대의 젊은 사람들의 복권 구매율이 꽤나 높았다. 장사를 하는 부모님 입장에선 복권을 안 팔 수도 없고 젊은 사람들이 일확천금을 노리는 복권에 많은 돈을 쏟아붓는 게 가끔은 안타깝다고 말씀하신다. 불안한 세상과 현실에서 좇을 수 있는 게 운밖에 없다는 현실은 정말 씁쓸하고 슬픈 일이다.

성공과 행복을 위해 많은 사람들이 무엇을 해야 하는지를 어느 정도는 알지만 쉽지 않고 편치 않은 길에 들어서면 오직 결과만을 동경하게 된다. 운도 성공을 위한 요소 중 하나인 건 확실하지만 그 비중이 현저히 낮다는 것을 망각해선 안 된다. 원하는 것을 이루거나 갖기 위해 편법이나 요행을 바라는 마음이 커진다면 분명 그 끝은 밝을 수 없다는 것 또한 진리이다. 설사 엄청난 행운으로 원하는 것에 쉽게 닿았다 하더라도 거대해 보이는 솜사탕은 순식간에 녹아 없어져 버리기 일쑤다. 당신이 좇고 있는 것이 성공과 행복이라면 명확하고 선명해 보이는 길을 벗어나선 안 된다. 그 확신을 의심하고 길에서 어긋나는 순간, 불행은 자신도 모르게 스며든다.

어쩌다 한번 운이 좋았던 건 당신 것이 아니다

살다 보면 나쁜 불행도 많지만 좋은 행운도 많다. 소수의 사람들이 복권에 당첨되기도 하고, 별생각 없이 응모했던 이벤트에 당첨되기도 하고, 기대 없이 잊고 지낸 것들에 연락이 닿거나 좋은 운으로 삶이 바뀌기도 한다. 그리곤 대부분 하루아침에 좋게 변해버린 것들이 그렇게 찾고 헤매던 본연의 현실이라고 생각한다. 삶의 많은 것들이 좋게 변하면 당연히 기뻐할 일이고 주위의 모든 사람들과 나눌 수 있는 더없이 값진 행복이다. 그러나 문제는 갑자기 변해버린 새로운 것에 심취해 버려 바로 어제까지의 모습을 애써 부정하며 까맣게 잊는다는 것이다.

통계적으로도 나왔듯이 벼락부자들의 삶이 전부 행복으로 화려하게 끝을 맺진 않는다. 그중 절반 정도는 오히려 모든 것을 탕진하고 이전의 삶보다 못한 불행으로 쉽사리 빠져든다. 반면 나은 삶을 살아가는 사람들의 공통적인 모습은 어느 날 갑자기 생긴 큰돈을 삶에 대입하지 않는다는 것이다. 갑자기 생긴 큰 행운으로 다니던 회사를 그만두지도 않고 지내던 지인들과의 관계도 무탈하며 이웃들과도 예전과 같은 모습으로 지낸다는 걸 알 수 있다.

실제로 2016년 5월 미국 플로리다에 거주하는 '데이비드'와 '모린' 부부는 '파워볼' 복권에 당첨되었다. 당첨금이 단 몇억 몇십억이 아니었다. 자그마치 5억 2,878만 4천 달러(한화 6,100억 원)에 당첨된 것이었다. 미국은 불로소득에 관한 세금이 큰 편이라서 거의 절반에 가까운 세금을 제했지만 그래도 순수하게 한화 3,700억 원이라는 엄청난 금액을 현금으로 받았다. 이 부부는 온갖 매스컴에 노출되어서 세계적으로 이슈가 되었다. 그리고 일부의 사람들은 그들을 비판적으로 바라봤다. 분명 지금까지의 평범한 삶은 접고 뭔가 근사하고 대단한 일을 할 것이라고 생각했다. 그렇게 부부는 알게 모르게 1년여 동안 이슈를 다루는 파파라치 등의 매스컴에 노출이 되어서 살았다. 그 후 1년이 지나고 그 부부의 일상이 공개가 돼서 또다시 화제가 되었다. 그들은 여전히 복권 당첨 전에 살고 있던 3억짜리 집에 거주하고 있었으며 남편과 아내 둘 다 다니던 직장을 계속 다니고 있었다. 또한 평소에 다니던 식당과 상점을 변함없이 이용하고 있었으며 원래 알고 있던 주위 사람들과는 친분이 더욱 돈독해졌고 새로운 사람들과도 거리낌 없이 지낸다고 한다. 그리고 당첨된 돈을 두 군데에 사용했다고 한다. 첫째로 플로리다 공립학교에 1,300억 원을 기부했다는 것이고 둘째는 테슬라의 전기자동차를 산 것이다. 방송 매체들이 그 부부를 알아보기 위해 주위 사람들을 인터뷰했는데 하나같이 똑같은 말을 했다.

"데이비드와 모린 부부는 항상 친절하고 겸손합니다."

3,700억 원이라는 엄청난 돈이 하루아침에 생겼고, 그중 1/3은 사회에 기부했다. 자신들을 위해 쓴 돈은 새 자동차를 하나 산 것밖에 없었다. 현재는 그 돈이 어디에 어떻게 쓰였는지 구체적으로 알 수는 없지만 아마 대부분은 그대로일 것이며 꾸준한 소액이 사회와 공익을 위해 쓰일 것이라는 예상을 해본다. 이러한 생각과 마인드는 돈의 많고 적음에 상관없이 돈에 휘둘릴 수 있겠다는 일반적인 상식이 미치지 못하는 부부의 소신 있는 주체적인 삶에서 나온 것이다.

우리나라뿐만 아니라 세계적으로 복권에 당첨되는 사람들은 매주 나온다. 우리 주위에 없어서 그렇지 소수의 사람들은 하루아침에 돈벼락을 맞는 일이 매주 일어난다. 혹시 모른다. 주위에 있던 사람이 갑자기 사라진다면 어쩌면 복권에 당첨됐을 수도 있다. 전체 복권 당첨자들 중 '데이비드와 모린 부부' 같은 경우는 흔하지 않다. 복권에 당첨된 사람들 중 절반에 가까운 사람들은 복권 당첨으로 전보다 못한 불행한 삶을 살고 있다는 통계조사도 많이 나와 있다. 우리나라 같은 경우만 보더라도 2003년 242억이라는 역대급의 금액으로 당첨돼 실수령액 189억을 받은 50대가 있다. 20억이 넘는 고급 아파트를 사고 주식 매입과 각종 투자 활동을 하였지만 모든 사업은 실패를 했다. 로또 당첨 이후 결혼했지만 결국 이혼했다. 이후 지인에게 돈을 빌리고 갚지 않아 사기 혐의로 고소를 당하는 결말을 맞이했다. 2006년 14억에 당첨된 20대 청년이 도박으로 모든 돈을 탕진하고 결국 절도 행각을 벌이다 범죄자 신세가 됐다. 2012년 당첨금으로 18억을 받은 30대 가장은 사업 확장의 사기 피해와 주식 투자로 모든 돈을 다 날렸다. 그 후 친인척 등에게 수천만 원의 돈을 빌려 빚을 진 것이 가정불화로 이어져 이혼을 한 후 우울증이 깊어져 스스로 목숨을 끊었다.

복권 당첨은 자신의 의지와는 전혀 상관이 없는 행운이다. 이런 행운은 말 그대로 노력으로 얻어지는 것이 아니다. 우리들 역시 마찬가지다. 갑자기 이런 큰돈이 생기는 행운은 일상에서 흔하다. 잊어버리고 있었던 사놓은 주식이 대박이 나거나 운 좋게 부동산에 당첨돼서 들어간 집이 얼마 되지 않아 두 세배 껑충 뛰기도 한다. 이런 큰 경우가 아니더라도 의도와 다르게 하던 일이 이상하리만큼 잘 풀리거나 생각보다 그리 큰 노력을 들이지 않았는데도 순탄 대로를 걸을 때도 있다. 여기서 주의해야 한다. 그런 행운과 복에 감사함을 가지면서 그것이 자신 본연의 모습이라는 환상에 취해서 빠져버리면 안 된다. 자신의 의지와 상관없는 것이 삶에 스며들 때 그것이 내 것인 것처럼 현실이 바뀌어버리면 인생의 결말은 결코 행복으로만 접어들진 않는다. 거액의 복권에 당첨되고도 행복한 사람들은 대부분 그 돈에 집착하지 않으며 살아왔던 자신의 삶을 이어나간다. 그리고 가끔 그 돈으로 삶의 작은 행복을 누리는 모습을 유지한다.

복권에 당첨되고 싶은 진짜 의미

어릴 적 부모님이 하지 말라는 것을 몰래 한 기억은 누구나 있다. 한참 어른이 돼서 생각해 보니 부모님이 하지 말라는 것들은 위험한 것들이나 바르지 않고 옳지 않은 것이었다. 그리고 그 말을 들은 아이들 중 많은 아이들은 부모님 몰래 어떻게 해서든 한번 해본다. 더욱이 부모님이나 다른 어른들이 하지 말라는 걸 할 때 희열과 스릴은 더 재미있고 짜릿하다. 이런 것의 유혹은 성인이 되어서도 쉽게 가시지 않는다. 옳고 그름의 사리 분별을 할 줄 아는 어른들의 세상이 범법행위가 만연한 사회의 모습으로 이루어진 걸 보면 알 수 있다. 사람은 타인에 의한 제한과 억압 때문에 스스로 무언가를 할 수 없는 상황에서 욕구를 더욱 느낀다. 보통의 삶에서 우리가 흔히 접하는 것은 마음대로 할 수 있는 것보다 할 수 없는 동경의 것이 많다. 사고 싶어도 못 사는 것, 먹고 싶지만 쉽게 먹을 수 없는 비싼 음식, 살고 싶은 집과 타고 싶은 차가 엄청나게 많은 주변, 만나고 싶은 사람을 원할 때 마음대로 마주 대할 수 없는 현실 등이 그것이다. 물론 이 모든 것들이 돈만 있다고 다 해결되는 건 아니지만 대부분은 돈이 우선시되어야 하고 돈으로 해결되는 것이 많다. 세상엔 좋은 것과 좋아 보이는 것이 너무나도 많기에 그것을 되도록 많이 누리기 위해서 많은 돈이 필요하다. 그것을 만족시키는 많은 돈은 자신의 능력으로는 절대 채워질 수 없기에 모두가 복권 당첨이라는 꿈을 품고 살아간다.

그러면 복권에 당첨돼서 많은 돈이 생기면 원하는 것들을 충분히 누릴 수 있을까? 애초에 자신의 능력으로 많은 돈을 소유한 사람은 원하는 것들을 넘치도록 만끽하면서 살고 있을까? 이 질문에 대한 현실의 답은 '생각보다 그렇지 않다.'이다. 하루아침에 돈벼락을 맞은 사람들 2명 중 1명은 이전의 삶보다 못한 불행한 삶을 살았다는 연구결과에서 우리는 알 수 있다. 돈벼락을 맞은 나머지 한 명은 인생 자체가 변했다기보단 삶의 여유가 생긴 것이다. 자신의 능력으로 삶의 매 순간을 부유하게 살아가는 사람들도 좋은 집과 좋은 차 정도는 유지하며 살아가겠지만 비싼 고급 음식을 매일 먹는다거나 사고 싶은 물건을 아무 때나 척척 사는 행위는 그다지 많지 않다. 더욱이 돈으로 원하는 사람을 만난다거나 마음을 얻는다는 건 표면적으론 그럴싸해 보이나 거짓이 물든 결과를 초래한다. 그럼에도 우리 모두는 되도록 많은 돈을 원한다. 돈이 싫다고 하는 사람은 현실엔 없다. 우리가 능력에 비해 많은 돈을 늘 원하고 복권에 당첨되고 싶은 진짜 이유는 육체와 정신의 자유 즉 여유를 갖고 싶기 때문이다.

꿈꾸는 여유란 건 단순히 느긋하다거나 급하지 않다는 것이 아니다. 진정한 여유는 하고 싶은 것, 먹고 싶은 것, 갖고 싶은 것들이 많아도 그 욕구가 겉으로 드러나거나 표출되지 않는 것이다. 할 수는 있지만 굳이 하고 싶지 않은 것이다. 이것이 돈을 아주 많이 소유하면 생기는 마음이다. 생각이 있는 사람이라면 채워진 돈과 부를 자신의 몸과 마음, 정신을 안정시키고 평온의 행복으로 삶이 닿게끔 사용한다. 그러나 벼락부자들 중 드물게는 자신의 부를 뽐내며 인생을 망쳐버리는 돌이킬 수 없는 행위를 하는 사람이 더러 있다. 인간의 대부분의 인생은 원하는 만큼의 돈과 부를 얻거나 갖고 사는 삶이 아니다. 오히려 하루가 빠듯한 삶을 사는 사람이 훨씬 더 많다. 하루살이 같은 삶에 여유가 찾아오거나 스며들 일을 찾지 못한다. 그저 불만과 불평만 매 순간에 놓일 뿐, 불안하고 요동치는 생각과 마음을 안정시킬 요소를 찾기는 어렵다. 그래서 더욱 돈에 집착하거나 돈만을 동경한다.

일상 중 흔히 마주치는 사람을 보면 그 사람의 배경이나 정보는 알 수 없어도 언행이나 분위기는 충분히 느끼고 알 수 있다. 돈이 많거나 가진 게 많은 사람이 특유의 분위기가 있는 것도 그 때문이다. 어디에서 나오는지 구체적으로는 알 수 없지만 뭔가 있어 보이는 분위기를 가진 사람이 있다.

원래 있어서 그런 분위기를 풍기는 사람도 있겠지만 돈이 많지 않거나 좋은 차를 타고 다니지 않아도 특유의 여유와 분위기를 풍기는 사람이 있다. 있어 보이려고 연기를 하는 게 아닌 진짜 편안해 보이는 사람 말이다. 바로 이런 사람이 진짜 복권에 당첨된 사람이다. 어떤 유혹이나 욕구에도 아랑곳하지 않고 흔들림이 없다. 사회생활을 하면서 딱히 불편한 사람도 없고, 누가 뭐라고 하든 신경이 쓰이거나 휘둘리지도 않는다. 원하거나 동경하는 것, 금지된 것들에 욕심이나 관심도 크게 없다. 일상의 삶에서 생각과 마음에 요동치는 일이 거의 없으니 모든 경우를 편향적인 시각으로 바라보지도 않는다.

성공과 행복의 기회는 폭풍우 속에서 갑자기 나타나지 않는다. 급하고 안달 난 모습으로 성공과 행복을 좇는 사람에겐 오히려 가까이 오지 않는 게 성공의 본능이다. 돈과 마음은 밸런스가 잘 이루어지면 좋겠지만 한쪽으로 치우친다면 기우는 쪽이 전체의 삶에서 자신에게 좋은 것인지 매번 충분히 생각해 봐야 한다. 평생 복권이 당첨되길 바라는 희박하거나 불가능한 것에 자신의 모든 것을 소비하고 낭비하는 삶인지 인지해야 한다. 일상의 유혹과 욕구들을 한쪽으로 밀어버리고 본인 스스로가 빛날 수 있는 모습으로 성장하는 길에 들어서야 한다. 그것이 몸과 마음, 정신이 모두 복권에 당첨되는 성공적인 삶의 길로 이끌어준다.

운을 만나면 어떻게 인사할 것인가?

삶에서 운은 중요한 요소이다. 같은 속도로 달리고 있어도 내리막길을 만나면 더 힘을 주지 않아도 더 빠르고 힘차게 나갈 수 있는 가속도 같은 것이다. 그러나 가속은 잠시뿐이고 다시 오르막길은 나온다. 운은 삶에 있어 감칠맛 나는 양념이지 본연의 재료가 아니란 걸 명심하고 기억해야 한다. 본연의 좋은 재료를 선별하는 것은 수많은 시행착오와 노력으로 얻어지는 것이다. 적당히 고르고 기다린다고 신선한 좋은 재료가 자신에게 배달되진 않는다.

삶의 곳곳에 놓인 팝핑 캔디 같은 알록달록한 행운에 취해서 황홀경에 빠지는 기쁨과 즐거움을 느끼지 말라는 말이 아니다. 그런 기회가 주어진다면 놓치지 말고 두 팔 벌려 받아들여 충분히 느끼고 만끽해야 한다. 인지해야 할 건 불꽃놀이는 생각보다 짧다는 것이다. 파티가 끝나면 열심히 돌리던 톱니바퀴에 더 좋은 기름은 무엇인지를 생각하고 판별하여 좀 더 수월하고 원활하게 일상과 삶을 돌려 나가야 한다. 그래야 예전보다 빠르고 정확하게 돌릴 수 있다. 그것이 바로 발전되고 나아가는 자신의 진짜 성장이고 현실적인 성공의 모습이다. 사람이 운을 마주 대했을 때 마음가짐은 상당히 중요하다. 기다렸다는 듯이 와락 안으며 깊이 빠져들 것인가, 반갑다고 가볍게 인사하며 미소를 띨 것인가는 여러분들의 몫이다.

Check Point

가난이 지속될 수밖에 없는 생각들

1. 책을 읽고는 싶지만 전혀 흥미를 느끼지 못한다.

2. 새로운 것을 접하거나 배우는 것에 본능적인 두려움이 있다.

3. 친한 사람들과의 모임은 하늘이 두 쪽 나도 무조건 참여한다.

4. 크게 성공한 사람들은 자신과 다른 삶이라는 생각이 지배적이다.

5. 남들 하는 건 비슷하게라도 해보며 살아야 한다는 생각이 강하다.

6. 익숙한 일을 그만둔다는 것은 삶이 무너지는 것과 같다고 생각한다.

7. 사람들과의 대화는 많이 하지만 글로 기록하는 건 어색하고 생소하다.

8. 늘 열심히 바쁘게 사는 것 같은데 늘 허덕이는 이유를 찾을 수가 없다.

9. 정직하게 일해서 돈을 많이 번다는 것은 상식적으로 불가능하다고 생각한다.

10. 변해가는 세상과 새로운 환경을 접할 때 드는 생각은 호기심보다는 '나 몰라 어떡해.'이다.

8. 그릇의 크기보단 종류가 중요하다

사람마다 '그릇이 다르다'라는 말이 있다. 대부분은 그릇의 크기를 운운한다. 보편적으로 그릇의 크기는 그 사람의 마음이나 재력 등을 논한다. 그외의 다른 것들을 의미할 수도 있지만 보통은 그렇다. 그래서 우리는 관계를 맺을 때 타인의 '그릇이 크구나' 혹은 '그릇이 작구나'를 어림짐작으로 구분하기도 한다. 수많은 사람을 자신의 기준으로 크기만을 논하고 있는 것이다. 그러나 사람을 크기로만 구분 짓는 건 편향적으로 생각하고 바라보는 것이다. 크기는 큰데 별 볼 일 없고 허한 사람도 있다. 큰 그릇에 쓸데없는 이상한 것들만 담긴 사람도 있다. 반면 작은 그릇에 흔들리거나 쏟아지지 않는 점성이 강한 것들이 가득 차 있는 사람도 있다. 작은 그릇에 작은 것이 담겼지만 그 누구도 넘볼 수 없는 특별한 것으로 가득 차 있는 사람도 있다. 예를 들면 특별한 직업이나 수입이 없는데도 부모가 부자라서 큰 집과 좋은 차를 몰고 다니는 사람도 있다. 직장 생활과 동료들과의 사이가 좋지 않아서 원만한 사회생활을 하진 못 하지만 악기 연주를 잘하고 아이들을 좋아해서 주말마다 봉사활동을 다니는 사람도 있다. 이런 사람을 대할 때 자신의 기준으로 혹은 겉으로 비치는 단편적인 모습으로 평가하고 판단한다면 분명 큰 실수를 하게 된다.

제각기 필요한 것의 종류와 양이 다르다

'그릇이 다르다'라는 것을 크기의 척도로 평가하면 안 된다. 각양각색의 수많은 사람들이 담을 수 있는 것은 다르다. 또한 자세히 들여다보면 그릇 안에는 칸막이들이 있다. 마치 약통처럼 어떤 것은 좀 더 담아야 하고 어떤 것은 적게 담아도 되는 것처럼 말이다. 그것은 각자가 삶에서 필요한 것들의 종류와 양이 다름을 의미한다. 이것이 중요한 이유는 인생의 필연적인 인간관계에서 자신에게 있는 것과 없는 것, 필요한 것과 필요 없는 것이 무엇인지 구분해야 하기 때문이다. 단순히 그릇의 크기만으로 타인을 평가한다면 오해하는 것과 놓치는 것이 분명 많을 수밖에 없다. 자신이 필요한 게 돈이라면 돈을 잘 버는 사람에게서 돈 버는 기술만을 얻으면 되겠지만 그만큼의 인성이나 좋은 마음까지 얻을 확률은 흔하지 않다. 그렇기에 그 사람의 그릇이 어떤 것이고 무엇으로 채워있는지를 분별하는 안목은 중요하다. 비록 부자가 아니거나 돈을 잘 벌지 못하는 사람일지라도 인성이 좋고 예의가 바른 사람이라면 분명 배울 것이 있는 사람이다. 그런 사람에게 가진 게 없다고 비난만을 일삼는다면 아무리 돈을 자신의 삶에 채워 넣어도 성공이라고는 보기 어려운 삶을 살아갈 뿐이다.

성공과 행복을 위해 그릇의 크기를 키우려는 사람들이 많다. 그들이 크게 키운 그릇에 담으려 하는 것은 대부분 물질적인 것뿐이다. 그것은 그저 거품일 수도 있고 때깔만 좋은 '빛 좋은 개살구'일 수도 있다. 그릇의 크기를 키우기도 해야 하지만, 어떤 것을 담을지 구분하고 나누려는 생각과 계획이 더 중요하다. 자신에게 맞는 균형을 찾아야 한다. 그것은 모든 것을 똑같이 나누는 균형이 아닌 자신에게 많이 필요한 것과 덜 필요한 것을 파악해서 공간을 나누는 일이다. 이런 행위는 사람을 대할 때 선입견이나 편견을 줄여주는 좋은 습관도 들이게 한다. 타인을 대할 때 무엇이 넘친다고 해서 지레짐작으로 그것에 휩쓸려 귀가 얇아지지도 않고 무엇이 작다고 해서 무시하거나 하찮게 대하는 우를 범하지도 않게 된다.

돈이 필요해서 우선적으로 돈을 많이 담아야 하는 사람이라면 돈 버는 일에 집중해야 한다. 그 대신 다른 것의 부재를 인정하고 감안하며 살아가야 한다. 마음이 헛헛하거나 쉼이 필요한 사람이라면 자신을 위로해 줄 수 있는 행위를 더 많이 해야 한다. 그렇다고 현실적인 돈 버는 일을 당장 그만두는 것은 아니어야 하며, 비중을 줄여야 한다. 되도록 휴가를 많이 내고 추가 근무를 줄이면서 자신을 돌볼 수 있는 시간을 많이 가져야 한다. 그때그때 필요한 것을 채워야 하며, 어떤 것에 집중해야 할지, 선택은 수시로 바뀐다. 미친 듯이 돈만 벌면서도 살 수 없고 천하태평 쉬면서도 살 수 없다. 오늘을 살아가는 자신에게 더 필요한 약이 무엇인지 그 부분을 넓히고 다른 부분을 줄여야 한다. 다만 필요한 것을 늘린다고 부족한 것도 비례적으로 늘어날 순 없다. 각자가 가진 그릇의 크기는 정해져 있기 때문이다. 그릇의 크기를 비교하며 불평불만을 하는 쓸데없는 시간을 보내는 것보다 그릇의 공간을 효율적으로 자신에게 맞게 설정하는 것이 매 순간의 오늘을 현명하게 보낼 수 있는 방법이다.

작은 그릇 여러 개를 가져라

예전엔 직장을 열심히 다니며 월급을 모아서 집을 살 수 있었던 시절이 있었다. 그땐 한 가지 일만 잘해도 (아주 뛰어나게 잘하지 못해도) 먹고사는 데 문제가 없었다. 그래서 삶이 여유로웠다. 낭만도 있었고 관계에서의 정도 많았다. 이게 불과 몇십 년 전이다. 시대는 정말 빠르게 변한다. 이제는 직장만을 열심히 다니는 사람은 늘 삶에 허덕인다. 정년 퇴임도 50대 이

전으로 내려갔다. 대부분의 사람들은 직장을 다니다가 퇴직금과 대출을 합해서 주로 치킨집이나 카페를 차린다. 우리나라 자영업자 비율은 25.1%이다. 국민 4명 중 1명은 장사를 한다. 일본이 10.3%, 미국이 6.3%이다. 슬픈 현실은 장사를 하는 4명 중 3명은 망한다. 더욱 슬픈 현실은 망한 사람들 중 다수는 다시 장사를 준비한다.

빠르게 변해가는 세상은 점점 낯설어진다. 연령이 높을수록 이해할 수 없는 것들은 넘쳐나고 있으며 할 줄 아는 건 점점 줄어들고 있다. 유행어도 1년에 몇 차례씩 새로운 외계어들이 난무하다 보니 자신보다 어린 친구들과의 대화나 소통은 거의 불가능하다. 시대를 읽지 못하고 따라가지 못하는 사람은 나이를 불문하고 설 자리가 줄어들고 있다. 그럴수록 이해 안 되는 불편한 현실을 계속 피하고 멀리만 하려 한다. 괴리감은 가까워질 수 없을 만큼 멀어진다는 걸 알면서 어쩔 수 없는 현실을 맞이한다. 점점 갈수록 세대는 단순히 10대, 20대, 30대가 아닌 좀 더 세분화돼서 나뉜다.

십 년이면 강산이 변한다는 말은 고리타분해졌다. 매년 새로운 것들이 등장하고 신기한 것들이 우리 삶에 스며든다. 강산은 매년 변하고 계절마다 세상은 새로운 모습이다. 그럼에도 우리는 여전히 자신이 갖고 있는 그릇에만 집중하고 크기를 살피며 일률적인 것만 담으려 궁리하고 있다. 이미 세상을 이끌어가고 있는 10대와 20대 사이에선 새로운 그릇을 발견하고 그 크기가 얼마나 되는지 가늠할 수 없을 만큼 새로운 것에 눈을 뜨는 사람이 많다. 좋은 대학에 들어가서 전문지식을 공부하면 돈 잘 벌고 사회적으로 뛰어난 인재가 된다는 보장도 점차 희미해지고 있다. 암기를 잘하는 기억력보다 창의력과 창조력이 세상을 이끌어가고 있다. 그렇다고 기본적인 지식을 모른다면 더욱더 설 자리는 없다. 다양성과 새로움을 인지하고 자신의 것으로 재발견할 수 있는 불씨 같은 아이디어 등이 세상과 스스로를 이롭게 한다. 이것이 작은 그릇 여러 개를 발견하고 품어야 하는 이유이다.

치킨집이나 카페밖에 할 수 없는 건 흔하게 치킨집만 보이고 단순히 카페만 보이기 때문이다. 치킨집을 효율적으로 이용하는 방법, 특별한 치킨집의 인테리어, 카페에서 파는 독특한 메뉴, 이런 곳에 카페가 있네! 등의 생각이나 상상은 하려 하지 않는다. 타인에게 없는 생각의 그릇으로 치킨집과 카페를 차리거나 그만한 여력이 없다면 아이디어를 파는 컨설팅을 할 수도 있다. 25.1%의 사람이 전자의 생각으로 어쩔 수 없이 삶을 살아나가고 있는 어느 틈새에 1%의 후자인 사람은 분명히 있다. 전자에 비해 소수의 사람이라 쉽게 접할 수 없어서 대부분의 사람들이 부정하고 인정하지 않을 뿐이다.

그릇의 크기를 논하는 성공의 현실은 생각보다 급변하고 있다. 아주 옛날부터 정답이 없는 현실이라 외치고 있지만 대다수의 사람은 정답 같아 보이는 바늘구멍만을 향해 일률적으로 이동하고 있으니 다른 정답을 찾지 못한다. 눈에 보이고 손으로 잡히는 것에만 의존하고 있으니 보이지 않거나 만져지지 않는 것은 애써 부정하고 인정하려 하지 않는다. 그럴수록 성공하는 사람은 자신이 갖고 있는 그릇의 크기를 신경 쓰지 않는다. 타인에게 없는 그릇은 무엇일까? 이를 궁금해하고 발견하는 일을 중요하게 생각한다. 그러한 생각과 조금은 엉뚱해 보이는 언행은 급변하는 오늘을 누구보다 현명하고 지혜롭게 성공으로 이끌 수 있는 자신만의 무기가 반드시 되어준다.

Check Point

- 타인과 그릇의 크기를 비교하며 낙담할 필요 없다.
- 작더라도 자신만의 그릇을 발견하는 것이 중요하다.

9. 습관이 삶에서 가장 무서운 이유

사람은 누구나 성공할 수 있지만 삶에 있어 결코 쉽게 넘어설 수 없는 두 가지로 인해 대부분은 그럭저럭 살아간다. 바로 본능이 지배하는 삶과 고통을 견딜 수 없는 현실이다. 식욕과 성욕 그리고 내재되어 있는 폭력성 등을 스스로 제어하며 살아가는 사람은 생각보다 그리 많지 않다. 본능을 절제하고 단절하는 삶은 현시대를 살아가는 모두에게 매 순간에 주어지는 숙제 같다. 그렇기에 삶에는 수많은 사건 사고가 늘 함께한다. 또한 자신을 성장하고 발전시키는 행위에 몰입하는 것을 특별한 것으로 여겨 이것에 쉽게 도전하지 못하며, 지속하지도 못한다. 고뇌와 인내는 분명 그 누구와도 비교할 수 없는 엄청난 것을 가져다주는 걸 알지만 그 달콤한 열매를 얻는 사람은 극히 소수에 불과하다. 그럼에도 사람들은 끊임없이 성공을 향해 도전한다. 수많은 성공사례에서 동기부여를 얻음과 동시에 작심삼일을 일상으로 여기면서 말이다.

본능의 순행과 고통의 역행을 다스릴 수 있는가

본능과 고통을 완전히 거스르는 삶은 그 누구도 살 수 없다. 인간은 본능의 순행과 고통의 역행을 통해 삶에서 많은 행복을 느끼기 때문이다. 이런 당연한 일상의 행복을 무시할 수 없다면 성공과 부를 이루기 위해서 다른 지속적인 행위가 필요하다. 그것은 바로 좋은 습관을 만드는 것이다. 돈을 버는 일과 성공을 위한 결과는 결코 작은 것만으로는 이룰 수 없다. 또한 애초부터 큰 것을 가지고 시작하는 사람도 드물다. 그렇기에 우리는 성공을 위한 작은 습관을 습관으로만 여겨 이행하기보단 그 자체가 자신이 되어야 한다. 습관이라고 의식하며 시작된 것들이 자신 본연의 모습으로 나타나야 한다.

성공을 위해서 가장 기본적으로 필요한 게 무엇일까? 사람들이 성공할 수 있다고 말하는 근본에 깔려 있는 무기는 무엇일까? 그건 시간이다. 시간은 모든 제한을 막론하고 세상 모든 사람들이 공평하게 갖고 있는 것이다. 그렇기에 시간을 잘 통제하는 사람은 타인보다 월등하게 앞서나갈 수밖에 없다. 그러나 시간을 잘 활용하며 통제한다는 개념을 이행하고 살아가기엔 당장 현실에서 해야 할 일들은 너무 많다. 원하는 모습으로 살아갈 수 있는 최선의 방법을 얻기 위해선, 우린 아주 작더라도 좋은 습관을 기르고 품을 줄 알아야 한다.

누구나 좋은 습관을 가지려 노력하고 나쁜 습관은 떨치려 노력한다. 그러나 인간의 본능은 좋은 습관은 고통에 가까운 것으로 인식하고 나쁜 습관은 쾌락과 행복이라고 느낀다. 규칙적으로 책을 읽고, 운동을 하고, 자연에 가까운 음식을 먹으면 그 누가 봐도 멋있고 건강한 삶이다. 그러나 이런 좋은 것들로 24시간을 채우는 사람이 몇이나 될까? 손에서 떨어지지 않는 스마트폰 속엔 재미있는 것들이 너무나도 많다. 쉴 새 없는 '카톡'의 대화들은 일상에서 아주 자연스러운 사람들과의 소통이다. 그중 대부분은 그렇게 중요하지 않은 쓸데없는 대화거리다. 신선한 식재료를 직접 사서 요리를 해 먹는 귀찮음보다 배달로 시켜 먹는 치킨과 피자는 허기를 달래줄 뿐만 아니라 육체와 정신도 안락해지는 행복 그 자체이다. 이런 자연스러운 일상을 그만할 수 없고 끊을 수는 더더욱 없다. 그러나 우리들은 무의식 속에 알고 있다. 줄여야 한다는 것을 말이다. 누구나 달콤한 유혹의 나쁜 습관은 멀리하고 자신을 성장시키는 좋은 습관으로 채우고 싶다는 생각을 한다. 하지만 정신과 육체가 하나가 되는 현실은 하루를 보냄에 있어 아주 작은 찰나의 순간일 뿐이다.

'습관'이라 쓰고 '당연'이라 읽자

습관을 들여야 한다는 말을 하는 것도, 결국 조금의 의지가 있어야만 행할 수 있다는 것이다. '습관을 갖자.', '습관을 들이자.', '습관적으로 움직이자.'처럼 말하고 생각하는 것 또한 의식이 작용하는 범위에서 이루어지는 것이다. 우리가 습관을 잘 들이지 못하는 것은 의지가 지배하는 범위에서 행동하기 때문이다. 사람이기에 어쩔 수 없이 의지를 가져야 하겠지만 자신의 것으로 만들기 위해선 무의식의 영역으로 습관을 최대한 이동해야 한다. 그러면 어느새 '습관'이라는 단어는 희미해지고 '당연'이라는 단어가 몸과 정신을 지배한다. 무의식의 흐름대로 당연한 것을 능가하는 것은 없다. 인간은 당연하게 숨을 쉬는데 "당신은 왜 숨을 쉬나요?", "당신은 어떻게 숨을 쉬나요?"라는 질문을 하면 묻는 사람도, 대답하는 사람도 황당할 뿐이다. 좋은 습관을 온전히 당연한 것으로 만드는 것은 쉽지 않겠지만 필요에 따라 당연하다는 생각이 자연스럽게 들면 원하는 것을 이루기 위한 최적의 상태가 된다. 어색하고 낯선 것에 습관이라는 이름을 붙이고 시작하더라도 결국엔 당연하다는 생각이 일상을 지배해야 한다. 숨 쉬는 게 당연하고 밥 먹는 게 당연하듯 하고자 하는 일과 그 과정을 당연하게 생각한다면 어느 순간 자신도 모르게 한 몸이 될 수 있다. 바로 성공하는 것이 당연한 것처럼 말이다.

그러나 아무리 당연하게 좋은 것들이 앞에 놓여 있어도 사람이 하루아침에 변하거나 바뀔 순 없다. 기존에 자신을 지배하던 것들을 한순간에 떨쳐 버리는 건 불가능에 가깝다. 이어오던 현실을 어느 정도 유지하는 것은 변화할 앞으로의 좋은 나를 위한 배려이기도 하다. 그래서 당연한 것들에 순서를 매겨주는 일이 중요하다. 맛있는 음식을 못 참는 사람은 맛있는 음식을 주기적으로 먹어야 한다. 기분전환으로 여행이 꼭 필요한 사람은 때가 되면 멀리 나가주어야 한다. 이렇듯 자신에게 꼭 필요한 것들에 순서를 붙여주는 것은 그것들이 자신을 지탱해 주고 나아가게 해주는 원동력이자 당연한 것들이기 때문이다.

　좋은 것을 얻는 데엔 고통이 따른다. 그럼에도 사람이 고통을 견딜 수 있는 이유는 그 좋은 것엔 잠깐의 고통을 이길 수 있는 충분한 가치가 있기 때문이다. 자신이 생각하고 상상하는 성공과 행복의 양과 질만큼 고통과 고난도 함께한다. 그러나 종착역이 명확히 보이지 않는 길 위에서 주기적으로 이겨내야 할 고통을 감내하는 것은 그리 수월하지 않다. 사람이기에 지칠 수 있고, 쓰러지기도 하고, 포기할 수도 있다. 단순히 성공이라는 달콤한 명분만으로 길이도, 넓이도, 폭도, 제대로 알 수 없는 공간을 떠다닐 만한 여력이 있는 사람은 흔하지 않다. 그래서 우리는 원하는 것에 닿기 위한 과정을 당연한 일상 안에 포함시켜야 한다. 때 되면 밥 먹고, 때 되면 화장실 가고, 때 되면 잠자듯 귀찮지만 해야 하는, 번거롭지만 할 수밖에 없는 것으로 만들어놔야 한다. 그렇게 의식에서 투명하게 만들어놔야 어렵고 힘겹게 얻은 성공도 원래의 내 것인 것처럼 자연스럽게 주인이 될 수 있다. 거친 산을 오르고 험난한 바다를 건너서 끝없이 펼쳐진 사막을 횡단하는 것 같은, 그런 갖은 고생 끝에 비로소 맞이한 작은 오아시스를 거대하게 여기고 대단하게 여긴다면, 그건 때로 안쓰러운 성공일 수 있다. 우리의 성공은 그런 안쓰러운 게 아니어야 한다.

하찮은 것의 힘

사람이 습관을 잘 들이지 못하는 이유는 시작에 의미를 두고 힘을 주기 때문이다. "오늘부터 ○○할 거야.", "다음 달부터 ○○해야지.", "새해엔 반드시 ○○를 이룰 거야." 이렇게 생각하고 다짐하는 사람치고 원하는 것을 이루는 사람은 거의 없다. 무언가를 시작하려면 큰 의미를 두지 말고 하찮은 것에서부터 시작해야 한다. 그래야 형태가 만들어지고 습관으로 이어져서 삶의 일부분이 된다. "이게 뭐야? 고작 이 정도? 안 하느니만 못하네. 남들이 보면 비웃을까 봐 창피하네."라는 생각이 들 정도로 아무것도 아닌 것이어야만 한다.

예를 들면 책을 읽을 필요성은 느끼는데 쉽지 않거나 시간도 나지 않고 책 읽기 자체도 힘든 사람이 있다면 섣불리 독서를 시작할 수 없다. 그러면 매일 한쪽씩만 읽어라. 하루에 한쪽 읽는 것도 힘들다면 10줄만 읽어라. 단, 하루에 10줄씩 단 하루도 빼먹지 말아야 한다. 10줄 읽는 데 1분도 걸리지 않는다. 그렇게 매일 읽다 보면 자연스럽게 한쪽씩은 읽게 된다. 매일 한쪽씩 읽는 게 어느 순간 또 버거워지면 다시 10줄을 읽어라. 중요한 건 매일 단 한 줄이라도 읽는 것이다. 그렇게 의무적으로 1년 365일만 365번 반복하면 반드시 독서가 하루의 24시간 중 단 몇 분이라도 자리하게 된다. 운동도 마찬가지다. 하루에 팔굽혀펴기 2개씩만 해라. 매일 2개씩만 하다 보면 3개가 하고 싶어진다. 그렇게 10개가 되고 10개씩 매일 하는 게 아무렇지 않게 되면 윗몸일으키기도 동시에 10개씩 해라. 한 달 정도 후 탄력이 붙었다고 팔굽혀펴기 50개, 윗몸일으키기 50개로 늘리면 안 된다. 많이 하는 것이 중요한 게 아니다. 하루도 빼먹지 않고 매일 하는 것이 중요하다. 그러려면 그것에 최대한 의식이 쓰이지 않아야 한다. 익숙해졌다고 횟수나 시간을 늘리면 의식하게 된다. 그러면 지속할 수 없고 습관을 들일 수도 없다. 월등히 잘하는 타인과 비교하여 황새를 따라가지 않아야 한다. 반드시 가랑이가 찢어지고 도로 아미타불이 된다. 무의식으로 아무렇지 않은 선에서 언제든지 자연스럽게 할 수 있고 나올 수 있는 상태가 되는 것이 중요하다.

맞춤옷을 입은 것처럼 좋은 습관이 몸에 착 달라붙게 하려면 충분히 오랜 시간을 들여야 하며, 신경을 쓰지 않을 수 있을 만큼 평온함이 깔려야 한다. 몇 달 만에 무언가를 열심히 배워서 훌륭하게 해내는 사람은 그것을 10년, 20년 평생을 지속적으로 유지할 확률이 높지 않다. 그것에 대한 의식이 존재해야만 나올 수 있기 때문이다. 숨 쉬는 걸 의식하지 못하듯 하찮은 것을 삶에 뿌려놔야 한다. 그렇게 여러 개를 삶 곳곳에 뿌려놓다 보면 어떤 건 싹이 트다가 시들 수도 있고 어떤 건 예상치도 못하게 성장하여 전문가가 될 수도 있다. 습관은 힘을 주는 것에서 만들어지지 않는다. 대수롭지 않은 별 볼 일 없는 것이 고목나무가 된다.

Check Point

- 습관을 들이고 싶은 것을 적어보자.
- 단 하루도 빼먹지 않을 만큼 하찮은 것부터 시작하자.

10. '채움'만이 성공으로 이끌어줄 것이란 착각

튼튼한 기둥을 먼저 세워라

"그릇은 비어 있어야만 무엇을 담을 수 있다." ─ 노자

기원전에도 사람들은 많은 것을 소유하려는 성공에 몰두했다. 그런 사람들에게 성인인 노자도 채우려면 먼저 비우라고 했다. 그러나 비우는 지혜를 온전히 깨닫고 실천에 옮겨서 진정한 성공을 이룬 사람은 많지 않았다. 대부분은 끊임없이 채우다가 화를 당하는 뻔한 삶을 살아간다.

비우라는 건 단지 가진 걸 버리라는 뜻이 아니다. 대부분의 사람은 채워야 할 것의 순서를 중요하게 생각하지 않는다. 본능적으로 몸이 움직이는 대로 채움을 이어나간다. 원하는 성공을 위해선 채워야 할 것들에 순서를 매기는 것이 중요하다. 우리가 일반적인 성공에 대해 생각할 때, 대부분은 물질과 부의 축적이라는 원초적인 생각을 먼저 하기에 시작부터 통장의 숫자를 늘리기에 급급하다. 충분한 준비와 생각 없이 본능적으로 손에 닿는 것부터 채워나간다면 나중엔 정작 중요한 큰 것을 넣을 수 없다.

무엇을 담기 위해 비워야 한다는 말은 자신이 담을 것들을 큰 순서대로 차례로 담아야 더 많은 걸 담을 수 있다는 걸 의미한다. 마치 정해진 통에 많이 담으려고 밀도가 높은 모래 먼저 채운다면 그보다 큰 자갈이나 돌은 몇 개 넣지 못하는 것과 같다. 예쁘고 멋진 집을 지으려고 준비한 자재에

인테리어를 먼저 하는 바보 같은 사람은 없다. 진정한 성공을 원한다면 비어있는 공간을 충분히 느끼고 인지하는 것에 많은 시간과 열정을 쏟아야 한다. 자신이 인지하고 있는 그 공간을 떠받쳐줄 크고 굵은 기둥을 잘 선택해서 세운다면 그 공간이 예쁘고 멋진 집이 되는 건 시간문제다.

버리고 비우는 일은 결코 소극적인 삶이 아니라 지혜로운 선택이다

"버리고 비우지 않고는 새것이 들어설 수 없다."   – 법정스님

우리가 흔하게 알고 있는 사실이지만 겉으론 애써 부정하는 것이 있다. 20, 30대의 사람들이 40, 50대보다 더 많이 성공하는 것이다. 40, 50대도 그들의 젊은 시절에는 성공의 삶이 많았다. 자연스럽게 나이가 들면서 성공과는 거리가 먼 삶이라 생각하며 현실을 안주하며 살아가게 된다. 그러나 그중에는 여전히 40, 50대에도 성공하는 사람들이 있다. 그들에겐 공통점이 있다. 기존의 것들을 적극적으로 비우며 새로운 것을 의심하지 않고 받아들인다. 그들의 성공을 가로막는 가장 큰 벽은 '기존의 방식'이라는 틀을 벗어나는 것이 쉽지 않기 때문이다. 여기서 20, 30대들의 성공 방식도 자연스럽게 유추할 수 있다. 20, 30대들에겐 '기존의 방식'이란 것이 매우 적거나 없다. 그렇기에 현재의 새로운 것을 거부감 없이 신속하게 받아들이고 자신만의 것으로 변형까지 한다. 이런 20, 30대들이 향후 10년, 20년 후에도 성공하기 위해선 똑같이 하면 된다. 그러나 한창 화려했던 모습은 평생을 함께하는 경우가 많다. 어떤 원칙이 한때 옳았다는 것을 증명하게 되면, 그것을 마치 불변의 법칙처럼 떠받들며 바꾸거나 변화시킬 수 없다고 생각한다. 그게 인간 본연의 습성이다. 그래서 누구나 화려했던 순

간이 있는 것이고, 그것은 찰나의 별빛처럼 빛났음에도 우린 마치 그게 영원한 것처럼 자신의 생각과 마음에 새겨둔다.

무엇이든 낡기 마련이다. 좋은 것이 영원히 좋을 순 없다. 좋은 것 앞에는 항상 더 좋은 것이 있다. 인생에는 절대 정점이 없음에도 모두가 정점의 환희를 평생 품고 살아간다. 그 기억과 추억에 젖는 시간이 많을수록 새롭고 좋은 것을 누린다는 건 쉽지 않다. 변화가 두렵지 않은 사람은 이 세상에 없다. 모든 인간이 두려워하는 변화는 오늘도 현실의 시간을 흐르고 있다. 늘 아침에 눈을 뜨며 오늘은 어떤 새로운 것이 세상에 나왔나 하는 생각이 들어야 한다. 단지 그 변화를 호기심의 눈으로 볼 것이냐, 자신도 모르게 쌓이는 벽으로 느낄 것이냐, 그걸 선택하는 것뿐이다.

애착의 미련보다 새로운 설렘을 맞이해라

"완벽함이란 더 이상 보탤 것이 없는 때가 아니라 더 이상 뺄 것이 없을 때 이루어진다."
— 생택쥐베리

완벽해지기 위해 끊임없이 채우다 보면 원하는 것을 이룰 수 있다는 착각에 많이 빠진다. 더 채울 것이 없어서 가득 찬 상태는 오래 지속할 수가 없다. 왜냐하면 더 좋은 것은 항상 눈에 띄기 때문이다. 가장 좋은 상태는 빼야 할 것이 없다고 느꼈을 때이다. 좋은 것은 언제나 새롭게 보이지만 부족하다는 것을 인식하기란 쉽지 않다. 최상의 것이라고 채워 넣는 것은 시간이 지나면 낡기 마련인데도 버리지 못한다. 그렇기에 더 좋은 것이 있어도 채울 수 없다. 이럴 땐 타인의 조언과 충고가 들어오지도 않고 받아들일 수도 없는 상태가 된다. 좋은 상태를 유지하려 애쓰지만, 그건 자신도 모르게 퇴보할 수밖에 없는 현실을 스스로 만들고 있는 것이다. 완벽해 보이는 좋은 상태에는 늘 변한다는 생각이 앞서야 한다. 이는 스스로 판단하고 정하는 기준이 아닌, 세상과 사람들에 의해 다양한 형태로 바뀔 수 있다. 이것을 느껴야만 채움에 집중하는 것이 아닌 비움의 중요성을 인지할 수 있다.

자신만의 것을 지키되 빼야 할 것이 많은 사람이 되어야 한다. 자신을 인지할 수 있는 본연의 최소한의 것을 유지하면서 늘 빈 공간을 만들어두는 사람은 그 어떤 변화가 찾아와도 두려워하거나 당황하지 않는다. 새로운 것의 좋은 면을 인지하며 낡았다고 생각되는 것을 빠르게 찾아서 지워내기 때문이다. 애착의 미련보다 새로운 설렘에 집중하고 흡수한다. 우리가 새로운 설렘에 집중할 수 없는 이유는 어색한 것이 익숙해지기까지의 시간을 견딜 수 없기 때문이다. 서툰 자신의 모습과 그것을 불편하게 바라보는 시선의 괴리감은 쉽사리 좁혀지지 않는다. 생각보다 세상은 서툰 사람에게 그렇게 관대하지 않다. 초보운전이라는 표식을 붙였는데도 경적을 연신 눌러대는 사람들이 많고 키오스크 앞에서 헤매는 사람에게 인상 찌푸리며 짜증을 내는 모습이 너무나 흔하다. 새로운 걸 익히는 과정이 서툴고 시간이 필요할지라도 새로운 건 또다시 익숙한 현실이 된다. 그렇기에 새로운 걸 맞이하는 연습이 삶과 일상에 불편하지 않도록 늘 함께해야 한다. 그러한 반복은 변해가는 세상에 도태되지 않는 모습으로 세대를 초월해서 어우러지는 삶을 살아가게 도와준다.

원하는 만큼 채울 수 있을 거란 착각

「콩쥐팥쥐」라는 너무나 유명한 전래동화이자 고전소설은 누구나 알고 있다. 계모와 언니의 갖은 핍박으로 안타깝고 안쓰러운 삶을 살아가는 콩쥐지만 착한 마음과 심성으로 인해 주위로부터 도움을 받으며 결국엔 해피엔딩으로 끝나는 이야기이다. (고전소설의 원작은 해피 엔딩이 아닌 잔혹한 결말이기도 하다.)

콩쥐는 착하다. 한결같은 선함으로 갖은 고난을 운명으로 생각하고 받아들인다. 현대를 살아가는 사람에겐 다소 맞지 않은 사상일 수 있다. 지식을 배우고 지혜를 발휘하여 현실의 삶을 일구고 헤쳐나가야 원하는 것과 행복이 머물기 때문이다. 더욱이 콩쥐는 능동적인 면이 거의 없고 수동적으로 묘사된다. 그래도 착하고 선한 마음 때문에 주위엔 언제나 콩쥐를 도와주는 사람과 동물들이 존재한다. 이 역시 현실의 사상과 이질감이 조금 있긴 하지만 그래도 여전히 착하고 선한 사람은 다른 사람들로부터 환영을 받는다. 착한 언행은 누구나 품어야 하고 관계에서 꼭 필요한 마음가짐이다. 그러나 수동적인 삶은 자신을 둘러싼 다른 많은 관계들로부터 그리 환영받는 생각이나 사상은 아니다. 적극적이고 능동적인 생각과 언행이 많은 것을 가져다주고 채워주며 물질과 정신적으로 풍요로움을 안겨주는 것이 진리이기 때문이다.

콩쥐는 그 마음과 언행이 한결같다. 그래서 계모가 말도 안 되는 일을 시켜도 묵묵히 한다. 주어진 일의 문제점을 찾으려 생각하거나 반론을 제기하지 않는다. 커다란 독에 물을 가득 채우라는 계모의 부름에 일말의 의심도 없이 물을 길어서 계속 붓는다. 그러나 한참을 부어도 물은 차오르지 않는다. 독에 구멍이 뚫려있으니 당연히 물은 채워지지 않는다. 그러던 때, 근심과 걱정을 품은 콩쥐에게 두꺼비가 나타나서 도움을 준다. 두꺼비는 독 안으로 들어가 자신의 몸으로 구멍을 막는다. 콩쥐는 다행히도 독에 물을 채울 수 있었다.

여기서 대부분은 이 문제의 해답을 가볍게 해결할 수 있다. 구멍이 났으면 막으면 된다. 어느 누구에게 도움까지 받지 않아도 될 문제이다. 주위를 둘러봐서 구멍을 막을 만한 돌을 찾아 메우고 물이 새어 나오는 작은 틈새는 더 작은 무언가로 메우면 된다. 당장은 물 한 방울 새어 나오지 못하는 완벽함으로 메우지 못하더라도 채우는 물의 양에 비해 새는 물의 양을 현저하게 줄일 수 있다. 그러나 우리의 일상은 이와는 거리가 먼 생각이 많다. 빠져나가는 것이 크다면 더 많이 채워 넣는 것이 맞는다는 생각이 지배적이다. 빠져나가는 것은 몇 달 혹은 몇 년 동안 지속된 것이라서 단번에 줄이거나 끊을 수 없는 것이 많다. 그래서 줄이거나 막기보다는 더 많이 채워 넣어서 일상의 삶을 풍족하고 풍요롭게 만드는 것이 당연하다고 생각한다. 또한 후퇴해서 돌아보는 것보다 끊임없이 정진하고 채우는 것이 더 큰 성장으로 가는 길이라 믿고 있다.

무언가 조금 어긋나거나 잘못되더라도 채우는 것이 충분하다면 문제가 일어날 거란 생각은 하지 못한다. 이런 생각은 어제오늘의 현상이 아니다. 수십 수백 년 동안 사람들이 지니고 있는 불변의 법칙 같은 것이다. 큰 것을 얻으려면 꾸준히 채우는 게 맞는 것이지 작게 새어나가는 것은 신경 쓸 필요가 없다고 생각한다. 그리고 크게 무언가를 이룬 사람들이 이 말을 증명한다. 그러나 그것은 소수의 사람에게 해당되는 사항이지 다수의 사람에게 적용할 논리는 아니다. 보통 다수의 사람은 새어나가는 것보다 몇십 혹은 수백 배 이상 채워 넣는 것이 쉽지도 않고 불가능하다. 크게 성공한 사람의 말을 믿고 노력하고 정진만 하다 보면 새어나가는 것들의 양만 커질 뿐, 채워 넣는 것의 양과 질이 단시간 내에 크게 성장하는 것은 절대로 쉽지 않은 일이다. 그래서 보통의 우리는 채우는 것만큼 빠져나가는 것에 신경을 적절히 써야만 원하는 것에 가까운 형태로 만들 수 있다.

채움과 비움의 적절한 비율

양껏 식사를 하면 누구나 기분이 매우 좋다. 그러나 모두가 양껏 식사를 하지는 않는다. 다양한 이유가 있다. 대표적으로는 다이어트가 있다. 오늘날 사회에서 가장 이해할 수 없는 것이 다이어트이다. 다이어트는 건강의 목적도 있고 중요하지만 대부분의 시작은 미용을 위해서다. 겉으로 보기에 좋은 육체의 아름다움을 위해 살을 빼고 몸매를 가꾼다. 그리고 우리는 아이러니한 모순을 겪는다. 다이어트보다 일상을 지배하는 건 맛있는 음식의 섭취로 인한 행복이다. 음식을 맛있게 양껏 먹는 행위는 우리 모두의 행복이기 때문이다. 각자의 사정으로 인해 음식을 양껏 먹지 못하는 사람을 위한 '먹방'도 이미 대부분이 즐기는 콘텐츠가 된 지 오래되었다.

인간의 가장 기본적인 욕구는 행복이라는 단순한 법칙이다. 그리고 모든 사람들은 맛있게 많이 먹으면서 날씬해지고 싶어 한다. 우리는 이 말도 안 되는 행각을 행하며 살아간다. 원하는 음식을 양껏 먹으면서 각종 보조제와 다이어트 식품도 함께 먹는다. 물론 운동 같은 것을 병행하기도 한다. 그러나 먹은 칼로리의 양보다 그 이상을 운동만으로 소비해서 원하는 다이어트를 하는 사람은 드물다. 대부분 맛있는 음식을 먹는 순간에 집중하고 먹은 후에는 약물 같은 손쉬운 보조제의 도움을 받는다. 이런 행위는 영양 불균형이나 변비 같은 부정적인 결과를 낳기도 한다. 한번 생각해 보자. 먹는다는 것에 문제가 있는 것은 아니다. 과장해서 많이 먹는 것 자체도 큰 문제는 아니다. 문제는 먹는 만큼 그대로 배출하지 못한다는 점에 있다. 다양한 영양을 균형적으로 흡수하는 생활 패턴은 현대 사회에서 매우 어렵다. 그래서 현대인들은 종합 영양제 등을 챙겨 먹지만 그 알약 한두 개가 자신의 몸을 건강하고 예쁘게 관리해 줄 거라 믿진 않는다. 그저 불규칙하고 불균형한 영양에 도움이 되고자 하는 마음뿐이다. 적당히 먹고 적당히 배출하는 것만큼 건강한 삶은 없다. 왜 이걸 못할까? 왜 안 되는 줄 알면서 자신의 적정량보다 그 이상을 들이밀고 섭취할까? 어느 한 가지 이유만으로는 설명이 불가능하다. 본능이자 스트레스를 푸는 방법이고 먹는 행위 자체가 그저 행복이기 때문이다.

'몸에 좋은 음식은 입에 쓰다'라는 말은 맞다. 우리가 맛있어하는 음식은 대부분 건강과는 거리가 멀고 건강한 식재료와 음식은 입과 몸이 꺼리는 것들이다. 입에 단것을 하나 먹었다고 쓴 것을 하나 먹는 사람은 없다. 입이 즐거운 것을 먹었으니 운동을 꼭 몇 시간 하겠다는 사람도 많지 않다. 6일을 그저 그렇게 지내다가 하루 교회에 가서 회개를 하는 것처럼 일주일에 한 번만이라도 입에 쓴 음식과 몸이 힘든 운동을 규칙적으로만 해도 보통 사람보다 평균 이상이다. 6일을 이 악물고 버티다가 하루 '치팅 데이'를 맞이하는 것이 이상적인 삶이라 생각하지만 고행의 길과 다름없다.

원하는 것을 많이 가지면 행복하다. 분명한 사실이다. 그러나 생각지도 못한 원치 않은 것 단 하나가 모든 걸 무너트릴 수 있다. 사람은 대부분 싫은 것은 무시하고 산다. 그것을 명확히 밝히고, 멀리하고, 단절하려 노력하진 않는다. 그저 외면하고 회피 정도로만 놓아둔다. 쌓아놓은 아홉 개의 행복은 단 한 개의 싫은 것으로 인해 무너질 수 있음을 잊지 않아야 한다.

채우는 것을 얼마큼 다지고 있는가

꿈과 목표를 위해서 저마다 노력하고 정진한다. 그것을 위해 닿는 순간까지 긴장을 늦추지 말고 혼신의 힘을 쏟아부으며 전진하라고 한다. 수많은 성공한 사람들은 자신이 노력해서 이뤄낸 결과를 많은 사람에게 나누고 공유한다. 그리고 자세히 들여다보면 성공한 사람들은 두 부류로 나뉜다.

자신의 성공을 여유롭게 유영하며 즐기는 사람과 그 성공이 무너질까 봐 노심초사하는 사람이다.

책 『돈의 속성』에 보면 돈은 단지 많이 번다고 부자가 되는 것이 아니라고 한다. 모으는 능력, 버는 능력, 쓰는 능력, 유지하는 능력을 고루 갖춰야 된다고 한다. 진정한 부자가 되기 위해선 돈의 성질과 속성을 충분히 이해해야만 돈을 자신의 것으로 만들 수 있다. 성공도 마찬가지다. 돈을 포함한 사회적으로, 관계적으로, 다양한 것을 이루고 성취하는 성공은 그 목표 하나만을 보고 미친 듯이 전진한다고 이루어지지 않는다. 성공은 단지 그것에 닿는 것에 의미가 있는 것이 아니다. 내 것이 되고 자신과 떼려야 뗄 수 없는 하나가 되는 것이 진정한 성공이고 진심이 담겨있는 것이다. 그러려면 천천히, 그리고 차분하게 성공을 바라보고 다가가며 다방면으로 충분히 느끼고 끌어안아야 한다. 전력으로 질주해서 헐떡거리며 내쉬는 쉼과 땀으로 범벅이 된 모습으로는 그것을 내 안에 가득 흡수할 수가 없다. 물론 초반과 중반까지는 전력으로 질주해야 한다. 경주마의 눈가리개를 하고 그것만을 보며 질주해야 한다. 다만 가까워졌는데도 멈추지 못한다면 결코 오랫동안 진심으로 소유할 수 없다. 어느 정도까지 질주를 했다면 여유를 갖고 관망하는 자세와 마음이 필요하다.

성공이란 것은 누구나 마음만 먹으면 쉽게 가질 수 있거나 하늘에서 툭 하고 떨어지는 것이 아니다. 모두가 원하는 것은 모두가 간절하다고 주어지지도 않는다. 안달하고 애걸복걸하는 상기된 모습으로는 성공에 살짝 닿거나 스칠 순 있겠지만 결코 오랫동안 품을 순 없다. 주인의식을 가진 여유로운 마음이 기반이 되면 큰 것을 성취했을 때도 오버랩(overlap)되는 언행이 아닌 평온하고 자연스러운 언행으로 다가갈 수 있다. 진정한 성공은 그 어떤 조바심이나 상기된 모습이 드러나지 않는다. 시간이 오래 걸리거나 혹은 조금 빠르게 닿는 정도의 차이는 있을 수 있겠지만 성공은 본연의 주인을 알아보고 그 사람에게 흡수된다.

원하는 것에 닿는 것, 돈을 많이 버는 것, 그 성과를 이루는 기쁨의 희열을 맛보는 것도 중요하지만 그것을 소유하고 평생 지키는 것은 단순한 노력과는 다른 생각과 시선이 필요하다. 단지 그 성공을 한 번 맛보고 자신도 모르게 떨어질 것인가? 원하는 성공의 주인이 돼서 다른 삶을 평생 살아갈 것인가를 선택하고 삶의 방향을 정해야 한다.

Check Point

- 끊임없이 채울 수 있는 건 세상에 없다.
- 채움과 동시에 비워나가야 할 자신의 것들을 정리해 보자.

11. 버킷리스트(bucket list)보다
헤잇리스트(hate list)가 먼저다

'선물 박스'는 동경하고 '고통 박스'는 피하다

모두가 한 번쯤은 '버킷리스트'를 작성해 본다. 말 그대로 자신의 삶과 인생을 성공과 행복으로 이끄는 행위이자 생각의 시간을 갖는 것이다. 월 단위, 연 단위 등 성취와 성장의 계단을 오르며 행복한 삶을 위한 목표를 위해 정진해 나간다. 이룬 것들을 체크해 가며 삶의 보람과 행복으로 위로와 용기를 얻는다. 버킷리스트는 우리에게 소소한 성공에서부터 장대한 성공에 이르기까지 행복을 위한 즐거운 상상과 현실을 만들어 나가는 것에 큰 의의를 갖게 해 준다.

버킷리스트는 삶의 선물 같은 것이다. 소망이 현실로 이루어지는 긍정의 기쁨을 느끼며 고된 삶을 이겨낼 수 있는 힘을 얻는다. 그러나 기쁨과 즐거움을 받고 느끼는 것에 큰 의미를 두는 것일 뿐 변함없는 삶의 현실은 신경 쓰지 않는다. 그렇기에 기쁨과 즐거움을 마음껏 느낀 후 돌아온 현실의 변화는 없다. 매일 반복되는 고단한 일상과 괴로운 마음의 크기를 줄이거나 이겨낼 수 있는 무언가를 얻기도 힘들다. 그럴수록 더욱 소망하는 버킷리스트에 집중할 수밖에 없다. 부정의 현실을 벗어날 수 있는 건 자신을 즐겁게 해 줄 기쁨의 '선물 박스'라는 생각밖에 없기 때문이다. 그래서 원치 않는 '고통 박스'의 존재를 인정하지도 않고 꺼내보려 하지도 않는다. 우리는 버킷리스트가 삶의 원동력이 되는 만큼 더 늦기 전에 누구에게나 있는 '고통 박스'를 조심히 꺼내서 살펴봐야 한다.

원치 않는 것도 구체적이고 명확하게 언급해야 한다

좋은 것을 추구하고 좇는 것은 본능이지만 나쁜 것과 싫은 것은 생각하거나 운운하는 것 자체만으로 삶의 질이 떨어진다. 그래서 우리는 살다가 원치 않는 순간들이 오면 적잖이 당황하고 방황한다. 불운이나 나쁜 것을 내비치거나 타인에게 알리는 행위를 자연스럽게 하는 사람은 없다. 회피하거나 홀로 감내하고 감당하는 것이 일반적이다. 해결책을 찾으려고 책이나, 상담, 강의 등을 접해보지만 대부분은 그 순간에만 옅어지는 느낌이다. 관련 사항들을 제지하고 막을 수 있는 불운의 근원을 찾기란 쉽지 않다. 결국 원치 않는 상황이나 관계를 자신의 이익이나 혹은 공익을 위한 어쩔 수 없는 아픈 손가락쯤으로 여기게 된다. 그렇게 부정적인 것들이 삶의 한 부분을 차지하는 것이 당연하다 생각하며 살아간다.

이렇게 자신을 괴롭히는 순간들이 여러 번 스쳐도 사람들은 그것을 구체적으로 명시하지 않으려 한다. 불행을 언급하는 것 자체가 그것에 가까워진다고 생각하기 때문이다. 그래서 사람들은 옆 사람이 나쁜 생각을 하면 "아이고! 그런 생각은 하지도 말고 꺼내지도 마.", "아서라! 쓸데없는 생각 하지 말고 좋은 생각만 해."라며 회피하고 차단하기에 급급하다. 그래서 삶은 뫼비우스의 띠처럼 평생을 반복한다. 용기가 나지 않고, 마음이 약해서, 시뻘겋고 뜨거운 고통을 잡을 수 없고, 뾰족한 가시를 빼내야 하는데 더 깊이 들어갈까 봐 섣불리 건드리지도 못한다. 사람이기에 당연히 두렵다. 두려움을 이겨내고 단번에 낚아채서 버릴 순 없다. 그렇기에 우리는 인지하고 언급하며 기억하는 것부터 해야 한다. 인지할 수 있게 적어놓고 싫다고 언급할 수 있으며 다시는 반복하거나 접하지 않도록 기억해야 한다.

아무렇지 않은 정신과 마음을 가질 수 있을 때까지 부정과 불행도 버킷리스트(bucket list)처럼 헤잇리스트(hate list)를 작성해야 한다. 그래야 자신의 삶에 불운이 들어오거나 가까이하지 않게 하는 방법을 배우고 만들어갈 수 있다. 이것 역시 처음부터 큰마음을 먹거나 큰 행위부터 시작하는 건 순조롭지 않다. 소극적이더라도 큰마음과 용기를 낼 수 있는 아주 작은 생각과 행동부터 기록하고 실천해나가야 한다. 그래야만 자신을 감싸고 있는 어두운 그림자를 회색빛으로 바꾸고 하얀 구름으로 날려 보낼 수 있다. 꼭 갖고 싶고 하고 싶은 '버킷리스트'만큼 꼭 피하고 싶고 원치 않는 '헤잇리스트'도 삶의 일기장에 작성하는 습관을 들여야 한다.

'고통 박스'를 전면에 두어야 '선물 박스'를 얻을 수 있다

성공을 위해 많은 사람들이 그것에 닿기 위한 방법과 그것을 이룬 스스로의 모습을 상상하는 연습을 한다. 원하는 것을 얻기 위한 상상의 힘은 꿈이 현실로 될 수 있게 큰 역할을 한다. 세계적으로 유명한 사람들도 그들의 노력에 더해진 상상 한 스푼의 힘을 믿고 적극 권장하고 있다. 그러나 정진의 인내만큼 과정의 고통과 고난을 상상하는 경우는 매우 드물다. 되도록 생각하지 않는 것이 피하는 길이라 믿는다.

좋은 차를 사기 위해 열심히 일하고 돈을 어떻게 얼마나 모을지는 누구나 매우 구체적으로 생각하고 상상한다. 그러나 그 좋은 차를 사고 나서 어떻게 관리할지, 어떻게 유지할지, 차의 구조를 파악해서 큰 고장이 안 나게끔 타고 다니는 방법이 무엇인지를 생각하는 사람은 드물다. 그래서 원하는 좋은 차를 얻어 꿈을 이룬 사람 중 차를 차고에 보관만 하거나, 기름값이 비싸서 자주 운행을 못 하거나, 사고로 인해 수리를 해야 하는데 부속품이 비싸서 유보하는 경우도 더러 있다. 건물주가 꿈인 사람도 마찬가지다. 노력 끝에 큰 건물은 아니더라도 작은 꼬마빌딩을 매입하면 다달이 들어오는 월세로 다니는 회사의 월급만큼은 충분히 충당되리라 믿고 마음 편히 생활할 수 있다는 생각과 상상을 하기도 한다. 그러나 현실은 건물에 대한 세금과 건물을 유지하는 데에 들어가는 비용, 그리고 행여나 마음이 맞지 않은 임차인과의 피곤한 관계로 육체와 정신적인 피로로 인해 고단함은 물론이고 금전적으로 피해를 보는 경우도 많다.

성공은 산과 같다. 산은 정상에 오를 때에 비로소 그 달콤한 희열을 느낄 수 있다. 산을 오르는 과정과 내려오는 과정 모두 쉽지 않고 험난하다. 산을 오르기 위해선 결의를 다지고 의지를 불태우지만 산을 내려오면서 조심하거나 주위를 살피는 경우는 많지 않다. 오히려 긴장이 풀려서 내려오다가 넘어지고 다치는 경우가 부지기수이다. 성공에 닿기 위해 감내해야 하는 고통과 고난만큼은 아니더라도 무언가를 이루고 나서 그것을 유지하고 지키는 일도 매우 중요하다. 그러기 위해선 자신이 겪어야 할 고통이 무엇인지 '고통 박스'를 늘 확인해야 한다.

원하는 것을 이루기 위한 생각과 마음은 마치 불나방과 비슷하다고 할 수 있다. 또한 꿈과 성공을 위해선 그러해야 할 때도 많다. 그러나 분명 그 과정에서 자신이 감당하지 못할 일들은 넘쳐난다. 그런 고통과 고난의 양과 질에 따라 열리는 열매는 크기와 맛도 달라진다. 최대한 크고 맛있는 열매를 바라지만 모두가 크고 맛있는 열매를 먹을 순 없다. 더구나 과정의 고통과 열매의 크기는 결코 비례하지 않는다. 열매의 크기와 맛에 필요한 요소에는 생각지도 못한 운이나 예상할 수 없는 천재지변도 들어가 있기 때문이다. 그럼에도 불구하고 육체와 영혼을 갈아 넣어 돌진하는 불나방의 모습이 멋있고 아름다운 것인지는 충분히 생각해 보아야 한다. 생각보다 인생에는 돌이킬 수 없는 것들과 순간이 많기 때문이다.

세상에 아름다워 보이는 성공은 대부분 버킷리스트에 가깝다. 탐스러운 열매를 위해 스스로의 육체와 정신, 마음을 고통과 고난의 강에 내던지고 용기와 인내로 정진해야 한다. 그러나 분명 '헤잇리스트'를 품고 성공을 향해 나아가는 사람도 있다. 미래에 열릴 커다랗고 탐스러운 열매도 중요하지만, 오늘의 기쁨과 즐거움으로 충만해진 행복이 쌓여서 열린 열매를 갖고 싶기도 한 것이다. 이러한 성공은 감당하지 못할 엄청난 것을 원한다기보단 무탈한 오늘의 만족이 좀 더 나은 확실한 내일로 이어지고 변함없길 바라는 마음이다. '헤잇리스트'를 작성하고 '고통 박스'를 살피는 일은 인생의 풍파가 닥쳤을 때 부러지고 쓰러지는 고목나무보단 유연하게 휘어져 버틸 수 있는 갈대의 모습에 가깝다.

Check Point

- 삶에서 이것만은 되도록 꼭 피하고 싶은 '헤잇리스트'를 순서대로 작성해 보자.

The Sincerity of Success

part 4

온전한 의지로
거절할 수 있는가

거절을 잘하는 건
자신의 모습을 잃지 않는 것이다

The Sincerity of Success

1. 자신의 존재를 인지하면 세상을 가질 수 있다

희미하게 품고 명확하게 내비쳐라

20, 30대를 지나고 돌이켜보니 나 자신이 누구인지 모르고 살아왔었다. 그저 남들처럼 여기저기 끌려다니고 치이면서 하루를 먹고 사는 것이 감사한 일상이었다. 그런 삶에서 자아를 찾는다는 건 쓸모없는 시간 낭비에 가까웠다. 그러다 여느 때와 마찬가지로 정신없던 어느 날 평온한 휴식이 주어졌다. 삶의 어느 한구석에 여유가 스며들었을 때 무언가 다른 느낌이었다. 늘 그렇듯 스스로를 위로하려 도파민을 분출시키고자 화려한 네온사인이 즐비한 밤길의 군중 속으로 발길을 옮길 법도 했지만 그렇지 않았다. 오히려 그 반대 방향인 침묵과 고요한 어둠이 드리워진 나의 방으로 향했다. 며칠 정도를 조용한 방 안에서 보냈다. 밥 먹고 화장실 가는 것을 빼면 온종일 방안에만 있었다. 무엇인지는 모르지만 분명 머릿속에서 말하고 있었다.

"언제까지 이렇게 살래?"
"이러한 삶이 언제까지 이어질 것 같아?"
"네가 원하는 진정한 삶의 모습은 뭐야?"

분명 모든 사람들에게 이러한 종소리 같은 것이 들리진 않는다. 내 안에 있는 또 다른 나는 어디에 있는지조차 모를 날개를 펼치고 싶었다. 그 소리에 귀 기울이고 싶은 마음에 고요한 곳으로의 발걸음을 자처했다. 명확한 해답을 듣거나 얻진 못했지만 한 가지는 확실했다. 지금까지의 삶은 아니었다. 매일이 고달프고 지침의 연속인 삶은 나의 삶이 아니었다. 정확한 방향을 몰랐기에 나의 길을 찾는 여정은 생각보다 힘들고 오래 걸렸다. 그러나 절대 서두르지 않았다. 그저 가끔 내가 가고자 하는 길을 주위 사람에게 넌지시 알리곤 했다. 그러면 예상했던 대로 시큰둥한 반응이 돌아오곤 했다. 그럴수록 나는 점점 더 새롭게 가고자 하는 나의 길을 사람들에게 드러내지 않았다. 그저 늘 그랬듯 시시콜콜한 대화만이 무사한 오늘을 건너게 해 줄 뿐이었다.

　나는 성공하고 싶었다. 단순히 돈을 많이 버는 성공이 아닌 평온한 마음을 자연스럽게 품을 수 있고, 하고자 하는 일을 명확하게 정의할 수 있는 또렷한 정신을 갖고 싶었다. 더한 바람이 있다면 사람들의 존경을 받을 만한 품위를 갖고 싶었다. 나 자신을 성숙시키는 과정은 꽤나 험난했지만 더 좋은 나로 변해가는 시간은 이제껏 살아온 그 어떤 시간보다 즐겁고 행복했다. 나는 깨달았다. 사람이 하루아침에 변하면 죽는다는 옛말은 맞는 말이었다. 예전에 나는 죽었고 새로운 내가 태어났다. 또 한 가지 느낀 건 새롭게 태어난 나를 예전처럼 대하는 사람들과는 더 이상 관계를 유지할 수 없다는 사실이었다.
　사람이란 본래 과거의 기억으로 오늘을 살아가는 습성을 하루아침에 버리지 못한다. 하루아침에 사람이 변하면 미친 거나 다름없다는 것이 많은 사람들의 지배적인 생각이다. 옆에 있는 사람이 나아지고 올라가려고 한다면 대부분 동행해서 같이 오르려 하기보다는, 그 사람을 끌어내려서 곁에 두려고 한다. 이것은 인간 본능에 가까워서 그 누구를 탓하거나 원망할 일은 아니다. 이러한 일을 직접 겪어보고 나니 그동안 알고 있던 거의 대부분의 사람들과 자연스럽게 멀어졌다. 그러나 확실한 것은 그 누구에게도 부정의 마음은 없다. 이런 나를 알아주지 않는다고 부정할 필요 없이 나는 그저 새로운 나의 길을 가면 된다.

보란 듯이 나아지고 바뀐 모습으로 세상을 살아가고 싶다는 것을 늘 희미하게 품고 있었다. 그러기 위해선 이질적인 모습으로 이상한 사람이 된 것처럼 새롭게 태어나야 성공의 문을 두드릴 수 있다고 생각했다. 이러한 성공은 단지 악과 깡으로 견디고 버텨서 원하는 것을 얻고 끝나는 것이 아니었다. 육체의 안락을 위한 물질적인 안정을 자연스럽게 곁에 머물 수 있는 상태로 정신과 마음을 변화시켜야 했다. 육체적인 고통이 따르지 않아도 돈이 벌리고, 피폐한 마음과 정신적인 스트레스가 없이 잠자리에 들 수 있으며, 나의 위치와 내가 해야 할 일이 무엇인지 명확해서 하루가 바쁘게 돌아가도 행복에 겨운 성공의 순간에 닿을 것이라고 난 늘 믿고 있었다. 그리고 몇 해가 흘러서 나는 그곳에 닿았다. 돈이 넘칠 정도로 많진 않지만 하루를 보냄에 있어 돈 때문에 신경이 쓰이거나 불편한 마음이 쌓이진 않았다. 삶에 있어 예상치 못한 일로 마음이 요동치거나 불안의 요소들이 스며들지도 않았다. 나 자신이 명확하게 보이고 걸어갈 길이 선명하게 보이니 세상의 소용돌이 속에 휩쓸리지 않는 강건함을 가질 수 있었다. 그토록 바랐던 것들을 갖게 된 자리에 서자, 어찌할 바 몰랐던 예전의 수많은 것들이 멀어지거나 흐려졌다. 모든 걸 아우를 수 있다고 믿었던 예전의 생각도 옅어졌고 삶은 원점으로 돌아왔다.

오늘을 여러 번 사는 건 불가능한 것이기에 모두가 일회성의 삶을 살아간다. 그리고 나 역시 여전히 일회성의 삶을 살아가지만 이전과는 다른 의미가 짙게 배어든 두 번째 삶을 살아가고 있다. 보통 사람들이 평생 짊어지고 사는 후회와 걱정을 내려놓고 사는 지혜를 얻었다. 성숙한 정신과 육체로 삶을 관망하는 눈이 조금씩 떠지기 시작했다. 하기 싫은 일을 억지로 해나가며 참고 버티는 나날 속에서 나 자신을 찾으려 노력한 끝에 보였던 리셋(reset) 버튼이 두 번째 삶이라는 선물을 주었다. 나는 또한 몇십 년이 흘러 맞이할 노년의 세 번째 삶은 얼마나 더 풍요로울지가 궁금해지기 시작했다.

사람은 모두가 원하면 원하는 것을 얻고 가질 수 있다. 그러나 대부분의 사람들은 원하는 것을 갖기 위해 포기하거나 희생하는 것 따위는 안중에도 없다. 놓기 싫은 것은 너무나 많고 잡힐 것 같은 것은 눈앞에 늘 아른거린다. 그 사이에서 갈팡질팡하는 모습이 우리가 살아가는 모습이다. 원하는 성공의 모습이 있다면 희미하게 품고 색깔이 진해질 때까지 기다려야 한다. 그 기다리는 시간 동안 곁을 스쳐 가는 수많은 유혹들에 한눈을 팔아서도 안 된다. 그것이 자신의 것이 될 수 있도록 오랜 시간을 정성스럽게 품어야 한다. 그렇게 품는 시간 안에서 이전과 다른 새로운 자신의 모습이 투영됨을 느껴야 한다. 자신의 존재를 인지하는 건 새롭게 태어나서 원하는 길에 들어서는 것과 같다. 무언가나 누군가의 영향으로 자신이 존재하는 모습은 서서히 줄여나가야 한다. 언제 어느 곳에 있어도 굴하지 않는 모습의 빛을 자신의 내면 깊은 곳에서 서서히 끌어올려야 한다. 시간에 조급해하지 말고, 속도에 안달 내지 말고, 명확하게 보이는 자신만의 빛을 흔들리지 않는 몸과 마음으로 지긋이 바라봐야 한다. 그러면 반드시 원하는 것을 가질 수 있다.

아무리 힘들어도 끝까지 갈 수 있는 이유

> "모든 사람은 내면에 자기만의 세계를 가지고 있어야 한다.
> 자신이 형성한 세계에 충실하느냐, 그렇지 않느냐가 늘 문제가 된다."
>
> — 헤겔

　자신의 존재를 인정받고 싶은 건 사람이라면 누구나 갖고 있는 욕구이다. 이러한 욕구는 보통 자신이나 속한 집단에서 우월함을 인정받고 싶은 욕망에서 시작된다. 그러기 위해선 자신을 드러내고 타인에게 인지시켜야 한다. 이 말은 곧 자신이 타인에게 인지당하는 것이다. 그래서 우리는 서로가 서로를 끊임없이 찾고 발견하며 살아간다. 현재의 자신에 모습과 커리어에 맞는, 혹은 되고 싶거나 나아지고 성장하는 자신과 함께할 수많은 사람들과 평생을 스치며 살아간다. 그 안에서 우리는 스스로의 부족함을 찾기도 하고 우월함을 뽐내기도 한다.

　존재를 인정받고 싶은 모든 관계에서 '유종의 미'를 얻는다는 건 쉽지 않다. 의도치 않거나 예상 밖의 일은 언제든 일어나고 여러 번 꺾이면서 성장하고 발전하기도 한다. 성공을 했건, 실패를 했건, 행복하건, 불행하건 모든 것의 전제는 타인의 유무에 따라 결정된다. 자신의 존재는 곧 타인이 꼭 있어야만 모든 것이 될 수 있다. 하고 싶은 것, 되고 싶은 것들은 이미 또 다른 누군가가 이미 이뤘거나 그것을 누리고 있기에 그것에 대한 욕망이 따른다. 그것이 명확하고 또렷한 빛을 보며 다짐을 하고 정진할 수 있는 이유와 명분이기도 하다.

　그러나 결국 성공의 꿈에 닿는 것은 자기 스스로의 선택과 몫이다. 다양한 사람과 다양한 매체에서 도움을 받더라도 결국 그것을 자기 것으로 만드는 것은 자신만이 할 수 있는 일이다. 그러기 위해선 자기만의 세계를 가지고 있어야 한다. 자신만의 세계를 갖고 형성하는 것은 지치거나 포기할 수 있는 모든 순간들을 그저 순간의 해프닝으로 만들 수 있는 강력한 힘을 가져다준다. 끌어올리는 열정만으로, 혹은 무엇에 의한 원동력이나 인위적인 동기부여만으로는 가시밭과 자갈밭 길을 매번 순조롭게 넘어갈 수 없다. 모든 고난과 역경을 견디고 이겨낼 수 있는 건 결국 그 끝에 자기 자신이 서 있기 때문이다.

사람에게 일어나는 가장 슬픈 일은 마음속에 의지하고 있던 세계를 잃어버리는 것이다. 그 세계는 시기별로 다양한 타인이 될 수 있고 특정한 물건이 될 수도 있다. 이런 것들은 영원한 것이 아니기에 사람은 살면서 수차례 쓰러지기도 하고 대개 다시 일어나지만 그러지 못하는 경우도 많다. 삶에서 흔들리고 쓰러질 때마다 의미가 있고 의지할 수 있는 것을 찾는 행위는 반복된다. 낙담과 방황은 인생에서 필수불가결한 것으로서 거부할 수 없다. 중요한 건 빠른 회복을 보일 수 있는 것을 되도록 가까이서 찾고 품어야 한다는 것이다. 결국 그 존재는 자기 자신이 되어야 한다.

어디에서도 굴하지 않는 당당한 나를 만드는 3가지 방법

자존감과 자신감이 약한 사람들은 삶 자체가 무서운 거대한 벽처럼 느껴진다. 싫은 것을 쉽게 거절하지도 못하고 좋은 것에 대해 긍정의 표현도 자연스럽게 하지 못한다. 마치 그림자 같은 모습으로 세상과 가까워질 수 없는 고독한 삶이다. 자존감과 자신감은 우월한 자신을 타인과 세상에 뽐내는 것이 목적이 아니다. 원하는 삶을 위해 기본적으로 갖춰야 할 요소이다. 그러나 생각보다 자신의 좋고 싫음을 언제 어디서든 명확하게 표현하지 못하는 사람들이 많다. 우리는 스스로의 만족되고 행복한 삶을 위해 자존감과 자신감이 줄어들지 않게 늘 관리해 주어야 한다.

1. 혼자 있는 시간을 즐겨라

인간은 사건 사고의 괴로움보다 지루함을 더 싫어하고 참지 못한다. 그래서 혼자 있는 시간을 즐기기는커녕 견디지 못하는 사람이 많다. 그만큼 현대인들은 늘 외롭고 불안하다는 증거이다. '혼밥', '혼술' 같은 나홀로족이 많아지긴 했지만 나홀로족의 증가는 그들이 자처하기보단 여러 가지 사회적인 요인으로 인해 어쩔 수 없이 발생한 경우가 많다. 그래서 그들도 늘 외롭기는 마찬가지다. 세상에 외롭지 않은 사람은 없다. 혼자가 아니어도 외로운 사람은 생각보다 많다. 중요한 건 혼자 있는 시간을 고립되었다고 생각하면 안 된다는 것이다. 자신의 삶을 찾을 수 있는 소중한 기회. 고요함과 외로움을 부정의 시각으로 생각하거나 바라보지 않고 자신의 세계를 만들어나가야 한다. 혼자가 괜찮은 사람은 군중 속에서도 일정한 시간이 흐르면 그곳을 빠져나오려 하고 혼자가 불편한 사람은 군중 속에 빠지면 헤어 나오지 못한다. 자신을 잃어버린 채 사람과 세상에 의존할 수밖에 없는 나약한 존재로 전락하게 된다. 혼자를 즐기지 못한다면 결국 많은 사람과 어울려도 평생 외로울 수밖에 없다. 자존감과 자신감을 키우기 위해선 스스로가 완벽한 하나가 되도록 노력해야 한다.

우리는 연애나 결혼을 위해 이성을 찾을 때 대개 '반쪽을 찾는다'라고 표현한다. 그러나 이것은 틀린 말이다. 반쪽이 반쪽을 만나면 온전한 하나가 될 것처럼 보이지만 그렇지 않다. 하나와 하나가 만나야 완전한 하나가 된다. 외로움에 이성을 만나서 사귀고 결혼한 사람이 모두 행복하지 않은 이유가 여기에 있다. 반쪽은 스스로 일어나거나 서 있질 못한다. 하나와 하나가 만나면 고난과 시련이 와도 그 둘은 잘 서 있을 수 있다. 혼자가 외롭지 않은 사람이 다른 온전한 하나를 만나야 아름다운 세상이 영원으로 이어진다.

2. 능동적인 생각과 행동을 하자

세상엔 생각보다 능동적으로 사는 사람이 많지 않다. 매일 출근하는 회사 생활은 수동적 삶의 전형적인 모습이며 세상이 만들어 놓은 것을 소비하며 살아갈 뿐이다. 그렇기에 삶의 많은 순간을 능동적으로 산다는 건 그리 쉬운 일은 아니다. 그럼에도 능동적인 생각을 가지려 노력해야 하는 이유는 자신의 존재를 망각하지 않기 위해서이다. 인간에겐 지루함과 권태라는 감정이 있다. 언젠가 모든 것에 흥미를 잃는 순간은 모두에게 자연스럽게 찾아온다. 모든 사람이 접하고 경험하는 이 순간에 사람은 두 부류로 나뉜다. 삶의 의미를 잃고 떨어지거나, 새로운 것을 찾는 사람이다. 대부분은 전자이기에 삶이 덧없다고 느껴지거나 무의미하다는 신세 한탄이 나온다.

능동적인 생각과 행동은 자신에게 끊임없이 행복을 선물해 주는 것과 같다. 능동성을 갖는다는 건 나이를 먹고 시간이 흐를수록 삶이 하향길이 아닌 다른 무언가로 인해 상향길을 오르는 행위이다. 일상에서 선뜻 자신의 생각과 행동을 함에 있어 주저하는 시간이 많다면 그것은 자신의 감옥에 갇혀 사는 것이다. 원해서 태어난 사람은 없다. 그리고 원하는 삶을 살아가는 사람도 그리 많은 편은 아니다. 삶이 정체되거나 하향하지 않기 위해선 생각과 마음속에 자신의 삶을 능동적으로 그려나가야 한다. 그것이 원치 않은 삶을 원하는 방향으로 돌려서 원하는 것을 이루어나가며 살 수 있는 가장 기본적인 행위이다.

3. '맞다'와 '틀리다'의 틀(frame)을 벗어나자

수많은 책과 유명한 사람들의 입에서 '옳고 그름'은 있지만 '맞고 틀림'은 없다고 한다. 그러나 우리의 일반적인 삶에는 '맞는 것과 틀린 것'을 구분하며 관계를 맺는다. 서로 생각하는 맞다와 틀리다의 생각의 방향이 같으면 급속도로 가까워지고 아니면 멀어지는 단순한 관계 형성으로 이어지기도 한다. 이런 유대관계가 고착되어 있는 삶 속에서 소신을 지켜나가는 것만큼 어려운 건 없다. 소신을 지킨다는 건 때론 스스로를 다수로부터 멀어지게 만드는 행위이기도 하다. 그러나 그것은 분명 타인이 보지 못하는 세상을 넓게 바라볼 수 있게 해 준다.

삶을 살다 보면 세상의 기준은 자기 자신에게 맞춰진다. 그러하다 보면 고취된 사상으로 맞는 것과 틀린 것에 집착될 수밖에 없다. 맞음과 틀림의 시비를 가리는 건 일상에서 수많은 다툼과 반복되는 감정의 기복을 불러올 수 있으며, 그로 인해 관계를 악화시킨다. 결말도 쉽게 찾을 수 없고 의미 또한 부여할 수도 없다. 그럼에도 우리는 자신의 생각을 바꾸거나 타인의 생각을 수용하는 행위를 자연스럽게 하지 못한다. 세상이 아무리 변해도 결코 자신은 변하지 않는다는 쓸데없는 고집으로 스스로를 발전과 성장에서 멀어지게 한다.

자신이 어느 순간 "이건 맞아. 저건 틀려."라는 말을 거의 하지 않게 된다면, 비로소 타인을 인정하고 자신의 존재가 상승하는 시점에 이른 것이다. 인정과 관대는 자신의 성장을 타인이 알아서 밀어주는 추진력 같은 것이다.

Check Point

- 나는 누구인가를 한 줄로 써보자.
- 자기 자신을 관망하며 갈 길이 어디인지 스스로에게 말해주자.

2. 거절은 성공과 행복에 비례한다

자신을 지키려면 거절해라

거절은 스스로를 지키기 위해 반드시 필요하다. 또한 상대방을 위하는 길이기도 하다. 원하지 않는 것들로부터 멀리 떨어짐과 동시에 상대방에게 자신의 의사와 취향을 확고히 전달하는 가장 기본적인 표현이다. 그러나 삶에서의 관계는 확고한 것만으로는 좋음을 유지할 수 없다. 스스로에게는 굳은 확고함을 키우면서 상대방에게는 부드럽고 자연스럽게 미끄러지듯 빠져나가는 지혜가 필요하다. 단단함과 부드러움의 적절한 조화를 표현하고 유지할 수 있다면 상대방에게 부정을 표현해도 관계가 틀어지거나 기분이 언짢은 일은 쉽게 일어나지 않는다. 타인과의 분쟁이 없는 유연한 거절은 원하는 일을 순리대로 원활하게 함으로써 정진할 수 있는 힘을 준다. 그러므로 이루고자 하는 목표에 도달하기 위한 장애물과 시간의 제약을 덜 받는다. 이것은 성공은 물론이고 행복과도 가까워지는 순리이다.

우리에겐 자신은 물론 타인을 바라볼 때도 인지해야 하는 모습이 있다. 착하다는 모습이 '거절을 못 한다'로 생각되거나 보이면 안 된다. 거절을 못 하는 것은 곧 자신의 모습을 잃어가는 것이다. 타인은 거절을 못 할 자신의 어느 한 부분을 잡고 놓지 않는다. 이것은 그 사람 본연의 모습으로 대하는 것이 아닌 자기의 생각대로 할 수 있다는 확신이 있기에 거절을 못 할 것을 인지하고 있다. 거절을 못 하는 것은 내가 나를 잃어버리는 가장 비참한 모습이다. 거절을 한다고 해서 자신의 인품이나 성품이 변하는 것은 아니다.

거절을 해도 웃으며 받아주는 사람이 진짜 내 사람인 것을 알아야 한다. 그래야 나 자신은 물론 타인도 잃지 않는 공간 안에서 원하는 것을 향한 순조로운 길이 만들어진다.

물에 물 탄 듯 술에 술 탄 듯

살면서 필요한 말이지만 섣불리 하지도 못하겠고 들으면 난감하면서 대답을 명쾌히 하지 못하는 어려운 질문이 있다.

"돈 좀 빌려줄 수 있어?"

이 질문에 수많은 책과 명언들의 현명한 대답 중 하나는 '돌려받지 못할 만큼만 그냥 주어라.'이다. 돈은 빌리고 빌려주는 모두에게 그 순간부터 각자의 마음속에 숫자를 세게 하는 묘한 힘이 있다. 비록 현명한 답변 중 하나인 돌려받지 못할 만큼만 주더라도 전혀 생각이 안 난다면 거짓말이다. 그래서 최대한 정답에 가까운 것은 주지도 받지도 않는 것이다. 그러나 관계에서 돈 문제를 매정하게 대한다는 건 관계를 끊는 것과도 같다. 그래서 안 빌려주거나 그냥 주는 것 중 하나를 택해야 한다. 돈이 오가는 관계는 피가 섞인 가족이라도 남보다 못해질 수 있다는 가정을 염두에 두어야 한다. 감정이 섞인 어쩔 수 없는 경우엔 거절을 대입하기가 무척 힘들다. 그러나 거절을 하지 않으면 다가올 시간이 더 괴로워질 것이다. 거절은 이처럼 받고 싶지 않은 껄끄러운 것들임을 인지할 수 있다. 역으로 자신도 타인이 껄끄러울 수 있다는 언행을 자제해야 하는 마음을 챙겨야 한다.

불편한 감정은 이성적인 성공을 향하는 걸림돌 중에 가장 크다. 성공이란 건 어느 날 갑자기 뚝 떨어지는 것이 아니다. 조금씩 쌓아나가면서 덧칠을 하는 유화 그림과도 같다. 이성으로 이뤄나가는 성공의 요소 중엔 원리원칙만으로 따질 수 없는 감정이 다수 포함되어 있다. 그다지 크지 않은 감정적인 요소들이 무서운 이유는 쌓아놓은 것들을 한순간에 무너뜨릴 수 있다는 것이다. 그래서 자신이 조절할 수 있는 지점을 찾아 끊어야 한다. 감정이 섞인 요소들은 처음부터 단절하거나 끊을 수 없다. 그리고 방심하다간 어느새 자신의 영역에 훅 들어온다. 감당하고 감내할 수 있는 지점을 빠르고 간결하게 찾아서 확고하게 표시해야 한다. 쉽지 않은 일이지만 꼭 해야 한다. 단칼에 자를 수 없는 것은 지켜왔던 자신의 소신을 쉽게 무너뜨릴 수 있기에 꼭 찾아서 확고하게 선을 그어야 한다.

거절과 성공은 흐르는 길이 같다. 냉철하면서 유한 모습을 보이는 것은 한 곳으로 낸 물길이 다른 쪽으로 새어나가지 않게 잡아준다. 삶에서 이도 저도 아닌 우유부단한 모습은 환영받지 못할 가벼운 성향으로 비치기 십상이다. 그러나 거절을 위한 우유부단은 냉철하지만 차갑지 않게 보일 수 있으며 호의적이지만 쉽게 거리를 내어주지 않는 모습을 보일 수 있다. 거절에서만큼은 '용두사미'의 마음을 갖는 것이 좋다. 최대한 작게 흘려버리고 확실치 않은 약속 아닌 약속으로 얼버무리는 언행으로 유하게 대해야 한다. 중요한 건 나와 상대방 모두에게 부탁이나 약속이 명확하지 않고 흐릿하게 스며들어야 한다.

불행인 걸 알면서 떠안는 사람들

거절을 못 하면 유하고 착한 사람, 거절을 잘하면 각박한 사람이라는 편견은 모두가 갖고 있다. 누구나 이러한 편견이 대입되지 않는 현실을 살고 싶지만 일상은 너무나도 쉽고 자연스럽게 이 굴레를 벗어나지 못하게 한다. 타인에게 나쁜 이미지를 심어주고 싶지 않으면서 실속을 챙기고 싶은 건 누구에게나 내포되어 있는 모습이다. 대부분은 조금 손해를 보더라도 좋은 관계 쪽으로 기우는 선택을 하곤 한다. 그러나 현실에선 무엇이든 잘 받아주는 사람보단 소위 까탈스럽게 구는 사람들이 자신의 밥그릇을 더 잘 챙긴다. 이것은 각박하다는 말과는 다르다. 자신의 이익만을 위해 남이야 어떻게 되든 상관없는 것과는 다르다. 확실한 선을 그으며 자신과 타인 모두에게 해가 되지 않는 경계를 그을 줄 아는 단호함이 필요하다. 이기심이 아닌 개인주의적 성향은 타인을 위함과 동시에 스스로를 지키며 감정에 휘둘려 성장을 저지할 수 있는 마음을 단단하게 만들어준다.

거절하려는 사람의 마음을 가장 강하게 막는 벽은 미움받는 것에 대한 두려움이다. 사실상 알고 보면 거절의 주체는 내가 아닌 타인이기 때문이다. 사소한 거절이라도 어찌할 수 없는 난감한 상황이 도래하면 자신의 삶이 아닌 타인의 삶에 끌려다니고 만다. 매 순간 거절이 불편해서 끌려다닌다면 자신을 잃어버리고 타인의 삶을 사는 격이 된다. 시작과 끝, 과정, 어느 것 하나 주도할 수 없는 영원한 을의 입장으로 사는 것이 거절을 못 할 때 일어난다. 분명 자신의 삶에 들어온 건 타인인데 자신의 공간에서 마음대로 내보낼 수도 없다. 흔한 말로 '이러지도 저러지도 못하는 상황'이다. 대부분은 스스로를 위한 단호함으로 그저 '아니'라고 내뱉기엔 일상의 삶은 그리 단편적이지 않다. 거미줄처럼 눈에 보이지 않게 많은 것들이 연결된 삶에서 어떠한 불이익이 자신을 덮칠지 모르기 때문이다. 'NO'라고 하는 거절은 단순히 싫거나 원하지 않는 사람을 차단하는 것만이 아닌 자신에게 필요한 삶마저 단절될 수 있다는 불안감이다. 그렇기에 거절이 쉽지 않은 사람은 대부분 '울며 겨자 먹기'인 상황이 많다.

울면서 겨자를 먹는 순간 작은 불행은 시작된다. 마음 한구석에 거둬낼 수 없는 찝찝함과 함께 살아가야 한다. 내일을 위해 작은 이 순간을 희생하는 것이라고 스스로 생각할 것이다. 그러나 울며 겨자를 먹는 것도 스스로의 선택이고 오늘을 찝찝하게 사는 것도 스스로의 선택이다.

인생은 가까이 보면 짧지만 멀리 보면 길다. 대부분의 사람들은 긴 인생에서 나무보단 숲을 보려 하기에 오늘의 작은 희생은 크게 개의치 않아 한다. 무언가에 집중해서 숲을 보려 하는 일상에서 희뿌연 안개 속을 걷는 느낌이 들 때 이런 생각이 든다. "언제 이렇게 시간이 흘렀어?!" 시간이 잘 안 가던 때는 모르는 것이 많았고 많은 걸 깨닫고 나면 시간이 물 흐르듯 지나가고 있다는 것을 느낀다. 모두가 몰랐고 모두가 아쉬워하고 후회하는 삶 속에서 자신의 뜻과 의지로 삶을 살 수 없는 것만큼 불행은 없다. 애초에 우리는 나 자신을 위한 인생을 살 것이 아닌 타인을 위한 삶 속에서 버텨가고 있다. '남들만큼'이라는 안정을 찾기 위해 불행인 걸 알면서 눈물을 머금고 겨자를 먹을 수밖에 없는 상황은 흔하다. 눈물을 흘리는 그들의 입을 보면 미소를 머금고 있다. 이러한 일상에서 거절을 대놓고 내뱉거나 던지는 행위는 다수를 등지는 것으로밖에 보이지 않는다. 그러나 보편적인 삶이 행복의 보장은 아니다. 우리의 일상에서 마주하는 희로애락은 정진에 가깝기보단 유지하려고 애쓰는 발버둥에 가깝다.

변하고 싶고 바뀌고 싶다면 새로운 무엇을 채우는 것보단 자신의 울타리를 정비하는 시간을 반드시 가져야 한다. 무언가로 인해 변화와 도약을 꿈꾼다는 건 그것에 의지하겠다는 뜻이다. 무언가에 의지하는 건 생명력이 짧다. 그 누구도 아닌 자신의 삶을 위해선 자기 스스로 변화하고 발전해나가야 한다. 거절로 인한 변화는 자신의 삶을 의지적으로 개척해 나갈 수 있는 명확한 모습을 갖게 해준다. 하지만 그럼에도 현실은 크게 변하지 않는다며, 어쩔 수 없다는 불행을 여전히 떠안는 사람들이 많다. 거절의 시작은 두려움을 밟고 용기를 내는 것에서부터 시작해야 한다. 원치 않는 순간을 삶에서 최대한 멀리하고 원하는 삶으로 채워나가는 성공의 길은 결단력 있는 현명한 거절을 자신의 삶에 적재적소에 잘 배치하는 것부터 시작된다.

찰나의 불편함을 영원한 이불킥과 바꾸지 말아라

거절은 그리 유쾌한 상황이 아니다. 또한 삶에서 생각보다 자주 겪게 되고 마주할 수 있는 상황이다. 영원한 아군을 만들 수도 없고 영원한 적군도 없다. 역시나 모든 사람을 내 안에 담을 수 없고 모든 사람이 날 좋아할 수도 없다. 눈치와 배려를 잘 구분하고 당당함과 도도함을 구분해야 한다. 인간이기에 충분히 이중성이 있고 개수와 양만 다를 뿐 누구나 주머니엔 호박씨를 넣고 다닌다. 삶은 자신에게 긍정적이고 호의를 베푸는 사람들을 우선적으로 보면서 걷고 나아가야 된다. 이해할 수 없는 언행을 일삼는 사람에게 베푸는 호의는 적당한 선을 그어야 한다. 그럼에도 인간의 욕심과 질투는 끊임없이 서로를 공격하고 끌어내리려 하고, 무언의 전쟁을 멈추지 않는다. 범법행위나 나쁜 짓을 하지 않았는데도 사람을 부정하려 하는 모든 행위는 그저 질투나 부러움에 의한 행동일 뿐이다. 잃을 것 없는 사람들은 최대한 자신의 감정을 말초적으로 분출하면서 사는 것이 삶의 기쁨이고 낙일 뿐이니 감정에 휘말리는 실수는 말아야 한다. 그러니 자신이 누군가에게 이유 없이 비난받고 있다면 자신의 잘못이 아니니 당장 타인을 끊어내야 한다.

삶의 곳곳에 떠다니거나 흐르는 비난이 자신에게 다가왔을 때 그것을 주우면 자기 것이고 그냥 지나치면 자신의 것이 아니다. 부탁과 거절도 마찬가지다. 내 것인지 아닌지를 살피면 된다. 최대한 감정을 내려놓고 타인과의 관계도 객관적으로 바라봐야 한다. 누구를 위한 것인지 서로를 다치게 하는 것인지 살펴볼 필요가 있다. 부탁과 거절로 인한 관계의 해결은 알고 보면 간단하다. 간결하고 명료하게 아니라고 말하면 되는 것이다. 'NO'라고 말하지 못하는 많은 이유는 생각할수록 자신에게 부정적인 현실을 가져다준다고 믿기 때문이다. 간결하고 명료한 'NO'의 불편한 순간은 지극히 찰나의 순간이다. 그 찰나의 불편함보다 몇 날 며칠의 '이불킥'이 아마도 더 끔찍할 것이다. 오히려 끊임없이 반복되는 복잡한 생각들은 어색한 중언부언을 일삼는 바보 같은 자신만 망가트릴 뿐이다. 성공을 원하고 자신을 사랑한다면 잠깐의 어색하고 불편함은 쓴 약을 먹듯 꿀떡 삼켜야 한다. 가까이 보이는 나무 한 그루에 애정을 쏟으려 하지 말고 더 큰 상상으로 숲을 끌어안아야 한다.

Check Point

- 거절도 매 순간이 선택인 인생에서 작은 한 부분이다.
- 소중한 자신을 위하는 순간일 수 있고, 자신의 희생으로 타인을 위할 수도 있다.
- 어떠한 선택이든 후회는 되도록 없어야 한다.

3. 다양한 방패를 모으고 수집해야 한다

천사의 날개를 가졌다는 착각

삶에서 꼭 필요한 것이지만 가장 어려운 것이 거절이다. 거절은 단순히 'yes, no'의 문제가 아니다. 나와 상대방 사이에 연결되어 있는 수많은 끈 중에서 원치 않는 끈만 잘 골라서 잘라내야 하는 행위이다. 그러나 보통의 삶에선 그럴 몸과 마음의 여유도 없을뿐더러 실타래같이 엉켜있는 선을 고르는 것조차 쉽지 않다. 대부분은 이기적인 생각을 내던지거나 너덜너덜해진 부담의 짐을 울며 겨자 먹기로 끌어안는 경우가 많다. 그래서 늘 목구멍까지 차오르는 말을 삼키고 그 말은 숙성되어 화병이 되기도 한다.

거절이 어려운 사람은 보통 이타적인 사람들이다. 자신의 희생이 있어야 타인이 살아갈 수 있다고 믿는다. 그들에게 아무리 "너보다 그 사람이 더 잘 살아. 그러니까 너나 신경 쓰면서 살아."라고 말을 해줘도 순간 "그런가?"라는 아주 잠깐의 생각만 스칠 뿐 타인을 생각하는 마음은 쉽게 사그라들지 않는다. 보통은 순수한 마음에서 우러나오는 경우가 많지만 지속된 시간으로 그 현상에 빠져들다 보면 자신의 존재는 그들에게 꼭 그래야만 하는 존재로 각인된다. 한마디로 스스로가 은혜로운 사람이 되어야만 하는 이유를 찾는다. 그 말은 즉 자신의 삶은 자기 것이 아닌 타인의 것이 된다는 뜻이다. 나의 삶을 사는 것보다 타인에 의한 삶이 가치 있다고 믿는다. 이들은 스스로를 착하다는 프레임에 가두는 것 이상으로, 애초에 자신은 그런 성향을 갖고 태어났다는 생각이 강하기 때문에 생각과 노력만으로는 순조롭게 벗어나기가 어렵다. 그렇기 때문에 상반된 생각을 갖거나 인지할 필요가 있다. 자신으로 인해 누군가가 좋은 방향으로 흘러가는 것에 의미를 느끼는 이들이기에 그 반대인 자신으로 인해 누군가가 피해 보거나 나쁘게 된다는 상황과 현상이 놓이면 그들의 생각과 행동엔 변화가 생긴다.

독이 묻은 부메랑으로 돌아온 선행

예전에 복지센터로 일을 다닐 때 센터의 프로그램을 이용하시는 중년의 여자 두 분이 계셨다. 계속 다니던 한 분이 다른 분을 모시고 오셨다. 두 분은 언니 동생 하면서 봉사활동을 다니거나 사회에 도움이 될 만할 일들을 하고 계셨다. 그렇게 몇 달을 별 탈 없이 다니던 두 분이 언젠가부터 티격태격 싸우는 모습이 종종 목격되었다. 새로 온 분이 열정을 다해 일을 하느라 기존 분이 꽤나 힘들어하시는 것 같았다.

> **여성1**: 아니, 언니. 거기선 굳이 그렇게 언니 돈 써가며 안 해도 된다니까. 구청에서 적당히 지원도 해주고 도움받는 선생님도 생활하는데 불편해하지 않은데 괜히 힘들다고 말하는 거야. 오지랖 안 피워도 돼.
>
> **여성2**: 아니, 그래도 안 됐잖아. 큰돈도 아니고 별것도 아닌데 뭘 난 괜찮아.
>
> **여성1**: 언니는 괜찮을지 모르지만 옆에서 보는 내가 불편하니까 이제 그만 좀 해.

그 후로도 두 분은 서로의 생각이 맞지 않아서 수없이 다퉜다. 그러던 중 어느 날 갑자기 그 언니란 분의 태도가 하루아침에 바뀌는 일이 생겼다. 몸이 불편하신 어느 어르신 댁에 가면서 이것저것 필요한 것들을 사 갔는데 그 어르신이 사 온 물건들을 집어 던지면서 소리를 질렀다.

　　어르신: "내가 거지냐? 이런 건 나도 알아서 잘 사. 네가 뭔데 이딴 걸로
　　　　　　날 회유하려 들어."

그런 일이 있고 난 후 그분은 언니를 위로했지만 언니는 한동안 일을 다니면서 잘 웃지도 않으셨고 무표정이셨다. 그로부터 한 달 정도의 시간이 지나고 그 언니란 분은 센터에 나오지 않으셨다. 나중에 그분께 언니의 안부를 물었다. 그러더니 자신에게 네 말이 맞았다면서 내가 괜한 오지랖을 피워서 네가 힘들어하는지 몰랐다고 사과하셨다고 한다. 그분의 선한 마음과 선행이 하루아침에 없어지진 않았지만 과도한 선행은 눈에 띄게 사라졌다고 한다. 자신의 좋은 의도가 누군가에게 피해가 갈 줄은 꿈에도 몰랐다면서 자신을 돌아보게 되었다고 그분이 틈만 나면 사무실에서 그 언니 이야기를 하곤 하셨다.

창이 아닌 방패를 가져야 한다

관계와 거절은 별개의 것인데도 우리는 이것을 하나로 보는 경향이 많다. 그렇기에 거절은 그 상황이나 문제만을 일삼는 게 아닌 상대방과의 연을 이어나가느냐의 문제로 치닫게 된다. 그래서 거절의 유무로 인해 수많은 오해가 생기고 원치 않는 관계로 흘러가기도 한다. 거절을 표현하는 자체는 타인과의 관계에 벽을 쌓겠다는 의미가 내포되어 있기도 하다. 우리는 벽을 쌓는 궁극적인 이유가 적대감으로 경계하며 싸우겠다는 뜻이 아닌 타인과 나의 의견이 다르다는 것뿐이라는 걸 인지해 줘야 한다. 따라서 거절에서 가장 필요한 건 잘 잘라낼 수 있는 칼이 아닌 다른 상황과 의견을

잘 쳐낼 수 있는 방패가 필요하다. 거절을 잘한다는 것은 마치 싸움을 잘하기 위해 무술을 배우는 것이 아닌 나쁜 사람들로부터 자신을 지키고 보호하기 위한 호신술을 배우는 것과 같다. 자신을 방어하고 대변해 줄 수 있는 다양한 방패를 갖고 있으면 자신의 울타리에 타인이 쉽게 넘어올 수 없다.

모든 거절을 단호한 'NO'로 해결할 순 없다. 상황에 적절하고 현명한 방법으로 문제를 해결해야만 관계를 지키면서도 자신의 것을 유지할 수 있다. 그러나 수많은 사람의 생각과 가치관은 천차만별이기에 유동성 있게 피하는 것이 좋겠지만 단호하고 확고한 'NO'가 필요할 때도 있다. 상식적이지 않은 생각의 사람, 감당하기엔 부담스러운 부탁, 타인의 상황은 안중에도 없고 자신의 발등에 떨어진 불을 어떻게든 끄려는 타인이라면 흔한 말로 걸러야 한다. 크기와 두께가 다른 방패들을 적재적소에 잘 배치하는 것이 좋은 방법이지만 아무리 생각해도 아닌 것 같은 상황에선 최대한 크고 두꺼운 방패를 준비해야 한다.

부탁을 하는 입장에서는 본의 아니게 타인에 대한 배려가 부족한 언행으로 표출될 수 있다. 원래 배려심이 부족한 사람도 있을 수 있겠지만 사람의 본성이 이성을 통제하지 못하는 순간에 의도치 않은 모습으로 나오기도 한다. 벼랑 끝에 몰리면 자신도 모르게 본모습이 나오는 것처럼 '부탁과 거절'은 타인의 진면목을 알아볼 수 있는 좋은 기회이다. 살아가면서 크고 작은 부탁을 쳐내거나 들어주는 행위로 여러 가지 모양과 크기의 방패를 스스로 만들어나갈 수 있다. 자신 또한 어쩔 수 없는 상황에서 타인에게 부탁을 할 경우 상대방이 어떤 방패를 쓰는지도 알 수 있다.

성공을 위해서 적극적이고 공격적으로 이득을 취하려면 창이 필요하다.

그러나 끊임없는 전진은 무엇이 부족하고 무엇이 새어나가고 있는지 가늠할 여유가 없다. 삶을 열심히 살고 있는데도 늘 뭔가 허전하고 부족한 이유는 물질적인 이유뿐만이 아니라 정신과 마음적으로도 새어나가고 있는 것이 있기 때문이다. 방패를 갖는다는 건 새어나가는 것을 막는 일이다. 내 것을 능동적으로 지키겠다는 행위이다. 돈을 버는 것만큼 번 돈을 지키는 것이 중요한데 우리는 번 돈을 지키는 교육보단 더 늘리거나 부풀리는 수단과 방법을 찾고 동경한다. 정신과 마음의 안정을 찾기 위해 시간과 돈을 들여 듣고 배우지만 정작 한순간에 흐트러질 수 있는 외부와 타인의 공격을 방어하거나 멈추는 방법은 모른다. 그동안 쌓아둔 수많은 소중한 것들이 존재하기 위해선 자기 자신이 건재해야 하지만 가장 나중으로 미뤄두며 삶을 살고 있다. 결국 착한 사람으로만 살다가 모든 걸 잃을 수도 있는 악몽의 길을 걷게 된다.

이상적인 인간은 이기적인 것과는 최대한 멀면서 개인주의에 가깝지만 필요에 따라 이타심을 한두 방울 첨가할 수 있는 모습이다. 이타심을 첨가하는 건 인성의 크기와 관련이 있고 무탈한 개인주의의 모습을 만들어가는 건 방패를 갖는 것이다. 감정의 관계에 큰 변화가 없고 서로 다치지 않는 모습을 지켜주는 방패는 최대한 말랑하고 넓은 것으로 충격을 흡수하는 방패이다. 이런 완벽한 방패를 모두가 갖는 건 쉽지 않다. 이렇게 충격 흡수도 좋고 말랑한 방패를 갖지 못한다 하더라도 방패 자체가 있다는 건 자신을 지켜낼 수 있는 가장 큰 힘이기에 우리는 자신만의 방패를 다양하게 모으고 가져야 한다.

삶에서 필요한 방패 5가지

1. 조급하지 않은 느긋함

대답을 미루고 자리를 피해서 상대방이 생각하게끔 해준다. 부탁을 받은 입장에선 상대방의 부탁이 급한 큰일인지 그렇게 급하지 않은 작은 일인지를 구분하기가 힘들다. 큰일을 부탁한 거였으면 자신 말고도 다른 이에게 부탁했을 가능성이 크다. 그러니 굳이 내가 아니더라도 상대방은 어느샌가 해결했을 수도 있다. 작은 일을 부탁한 것이라면 잊어버렸거나 부탁을 안 들어준 것을 대수롭지 않게 생각하고 넘어갔을 수 있다. 부탁을 받은 입장에선 무조건 마음이 급해지기 마련이다. 그저 연못에 작은 돌을 하나 던졌을 뿐인데 연못 안의 생명들은 큰일이 난 것처럼 분주해지는 상황이다. 조급해하지 않고 시간을 적당히 끄는 행위는 타인과 자신의 상황의 균형을 맞춰주는 역할을 한다.

2. 진지함 덜어내기

부탁을 진지하게 받아들이지 않는다. 최대한 가볍게 듣고 수용한다. 자신의 어떤 구역을 침범하려 할 때 단호하게 '싫어'라고 하면 바로 물러나기보단 반박이나 반감이 생겨서 하지 않으려고 했던 것까지 미적거리며 쉽게 물러나지 않으려는 경향이 있다. 부탁을 받는 입장에서 최대한 얕고 깊지 않게 생각을 하면 타인의 조급함이 진짜인지 아닌지를 파악할 수 있다. 부담 없는 언행은 타인에게 기대를 심어주지 않음과 동시에 자신 역시 상대를 무시한 게 아니어서 부탁 자체가 흐려질 수 있다. 타인과 자신에게 큰 데미지가 없는 현명한 생각이자 관계에도 문제를 발생시키지 않는다.

3. 단호한 생각을 너그럽게

'하지 마라'라는 방어의 표현보단 '하지 않는 것이 당신을 더 이롭게 한다'라는 태도로 타인을 너그럽게 대한다. 이것은 단지 자신에게 피해를 입히려는 누군가를 떨어트리거나 따돌리는 것으로 끝나는 것이 아닌 타인이 자신을 쉽게 생각하거나 함부로 대하지 않게 생각을 바꾸는 역할을 한다. 그러기 위해선 단호하지만 낮고 부드러운 언행이 필요하다. 명확하고 단호한 말을 부드럽게 표현을 한다면 상대는 분명 자신을 무겁고 어렵게 생각한다. 생각과 정신이 올곧은 상태에서의 표현은 원치 않는 타인의 행위를 그만두게 함과 동시에 자신이 원하는 방향으로 타인의 모습을 변화시킬 수 있다.

4. 성의를 보인다는 배려

부탁을 하는 입장을 헤아리거나 판단하는 건 결코 쉽지 않지만 인간에 대한 예의를 지킨다면 상대방은 웬만해선 진심을 알아준다. 어차피 거절할 것이지만 최대한 상대에 대한 예의와 매너를 지켜야 한다. 무조건적인 부정보단 '한번 알아보겠습니다.', '생각해 보겠습니다.'와 같이 말이라도 성의를 보여야 한다. 이것은 타인과 나를 위함과 동시에 관계를 흐트러트리지 않는 기술이다. 기대를 하는 건 상대방의 몫이고 자신은 흔들림이 없어야 한다. '알아봤는데 힘들 것 같습니다.', '저도 상황이 좋지 않습니다.'라는 정중한 언행은 부탁과 거절이라는 문제와 해결에만 집중을 하고 관계나 감정에는 영향을 덜 미친다.

5. 진중하고 무거운 거절

두껍고 딱딱한 방패가 필요할 때도 있다. 관계의 기준은 저마다 다르다. 보통은 만남의 횟수나 알고 지낸 시간에 비례한다. 또한 거의 모든 사람은 소통의 시간과 질에 따라 관계의 깊이를 논한다. 몇 번 보지 않았거나 알고 지낸 시간이 길지도 않은데 무리한 부탁을 하는 사람들이 있다. 몇 년 만에 연락을 해서 경조사를 알리는 일, 아무리 생각해도 이 정도를 해줘야 하나라는 생각이 드는 일, 부탁 자체가 목표가 되는 일은 무시하는 것이 맞다. 이 같은 모습에선 관계는 전혀 안중에도 없는 부탁의 목적을 이루려는 이기적인 행위일 뿐이다. 최대한 감정을 싣지 않고 덤덤하게 무시해야 한다. 말도 안 되는 일에 감정을 섞으면 자신만 힘들어진다. 두껍고 큰 방패를 앞에 놓으면 그만이다.

적대감은 드러날 수밖에 없는 감정이다. 그러나 일상이 감정에 지배되어 버리면 원치 않는 상황과 사람에게 품고 있던 적대감이 드러나 삶은 괴로움의 속박을 벗어날 수 없다. 타인의 안위를 살피는 일은 결국 스스로의 성장을 위하는 길임을 인지하고 명심해야 한다. 타인과의 적당한 거리를 조절하고 지켜나가는 지혜와 현명함은 자신에게 이익이 될 미래의 삶을 다져나가는 것이다. 타인이 없는 혼자만의 승리와 성공은 존재하지 않는다. 관계의 시행착오로 인해 만들어진 유연하고 말랑한 방패들은 타인이 넘볼 수 없는 자신만의 든든한 성을 구축해 나가는 명확한 방법이다.

- 거부하거나 피할 수 없는 관계에서 자신이 만들 수 있는 유연하고 확고한 방패를 꼭 만들어 나가자.

4. 자신의 정체를 감추고 살아가는 사람들

어느 집단이든 꼭 두 명의 사람은 존재한다. 어떠한 일이건 능동적으로 행동하는 사람과 소극적으로 피하는 사람이다. 모든 집단에서 이 두 명의 사람이 애초부터 명확하게 존재하진 않지만 시간이 흐를수록 집단의 결속력이 강해지면서 자연스럽게 생겨난다. 그중 능동적인 사람이 보통 초기에 모습을 많이 보인다. 능동적인 성향이 조금 강하다 싶으면 우리는 대개 '나대기 좋아하는 사람'이라는 꼬리표를 달기도 한다. 나대기 좋아하는 사람들의 존재는 절대부정으로 시작하지 않는다. 집단의 분위기를 살려주고 이해관계의 다리 역할을 하며 본인의 이익은 물론 집단의 이익을 생각하는 리더십이 강한 스타일로 비친다. 여기서 생각해봐야 할 것은 이들의 최종 목표가 모두의 해피 엔딩으로 마무리되는가이다. 공적인 집단에서의 능동성은 아무 대가를 바라지 않는 봉사 정신으로서의 성질만을 가질 순 없다. '좋은 게 좋은 거'라고 하지만 그와 함께 작은 이익 정도를 늘 염두에 두고 있음을 부정할 수 없다. 뭐든 알아서 잘하고 앞장선다고 나쁠 건 없겠지만 과연 그 열정이 자신에게 이로움으로 돌아오느냐의 문제는 신중하게 생각해 봐야 한다. 분명 긁어서 부스럼 만드는 일은 예고돼 있기 때문이다.

예상과는 반대의 결과

예전에 사무직 회사를 다닐 때 나의 사수는 꽤나 적극적이고 능동적인 사람이었다. 나는 그 선배로 인해 다행히 큰 문제와 어려움 없이 회사를 다닐 수 있었다. 큰 탈 없이 하루를 보냄에 있어 감사함을 느꼈던 때였다. 그 선배는 언제나 알아서 잘 가르쳐 주었고 솔선수범을 보여주었기에 내가 나서서 문제를 일으킬 순간은 많지 않았다. 그렇게 순탄한 회사 생활의 회식이 있던 자리에서 나는 그 선배에게 조심히 물어보았다.

나 : "다른 사람들보다 유독 선배의 성실함이 사무실에서 돋보이는데 힘들지 않으세요?"

선배: "왜 안 힘들겠어요. 다 먹고살자고 하는 일인데. 저는 그저 제가 할 수 있는 위치에서 최선을 다하고 노력하는 것뿐이에요."

선배는 회사 밖의 회식 자리에서마저 노력하고 있었다. 부장님 옆에 앉아서 가라앉을 틈이 없는 텐션으로 끊임없이 웃으며 호탕한 언행을 들이붓고 있었다. 그리고 몇 달 지나지 않아 그 선배의 노력이 빛을 볼 수 있는 기회가 찾아왔다. 회사의 신제품을 만들기 위해 부서별로 공고가 내려왔는데 그 선배가 무조건 해보겠다고 지원한 것이다. 다니던 회사는 가전제품을 만드는 회사였다. 생활의 편리를 도와줄 상품에 대한 아이디어 공모를 전 직원에게 공지를 했다. 당선이 되면 상금은 물론이고 승진에도 가산점이 붙는 기회였다. 그 선배는 지정된 기일 안에 기획안을 만들어보겠다고 신청을 했다. 나는 그날부터 그 선배의 초인적인 모습을 여러 번 봤다. 정말 성공하고 싶은 사람의 의지가 타올랐다. 들고 다니는 가방엔 생소한 책들이 어느 날부터 한두 권 보이기 시작했다. 출근을 하면 해야 될 업무가 상당했는데도 선배는 시간을 쪼개서 관련 책을 읽으며 기획서를 조금씩 써나가고 있었다. 기획서 제출 기간은 두 달 정도였는데 그동안 관련 서적을 열권 이상은 읽어봤다고 했다. 결국엔 기획서를 기한 안에 제출했고 며칠 후

3등에 당첨됐다는 놀라운 소식을 접했다. 부서의 모든 사람들이 선배를 축하해 줬지만 선배는 뜨뜻미지근한 기쁨만을 느꼈다. 어느 날 같이 커피를 한 잔 마실 때 선배의 안타까운 말이 입 밖으로 흐르는 것을 들었다.

선배: "내가 1등을 할 줄 알았는데….."

그 이후로도 선배는 회사 생활에 열성을 다하는 적극적인 사람으로 살았다. 승진에 목이 말랐고 돈을 많이 벌고 싶어 했다. 그러나 회사의 모든 사람이 그 열정적인 선배를 좋아하는 건 아니었다. 퇴근 시간이 가까워졌는데도 일을 마무리 짓지 않는 경우가 있어서 팀원들이 조금씩 늦게 퇴근하는 경우가 많았다. 시키는 일만 심플하게 하고 싶어 하는 팀원들과는 달리 자신의 생각을 더 얹어서 보고서를 작성하느라 시간에 허덕이는 날이 하루이틀이 아니었다. 굳이 맡아서 하지 않아도 될 일을 하겠다고 자진하는 날들이 쌓이다 보니 사람들은 모이면 선배에 대한 불평불만으로 구시렁대는 일이 잦았다.

그 후로 나는 개인 사정으로 인해 그 회사를 1년여 정도 다니고 퇴사를 했다. 퇴사 후 1년여쯤 지난 시점에서 나는 그 선배의 소식이 궁금해서 다른 동료에게 소식을 물었다. 그러더니 내가 나가고 몇 달 뒤에 그 선배도 퇴사를 했다고 한다. 곧바로 선배의 연락처를 찾아서 전화해 봤지만 없는 번호라는 음성만이 흘러나왔다. 동료에게 그 선배의 퇴사 이유를 물어보니 과로로 쓰러져서 병원에 입원한 후 그날로 퇴사를 했다고 한다. 나는 믿기지가 않았고 선배의 소식이 매우 궁금했지만 그 누구도 연락이 닿는 사람이 없었다. 그리고 나는 동료에게 더욱 놀라운 얘기를 들었다.

동료: ㅇㅇㅇ씨 아시죠?

 나 : 네…? 아…. 네 그분요. 말씀도 잘 없으시고 식사도 늘 혼자 하시던
　　　분요?

동료: 네 맞아요. 이젠 차장님이세요.

 나 : 네?? 2년 만에 ㅇㅇㅇ님이 차장이 되셨다고요?

동료: 네. 작년 회사 매출에 크게 기여하셔서 급격히 승격하셨어요.

 나 : 와. 정말 대단하시네요. 그런 분인 줄 꿈에도 몰랐네요. 여전히 말
　　　씀은 없으세요?

동료: 네 당연하죠. 여전히 식사도 특별한 일 아니면 혼자 하세요. 부장님
　　　하고도 그리 친하지 않아요.

 나 : 아. 그러셨구나. 고생 많으시네요. 다음에 회사 근방을 지나게 되
　　　면 연락드릴게요. 커피나 한잔해요.

동료: 그래요. 감사합니다. 건강하세요.

오랜만에 전 직장동료와의 통화에 나는 두 번 놀랐다. 그 열정 많던 선배
가 퇴사했다는 것과 누군지도 잘 기억이 나지 않던 분이 잘 지내는 것 이
상으로 회사에 중요한 인물이 됐다는 것이다. 나는 며칠간 생각이 많아지
고 조금은 혼란스러웠다. 아니 왜 열심히 한 사람은 병까지 얻어 퇴사를 하
고 눈에 띄지도 않았던 사람이 그렇게 잘 됐을까. 정녕 그 선배는 '나대는
오지라퍼'였고, 이름도 잘 기억나지 않는 그분은 알게 모르게 자기 일을 열
심히 하고 있었던 숨은 고수였나? 짧게 다녔던 회사였지만 사람들도 다 좋
았고 하나같이 서로를 끌어주고 밀어주는 진짜 가족 같은 회사였다. 개인
적인 사정으로 퇴사를 했던 아쉬움 때문에 늘 사람들이 궁금했고 그리워
서 연락을 해야겠다는 생각이 있었다. 작은 집단 안에서 다양한 사람들이

저마다 맡은 일에 열중하면서도 서로에게 인간미를 느낄 수 있었던 따뜻한 곳이었다. 그럼에도 직장이었고 돈을 벌려고 나온 사람들이었기에 타인보다는 자신의 커리어와 실력을 쌓고 앞날에 우선순위를 두고 집중하는 것이 당연했다.

그 후로 나는 사람을 보는 시선이 달라졌다. 어디를 가든 눈에 띄는 사람보다 눈에 띄지 않는 사람에게 관심이 가고 호기심이 생겼다. 저 사람은 이곳에서 어떤 생각과 마음으로 일을 하고 있을까? 궁극적으로 이루고자 하는 목표는 무엇일까? 그것을 위해 자신을 얼마나 냉철하고 철저하게 관리하고 있을까? 그 방식은 드러나는 방식일까? 타인이 모르게 묵묵히 수행을 쌓듯 고독의 시간을 걷는 것일까? '텅 빈 수레가 요란하다'라는 옛 속담이 일상에서도 들어맞는 경우가 많듯 내가 호기심을 갖고 유심히 지켜봤던 사람들은 '꽉 찬 수레'가 많았다. '꽉 찬 수레'는 조용하고 고요했다. 눈에 띄지 않는 조용한 수레에 관심을 두는 사람은 없었다. 오히려 그들은 자신의 유능함이 명확하게 증명되지 않으면 머리가 나쁜 척, 바보스러운 척, 대충 넘어가는 경우가 많았다. 확신이 들고 결과물이 나올 때쯤 그저 환한 미소만을 한없이 보일 뿐이었다. 타인이 보기에 그들은 마치 기적이라도 일어난 것처럼 하루아침에 엄청난 운을 가진 것처럼 보였다. 그러나 원하는 목표를 위해 한 걸음씩, 한 계단씩 오랜 시간을 지속했다는 사실이 있었기에, 성공이라는 당연한 결과가 따라온 거였다.

반짝이는 보석은 감춰도 빛이 새어 나온다

어릴 적 '개그 프로그램'을 볼 때 개그맨들은 바보 같은 사람들이 하는 것이라는 생각을 한 적이 있었다. 우리가 일상에서 흔히 일어나거나 짐작할 만한 바보 같고 멍청한 상황들을 똑같이 재연해 내니 말이다. 그러나 나중에 성인이 돼서 연예인들을 살펴보니 개그맨들이 가장 똑똑하고 머리가 비상하다는 사실을 알았다. 개그맨들은 다른 연예인들에 비해서 창의적인 생각을 더 많이, 더 자주 해야 하는 직업이다. 새로운 것들로 사람들을 웃기지 않으면 살아남기 힘든 직업이다. 그렇기에 노래를 연습하는 가수나 연기를 연습하는 연기자보다 새로운 생각을 항상 짜내야 하는 개그맨들의 두뇌는 더 발달할 수밖에 없다. 실제로 TV 방송 프로를 보면 개그맨들이 연기를 잘하거나 춤과 노래를 잘하는 경우를 흔하게 볼 수 있다. 그에 반해 가수나 연기자가 개그를 잘하는 경우는 흔하지 않다.

또한 개그맨들이 똑똑하다는 증거는 다른 연예인들에 비해 사업도 많이 하는 데다가, 망하는 경우보다 잘되는 경우가 많기 때문이다. '전유성'이나 '주병진' 같은 옛 개그맨들을 포함해서 '허경환'이나, '장동민' 같은 사람들이 아이디어도 많고 사업을 해서 돈을 잘 버는 경우는 결코 운이 아니다. 더욱이 '장동민' 같은 경우는 〈더 지니어스〉라는 예능 프로그램에서 어려운 문제를 척척 풀어내고 우승까지 하는 놀라운 결과를 보여줬다. 여기에 한술 더 떠서 국제 포커 대회에서도 우승을 하는 모습을 보여줘 많은 이들로부터 천재라는 칭호를 듣기도 했다. 외식업을 포함해 다양한 직업을 갖고 있는 개그맨 출신 작가 '고명환'은 수많은 책을 읽고 수천 권의 책을 소장하고 있으며 출간한 책이 베스트셀러에 올랐던 작가이다. 개그맨들이 이렇게 각 분야에서 승승장구하고 있지만 우리는 보통 개그맨이란 직업을 가진 사람들을 견제하거나 경쟁 상대로 거리를 두고 경계하진 않는다. 그들은 자신의 위치와 능력을 앎과 동시에 교만하지 않으며 타인에게 어떤 모습이 친근함으로 비치고 스며들지를 잘 알고 있다.

뽐내고 싶은 건 인간의 기본적인 욕구 중 하나이다. 뽐내고 싶은 욕구 때문에 그것에 대한 동경과 질투가 동시에 발생한다. 보통의 사람은 이 욕구를 스스로 조절하지 못하기에 현실에서 무너지는 경우가 많다. 그 짧은 쾌락을 위해 지탄 받을 것이 뻔한 길을 스스로 걸어가는 건 아주 흔한 일이다. 자신이 가진 것의 가치를 객관적으로 인지하고 타인을 의식한다면 일상에서 물을 엎지르는 실수는 하지 않는다. 그러나 인간은 드러내는 기쁨과 쾌락이 먼저인 동물이기에 늘 망각하며 살아간다. 좋은 것을 몸에 걸치지 않아도 진짜 부자들은 티가 나고, 부족함을 인지할수록 겉으로 뽐내려는 사람은 보이는 것이 거품인지 티가 난다. 단순히 돈이나 물건뿐만이 아닌 지식이나 지혜, 인성과 마음의 씀씀이 등도 드러나기 때문에 좋은지 나쁜지 대번에 알 수 있다. 그러나 이것들의 가치는 스스로 빛을 발할 때 화려해 보이는 것이지, 애써 드러내려 하거나 티를 내는 건 그것이 부족하다고 고백하는 격밖에 되지 않는다.

사람은 기본적으로 원하는 것에 대한 욕망보단 창피함과 수치를 드러내는 것을 더 꺼려한다. 그렇기에 대부분 '몰라도 아는 척'하는 사람이 주위에 더 많다. 그러나 조금만 생각해 보면 결국에 성공하는 사람은 창피함을 피하려는 사람이 아닌 자신의 부족함을 어필하고 타인에게 필요한 것을 얻어내는 사람이다. 타인에게 부족해 보이려는 행위는 단순한 겸손이 아닌 상대방을 존중해 줌과 동시에 자기 자신을 더욱 성장시키는 비장의 무기 같은 것이다. 부족함을 드러내는 것은 결코 지고 들어가는 것이 아니다. 결국엔 이길 수밖에 없는 자신만의 전략인 것이다.

외눈박이들 속에선 두눈박이가 이상하다

어느 미국의 유튜버가 사람들이 얼마나 멍청한지 실험하는 영상을 올린 적이 있다. 초콜릿 바와 실버 바(은괴) 중 아무거나 갖고 싶은 걸 선택하라는 상황에서 10명 중 8~9명이 초콜릿 바를 선택하는 모습이다. 은이 그렇게 비싼 금속은 아니지만 그래도 은괴라면 최소 수십만 원이나 백만 원에 가까운 금액일 텐데 설마 은의 가치를 미국의 시민들이 정말 모를까 하는 생각이 들기도 했다. 그런데 정말 과반수 이상의 미국의 보통 시민들은 초콜릿 바가 더 가치가 있다고 생각했다. 미국이 강대국인 이유는 미국을 이끄는 0.1%의 극소수의 사람들이 상상 이상으로 엄청 똑똑하고 대단하기 때문이라는 말이 있다. 그런데 이 말은 사실이다. 우리나라도 마찬가지고 회사 같은 작은 집단도 마찬가지다. 소수의 똑똑한 사람들이 다수를 이끌고 먹여 살리는 것이다. 그러나 보통은 그 소수가 누구인지 구체적으로 알지 못한다. 대통령이 누구이고, 대기업 회장이 누구이고. 우리 회사 사장이 누구인지 정도는 알 수 있지만 그 집단의 가장 꼭대기의 한두 명 말고는 그다음으로 누가 얼마나 똑똑하고 대단한지 정확히 알지 못한다. 또한 그들도 자신의 유능함을 여기저기 떠벌리며 살아가진 않는다. 그렇게 자신을 알려서 득이 되는 경우보단 과실을 뒤집어쓰는 경우가 많기 때문이다.

예전에 어느 동네 학부모 모임에서 어떤 엄마가(이하 그분) 모임이 있을 때마다 십여만 원 정도 하는 간식을 매번 준비했다고 한다. 그분의 직업은 특별해서 남들처럼 출퇴근을 하지 않고 짧게 일해도 수입이 보통 사람들보다 서너 배 이상 많았다고 한다. 하루는 다른 엄마들이 간식을 준비해 주는 것이 너무 고마운 마음에 그분이랑 친하게 지내고 싶어서 직업 등 사적인 질문을 했었다. 다른 엄마들의 호의에 그분도 자신의 개인사를 자연스럽게 말했다. 그러더니 어느 순간부터는 고맙다는 인사와 말을 그 누구에게도 들을 수 없었다고 한다. 마치 당연하다는 듯이 얻어먹는 다른 엄마들이 야속하게 느껴졌다고 한다. 그래서 그나마 친분이 조금 더 있던 다른 분에게 물어보니 "돈 못 버는 엄마들도 많은데 ○○엄마는 돈도 엄청 많이 잘 버니까 이 정도는 당연히 준비하셔야죠."라고 말하는 것이었다. 그 순간 그분은 무언가에 뒤통수를 강하게 맞는 충격을 받고 그날로 당장 그 모임을 탈퇴하고 나가지 않았다고 한다.

그 후로 그분은 공적인 자리에선 천 원 단위까지 무조건 1/N을 하고, 자신의 학벌이나 직업 따위는 더더욱 그 누구에게도 이야기하지 않는다고 한다. 자신의 너그러운 호의가 오히려 사람들과의 격차를 벌리고 차별을 받을 수 있다는 언짢은 사실을 알았기에, 그 기분을 다시는 느끼고 싶지 않다고 한다. 그분은 자신이 보통 사람인 줄 알았는데 그게 아니었던 걸 안 순간이 삶에서 가장 큰 충격이었다고 한다. 단순히 돈이 많고 적거나 직업적인 능력의 높고 낮음이 중요한 게 아니었다. 대부분의 사람들은 자신보다 뛰어난 사람에게 받는 것이 당연하고 자신보다 못한 사람에게 생색을 내거나 업신여기는 모습이 만연한 것에 충격을 받았다고 한다. 혼자 살아갈 수 없는 사회에서 사람들과 지혜롭게 어울릴 수 있는 방법은 오히려 그들보다 못한 면을 드러낼 때 그들은 한없이 관대해진다는 것이다. 또한 그들에게 환영받는 방법은 그들이 모르는 것을 아주 짧고 얕게 건드려주거나 추켜올려주면 무한 신뢰를 받을 수 있다. 그동안 두눈박이인 자신이 외눈박이들 속에서 "내가 정상인데 왜 이러지?"라고 생각했던 미련함이 후회된다고 한다. 최대한 한쪽 눈이 불편해서 껌뻑거리며 못 뜨는 시늉이라도 할 걸이라는 깨달음을 뒤늦게 알았다고 한다.

Check Point

- 유능한 걸 뽐내며 자랑하고 싶은 건 본능이다.
- 본능을 억누르는 만큼 삶은 자신이 원하는 대로 이끌 수 있다.

5. 끊지 못하는 사람들

한가로운 주말 오후를 보내기 위해 번화가의 북적한 카페가 아닌 인적이 드문 조용하고 아늑한 카페를 찾았다. 통나무로 인테리어가 되어있는 공간의 나무 향과 커피 향의 조화는 평온과 아늑함의 극치를 가져다주었다. 커피를 주문하고 햇살이 살짝 들어오는 창가로 자리를 잡았다. 듬성듬성 앉아 있는 두어 팀의 다른 손님들도 단골인 듯 이 공간을 꽤나 느긋하고 여유롭게 이용하는 것 같았다. 평온과 여유를 즐기기 위해 방문한 곳이라 특별히 작업할 도구들은 준비해오지 않았다. 급하게 메모할 것이 있으면 휴대폰이 있으니 걱정할 일은 없었다.

그렇게 한 이삼십 분을 평온에 젖어있었는데 예상치 않은 일이 일어났다. 여자 손님 두 명이 카페에 들어왔다. 그들은 이미 카페 문을 열 때부터 목소리가 상기돼 있었고 그중 한 명은 흐느끼기까지 했다. 순간 직감을 했다. "나의 평온이 깨지는구나. 하루를 망쳤구나. 마시던 커피를 후딱 마시고 나가야겠다."라는 생각이 몇 초 만에 머리에 들이찼다. 그들은 커피 두 잔을 재빠르게 주문하고 서둘러 자리에 앉았다. 자리에 앉기도 전에 그들은 이미 대화를 진행 중이었다. 꽤나 큰 목청과 상기된 대화는 카페가 아닌 도떼기시장을 방불케 했다. 마시던 커피를 빨리 마시고 일어나야겠다는 생각이 지배적이었지만 바로 옆 테이블에 앉은 그들의 대화는 원하지 않았는데도 귀에 잘 들어왔다. 대화의 주제는 남자친구와 헤어진 친구에게 다른 친구가 위로를 해주고 있었다. 헤어진 여자의 한탄은 멈추지 않는 흐느낌이 섞여 있었고, 여자는 그 한탄을 친구에게 쏟아붓고 있었다.

헤어진 여자: 내가 자기한테 얼마나 잘했는데 나를 차? 3년 동안 좋았던 추억은 다 거짓이었던 거야? 정말 너무 서럽네. 오랜 시간 동안 나를 사랑한 척만 했던 거였네. 어떻게 그럴 수가 있어? 나한테 어떻게 이럴 수가 있냐고?

위로하는 여자: 거봐, 진작에 헤어지라고 했잖아. 그 사람은 너를 이용한 거라니까. 너 필요할 때만 찾고 정작 네가 그를 원할 때 제대로 곁에 있어 준 적 있어? 내가 늘 말했잖아. 그는 널 사랑하지 않으니까 빨리 헤어지라고.

헤어진 여자: 그래도 나한테 잘해줄 땐 진짜 잘했단 말이야. 나쁜 놈인 건 맞지만 그래도 잘 맞고 좋았던 것도 종종 있었어.

위로하는 여자: 아니라니까. 다 쇼라니까. 너 이용하려고 잘하는 척한 거야. 3년 동안 좋았던 날이 며칠이나 되는데? 대체 뭘 잘해준 건데? 그놈이 그럴 때마다 내가 헤어지라고 몇 번을 말했어. 질질 끄니까 그놈이 널 찼잖아. 난 그놈이 널 버릴 줄 알았어. 이미 끝난 지 일주일이 넘었는데 왜 아직도 마음을 추스르지 못해. 그놈이 뭐 대단하다고 잊지를 못하는데. 충분히 더 좋은 사람 만날 수 있다고 몇 번을 말해. 전에도 너 좋다고 하는 사람 있으니까 그놈이랑 끝내라고 내가 계속 말했잖아. 좋은 사람과의 시작이 기다리고 있는데 왜 그놈한테 미련을 못 버려? 대체 왜?

둘의 이야기는 대부분의 사람이 한 번쯤은 겪을만한 흔한 연인 간의 일이었다. 10년 전에도, 20년 전에도 모두가 고민했었고 갈등했던 일이다.

사회와 과학이 발전하는 앞으로의 10년 후에도, 20년 후에도 큰 변화는 없을 고민이다. 자연스럽게 이어진 만남은 더욱 짧게 느껴지고 멈춰버린 것 같은 이별의 순간과 과정은 끊을 수 없는 괴로움의 지옥이다. 시대가 아무리 변해도 연인들의 이별은 언제나 눈물 한 바가지를 들이부어도 쉽게 끊어내지 못한다. 대부분의 이유는 비슷하다. 정이다. 그동안의 시간, 누군가와의 추억, 좋았던 순간들 등이 어느 순간 영원인 것처럼 자신의 삶에 박제되듯 자리한다. 좋았던 것을 잃는다는 두려움에 세상은 무너지고 자신의 존재마저 희미함을 느낀다. 실은 좋았던 순간보다 나쁘고 불편했던 순간이 더 많았을 것인데도 대부분의 끝자락에서는 몇 안 되는 좋았던 기억만이 머리와 가슴을 부풀려서 쉽게 끊지를 못하게 만든다. 그러나 우리는 알고 있다. 아닌 것은 어떻게든 끝나기 마련이다. 그럼에도 불구하고 괴롭고 힘든 아픔이 지속될 걸 알면서 끝이라는 마지막을 애처롭게 붙잡고 있다.

몸과 마음이 괴롭고 힘든 시기를 보내고 성숙된 자아를 찾은 듯해도 만남과 이별은 언제나 똑같고 비슷하다. 새로운 사람을 만난다고 더욱 성숙한 만남이나 이별을 할 가능성은 낮다. 사람으로 태어났기에, 인간관계를 맺고 살아가기에 끊임없는 뫼비우스의 띠처럼 평생을 반복한다. 비단 이성 간의 관계뿐만이 아니다. 모든 사람들과의 관계는 평생 언제나 비슷한 굴레 안에서 이루어진다.

그 누구도 자신을 위로하거나 해결해 줄 순 없다

관계를 잘 끊지 못하는 건 알면서도 어쩔 수 없는 '진퇴양난(進退兩難)'과도 같다. 삶의 모든 것을 원하는 대로 흐르게 할 순 없다. 관계를 잘 못 끊는다는 건 결코 원하는 삶을 살 수 없다는 것이다. 그것은 곧 자신을 통제할 수 없다는 뜻이기도 하다. 자신의 몸과 마음을 스스로 통제할 수 없는 상황과 현실은 누구에게나 있다. 그러나 그 횟수와 빈도가 높으면 삶에 문제가 많이 생긴다. 그런 사람 대부분은 착하고 선한 사람이 많다. 그렇다고 나쁜 사람이라서 잘 끊는 것도 아니다. 좋고 나쁨보다는 자기 자신에 대한 애정과도 관련이 있다. 스스로를 보호하는 수단으로서 이기심이나 개인주의적인 성향을 조금씩은 갖추어야 한다. 자신을 보호할 수 있는 힘을 가져야 자신을 둘러싼 소중한 것을 지킬 수 있다는 현실을 인지해야 한다. 끊지 못하는 사람 주변엔 많은 사람들이 위로와 해답을 건넨다. 특별한 언행도 아니다. 그저 한마디를 건넨다.

"뭘 그리 생각하고 고민해. 그냥 말아. 연락하지 마. 차단해 버려. 그러면 될 것을 왜 그리 질질 끌고 그래."

몰라서 안 하고 못 하는 것은 아니다. 몸과 정신이 하나가 될 수 없는 상태에서 이성적으로 생각하고 판단하는 건 생각보다 쉽지 않다.

위로를 한답시고 타인에게 강압과 억압을 주는 무의식의 행동
1. 대화를 중간에 끊지 않고 끝까지 다 들어주었는지
2. 답답한 마음에 언성이 높아지진 않았는지
3. 자신의 경험과 느낌에 모든 생각을 쏟아붓진 않았는지
4. 해결책만을 강구하진 않았는지
5. 자신의 상황과 빗대어 별것 아닌 것처럼 흘리는 듯한 소통은 아니었는지

끊는 게 어려운 사람은 반대로 관계 맺기도 어렵다. 그런 사람이 누군가와 관계를 맺고 소통하는 것은 모든 걸 다 줬다고 해도 무방하다. 그렇게

믿고 털어놓는 사람에게 2차적인 상처도 받을 수 있다. 위태로울 것 같은 물건이나 아이들만을 과잉보호해야 하는 건 아니다. 아무것도 아닌 것에 빠져 허우적대는 사람은 깨질 것 같은 유리 같고 넘어질 것 같은 아이 같다. 단단해지라고 이겨내라고 발라주는 시멘트 같은 위로가 타인을 숨 막히게 옥죄고 못 움직이게 삶을 더욱 가둘 수 있다. 나뒹굴고 있는 그들의 흙먼지 묻은 거친 손을 깨끗이 닦고 어루만져 주어야 한다는 사실을 기억해야 한다.

후회스러운 삶의 찌꺼기

배가 고픈데 배가 나와 있는 사람들이 있다. 객관적인 사실로 따져보자면 운동 부족과 영양 과잉 및 불균형으로 이뤄진 결과라고 볼 수 있다. 그런데 인생이란 건 원인과 결과라는 정확한 숫자놀음으로만 이루어지진 않는다. 생각보다 우리 삶은 나온 배를 의식하면서도, 끊임없이 과잉 섭취를 하는 경우가 일상에 만연하다. 오히려 당연하고 자연스러워서 아무도 이상하게 보거나 생각하지 않는다. 타인보다 조금 더 과하다 싶으면 한두 마디 정도는 해주겠지만 도토리 키재기고 도긴개긴이다. 알면서 멈추지 않고 끊지 못하게 된 자연스러운 일상을 의지 부족이라고만 단정 지을 순 없다. 생각보다 삶에는 어쩔 수 없는 것들이 많기 때문이다.

삶에는 분명 어쩔 수 없는 것들이 있다. 여러 가지 선택지 중에서 어떠한 것을 택해도 갖가지 후회가 즐비할 수밖에 없는 것이 인생이다. 울분을 토하며 어쩔 수 없다는 표현을 해보지만 분명 덜한 것은 존재한다. 어쩌면 어쩔 수 없다는 것이 아무것도 아닐 수 있을 텐데 그 굴레를 빠져나오지 못한다. 처음에 배가 고팠을 때 배는 홀쭉한 상태였을 것이다. 하루아침에 배가 불룩하게 나와 버리거나 미친 듯이 먹어도 배부름을 못 느끼는 나날이 반복되진 않았을 것이다. 분명 자신이 통제할 수 없는 순간에 스스로를 놓아버려서 생각도 나지 않을 만큼 지속적으로 들이부었을 가능성이 높다. 방치하고 신경 쓰지 않았던 과거의 순간들이 현재의 나온 배다. 어느 순간 나온 배는 배가 고픈 것의 유무와 상관없이 늘 나와 있다. 그리곤 어쩔 수 없는 것이 되어버렸다. 어쩔 수 없는 건 삶의 곳곳에 고장이 났었던 자신을 치료하지 않고 방치해 둔 결과이다. 뒤늦게라도 수습하고 새로운 모습을 보여야 한다. 후회스러운 삶의 찌꺼기가 자신의 인생 전반을 지배하지 않게 말이다.

끊을 수 없다면 되도록 멀리하자

판단과 결정은 나은 삶과 매우 밀접한 관련이 있다. 우유부단하고 어물쩍거리는 모습은 그 누가 봐도 삶에 전혀 도움이 안 된다. 누군가는 이런 시행착오조차 나은 삶을 위한 과정이라고 하지만 비슷한 경우를 반복하는 건 그냥 바보이다. 이것은 인생의 시간 낭비일 뿐이다. 단순히 삶을 낭비하는 것으로 끝나는 것이 아닌 다가올 기회조차 갖지 못하는 불운을 떠안는 것이다.

시대가 변할수록 주관과 소신이 뚜렷한 젊은 사람들이 많아진다. 그럼에도 여전히 자신에게 부정으로 미치는 영향을 단번에 끊는다는 건 그리 쉬운 문제가 아니다. 숨 쉬고 살아가는 세상과 관계는 가는 실 하나로 연결된 것이 아니기 때문이다. 그래서 우리는 '아닌 건 끊어야 한다.'라는 명확한 결과론보다는 '아닌 건 멀리해야 한다.'라는 점진적으로 삶을 이끌어나가야 한다. 끊으면 아프기에 아무것도 볼 수 없고 할 수도 없다. 단번에 잘린 것들의 단면은 그저 고통만이 수반되지만 멀어진다는 건 다른 것을 볼 수 있는 여유를 갖게 해 준다. 이것은 스스로를 보호하고 타인에게 고통도 미치지 않는다.

시작과 끝은 비슷해야 하는데 늘 갭 차이가 크다. 긍정의 기쁨은 터지는 폭죽같이 반짝이지만 부정의 아픔은 타버린 재처럼 그 자리에 오래 남겨진다. 잘 끊는다는 건 아닌 것만 잘 떼어내고 쌓아놓은 것을 되도록 잃지 않는 것이다. 자신의 삶과 인생에서 쌓아 올린 수많은 것들이 어떤 하나로 인해 와르르 무너지는 것만큼의 큰 불행은 없다. 어느 곳이 아프면 그 아픈 곳에 맞는 병원에 가서 그 부위를 낫게 해주는 약을 먹고 치료를 해야 한다. 아픈 부위만 끊을 수 있는 병원을 찾는 방법이나 아픈 부위에 잘 드는 약을 파는 곳을 찾아야 한다. 쓸데없는 엄한 곳에서 돈 낭비, 시간 낭비, 감정과 마음 낭비하는 것을 멈춰야 한다. 당신을 기다리고 있는 나은 인생은 생각보다 많다는 것을 잊지 않아야 한다.

Check Point

• 끊지 못하는 것들로 인해 자신의 인생이 왜 불행해야만 하는지 생각해 보자.

6. 살고 싶으면 움켜쥔 걸 놓고 난간을 잡아라

삶은 사랑이라는 긍정의 큰 테두리 안에서 웃고 울고 하는 것의 반복이다. 그런데 자세히 들여다보면 웃는 것도 아니고 우는 것도 아닌, 이도 저도 아닌 현실의 삶이 많다. 원치 않는 것이 주어지거나 찾아왔을 때 그것에게 'NO'라고 표현할 수 없는 순간이다. 일상에서 원하지 않는 것은 부정의 모습으로 다가오지 않는다. 자신에게 도움이 될 것 같은 모습으로 포장이 되어있거나 미안한 감정과 안쓰러운 마음이 내재돼 있다. 얕은 관계와 상황이라면 가벼운 마음과 언행을 내비치면 그만이지만 대개 원치 않은 순간과 상황의 내면엔 결코 무시하거나 거부할 수 없는 연결고리가 이어져 있다.

원치 않는 것의 출처는 원하는 것이다

원하는 삶을 찾고 일구는 과정은 농사를 짓는 것과 비슷하다. 씨앗을 심고 물을 주고 관리해 주는 것만으로도 힘들고 벅차지만, 결코 그러한 노력만으론 원하는 농작물을 얻을 수 없다. 병충해를 예방하기 위해 농약을 구해야 하고 각종 벌레와 야생동물들이 접근하지 못하게 방어할 수 있는 수단을 마련해야 한다. 인위적인 외부의 자극을 해결했다고 끝난 건 아니다. 장마나 가뭄 같은 자연재해를 막고 견딜 수 있게 방어도 해야 한다. 그러나 그럼에도 거대한 자연의 힘은 감당할 수 없기에 속수무책으로 굴복당하는 경우가 허다하다. 그럼에도 불구하고 농사를 짓는 많은 사람들은 추수할 시기만을 기다린다. 그러면 비로소 기다리던 농작물을 맞이한다. 그 농작물은 분명 온갖 고난을 이겨내고 아름답게 피어난 결과물이다.

그러나 인간사의 관계와 성공은 버티고, 견디고, 이겨낸다고 해서, 기다리는 농작물을 반드시 얻으란 법은 없다. 인간은 생각보다 약한 동물이기에 원치 않은 자극에 굴복당하거나 패하는 경우가 많다. 이러한 과정을 꿋꿋이 이겨낸다면 원하는 성공과 행복으로 보상을 받을 수 있다. 하지만 출처도 모르고 끝도 알 수 없는 고통을 감당할 만큼 인생을 베팅하거나 모험을 하는 건 무모함에 가까울 수도 있다. 우리는 원하는 것을 놓지 않으면서 그것을 둘러싼 원치 않은 것에서 멀어지는 삶의 지혜를 익혀나가야 한다.

'호랑이를 잡으려면 호랑이 굴에 들어가야 한다.'라는 속담이 있다. 결국 강인한 정신과 육체가 있어야 원하는 호랑이를 잡을 수 있다는 뜻이다. 그러나 삶에서는 정신과 육체가 부족해도 지식과 지혜가 있으면 호랑이를 잡을 수 있다. 덫이나 그물을 놓을 수 있고, 강한 육체를 가진 사람과 팀을 이룰 수도 있다. 호랑이를 원한다고 꼭 호랑이와 마주 서야 할 필요는 없다. 원치 않는 사람, 상황, 일의 모든 경우에 그것과 꼭 맞서야겠다는 생각을 줄여나가야 한다. 굳이 맞서려는 생각과 현실을 저버리지 못하는 이유는 자신에게 이롭거나 필요한 것, 조금이라도 자신에게 손해가 될 것들이 존재하기 때문이다. 여기서 가져야 할 중요한 마음가짐이 있다. '다 가질 순 없다'라는 진리이다. 조금이라도 더 가지려 하기에 원하는 것들 사이에 원치 않는 것은 커질 수밖에 없다.

사람은 생명의 위협을 받으면 모든 걸 내려놓을 수 있다. 그러나 일상의 삶에서 목숨이 위태로울 상황을 겪는다는 건 희박한 일이다. 그래서 간과하는 게 있다. 지속적인 스트레스가 삶의 생명을 깎아 먹고 있다는 사실을 우리는 인지하지 못하며 살아가고 있다. 통계적으로 병원에서 우울증 진단을 받은 환자는 2016년 64만 명을 기점으로 2020년엔 83만 명을 넘어섰고 2022년엔 100만 명을 넘어섰다. (국민건강보험공단 통계) 그러나 병원을 찾지 않는 사람도 많고 자신의 우울증 기록이 남기는 걸 꺼리는 사람들이 많기에 실제로 우울증을 겪고 있는 사람은 이보다 훨씬 더 많을 가능성이 높다. 우울증의 원인은 스트레스에서 비롯되는 경우가 많다. 삶을 살아가면서 스트레스를 안 받을 순 없기에 대개는 일상의 잦은 스트레스를 삶의 일부라 치부한다. 스트레스는 처음부터 감당하기 어려울 만큼 크게 다가오진 않는다. '이 정도야, 이쯤이야, 뭐 괜찮아, 조금만 더 참으면 되겠지.' 정도로 가볍게 찾아온다. 그리곤 사람과 상황에 따라 거대한 파도처럼 밀려올 때도 있고 미세하게 지속적으로 삶을 지배하는 경우도 있다. 본인 스스로 스트레스에 대한 심각성과 위협을 느끼지 못하는 일상이 삶 자체가 되어버리기에 그것을 끊거나 해결하려는 능동적인s 생각은 늘 나중으로 미룬다. 왜냐하면 일상에서 일궈나가고 해결해야 하는 문제들이 무엇보다 중요하고 시급하다는 본능 때문이다. 이로 인해 마음과 정신의 피폐함은 더 심해지고, 결국 자신이 스스로 어떻게 할 수 없는 상황에 이르러서야 문제의 심각성을 느끼게 된다. 하지만 그땐 이미 삶이 뒤틀려지기 시작한 이후이다.

원치 않은 걸 멀리하려면 원하는 걸 포기해라

스트레스로 인한 몸과 마음의 불편함은 단순히 자기 혼자만의 문제가 아니다. 그로 인해 얽히고설켜 있는 수많은 관계를 어찌할 수 없기에 사방이 막힌 공간에 갇힌 느낌이다. 법륜스님의 '즉문즉설'에서 수많은 사람들이 자신의 고충을 이야기하며 해결방안을 스님께 물어본다. 수많은 질문에 있어 혜안이 담긴 스님의 대부분의 답변은 '질문자가 문제다. 당신이 내려놓으면 된다.'라는 답변이 많다. 아무렇지 않게 놓아버리고 자신의 평온한 삶을 찾으면 되는데 왜 놓지 못하고 스스로 지옥에서 나오지 않는가를 물어본다. 그러면 질문자를 포함해서 대부분의 사람들은 어떻게 놓느냐는 질문을 계속한다. 가족, 부모, 자식을 어떻게 버리냐는 말이다. 몇십 분간 스님의 설법을 들은 대부분의 질문자들은 "감사합니다. 앞으로 더 노력해서 잘 살겠습니다."라고 말한다. 그러면 스님은 낮은 어투로 다시 야단을 친다. "노력하지 말라니까 뭘 그리 노력을 하느냐."라고 말이다. "노력하지 말고 자기 자신을 먼저 사랑하고 자신의 평온과 행복을 찾으세요."라며 반 포기하듯 웃으시며 마무리한다. 스님은 이렇게 말귀를 못 알아듣고 끝까지 해답을 찾으려 하는 사람을 세상에서 가장 불쌍하고 어리석은 사람이라고 명명하며 이야기를 마친다.

대다수의 사람들은 이렇게 괴로운 삶을 어쩔 수 없이 고개 넘어가듯 살아간다. 지금 현재의 죽을 것 같은 자신의 모습보다 이제껏 이루고 쌓아온 많은 것을 놓을 수 없기 때문이다. 수십 년을 같이 살았지만 이혼하고 싶은 중년의 질문자에게 법륜스님은 이혼하는 것보다 그냥 없는 사람이라 생각하고 같이 사는 게 더 낫다고 말씀을 하신다. 진짜 꼴도 보기 싫은 배우자이지만 그 배우자로 인해 편히 먹고, 자고, 생활할 수 있는 게 사실 아니냐? 지금 당장 배우자랑 헤어지면 지금보다 나은 환경에서 살 수 있느냐? 지금 육체의 편안한 현실보다 정신의 괴로움이 더 심했다면 지금까지 같이 살지도 않았고 이렇게 질문하러 오지도 않았을 것이다. 그러니 정 싫다면 그냥 없는 사람으로 생각하고 자신의 안위만 돌보면서 살라고 말씀하신다.

원치 않는 괴로움의 늪에서 빠져나오지 못하는 그 안에는 분명 놓을 수 없고 포기하지 못하는 것이 있다. 원하는 걸 얻으려면 자신이 갖고 있는 걸 놓아야 하는데 그러지 못하는 본능 때문에 사람들은 평생을 자신이 쳐놓은 울타리를 벗어날 수 없다. 실은 삶에서 이러지도 저러지도 못하는 경우만큼 가장 쓸데없는 상황이 없다. 어차피 인생은 수많은 선택의 길임이 분명한데 둘 다 포기할 수 없다는 마음이 정진하는 삶은커녕 평온도 갖지 못하게 하는 우울한 시간 안을 헤매게 만든다. 원하는 것을 포기할 수 없다는 마음이 커지면 그것과 함께 있어야 한다는 원치 않는 것에 대한 두려움이 커질 수밖에 없다. 되도록 끊어야 하지만 정 끊기가 어렵다면 그 두려움을 이겨내겠다는 마음보단 피하거나 잠식하려는 생각으로 아무렇지 않은 상태를 만들어나가야 한다.

삶은 모든 것의 연속이다. 아무리 새로운 오늘을 잘 살아내려 애써도 어제의 흔적은 오늘 숨 쉬는 자신이 투영된 모습이다. 그렇기에 오늘 자신과 연결되어 있는 모든 것은 좋고 나쁨을 떠나 그저 필연이다. 그러나 그러한 필연이 어느 순간 자신의 삶을 좀먹거나 자신도 모르게 원치 않은 방향으로 휘청거리고 기울게 한다면 필연은 거기까지다. 끊는 것이 두려운 이유는 떨쳐버리고 싶은 것들 사이에 놓치고 싶지 않은 좋은 것들이 박혀 있기 때문이다. 간절히 버리고 싶은 것과 간절히 원하는 것은 잘 섞여서 일상과 늘 함께하기에 원하는 것만 고를 수 없는 것이 삶이 괴로운 이유이다. 괴로운 삶 속에서도 잦은 행복을 느낀다면 견딜 만한 인생은 아름답게 보인다. 반면 괴로운 삶 속에서 견딜 수 없는 순간들로 죽지 못해 살아간다면 그것만큼의 비참한 인생은 없다. 삶은 유한하다는 걸 모두가 알지만 모두가 인지하며 살아가진 않는다. 당신이 행복해야 하고 성공해야 하는 이유는 삶이 유한하기 때문이다. 쓸데없는 고민으로 삶을 낭비하지 않는 오늘의 당신이길 바란다.

Check Point

- 성공과 행복은 불안한 부정의 과정에서 나오지 않는다.
- 유한한 삶에서 당신이 고민하지 않고 선택해야 하는 답이 무엇인지는 스스로가 잘 알고 있을 것이다.

7. 관계에 있어 만병통치약은 '천천히'다

급한 마음의 관계는 불안과 외로움의 본능 때문이다

　사람이 살아간다는 건 곧 관계 그 자체다. 관계가 없는 삶이란 있을 수
없다. 그리고 우리는 관계로 인해 많은 고통을 받는다. 관계로 인해 성공과
행복을 찾으려 하지만 고통의 빈도만 쌓일 뿐이다. 그럼에도 찾아야 할 성
공과 행복을 포기할 순 없다. 짚더미에 숨겨진 바늘이 잘 보이지 않지만 결
코 없지 않다는 사실을 모두가 알고 있다. 관계의 고통은 대부분 논쟁, 언
쟁, 분쟁, 다툼 등 부정적인 요소와 스트레스를 야기한다. 이런 관계에서
조금 더, 조금 덜 정도의 차이는 있을지언정 가해자와 피해자가 나뉘며 극
단으로 치닫는 경우는 흔하지 않다. 관계는 우리 모두가 원하고 있으면서
도, 동시에 판도라의 상자를 아무도 손대지 않길 바라는 눈치 게임 같은 것
이다. 서로의 목적은 좋은 방향으로 함께하길 바라는 교집합이길 바라면서
스스로의 모습은 명확하게 비치길 바라는 아이러니한 마음이다. 각자가 갖
고 있는 선을 벗어날 수 없고 타인이 넘어오는 것을 인정할 수도 없다. 어
찌 보면 관계를 가짐에 있어 서로를 만족하는 합의점을 찾는 것만큼 어려
운 건 없다. 그럼에도 사람들은 자신의 이로움을 목적으로 관계를 맺으려
하면서 상황에 맞춰 양보와 배려를 나름대로 잘 적용하려 노력한다. 그러
나 목적이 수반되는 관계는 결국 방향보다는 속도에 초점이 맞춰지고 사고
가 나기 일쑤다. 이러한 생각과 행동은 이미 수 세기 전부터 불행을 자초하
는 인간의 본능에 가까운 모습이다.

"인간의 모든 불행은 단 한 가지, 고요한 방에 들어앉아 휴식할 줄 모른다는 데서 비롯한다."는 '파스칼'의 명언이 수 세기에 걸쳐 수많은 사람들의 입과 책에 오르내려도 사람들은 끊임없이 소통과 관계를 하며, '더 빠른 소통'과 '깊은 관계'만이 성공과 행복으로 이끌어준다는 믿음을 버리지 못한다. 불안과 외로움을 영원히 벗어날 수 없고, 성공과 행복에 다가갈 수 없는 본능의 행보를 멈출 수 없는 삶인 것이다.

자신만의 고요한 파도를 가져야 한다

"느림은 빠른 속도로 박자를 맞추지 못하는 무능력이나 게으름을 뜻하는 것이 아니다. 시간을 급하게 다루지 않고, 시간의 재촉에 떠밀리지 않으면서 나 자신을 잃어버리지 않는 능력을 갖는 것이다."
— 피에르 쌍소, 「느리게 산다는 것의 의미」

자신이 의도하여 느려진 것이 아닌 이상, 삶에는 생각보다 서둘러야 하는 상황이 많이 발생한다. 타인보다 현저히 뒤처지는 모습은 무능에 가까워 보인다. 그러나 시간과 사람에 끌려다닌다면 자신을 잃어버린 삶을 살아가고 있는 것이다. 일에서도 그렇고 관계에서도 마찬가지다. 중요한 건 잘 해내고 남보다 앞서가는 것이 아니다. 스스로의 몸과 마음이 어디에도 구속되거나 속박되지 않은 상태로 평온함을 느끼는 것이다. 마치 공중에 떠 있는 듯, 가벼운 생각과 마음으로 관계를 발전시키고 성장으로 이어나갈 수 있는가를 찾아야 한다. 무탈한 관계에서 성장과 성공을 하려면 자신만의 '고요한 파도'를 갖는 것이 중요하다. 타인의 속도에 아랑곳하지 않는 자기 주도적인 상황과 환경을 만들어나가는 것이 누구나 바라는 최상의 위치에 있는 성공적인 관계이다.

관계에 있어 부정의 표출은 대부분 '화', '급함', '빠름' 안에서 이루어진다. '빠른 것'은 일상의 삶에서 많은 부분을 이롭게 해 줄 수 있겠지만 관계에서는 결코 그렇지 않다. 그럼에도 관계에 끊임없이 빠름을 적용하는 이유는 근본적으로 다른 이유가 있기 때문이다. 그 목적은 어쩔 수 없는 것으로 이어지기 때문에 공과 사 구분 없이 대부분의 관계는 부정의 결과를 초래한다. 그렇다면 긍정의 관계를 원한다면 그 반대를 바라보면 된다. 천천히, 느리게, 미적지근하게, 여유롭게 등을 자신과 삶에 적용시키면 관계는 생각보다 좋은 방향으로 흐른다. 그러나 빠른 것이 기본값인 대부분 사람의 생각과 마음에 천천히나 느긋함은 결코 삶에서 긍정의 모습으로 비치기가 쉽지 않다. 그럼에도 분명 '천천히'의 힘은 자신과 더불어 타인을 안정시키고 문제를 야기하지 않는 평온으로 이끌어준다.

특별한 목적이 있는 상황이라면 어떻게든 논리적으로 '해결'이라는 문을 향해 나가야 하는 게 맞다. 그러나 감정과 감성이 섞인 관계에서의 해결만큼은 느림의 미학이 해답의 문에 가깝다. 그러니 원치 않은 상황에서 벗어나고 싶은 문을 찾길 원한다면 자신의 시간을 천천히 흐르게 하면 된다. 쉽진 않겠지만 말과 행동, 반응 등을 일부러 최대한 늦춰야 한다. 시선은 다른 곳을 향하게 한다. 아이 콘택트(eye contact)는 도발의 의지만 불태울 뿐이다. 의식적으로 천천히 하는 것은 우선적으로 스스로를 위하는 것이다. 무엇보다 자신의 마음과 정신이 안정을 찾지 못하고 흐트러지면 몸은 병들 수밖에 없다. 의외로 이성적인 생각과 언행이 우리의 일상을 매번 깔끔하게 해결해 주는 건 아니다. 관계는 절대 이성만으로 맺어지거나 연결되진 않는다. 관계는 대부분 감정과 감성에 의해 만들어지고 유지된다. 복잡하게 어지러워진 상황을 해결하는 방법은 확실한 해결책을 만들어 모두를 무릎 꿇게 하는 것이 아니다. 타인을 내려다볼 수 있는 힘과 지혜를 가진 사람은 사소한 것에 시간과 열정을 낭비하지 않는다. 그저 흘려버릴 뿐이다. 그것이 자신과 타인 모두를 위하는 길이다.

감정과 감성이 뒤섞인 관계의 상황을 해결하는 느림의 법칙 10가지

1. 정신을 차리고 침착하게 숨을 고른다.
2. 마음과 정신이 다치지 않는 것이 중요하다.
3. 그럴 수도 있고 자신과는 상관이 없다.
4. 타인의 언행을 이성과 논리적으로 받아들이거나 생각하지 않는다.
5. 정답과 해답이 있겠지만 정답과 해답이 아니라는 것을 명심한다.
6. 생각하는 듯한 언행은 유지하되 아무 생각도 하지 않는다.
7. 말과 행동을 최대한 느리게 하려고 애쓴다.
8. 상대를 무시하는 듯한 언행은 절대 삼간다.
9. 성인군자가 된 자신을 상상한다.
10. 사소한 상황이 자신의 뜻대로 된다고 해서 삶이 크게 바뀌진 않는다.

합의점을 찾을 수 없는 관계에서의 소통은 들어맞지 않는 퍼즐 같다. 자신이 갖고 있는 모양을 아무리 욱여넣어도 타인이 받을 수 있는 모양은 정해져 있다. 타인이 원하는 모양의 퍼즐을 끼워 넣지 않으면 절대 완성할 수 없다. 서로가 원하는 답이 다른 상황에서는 딱 그것 아니면 그 어떤 것도 융화될 수 없다. 좋은 것, 더 나은 것은 무의미하고 불통의 벽만 더욱 두꺼워질 뿐이다. 중요한 건 상황을 무마하는 것이고 자신이 다치지 않는 것이다.

엄청난 큰일이 아니고서야 그것으로 인해 인생이 크게 어긋나는 일은 없

다. 오히려 없는 불안과 걱정만 쌓일 뿐이다. '기어코'란 생각은 가장 쓸데
없는 것으로, 스스로 불행의 불구덩이에 뛰어드는 행위다. 자신을 내려놔
야 한다. 스스로에 대한 욕심과 타인에 대한 불신을 버려야 한다. 욕심을
내려놓는다는 작은 생각만으로도 불행의 늪에 들어가지 않을 수 있다. 그
리고 흔들리지 말아야 한다. 타인의 언행에 자신도 모르게 반응한다면 결
국 질 수밖에 없는 게임이다. 잘되지 않더라도 타인을 관망하는 자세를 가
져야 한다.

성공은 아주 작은 관계로부터 시작하여 커다란 관계를 얼마나 자신의 주
도하에 맺고 끊을 수 있느냐에 의해 방향이 정해진다. 그 관계의 틈 속엔
수많은 감정이 녹아있다. 결국 이성적으로 철두철미하고 논리적으로 똑똑
한 사람보다 감정에 얼마나 요동치지 않는지의 유연함이 성공을 결정짓는
요소 중 큰 비중을 차지한다. 감정의 유연함은 운과도 연관이 있다. 운이
좋은 사람은 유대감을 부드럽고 유연하게 일상에서 유지하므로 관계에 의
한 운을 많이 끌어들인다. 바람에 따라 언제든 방향을 바꾸고 누울 수도 있
지만 절대 끊어지거나 부러지지 않는 갈대 같은 모습을 내면에 새겨나가야
한다.

- 속도는 본능이고 방향은 의식이다.
- 본능에 지배되지 않는 정신과 마음을 갖기 위해선 삶의 방향을 의식적으로 살펴봐야 한다.

8. 결국엔 이해할 수 없을 테니 남겨둬라

옳은 것만이 정답은 아니다

타인을 완전히 이해한다는 것은 결코 쉽게 행할 수 있는 생각과 행동이 아니다. 그런데도 대부분의 사람은 서로를 이해하려 애쓰고 그 안에서 어떻게든 공통분모를 찾으려 노력한다. 그런 지속적인 노력은 좋은 생각과 긍정의 마음으로 시작된다 하더라도 분명 어긋나는 방향으로 흐르기 마련이다. 이러한 결과는 스스로나 타인 모두에게 원하지 않는 현실을 가져다줄 수 있다. 좋은 의도가 부정의 결과를 가져오는 것만큼 씁쓸하고 허무한 일도 없다. 한참 소통을 하다 보면 '그게 아닌데….'라는 생각이 들면서 걷잡을 수 없는 상황에 빠져들게 된다. 이 점에 주목해야 한다. 아닌 것 같은 생각이 들면 아닌 게 맞다. 그러면 멈춰야 한다.

타인을 붙잡고 싶은 마음, 이해하고 싶은 마음, 올바른 길로 인도해 주고 싶은 마음을 잠시 접어야 한다. 이해하려고 끝까지 붙들고 있으면 상황과 관계만 더 악화될 뿐이다. 잠시 멈추고 접어야 하고 남겨두어야 한다. 그런 상황은 분명 참을 수 없을 정도로 스스로를 못 견디게 한다. 하지만 여기서 다시 한번 생각해 보면 이런 마음이 자신의 욕심일 수 있다. 옳은 것만을 전하고 건네는 것이 삶의 정답이 아님을 스스로 인식할 필요가 있다. 좋은 관계는 자신에게 좋은 것을 타인에게 건네는 것도 있겠지만, 자신에게 의아한 것이 타인에게 도움이 된다면 그것이 오히려 정답에 가까운 것이기도 하다.

빼곡히 차오른 의무감에 자신도 지치고 타인도 상처받는다. 세상 모든 옳은 것이 정답이 아님에도 우리는 삶의 정답을 옳은 것으로 치부하며 살고 있다. 삶의 정답은 각자가 지닌 것이다. 삶의 수많은 곳에서 옳다는 정답을 몰라서 수용하지 않거나 포용하지 않는 상황만이 존재하는 것은 아니다. 유연한 삶의 길에는 '어쩔 수 없는 것'들이 너무나도 많다. 어쩔 수 없는 것 앞에는 누구나 '내로남불(내가 하면 로맨스 남이 하면 불륜의 줄임말, 남에겐 엄격하나 자신에겐 자비로운 태도)이라는 자기 합리화를 할 수밖에 없다. 그런 이해할 수 없는 관계 속에서 오직 정의와 의무감만으로 원하는 상황과 사람을 포용하기란 어렵고 힘들다.

이해의 주체는 자신이 아니다

상황을, 혹은 타인을 이해한다는 것의 주체를 우리 모두는 자기 자신으로 알고 있다. 그러나 세상과 사람들을 바라보는 자기 자신은 그저 그 모든 것들의 일부일 뿐이다. 그 일부가 모두를 수용하려고 하니 당연히 힘들 수밖에 없다. 이해는 내가 모든 걸 받아들일 수도 없고 받아들인다고 끝나지도 않는다. 타인을 위한다는 소통은 상대방과의 합의점을 찾지 못하고 하향으로 접어들 때가 많다. 대화가 오가는 상황에서 도저히 합의점이 맞지 않을 때 그리고 이 상황을 끝내려고 할 때 보통 이렇게 말한다.

"알았어. 됐어. 알았으니 네 말대로 해. 네가 원하는 대로 해."

이해하려는 자신의 좋은 의도를 타인에게 건넬 수 없기에 자포자기의 상황으로 끝내려 한다. 도로 아미타불(vain effort)이자 씁쓸하고 안타까운 결과일 뿐이다. 대부분은 이해라는 상황을 자신이 원하는 상태로 만들고 싶은 목적이 강하기에 모 아니면 도로 끝난다. 모라면 어느 정도의 강압이 있을 것이고 도라면 포기에 가깝다. 모두가 좋고 원하는 중간지점을 찾고 얻기란 쉽지 않다. 그러나 한 가지 확실한 것은 이것 역시 욕심이라는 것이다.

이해라는 생각과 행위는 내가 가진 100을 전부 주는 것이 아니다. 내가 가진 50과 상대가 원하는 50을 적절히 섞어서 건네야 한다. 그러면 최소한 둘 다 원치 않는 상황은 급격히 줄어든다. 이해를 건네는 행위에도 주는 것에만 그치는 것이 아닌 주거니 받거니 '밀당'을 해야 한다. 누군가를 이해해야 한다는 주체로서 칼자루를 자신이 쥐고 있기에 상대는 자신보다 마음과 정신력이 약해져 있음을 인지해야 한다. 상대의 생각에 심어주는 것이 아닌 슬그머니 건네주어 스며드는 마음으로 적당히 다가가야 서로가 원하는 곳에서 만날 수 있다.

타인을 이해하기 위해선 돈과 시간이 필요하다. 돈과 시간을 들여 타인에게 이로움을 건넨다는 생각으로 다가가야 한다. 소중한 자신의 것을 할애하는 것만으로 충분히 타인을 생각하고 배려한다고 생각한다. 그래서 이해해 보려 하다가도 자신의 뜻대로 되지 않는 상황에 스스로 짜증이 나고 감정이 앞선다. 서로가 원하는 해답과 방향이 다른 걸 알면서도 끝끝내 같은 방향을 보지 못한다고 좁은 시선으로 상대를 힐난하는 것에서 갈등이 비롯된다. 상대를 위해 애쓰는 답답한 자신과 괴로운 시간을 보내고 있는 상대에게 원하는 걸 줄 수 없는 현실에서 허우적댈 뿐이다. 자신의 좋은 의도가 타인에게 온전히 전해지지 않을 거란 사실도 염두에 두어야 한다. 선행은 종종 오해를 불러일으키고 뜻하지 않은 곳에서 피해를 유발하기도 한다. 어떠한 경우에든 자신의 뜻과 의도가 원하는 대로 흐르면 문제가 없겠지만 내 맘과 같지 않은 타인을 자신의 울타리가 안락하다고 억지로 앉히는 것은 서로에게 독이다.

타인을 이해하려는 생각과 행위는 고귀하다. 위함과 배려의 선행은 자신에게도 이익으로 흡수될 수 있다. 그러나 자신의 의도가 왜곡되고 변질된다면 안 하느니만 못한 헛짓거리밖에 안 된다. 과유불급(過猶不及)이란 사자성어를 누구나 알고 있지만 일상에선 정(情)의 마음이 자신의 안위를 돌보지 않는다. 당연한 것이라 생각되는 것에 의심 없이 빠져버리면 오지랖의 늪에서 허우적거리는 걸 느끼지 못하고 점점 가라앉을 수밖에 없다. 베풂에도 소신 있는 간결한 언행이 중요하다. 좋은 의도를 과하지 않게 드러내는 건 모두를 위하는 안정의 길을 걷는 것이다.

Check Point

• 답답하고 이해되지 않는 타인에게 더 이상 관여하지 않기 위한 스스로의 마음을 적어보자.

9. 행복이 먼저가 아니다 불행을 피해야 한다

*내가 딱히 행복하진 않지만 불행하지 않다는 증거

1. 누군가로부터 협박이나 위협을 받고 있지 않다.
2. 냉장고를 열면 물통만 있지 않고 계란 정도는 있다.
3. 당장 월세를 내지 못하면 쫓겨날 정도로 돈이 없진 않다.
4. 자신을 단 한 명이라도 생각하고 걱정해 주는 사람이 있다.
5. 당장 병원이나 의사가 없어도 오늘내일 죽을 것 같진 않다.
6. 가족 중 생사를 넘나드는 시간을 보내고 있는 사람이 있진 않다.
7. 아침, 점심, 저녁, 이라는 시간을 인지하고 느끼면서 하루를 보낸다.
8. 낮과 밤을 일상에서 충분히 느낄 수 있고 원할 때 귀가할 곳이 있다.
9. 자신의 모든 언행이 타인의 영향에 의해 수동적으로 움직이지 않는다.
10. 불면증이란 단어가 삶에 깊숙이 내재된 것이 아닌 사전에 있는 정도
    이다.

아무렇지 않다는 건 행복에 가까운 것이다

삶을 살다 보면 위의 10가지 사항들 중에 단 한 가지를 삶에서 겪어볼까 말까 하는 사람도 있을 수 있겠지만 흔하지 않다. 더욱이 그런 사람이 있다면 분명 사회성이 낮을 가능성이 높다. 보통의 사람이라면 한두 가지나 두세 가지 정돈 인생에서 잠깐 왔다가 스쳐 지나갈 수 있고 한두 가지 이상은 지속적으로 삶에 깔려 있는 경우도 많다. 사람의 인생은 늘 더 나은 곳을 향

해 나아가려 노력하지만 항상 정진만 할 순 없다. 이상에 닿지 않는 능력과 사회적인 기회 및 운 등 여러 가지 요소가 어우러지지 않기 때문이다. 아무리 강인한 체력과 정신력을 기르고 유지한다 하더라도 슬럼프 같은 불행의 요소가 자신도 모르는 순간에 스며들기 마련이다. 그러나 걱정할 필요는 없다. 보통은 항상 노력했던 충전된 긍정의 요소들이 더 많기에 슬럼프 같은 힘든 시기는 지우개로 지워질 연필로 쓴 작은 고난이나 고통 같은 것이다. 오히려 그런 작은 고난과 고통은 성장과 성공을 위한 인생의 부스터(booster) 같은 디딤돌이 되어주는 것이니 오히려 고마운 것이다.

문제는 인생의 걸림돌이 미미하게 지속적으로 일상에 깔려 있는 것이다. 원대한 꿈을 위해 정진만을 하다 보면 일상의 사소한 고난과 고통 따윈 언제든 이겨낼 수 있고 꿈꾸는 것에 닿을 수 있다는 생각이 강하다. 그러나 이러한 고착된 생각은 위험하다. 튼튼하다고 생각된 통나무집이 무너지기 전까지 흰개미들에 의해 갉아 먹히고 있다는 건 아무도 모른다. 방치한 녹슨 건물을 무너지기 전에 녹을 제거한다고 원래대로 튼튼하게 되진 않는다. 행복을 위한 성장은 일상의 불편한 고난과 고통을 어느 정도 해결하는 것에서부터 시작해야 튼튼한 성공을 이룰 수 있다. 무조건적인 견딤과 버팀으로 이룬 성공은 마치 맛있게 숙성이 된 '에멘탈 치즈(Emmental Cheese)'처럼 내부는 구멍이 숭숭 뚫려 있는 모습이 된다.

행복하려고 오늘을 열심히 노력하며 살지만 의외로 불행한 사람이 많다. 사람의 감정은 행복과 불행이라는 이분법으로 나눌 수 없지만 실생활의 삶에선 그런 면이 많다. 그래야만 자기 자신과 타인을 명확한 선에 놓고 판단할 수 있기 때문이다. 그렇게 정확한 숫자놀음으로 선을 그으려 하기에 사람은 행복에 닿는 순간보단 불행에 가까운 순간을 더 많이 접한다. 행복에 닿는 것이 쉽지 않다면 최소한 불행하지는 않아야 한다. 다만 모두가 행복을 향하고 있으니 반대편인 불행에는 그다지 관심도 없고 궁금하지도 않다. 행복과 불행 사이에는 적어도 몇 개 이상의 긍정과 부정의 감정들이 있다. 그중 되도록 한쪽에 치우치지 않는 감정이 '아무렇지 않다'이다. 아무렇지 않은 것은 불행하지 않다는 증거인데도 대부분의 사람은 행복하지 않다는 것에 더 감정을 이입한다. 이것은 스스로의 삶에 불행을 미미하게 끌어들이는 무의식적인 생각이다. 이러한 생각은 삶이 아무렇지 않은데도 결국 불행을 느끼게 되는 사람이 많아지는 안타까운 상황을 초래한다. 모두가 원치 않는 불행을 우리는 일상에서 자신도 모르게 자초하고 있다.

불행은 나쁜 것보다 원치 않는 것에서 온다

사람이 살아가면서 불운에 의해 사고를 당할 확률은 평범하게 길을 걷다가 넘어지는 횟수보다 적다. 그럼에도 우리는 일상에서 '무엇이 잘못되면 어떡하지?'란 생각이 늘 마음 한구석에 자리하고 있다. 이것은 인간의 부정적 편향(negativity bias) 때문이다. 긍정의 것은 능동적인 노력에 의해서만 얻을 수 있지만 부정의 것은 특별한 노력을 기울지 않아도 닿기가 쉽다. 그래서 우리는 불행을 적극적으로 멀리해야 한다. 때론 행복을 동경하는 마음보다 더 강하고 적극적으로 원치 않은 것을 피하기 위한 반동 작용이 필요하다. 행복을 원하면 자연스럽게 좋은 것을 찾듯이 불행을 피하려면 더 적극적으로 원치 않은 것을 피해야 한다. 중요한 건 자신이 원치 않은 것을 명확하게 구분하고 확고하게 인지해야 한다. 타인이 좋아하는 것과 내가 좋아하는 것이 다르듯이, 남들이 피하는 것과 나쁘다는 것이 있다면, 그에 대한 객관적인 생각을 배제하고 주관적으로 살펴봐야 한다. 나쁜 것들에 집중하는 것이 아닌 자신이 원하지 않는 것을 구분하고 멀리해야 한다.

원치 않는 불행을 능동적으로 막고 피해야 하는 것은 원하는 성공과 행복이 들어오는 길을 트고 넓게 만들어주는 것과 같은 맥락이다. 먹기 싫은 음식이 있는데 그 음식이 맛있다고 하는 사람들 틈에서 한두 번 참아가며 먹으면 원하는 관계와 이익을 얻을 수 있을까? 아마도 원하는 것을 위해선 지속적으로 입안에 들이기 싫은 음식을 끊임없이 먹어야 할 것이다. 하지만 그러한 목표를 위한 참고 견딤이 무조건적인 성공과 행복을 가져다줄까? 가능성이 크지도 않을뿐더러 원하는 목표에 닿았다 해도 그동안의 고통의 과정을 덮을 만큼 거대한 성공의 목표는 아니다.

인생엔 크고 작은 수많은 목표와 목적이 있다. 그것에 닿는 건 순간이고 그것을 위한 과정 자체가 인생이자 삶이다. 행복한 삶이란 순간의 기쁨과 즐거움이 가득 차오르는 것이 아니다. 예상치 못한 큰 파도를 만나도 슬기롭게 헤쳐 나와서 배우고 얻은 것의 경험으로 성공과 행복을 논할 수 있다. 삶은 덧바른다고 보이지 않는 유화가 아니다. 얼마나 많은 인내를 쌓고 살아가고 있는지 그림의 두께를 보면 알 수 있다. 수채화같이 한두 번은 물로 흐릿하게 만들 수 있지만 하염없이 반복해서 종이를 흐물흐물하게 만들어 찢기게 놔두면 안 된다. 실수와 실패로 한두 번 흐릿하게 지웠으면 마음과 정신을 가다듬고 물감을 많이 묻혀서 선명하게 칠해나가야 한다. 종이가 찢기지 않게 최대한 물을 덜 사용하며, 기름 물감은 되도록 피하는 쪽으로 그려나가야 한다. 어떻게 해서든 여러 번 덧바르며 최상의 그림을 완성하는 것보다 탈이 없고 문제없는 그림을 완성해 나가는 것이 원하는 성공에 가까이 다가가는 것이다.

Check Point

- 자신의 삶에서 결코 원하지 않는 불행의 요소들을 적어보자.
- 기록하고 기억하여 매 순간의 삶에서 적극적으로 멀리하며 살아가자.

10. 고난의 성장이 본능의 나락으로 이어지는 삶

감정의 평형을 유지할 수 있는가

성공과 행복을 위해서 우리는 늘 좋은 관계를 유지하려고 애쓴다. 좋은 사람을 많이 만나려 하고 본인 역시 타인에게 좋은 사람으로 인식되고 영향을 미치려 노력한다. 그러나 분명 서로 간에 좋은 상호 작용들이 무조건 좋은 결과로만 남진 않는다. 현실에선 좋은 것과 좋은 것이 더해져도 나쁜 것은 분명 발생하고 초래되기 때문이다. 그래서 우리는 늘 관계에 있어 서로에게 예의와 매너를 갖추고 조심할 필요가 있다. 또한 서로에게 큰 작용이 미치지 않더라도 있는 듯 없는 듯한 모습과 관계를 유지하는 게 더 큰 이로움으로 남을 수 있다는 걸 인지해야 한다.

중용(명사): 지나치거나 모자라지 아니하고 한쪽으로 치우치지도 아니한, 떳떳하며 변함이 없는 상태나 정도.

누구나 중용의 삶이 가장 이상적인 삶이란 걸 알지만 이를 쉽게 갖거나 자연스럽게 유지하진 못한다. 이것은 삶의 평형을 잘 이루라는 말과도 같은데 일상에서 중심을 잡고 흔들리지 않는 평형을 이루는 것은 모두가 어렵고 힘들다. 그렇기에 사람을 대하는 모습과 태도가 긍정과 부정이냐에 따라 편차가 일어나기도 한다. 감정의 조절을 잘하는 사람이라도 감정의 기복은 있기 마련이다. 내 마음과 비슷한 사람에겐 한 마디라도 더 하고 웃는 것이 자연스러운 것처럼 내 마음과 다른 사람에겐 무심하고 안 좋은 감정을 가질 수밖에 없다. 이런 감정의 물결이 긍정으로만 치우치게 유지하도록 마음을 갖는다는 건 정말 쉽지 않다. 그래서 생기는 문제 또한 자신이 감당해 나가야 할 삶의 숙제인 것이다. 그렇기에 모든 사람들은 평생 감정으로 틀어진 관계를 잡아나가는 숙제를 해나가며 살아간다. 많고 적음의 차이가 다를 뿐이다. 감정의 폭이 조금 큰 사람은 관계에서 신경 쓸 것들도 많고 해결할 것도 많다. 반면 감정의 폭이 적은 사람은 문제가 적은 만큼 기쁨과 즐거움이 삶에 채워지는 크기도 작다.

그저 선택일 뿐이다. 많은 관계에 얽매이는 만큼 원하는 것을 많이 얻을 수 있고 피곤할 수밖에 없다. 관계가 되도록 적길 바라는 것은 무언가를 많이 얻는 것보다 평온으로 향하는 길을 택하는 것이다. 한쪽으로 치우친 삶보다 평형을 이루려고 노력하는 삶의 바탕에는 평온이 존재한다. 좋은 것과 나쁜 것이 분명할 땐 얻고 잃음이 확실하지만, 그 관계가 애매모호할 땐 잃는 것보다 얻는 것이 더 확실하다. 최대한 중용을 지키는 것은 관계에서 오는 스트레스를 줄일 수 있을뿐더러 자신이 가진 능력이나 영향을 발휘할 수 있는 기회와 시간을 더 많이 갖는 것이다. 그래서 스스로를 발전시킬 수 있는 관계는 최대한 감정에 휘둘리지 않고 이성적인 생각과 판단을 짧고 굵게 하는 것이다.

힘들게 올라가서 왜 곤두박질치는가

사람은 목표를 위해 올라가는 과정에선 과할 정도로 과묵하다. 그들 중 일부는 그 과묵에 독기를 품고 있다. "두고 봐라!", "내가 어떻게 되는지 기다려라.", "코를 납작하게 만들어 주겠다.", "세상이 바뀌고 내 앞에 무릎을

끓을 것이다." 이들의 고통을 감내하는 마음에 농축된 보상심리는 당장이라도 터질 것 같은 시한폭탄 같다. 그래서 그 위험한 사람들이 사회적으로 성공하면 자신의 이익을 우선적으로 생각하는 행보를 보이고 타인은 아랑곳하지 않는 우월주의에 빠져서 사회악이 된다. 자신의 뛰어남을 표출하는 것도 모자라 타인의 우위에 있으려는 지배욕을 조절할 수 없게 된다.

강한 목표 의식은 과정의 고난이 깊어져도 멈추거나 포기하는 일을 하지 못하게 만든다. 어떻게든 기어코 올라서 승리의 열매를 획득하려 하기 때문이다. 문제는 '어떻게든 기어코 오른다'에 있다. 수단과 방법을 가리지 않는 목표가 삶의 모든 순간을 지배하는 위험한 상황이 연출된다. 삶의 목표에만 심취하면 고단함을 잊고 버틸 수 있는 힘이 생기겠지만 결코 삶의 의미와 목적을 이룰 순 없다. 성공의 궁극적인 목적 없이 목표만을 위해 애쓴다면 행복은 결코 보장되지 않는다. 자신의 우월함만으로 원하는 곳에 닿으면 드넓은 초원 같은 풍경을 바라볼 수 있을 거라 생각하지만, 초원이 아닌 절벽을 마주하는 일은 생각보다 많다. 노력이라는 미명하에 견딤과 버팀으로 나쁜 생각과 감정들을 억누르며 그것들을 판도라의 상자에 차곡차곡 쌓아놓기 때문이다. 열어서는 안 될 상자를 갖고 있거나 품고 있는 것만으로 감정은 언제든 요동칠 수밖에 없고, 그로 인해 판도라의 상자는 언젠가 열리게 마련이다.

완만한 언덕을 내려오듯 몰락하는 사람은 없다. 곤두박질치는 사람들은 모든 것을 한순간에 잃어도 현실을 쉽게 인정하려 하지 않는다. 큰 야망을 이루기 위해 가졌던 목표는 그 어느 것보다 단단하며 튼튼하다고 생각하기 때문이다. 중요한 건 크고 단단한 목표와 야망이 아니다. 성취에 매몰되어 성공과 행복의 진정한 목적과 의미를 둘러보지도 않고 신경 쓰지도 않았다면, 진정한 성공과 행복을 이룰 순 없기 때문이다.

원하는 것을 이루기 위해 주변을 두루 살피는 과정을 걷기란 쉽지 않다. 한두 가지에만 집중해도 시간이 부족하고, 지나친 열정으로 지치거나 쓰러질 수 있기 마련인데 다른 상황과 사람을 어떻게 신경 쓸 수 있을까. 그러나 목표에 닿는 것만이 성공을 이루는 단순한 행위는 아니다. 오히려 넓은 시선과 마음이 원하는 것의 목표를 더욱 탄탄하게 해 주고 내려갈 길을 평탄하게 다져준다. 악에 받친 집념은 원하는 것을 이루게 해 줄 순 있어도 이것만으로 성공을 결코 오랫동안 유지할 순 없다. 고난의 시간을 지나 이뤄낸 성과를 받쳐줄 기둥은 크고 굵은 것 하나만으론 버틸 수 없기 때문이다.

곳곳에 다양한 기둥을 분포해 놔야 자신도 모를 위기가 닥쳤을 때 그것들이 삶을 튼튼히 지지해 준다. 오르는 것과 과정이 중요한 건 사실이지만 성공이란 결코 그것으로만 완성되진 않는다. 생각지도 못한 것들로 인해 쓰러지거나 포기할 수도 있고 당연하게 받쳐줄 거라 믿어왔던 것이 자신을 외면할 수도 있다. 예쁘고 화려한 박스로 만든 집이 당장 많은 사람에게 환영과 추앙을 받겠지만, 그런 집이 오래 버티지 못하는 건 당연하다. 뻔히 예상할 수 있는 한 치 앞의 일은 생각지도 않은 채, 좀 더 빠르고 쉽게 오르려고만 하고 있다면, 그런 과오는 되도록 멀리해야 한다.

잘난 척은 본능이다. 그 본능을 잠재우면 끝없이 성장한다.

> "적을 만들기 원한다면 내가 그들보다 잘났다는 것을 주장하면 된다.
> 그러나 친구를 얻고 싶다면 그가 나보다 뛰어나다는 것을 느끼도록 해주
> 어라."
>
> – 라 로슈코프

인간의 생각과 삶이 비슷하다는 건 옛 유명한 사람들의 짧은 명언을 봐도 알 수 있다. 몇백 년 전에 사람들도 좋은 삶을 살아가기 위해 적을 만들지 않는 노력을 해 왔다. 자신의 잘난 것을 참지 못하고 표현하면 반드시 적이 생긴다는 순리가 있기 때문이다. 또한 상대방을 위하고 띄워 주는 것은 그 사람을 내 사람으로 만들 수 있다는 가장 쉽고도 명확한 이론이다. 타인보다 내가 가진 월등함으로 타인을 좌지우지하는 것이 아닌 자신에게 없는 것이나 약한 것을 상대방에게서 발견하여 그것을 인정하고 위해주면 자연스럽게 내 안에 들일 수 있다.

자신의 뛰어난 것을 자랑하고 싶은 것은 참을 수 없는 본능이다. 소수건 다수건 여럿이 모인 자리에서 자신의 것을 내비치고 비교하는 것 자체가 일반적인 소통이다. 아주 흔한 돈 자랑에서부터 집 자랑, 차 자랑과 함께하는 가족들의 자랑(자식 자랑, 부모 자랑 등), 시험 합격은 물론이고 뛰어난 학벌과 진급으로 출세한 자신의 모습을 지인들에게 말하고 싶은 건 어찌할 수 없는 유혹이다. 더러 흔하지 않게 복권 같은 것에 당첨된 것도 자랑하는 사람이 있다. 스스로 화를 부르는 안타까운 행위이다. 월등한 면을 자랑하는 자리의 모습이 화기애애하게 이어지고 마무리되는 경우는 흔하지 않다. 사소한 갈등과 분쟁은 늘 있기 마련이다. 큰 화가 있지 않으면 오

히려 다행이다.

그러나 그런 자랑이 판치는 자리에선 큰 화가 반드시 일어난다. 돌이킬 수 없는 범죄로까지 이어져 사회에 이슈가 되기도 한다. 이런 일을 막는 건 너무나 쉽고 간단하다. 본능을 참으면 된다. 그러나 본능을 거스를 순 없다. 결국 다수의 사람들은 그냥저냥 그런 삶을 살아갈 뿐이고 본능을 억누르는 소수의 사람만이 안정된 삶을 행복으로 이끈다. 유혹을 억누르는 역행의 의지는 결코 가벼운 마음으로는 할 수 없다. 그러나 이런 행위가 자신에게 이익이 될지 불행으로 돌아올지, 그 정도만 가볍게 생각해 보아도 충분한 예측은 가능하다.

인간의 본능은 친구를 만드는 행위보단 적을 만드는 행위에 가깝다. 가진 것을 자랑하고 유능함을 어필하는 건 이성적인 면모가 다분해도 자연스럽게 표출될 수 있다. 인간에게 있는 꺼지지 않는 욕심의 불꽃은 결코 부러움으로 끝나지 않는다. 시기와 질투로 언제든 바뀌고 예상치 못하는 순간의 상황을 만들어낸다. 성공으로 가는 성장을 스스로 저해하는 바보 같은 사람은 생각보다 많다. 성장의 기쁨이 주체하지 못하고 흘러나오기 때문이다. 성장이란 계단과 같은 것이어서 차곡차곡 정진의 상승을 타야 한다. 그럴 때마다 감정에 심취하면 계단을 오르는 마음가짐이 흐트러진다. 단순히 마음만 흐트러지는 것이 아닌 예상치 못한 타인의 반응에 심한 정체가 오기도 한다. 자신의 성장을 저해하고 타인의 질투를 유발하는 본능의 표출을 통제해야 한다.

고단한 삶의 길목에서 발견한 오아시스 같은 값진 보상은 타인에겐 그저 그런 작은 행운으로밖에 보이지 않는다. 자신이 느끼는 기쁨의 커다란 의미를 타인은 온전하게 느낄 수 없다. 내 맘과 같은 타인은 존재하지 않기 때문이다. 아무리 가까운 사이라도 절대 내 마음과 같을 순 없다. 그렇기에 기쁨과 좌절을 모두 내 마음처럼 느끼고 받아주는 사람을 기대하는 건 어리석은 생각이다. 성공은 감정의 조절과도 비례한다. 모든 상황에서 적정함을 유지할 수 있다는 것은 성공에 가까워질 수 있는 잠재력을 키우는 것이다.

Check Point

- 본능을 단번에 막고 멈추는 행위는 쉽지도 않을뿐더러 부작용을 초래한다.
- 성장을 방해하는 본능의 요소를 천천히 하나씩 지워나가자.

11. 지루함에 굴복당하지 않는 방법

인간의 성장을 막는 요소는 다양하다. 온갖 유혹으로 흔들리는 인간 본능의 행동은 흔할뿐더러 나태함 같은 무기력증은 예상치도 못한 순간에 찾아와 자신을 괴롭힌다. 그런데 사람들은 보통 이렇게 단편적이거나 극적인 상황에서만 위협 의식을 느낀다. 잔잔한 깊은 호수에 잠식되는 무서움은 모른 채 말이다.

유용한 거절은 쓴웃음을 삼키고 포용하는 많은 순간들보다 분명 더 나은 방향으로 삶을 이끈다. 우유부단한 자신을 변화시키며 인생에서 중요한 것들의 순서를 인지하고 실천하는 데 큰 도움을 준다. 무엇보다 결단력을 키우고 기르는 데 효과적이다. 그렇게 다부진 자신과 공간을 만들어 나가고 이로운 것을 채워나가는 것이 성공과 행복의 기본 순리이다. 그러나 자신의 울타리 안을 언제나 예쁘고 좋은 것들로만 채워나가기란 쉽지 않다. 원하는 시기에 원하는 것들이 채워지지 않으면 지루함이란 감정에 빠지기 십상이다.

지루함은 늪과 같다

지루해서 죽는 사람은 없지만 사람들은 지루함을 죽음으로 표현한다. 지루하면 모든 사람들의 입에서 죽음이란 단어가 내뱉어진다. "지루해 죽겠네."라고. 지루함을 대수롭지 않게 생각하는 경향으로 사람들은 지루함의 불편한 늪에 자신도 모르게 빠져들게 된다. 이것은 비단 삶이 여유로운 사람에게만 나타나는 현상은 아니다. 열심히 살아가는 사람의 일상에서도 쉼과 휴식 속에 항상 담겨있다. 보통의 삶은 직관적인 삶이 일반적이기에 맡은 바 임무나 직무, 해야 할 일 등이 끝나는 그 너머 어딘가에 있다. 휴식은 다음 일을 위한 충전이다. 그리고 휴식의 양과 질은 세상 모든 사람이 제각각이다. 그 시간을 보내는 방법 또한 마찬가지다. 눈여겨봐야 할 건 거의 모든 사람의 휴식 속에는 필수적으로 '스마트폰'이 있다. 그 말인즉슨 '스마트폰'이 없으면 휴식은 엉망이 되어버리기도 한다는 뜻이다.

지루함은 부정적으로 느껴지고 사람들에게 스며든다. 사람들은 흥미가 없고 가치가 없는 상황을 빠져나오기 위해 발버둥을 치며 애를 쓴다. 조금이라도 즐겁지 않거나 중요하다고 생각되지 않는 것은 무의미하다는 생각에 전혀 들여다보려 하지 않는다. 직관적이고 즉흥적인 쾌락만이 자신을 구원해 준다고 믿으며 끊임없이 휴대폰만을 바라본다. 물론 스마트폰은 삶에 많은 것들에 영향을 주며 이로운 것을 가져다준다. 그러나 일상에서 스마트폰으로 볼 수 있는 긍정의 효과는 그렇게 많은 시간을 필요로 하지 않는다. 이로움을 찾으려 손에 쥔 스마트폰은 마약과도 같아서 웬만한 절제력이 있지 않는 한 스스로 통제한다는 건 절대 쉽지 않다. 대부분의 사람은 늪과 같은 지루함에 빠지는 걸 꺼리기에 휘발성이 짙은 스마트폰 속의 자극적인 콘텐츠에 중독되어 간다.

늪과 같은 지루함이 기회란 걸 깨닫는 사람은 흔하지 않다. 왜냐하면 대부분의 지루함은 지루함 자체로 삶에 다가오는 것이 아닌, 고단한 무언가의 너머로부터 삶에 스며들기 때문이다.

유명한 영화배우이자 영화감독인 '멜 깁슨'의 2007년 작 영화 〈아포칼립토〉는 여전히 많은 사람들의 뇌리에 남는 명작이다. 탄탄한 스토리에 명장면이 많은 영화라서 마니아들 사이에선 여러 번 봤던 사람들이 많다. 나 역시 〈아포칼립토〉를 수차례 봤다. 그리고 내 기억에 새겨진 명장면은 다른 사람들이 극찬한 스펙터클(spectacle)한 장면과는 거리가 멀었다. 내 기억에 남은 장면은 영화의 후반부쯤 마야의 전사들이 주인공 '재규어 발'이라 불리는 '루디 영블러드(Rudy Youngblood)'를 추격하던 장면이다. 주인공은 도망치던 중에 시커멓고 끈적한 늪지대에 빠지게 된다. 주인공은 늪에서 허우적댈수록 더욱 늪에 빠져들었고, 결국 머리까지 모두 잠기고 말았다. 하지만 우여곡절 끝에 늪 바닥을 걸어서 겨우 빠져나올 수 있었고, 이후에 크게 심호흡을 한다. 늪에 빠지기 전까지 주인공은 흥분된 상태로 계속 도망만 쳤다. 그러다 결국엔 늪에 빠져 죽을 뻔했다. 간신히 늪을 빠져나온 주인공은 눈빛이 바뀌었고 생각도 바뀌었다. 더 이상 도망치지 않고 적에게 맞서기로 한 것이다. 그리하여 주변의 것들을 이용해 벌집을 던지고 독개구리의 독으로 독화살을 만들어 적을 처치하는 데 성공한다. 주인공이 늪에 빠지는 장면에서의 음악도 굉장히 어둡고 장엄하다. 영화를 보는 모두가 전개상 짐작되는 스토리를 예상하겠지만 뻔할 것 같은 장면에서 주인공에게 반전이 일어났고, 이를 통해 주인공은 뭔가 큰 깨달음을 느꼈다. 계속 쫓겨만 다니다 죽을 뻔한 순간에 바닥을 치고 올라온 주인공의 생각과 마음가짐은 바뀌었고 적들과 맞서서 결국엔 승리를 했다.

자신이 원하는 것, 닿고 싶은 것을 이루기 위해선 그때의 상황에 맞는 액션도 중요하지만 가장 필요한 건 심연의 깊은 생각이다. 영화 속 전개에서 늪에 빠졌다 살아 나오는 장면은 현실의 우리들이 지루함의 늪에 빠지는 것과 의미가 같다. 되돌아보고 생각할 기회가 있음에도 그저 외면하거나 피하려는 본능만이 정신을 지배하기에 더 나은 기회를 찾을 수도 없고 가질 수도 없다.

지루함은 창의력을 발휘할 수 있는 좋은 기회다

인생을 살면서 지루함을 느끼지 않는 사람은 아무도 없다. 그래서 우리는 선택해야 한다. '지루함에 잠식당할 것인가? 아니면 지루함을 밟고 창의력을 발휘할 것인가?'를 말이다. 지루함이 찾아오면 대부분의 사람은 능동적인 생각과 행동보다는 본능적으로 스마트폰만을 꺼낸다. '나는 아니야! 다른 길을 찾아보겠어.'라고 다짐을 해도 스마트폰에 손이 가는 것을 쉽게 막거나 거부할 순 없다. 지루함을 불쾌한 감정이라고 느끼기에 조금의 낌새만 보여도 삶에 끼어들지 못하게 능동적으로 빠르게 막으려 한다. 이것은 불만족스러운 감정의 표출이기에 자신의 지루함이 끝나길 바라는 욕구가 강하기 때문이다. 무감각(insensibility)과는 다르다. 적극적으로 불편한 감정을 해소시키고 싶은 것이다. 그러나 이런 단순한 생각과 행동으로 우리는 지루함의 긍정적인 영향을 차단하고 있다.

캐나다 워털루대학교 심리학과 교수이자 인지신경과학자 '제임스 댄커트(James Danckert)'는 지루함을 피하기 위한 가장 핵심적인 요소는 '자기 통제력'이라고 말한다. 또한 그는 "자기 통제력이 강한 사람들은 지루함을 창조성으로 승화시킨다."라고 말한다. 우리는 지루함의 침체에서 깊은 생각을 끌어올릴 수 있다. 이것은 뭔가 다른 생각과 행동을 하게 만든다. 그런데 단지 불편하다는 감정으로 손쉽게 이 생각을 차단한다면 평생 그저 그런 삶만을 살아갈 수밖에 없다. 스마트폰을 손에서 놓는 정도는 작은 의지만으로 충분히 할 수 있다. 이건 무의식의 본능에 의한 습관이기에 조금만 인지하고 노력하면 차단하고 막을 수 있다. 중요한 건 지루함으로 얻게 된 시간을 남들과는 어떻게 다르게 보내야 할지를 모른다는 것이 큰 관건이다. 지루함에 빠지는 보편적인 것은 보통 흥미, 중요성, 가치, 극단적인 난이도이다. 그렇기에 이를 다르게 생각하거나 반대로 생각하려는 노력이 필요하다. 떨어진 흥미를 상승시키고, 중요하지 않다고 느끼는 것을 중요하게 바꾸며, 가치가 없는 것에 가치를 부여하는 것이다. 창의력은 뻔한 것을 다르게 생각하는 것에서부터 싹을 틔운다.

지루함이라는 선물이 도착했습니다

사람은 고통보다 지루함을 더 견딜 수 없다는 것을 밝혀낸 유명한 실험이 있다. 사회 심리학자이자 미국 버지니아대학의 심리학과 교수인 '티모시 윌슨(Timothy Wilson)'의 '생각의 유희' 실험이다. 이 실험에서 교수는 인간은 고통보다 지루함을 더 견딜 수 없다는 결과를 도출했다. 실험의 원래 목적은 '조용한 공간에서 생각하는 걸 사람들은 얼마나 즐길까'였다. 하지만 실험 참가자 409명 중 절반이 아무것도 안 하고 가만히 생각하는 것은 매우 힘들었다고 설문지를 작성했다. 이것은 특정 연령대의 문제가 아닌 18~77세까지 연령대를 늘렸어도 같은 결과가 나왔다. 실험은 '사람은 혼자 조용하게 생각하는 걸 얼마나 싫어할까'로 이어졌으며 약한 전기충격을 느끼게 하고 종전과 같은 실험을 설계한 후 단추를 누르면 전기충격이 가해지는 상황이 추가됐다. 실험 전 모든 사람들이 전기충격을 매우 싫어했지만 조용한 곳에서 생각을 해야 하는 상황이 주어지자 놀랍게도 참가자들 중 남자는 2/3 여자는 1/4이 스스로 버튼을 눌렀다.

윌슨 교수는 "마음은 세상에 관여하도록 설계돼 있다."라고 말했다. 인간은 자율적이고 능동적인 생각을 통해 자신과 과거를 돌아볼 수 있으며, 이를 통해 미래를 계획하며, 미래를 예측할 수 있는 능력을 가졌다. 하지만 대부분은 자신에게 집중하는 것보다 외부에 관심을 보이며 세상과 연결되고 싶어 하는 본능이 더 강하다. 그렇기에 삶과 현실에서 가해지는 육체적, 정신적인 고통보다 외로움과 고독에 관한 지루함을 이용하거나 이겨낼 방법을 찾지 못한다. 이 점에서 우리는 성공의 단순한 모습을 볼 수 있다. 자신을 찾고 발견하는 시간을 이겨낸다면 스스로 한없이 발전할 수 있는 독보적인 존재가 될 수 있다.

삶에서의 진정한 고통은 외로움과 고독을 견디지 못하는 혼란스러운 자신을 만나는 것에 있지 않다. 그건 바로 자신을 찾을 수 있는 기회를 알아보지도 못하고 당장 불편함만을 해결해 가며 삶을 연명해 나가는 비참함에 있다. 지루함은 삶이 주는 선물이다. 지루함이라는 선물 상자를 열었을 때 비어있다고 투정하는 한심한 생각으로 기회를 놓치지 않아야 한다. 자신을 예쁘고 화려하게 포장해 줄 지루함이란 선물 상자에 무엇을 담을지 생각할 시간이 필요하다.

Check Point

- 삶에서 허송세월을 보내는 일은 생각보다 잦다.
- 한두 번은 그럴 수 있고 몇 번도 그럴 수 있다.
- 나는 언제쯤 그 지점을 인지하고 멈출 수 있을지 생각해 보자.

The Sincerity of Success

part 5.

흔들리지
않는 삶을
살 수 있는가

자신만의 속도를 유지하여
성공과 행복을 잡아라

The Sincerity of Success

1. '오늘이' 행복할지, '오늘만' 행복할지 선택해야 한다

숫자보단 자신의 기준을 명확하게

한때 욜로(YOLO, You Only Live Once의 줄임말, 현재 자신의 행복을 중시하고 소비하는 태도)가 유행이었다. 아니, 여전히 욜로스럽게 사는 사람들은 많다. 그 기준이 약간은 애매모호하지만 예전처럼 열심히 일만 하고, 먹고 싶은 것, 하고 싶은 것 참아가며 돈만 죽어라 모으며 살아가지는 않는다. 같은 욜로들끼리도 생각과 가치관은 미묘하게 차이를 보인다.

"난 좀 달라. 수입의 30~40%는 저축하거든."

"그게 무슨 욜로야? 70~80%로는 자신을 위해 써야지. 난 20% 미만으로 저축해."

"진정한 욜로는 그래도 어느 정도 내일을 생각하는 거야. 그래서 난 수입의 50%는 저축해."

욜로족이 아닌 사람들이 보면 "에라이~ 도토리 키를 재라!", "그런 삶이 얼마나 가나 보자.", "너희들이 아무리 뭐라 해도 난 수입의 80%는 저축하여 더 나은 내일을 위해 오늘을 살고 있다."라며 속으로 생각할 것이다.

솔직히 저마다의 수입도 다르고 취향이나 씀씀이도 다른 환경에서 얼마를 벌고 쓰느냐의 단순한 수치가 행복을 정의하진 않는다. 매일 치킨을 먹어야만 행복할 수 있는 사람에게 "최신형 노트북이 당신의 삶의 질을 높여줄 수 있으니 딱 100일만 참고 돈을 모아서 노트북을 사세요"라고 말해주면 그게 큰 도움이 될까? 먹는 것보단 패션에 관심이 있는 사람에게 "이 옷 한 벌이면 새로 오픈한 레스토랑의 신메뉴를 몇 접시 먹을 수 있는데."라고 말하면 속으로 욕을 하며 혀를 찰 것이 분명하다. 중요한 건 자신의 생각과 가치관이 오늘을 이롭게 해 줄 것인가? 오늘만 이롭게 해 줄 것인가?에 대한 생각을 깊이 해봐야 한다.

자신만의 소중한 행복을 위해 소비하는 것들의 물건과 돈의 액수가 중요한 것이 아니다. 그 소중한 행복을 위해 오늘만 살 것처럼 미친 듯이 빠져드는 것이 문제이다. 너무나 열심히만 살아온 현실에서 회의를 느낀다면 뭔가 일탈을 위한 오늘의 행복이 필요하다. 무언가를 위해서 열심히 살고 있는지조차 모른다면 분명 자극적인 오늘의 행복이 필요할 수 있고, 그게 우리를 크게 유혹한다. 오늘의 박탈감과 회의가 스멀스멀 느껴진다면 해소를 위한 소비와 탈출을 넘어서, 보상을 위한 극단으로까지 치닫기도 한다. 이런 감정이 들기 전에 풀어야 함을 알지만 일상에서 자신의 감정을 알고 조절하는 것은 쉽지 않다. 그래서 자신만의 기준을 세우는 것이 중요하다.

월 200만 원을 버는데 쌓이는 스트레스의 해소를 위해 매달 100만 원씩을 무조건 소비하는 것은 문제가 있어 보인다. 다만 주관적인 생각과 판단으로 어쩌다 한번 100만 원어치의 무언가를 소비하거나 혹은 배우기 위해 수강 등록을 하는 건 자신을 위하는 것이다. 정확한 목적이 없는 소비는 1만 원을 쓰든 100만 원을 쓰든 아까운 법이다. 그러나 충분한 생각의 목적이라면 돈에 상관없이 행복지수는 높아진다. 마찬가지로 매달 10만 원씩은 '먹고 싶은 것 먹기'라고 해서 이달에 먹고 싶은 목록을 적어놓고 하나씩 돈을 쓰며 먹는 것은 충동적으로 돈을 써가며 먹는 것보다 만족감이 훨씬 높다. 사람이니까 그냥 갑자기 어떤 음식이 먹고 싶어서 몇만 원 정도는 생각

없이 쓸 수도 있다. 이런 한두 번의 경우를 말하는 게 아니다. '그냥 갑자기 먹고 싶어서'가 매달 헤아릴 수 없이 반복된다면 우리에서 사육되는 짐승과 다를 바 없는 삶이다. 본능과 이성을 잘 구분하고 삶의 적재적소에 배치할수록 '오늘이' 행복할지, '오늘만' 행복할지를 스스로의 삶에 잘 적용하고 있는 것이다.

시선과 생각을 회피하기

오늘 내가 행복하려면 무엇보다 자신에게 집중해야 한다. 자신에게 집중하라는 말은 쉽지만 늘 타인과 함께해야 하는 삶 속에서 온전히 자신을 홀로 떨어트려 놓는다는 건 쉬운 일이 아니다. 그럼에도 인식하고 인위적으로 스스로를 조용한 곳에 떨어트려 놓는 연습이 필요하다. 그러한 시간을 갖는 것도 중요하지만 더욱 중요한 건 그 혼자만의 시간에서 자신을 잘 찾아내고 발견해야 한다. '나는 누구인지? 나는 무엇인지? 나는 어디를 향하고 있는지? 나는 어디로 가고 싶고, 어디로 가야 하는지?'에 대한 해답을 갈망하고 염원하는 마음을 품어야 한다. 그러기 위해선 일상에서 뻔할 수밖에 없는 습관을 인지하고 개선하려는 의지가 필요하다. 일반적일 수밖에 없는 것을 다시 한번 생각해 보고 자신을 위해서 거리를 넓혀야 하는 것이 무엇인지 생각해봐야 한다.

1. 타인의 생각과 기준에 자신을 대입시키지 말아야 한다

일이니까, 직장이니까, 어쩔 수 없는 환경 속에 길들여져 간다면 자신의 모습을 잃는 건 순식간이다. 어쩔 수 없는 환경일지라도 결코 변하거나 바뀔 수 없는 자신을 보호하고 지켜나가는 건 스스로의 행복을 찾고 성공의 길에 들어서기 위한 시작이다.

2. 좋아 보이는 것에 현혹되지 말고 진정 자신이 좋은 것을 찾아야 한다

세상엔 그저 좋아 보이는 것이 너무나도 많다. 수많은 유혹에 취해서 홀릴 수도 있고 타인이 권해서 빠져들 수도 있다. 뭐든 좋아 보이는 건 되도록 접해봐야 한다. 그리고 난 후 진정 자신이 원하는 좋은 것을 잘 고르는 것이 중요하다. 타인이 뭐라고 해도 자신이 좋은 걸 발견하는 사람은 생각보다 많지 않다. 대부분은 많은 사람들이 좋다고 하는 것들에 이끌리게 된다. 모두가 자신만의 보물을 갖고 있지만 그것을 발견하고 살아가는 동안 누릴 수 있는 특혜는 아무나 가질 수 없다.

3. 권하고 권장하는 것은 한두 번의 관심과 시선으로 빠르게 판단하고 선택해야 한다

좋은 걸 나누고픈 인간의 미덕이 때론 타인에게 강요에 의한 족쇄를 채워주기도 한다. 그러나 강제로 채우는 것보다 스스로 족쇄를 차는 경우가 많다. 좋다고 들이미는 걸 강하게 거부하고 단절하는 경우는 흔하지 않다. 하지만 그럴수록 자신의 주관을 내비치며 선명한 색깔을 가져야 한다. 타인에 의한 선택이 나의 삶이 돼버리면 자신의 삶은 살아갈 수 없다. 삶에선 수동적인 모습도 필요하지만 능동적인 모습이 더 많이 드러나야 원하는 삶을 살아갈 수 있다.

주관과 소신이 저하되면 모든 좋아 보이는 것의 유혹에 쉽게 빠지게 된다. 좋아 보이는 것이 진짜 자신에게 좋은 것이라면 진작에 그것을 접했을 것이다. 몰랐던 것을 새롭게 안 것이 아닌 늘 접하던 것이 어느새 좋아 보인다면 진짜 좋은 건지 생각해 볼 필요가 있다.

삶은 매 순간이 작은 선택이다. 작고 하찮은 선택으로 오늘의 성공과 행복이 좌지우지된다. 별것 아니라고 넘어갈 수도 있겠지만 그 작은 것에 쓴 마음과 작은 몇 푼의 돈은 몇 날 며칠 머릿속을 떠나지 않는다. 오늘의 성공과 행복을 위해 귀 기울이고 슬쩍 관심 가졌던 것이 내일의 작은 걱정으로까지 충분히 이어질 수 있다. 그러니 타인의 의식에 흔들리지 않는 자신만의 생각과 세계를 품는 것은 원하는 삶으로 향하는 길에 들어서는 것이다.

의식은 현실이 될 수 있다

하버드대학의 심리학 교수 '엘렌 랭어(Ellen Langer)'는 자신의 저서 『늙는다는 착각』에서 의식에 대한 특별한 실험을 한 내용이 있다. 70~80대 노인 8명을 특별한 공간에서 일주일간 생활하게 하였다. 그 특별한 공간이란 20년 전의 생활양식을 그대로 재현한 곳이다. 실제 노인들이 20년 전에 사용했던 물건들을 배치하고 TV도 그 당시 유행했던 프로그램을 방영해 주었다. 단순히 노인들의 과거를 회상할 수 있는 생활공간 정도를 만들어준 것뿐인데 일주일 만에 놀라운 변화가 일어났다. 대부분 노인들의 시력, 청력, 기억력 등 신체 나이와 지능이 증가했다. 단 며칠 동안 예전 생활을 느끼게 해 준 것이 현실의 신체와 정신에도 영향을 줬다. 나이는 숫자에 불과하다는 걸 증명하는 실험이었다. 이 실험이 의미하는 바는 크다. 의식은 현실에 작용한다는 것을 증명했다. 단지 늙어가는 육체를 멈추거나 더디게 할 수 있다는 것뿐만이 아닌 원하는 순간으로 몸과 마음이 이동한다는 것이다.

우리는 보통 시간이 흐른 현실을 바라볼 때 모든 것에서 예전만 못하다는 무의식으로 살아간다. 이러한 무의식은 사람을 후퇴하게 만든다. 떨어지는 신체 능력과 활발하지 못한 기억력으로 점차 낙오된 삶을 살아갈 수밖에 없다는 생각에 사로잡힌다. 시간이 흐르는 삶 속에서 어제보다 나은 오늘을 살아가려 하지만 모든 건 조금씩 약해지고 소멸해 간다. 그럴수록 의식은 활기차야 할 오늘보단 쇠퇴해 가는 가까운 미래에 집중된다. 과거의 활발했던 좋은 것을 오늘에 안치시켜 시너지 효과를 일으켜야 하지만, 의식은 계속해서 불안한 오늘과 걱정되는 미래를 갖고 온다. 오지도 않고 겪어보지도 않은 것을 의식하게 되면 오늘에 새겨지기 마련이다. 성공과 행복을 꿈꾸며 나은 삶을 원하지만, 좋게 발전하지 못하는 사람은 자신이 원하는 구체적인 삶을 명확하게 생각하지 않는다. 막연한 생각과 계획만으로 운명의 삶 속에 스스로를 맡기고 운을 기다릴 뿐이다.

원하고 꿈꾸는 것엔 반드시 명확한 의식을 가져야 한다. 막연한 성공은 도면 없이 건물을 올리는 것과 같다. 구체적인 의식이 깃들여있는 성공은 시간과 장소, 상황에 구애받지 않고 생각한 그대로 만들어지고 이루어진다. 이루어진 성공의 모습도 중요하지만, 더욱 중요한 건 그 모습이 시간의 영향을 받지도 않게끔, 마치 몸에 착 맞는 슈트처럼 자연스럽게 그것과 하나가 되어야 한다는 것이다. 막연히 이루고 싶은 이상적인 것이 아닌 원래 자기 것인 걸 찾아내는 성공엔 구체적이고 명확한 오늘이 담겨있다. 그런 성공을 맞이하기 위해서 오늘의 행복이 필요하다. 오늘이 행복해야 되는 이유는 내일도 행복해야 하기 때문이다. 어제보다 나은 오늘과 내일이기를 바라는 마음으로 이어져야 한다. 보통의 삶은 내일의 행복을 위해 허리띠를 졸라매야 하는 오늘이 많겠지만 내일의 행복은 오늘의 보상이 아니다. 내일의 행복은 오늘의 연장이라는 사실을 잊지 말아야 한다.

삶이 유한하다는 걸 얼마나 인지할 수 있는가

완전한 노인이 아니고선 살아가면서 죽음을 인지하며 사는 사람은 흔하지 않다. 그러나 우리의 일상에서 사고사는 생각보다 많이 일어난다. 통계청에 따르면 질병 외의 예측할 수 없는 사고사의 사망자는 일 년에 평균 3

만 명 정도이다.

* 코로나 직전인 2019년 기준 '사망의 외부요인+운수사고=53.1+8.2명 (10만 명당) 대한민국 인구 5천만 명으로 잡았을 때 한해 사고사 평균은 3만 명 정도 / 2011년~2021년 사망의 외부요인 평균 지수 56.4명(10만 명당)

질병으로 인한 사람까지 포함하면 한해 30만 명에 가까운 사람들이 죽음을 맞이한다. 우리가 살아가면서 매년 비보를 듣고 접하는 횟수는 손가락 안에 꼽지만 대한민국 전체 인구로 봤을 땐 실로 엄청난 사람들이 예고 없는 죽음을 맞이하거나, 어느 정도 예측된 죽음으로 삶을 마감한다.

사람은 모두가 언제 죽을지 모르는 시한부 인생임에도 지나간 일을 수없이 되뇌고 알 수 없는 내일의 걱정으로 오늘을 살아간다. 인생과 삶을 단한 번만 살 수 있다는 것은 아주 어린 아이들도 알고 있다. 그러나 이러한 사실을 오감으로 받아들여 세상과 자신을 바라보는 눈이 뜨이는 시기는 저마다 다르다. 20대에 느낄 수도 있고 60대가 다 되어서도 느끼지 못할 수 있다. 드물게는 죽기 직전까지 자신의 존재를 인지하지 못한 채 그저 태어났으니까 살아온 인생이라는 생각으로 쓸쓸하게 생과 이별하는 사람도 많다. 그래서 우리는 되도록 늦게라도 꼭 찾아야 한다. 놓칠 수 없는 건 무엇인지, 놔야 하는 것은 무엇인지, 놓을 수밖에 없는 것을 위해 자신이 평생 꼭 갖고 살아가야 하는 건 무엇인지를 말이다. 이런 것을 수월하게 찾을 순 없겠지만 대부분은 마음과 정신이 머무는 곳, 객관적으로 명확하게는 돈을 자주 쓰는 곳에 있을 확률이 높다.

핑계는 어느 곳이나 어떠한 상황에도 있지만 사람은 진짜면 거의 대부분 행동으로 옮긴다. 어제도, 옛날에도, 더 먼 과거에도, 그래도 했었던 것은 그럼에도 불구하고 반드시 했다. 무엇이 없어서 못 한다는 핑계는 죽을 때까지 존재한다. 무언갈 간절히 원하면 돈이든, 시간이든 어떻게든 준비해서 하기 마련이다. 자신을 잘 알아보는 방법은 자신이 늘 머무는 곳이다. 그곳에 진정 스스로가 원하는 것이 있다. 그것을 알고 있다면 당장 오늘부터 해야 한다. 당신의 삶의 시간은 지금도 줄어들고 있기 때문이다.

Check Point

- 하루를 살아가는 자신의 모습 중 수많은 기쁨과 즐거움은 어디에서 오는가?
- 그것은 오늘을 위한 것인가? 오늘만 위한 것인가?

진심이 담긴 오늘의 삶을 방해하는
성공의 탈을 쓴 인생 나락의 생각 10가지

1. 수단과 방법을 가리지 않는 것

2. 월 1천만 원 버는 것이 무엇보다 중요하다 생각하는 것

3. 수억, 수십억을 번 사람들을 무조건 믿고 따르는 것

4. 좋은 차를 타는 사람들은 성공했고 행복하다고 믿는 것

5. 타인의 불운보다 자신의 돈벌이가 먼저라 생각하는 것

6. 유명한 사람들과 유명한 책을 신봉하는 것

7. 돈 잘 버는 쉬운 방법이 있다고 믿는 것

8. 돈 얼마에 자신의 삶 일부분을 기꺼이 버릴 수 있는 것

9. 타인의 작은 실수를 자신의 이익으로 돌리려 하는 것

10. 자신의 이익을 위해 생명을 희생시켜도 괜찮다고 생각하는 것

2. 삶에서 새겨지는 흠집은 결점이 아니다

흠집이 삶을 더욱 단단하게 만들어 준다

나는 하루를 시작하고 마무리하는 순간까지 몇 명의 사람들과의 관계를 맺으며 살고 있나? 단 한 명과 하루를 보냈나? 아니면 수십 명의 사람들이 스쳐 지나가는 정신없는 하루를 보냈나? 아니면 그 누구와도 만나지 않고 관계도 맺지 않은 혼자만의 하루였나? 매일의 하루가 비슷할지언정 똑같은 날은 없다. 생각보다 평온했던 하루였다면 내일은 뜻하지 않은 새로운 사람들과 정신없는 하루를 보낼 수도 있고, 바쁜 오늘을 보냈다면 내일은 조금 한가하고 평온한 하루를 보낼 수도 있다. 수많은 다양한 삶의 순간이지만 그 모든 순간은 자신이 원하는 좋은 방향으로만 흐르진 않는다. 마음 상하고, 생각지도 못한 상처에 몇 날 며칠을 고민하고 생각에 잠길 수도 있다.

그러나 하나만 기억하고 명심하면 된다. 오늘 새겨진 상처나 흠집은 오늘로써 끝나지 않는다. 삶의 모든 순간에 평생도록 지속된다. 상처와 흠집이 없는 삶은 어디에도 없다. 모두에게 새겨지는 아픔과 고통의 크기는 저마다 다르지만 전혀 없는 삶은 그 누구에게도 없다. 그러니 삶에서 치이는 잦은 상처에 의미를 부여할 필요도, 마음을 꺼내어 신경 쓸 필요도 없다. 일상의 하찮은 모습들이 잔잔히 흐르는 냇물처럼 여겨질 수 있도록 자신을 다져나가야 한다. 이것이 삶을 행복의 방향으로 길을 터주는 물길을 만들어주는 것이다.

진심을 전할 땐 담담하고 냉철하게

새로운 직장에 취직해서 기분이 좋다는 친구를 만났다. 친구는 그 누가 봐도 들뜬 목소리에 힘이 잔뜩 들어가서 흥분을 감추지 못했다. 친구의 삶에 좋은 기운과 행운을 함께 나눌 수 있음이 감사한 하루였다. 그 진심을 친구도 아는지 생각에도 없던 작은 선물을 받기도 하고 근사한 식사를 얻어먹었다. 생각보다 많은 지출을 하는 친구가 걱정이 돼서 자제하라고 슬며시 옆구리를 찔렀지만 괜찮다며 오히려 행복하다고 입꼬리를 최대한 귀에 걸려고 하는 모습이었다. 친구의 진한 기쁨이 담긴 미소는 하루를 함께 하는 내게도 큰 행복이었다.

친구는 해가 질 때까지 자신이 합격한 회사에 대한 애정과 열정을 입에 침이 마르도록 이야기했다. 더욱이 합격을 하고 나니 하나부터 열까지 회사에 관련된 모든 것을 긍정적으로 생각하려는 친구의 모습이 보였다. 그리고 나는 친구와 헤어지기 두어 시간 전에 작은 고민에 휩싸였다. 너무나 상기되어 있는 친구를 조금은 현실적인 말로 가라앉혀줄까? 아니면 그냥 이 기분 이대로 내버려 둘까? 하는 생각을 했다. 그리곤 결심했다. 진심이 담긴 진정한 사이라면 쓴 말도 해줄 필요가 있다고 생각했다. 그리고 나는 친구와 헤어지고 집에 귀가하자마자 장문의 문자를 보냈다.

○○에게

네가 지금까지 해온 모든 순간들 정말 고생 많았고 앞으론 좋은 일만 있을 거야. 고생 끝에 낙이 온다고 너의 삶도 이제 조금씩 피어날 테니 쭉쭉 뻗어 나가길 바라. 그런데 친구야, 마음이 너무 들떠서 풍선 부풀 듯 커져버리면 아주 작은 상처나 흠집에도 네가 쉽게 다칠까 봐 조금은 걱정된다. 기나긴 고생 끝에 찾아온 행복이겠지만 얻은 행복 또한 영원하진 않을 거야. 불편하고 안쓰러운 상황들이 기다리고 펼쳐질 테니 조금은 담담하고 차분한 마음을 유지했으면 좋겠어. 그래야 네가 원하는 순간을 더욱 오래도록 유지하고 이루어 나갈 수 있을 테니까. 나는 네가 진심으로 자랑스럽고 행복하길 바라. 그러니 부푼 감정으로 많이 쌓여있는 너의 현실을 조금은 냉철하게 생각하고 바라보는 현명함을 보였으면 좋겠어. 너의 기쁨이 나의 기쁨이듯 앞으로 너에게 닥칠 상처와 흠집들도 툭툭 잘 쳐내고 아무렇지 않게 정진할 거라 믿어. 직장생활을 하면 반드시 찾아올 수밖에 없는 작은 상처들은 너의 부족함이나 무능함 때문이 아니란 걸 기억해. 상처는 너를 더욱 단단하게 성장시켜 줄 확실한 증거로 남을 테니 아무 걱정 말고 넌 그냥 나아가기만 해. 앞으로 너의 모든 순간을 진심으로 응원할게.

문자를 보내고 한두 시간이 지나도 답문이 없었다. 내가 괜한 짓을 했나? 라는 불안한 생각이 잠시 스치기도 했지만 그 친구를 향한 내 마음이 진심이었기에 친구가 진심으로 잘되었으면 하는 마음을 담아 문자를 보낸 것이었다. 잠자리에 들 때까지 아무런 반응이 없어서 약간은 불안한 마음으로 전화를 해볼까 생각했지만 나의 진심이 친구에게 닿길 바라는 마음으로 그냥 잠을 청했다. 다음 날 친구에게 전화가 왔다. 퇴근길에 회사 앞으로 온다고 잠깐 만나자고 했다. 짧은 통화 중에 어제 보낸 문자에 대한 언급은 전혀 없었다. 그래서 약간은 불안한 마음으로 "어?!… 그래 알았어. 있다 보자."라고 뜨뜻미지근하게 대답했다.

오만가지 생각이 머릿속을 헤집어놓는 것 같은 하루여서 시간도 더디게 갔다. 퇴근 후 친구를 만나려고 길에 서 있는데 멀리서 걸어오는 친구의 표정이 매우 담담하게 보였다. 그런데 나를 보자마자 눈시울이 붉어지더니 와락 안고는 고맙다는 말만 연신 되뇌었다. 좋은 일이 있고 난 후 수

많은 사람들에게 소식을 전했는데 대부분은 말뿐인 축하와 밥을 사라, 술을 사라, 돈 좀 빌려줘라, 새 차를 한 대 뽑아라 등의 안부만 물어왔다고 했다. 냉철하게 진심으로 걱정해 주고 염려해 주는 사람은 없었다고 했다. 그래서 좋은 직장에 취직한 것보다 인간관계에서 회의가 조금 느껴져 한동안 기분이 썩 좋지만은 않았다고 했다.

사실 친구도 취직하기 전까진 자신의 무능함에 삶 자체가 많이 괴로웠었는데 상처가 될 만한 주위 사람들의 언행으로 마음이 안 좋았다고 했다. 사람들은 생각 없이 던지는 말인데도 상황이 좋지 않았던 친구의 입장에선 대부분의 사람들이 자신에게 상처의 언행을 스스럼없이 던졌다고 했다. 수많은 잦은 상처를 안고 드디어 취직을 해서 자랑스럽게 모두에게 소식을 전했지만 '뭐 어쩌라는 거지?' 이런 식의 반응만 돌아왔다고 했다. 분명 회사에 입사를 해도 부족한 자신에게 수많은 핍박이 쏟아질 게 뻔한데 어떻게 이겨내고 헤쳐나가야 할까? 이런 걸 많이 고민하고 있었다고 했다. 그러던 중 나의 문자를 받고 큰 용기와 힘을 얻어 창피하지만 참았던 눈물이 쏟아져 나온 것이었다.

흔들리지 않는 성장은 무던함으로 지킬 수 있다

나 역시 친구처럼 삶에서 잦은 상처는 많다. 굳이 약을 바르지 않아도 되지만 그냥 두면 며칠은 따끔거리고 신경 쓰이는 불편한 순간들 말이다. 때론 종이에 베인 것처럼 아무 느낌이 없다가 피가 조금 나는 것을 보고 그제야 아픔을 느끼는 경우도 있다. 약을 발라야 하는 상처는 반드시 약을 바르고 쉬어야 한다. 그러나 굳이 약을 바르지 않아도 될 것들로 인해 정신과 마음이 흔들리고 삶이 정체되면 아무렇지 않게 일상을 보내고 있는 타인들 몰래 끙끙 앓을 수밖에 없다. 세상과 삶은 그대로인데 나만 아프고, 나만

위축되고, 나만 도태된다. 결점이 아닌데도 결점인 양 스스로 움츠러드는 순간이 많아진다.

일상의 잦은 상처와 흠집은 거친 세상 좀 더 아무렇지 않게 견디며 나아가라는 인위적인 반창고 같은 것이다. 바람에 흔들려 움직이는 나뭇가지에 뺨을 맞았다고 그 자리에 서서 나무와 싸우는 사람은 없다. 길을 걷다 패인 보도블록에 다리가 걸려 넘어졌다고 보도블록에게 훈계를 늘어놓는 사람도 없다. 아무렇지 않게 누구나 경험하는 그런 불편한 것들은 인간관계도 마찬가지다. 의식 없이 파생되는 타인의 언행에 맞았다고, 혹은 스쳤다고 반응할 필요는 없다. 그것으로 인해 육체적, 정신적으로 큰 피해를 봤다면 짚고 넘어가야 한다. 하지만 평안히 잘 걷고 있는 자신의 길을 하찮은 것으로 인해 멈추거나 지체할 필요와 이유는 없다. 모기나 파리 하나 잡겠다고 집을 홀랑 태우는 일은 순식간이고 누구에게나 심심치 않게 일어난다.

성공은 지속적인 성장도 중요하지만 무던함과 퇴보하지 않는 무게도 매우 중요하다. 정성스럽게 관리된 정원도 우연히 보게 된 쥐 한 마리 잡으려고 순식간에 쑥대밭이 될 수 있다. 사람이 무너지는 경우는 큰 것보다 작은 경우가 더 많다. 온갖 시련과 고통을 잘 참다가도 일상을 불편하게 하는 작은 것으로 인해 쌓였던 것이 터지는 일은 부지기수다. 인간관계에서 타인의 부재란 있을 수 없다. 타인이란 내가 존재하는 이상 필수불가결한 것이다. 그렇기에 좋은 것만 품을 수 없고 나쁜 것만 배척할 수도 없다. 모든 경우와 상황에서 슬기와 지혜를 발휘하면 좋겠지만 모두가 완전치 못한 인간이기에 해답과 정답을 찾는 행위는 또 다른 고통을 자아낼 뿐이다. 그렇기에 무던한 마음을 품는 행위는 많은 것들이 차창 밖으로 스쳐 지나가게끔 정속으로 달리는 기분 좋은 드라이브와 같다.

- 자신의 일상에 반복되는 작은 상처와 흠집들을 적어보자.
- 최대한 아무렇지 않고 마음이 쓰이지 않게 생각에서 지우는 연습을 해보자.

3. '이해'라는 테두리에 갇혀 살지 말자

이해는 타인이 만든 울타리 안으로 들어가는 것이다

닭 다리를 좋아하는 할아버지는 평생토록 자신이 맛있어하는 닭 다리를 사랑하는 할머니에게 건넸다. 그러나 할머니는 할아버지의 마음은 알지만 기쁘거나 즐거운 날은 많지 않았다. 할머니는 닭 가슴살을 좋아했기 때문이다. 자신의 소중한 닭 다리를 건네는 것이 사랑이라고 믿는 할아버지는 할머니를 평생 이해할 수 없었다. 할머니는 그저 자신이 싫어하는 닭 다리만을 건네는 할아버지가 자신을 좋아하지 않는다고 생각하며 평생을 살아갈 뿐이다.

사랑하는 사람에게 자신이 좋은 것을 상대도 그럴 거라 생각하며 권하고 강요하는 행위를 우리는 일상에서 자신도 모르게 하고 있다. 이런 강요의 행위는 사랑이라는 명분으로 울타리를 만들어 그 안에 밀어 넣는다. 그 마음이 어떤 것인지 누구나 쉽게 알 수 있기에 이러지도 저러지도 못하는 씁쓸한 미소를 거두지 못한 채 살아가는 사람은 생각보다 많다.

우리가 소통이라 생각하면서 하는 행위들 중에는 양방향이 아닌 일방통행인 경우가 많다. 목적지를 정해두고 길을 갈 때, 자신 앞에 서 있는 것을 보게 되면 그것과 소통하려 하기보다는 훼방꾼으로 여겨 불만을 품기 십상이다. 버젓이 중앙선이 보이는데도 넘지 말아야 할 선을 넘는 행위까지 하기도 하고, 정속으로 달리고 있어도 경적 소리를 여기저기서 내기도 한다.

아이러니한 건 그러한 잘못된 행위를 하는 주체가 정작 자신의 잘못을 인지하지 못하거나 알면서도 위험 인식을 느끼지 못한다는 점이다.

우리가 열정을 담아 소통을 한다고 해도 상대방의 반응은 시원찮을 수 있고, 그리되면 불편함을 느끼기 마련이다. 던진 부메랑이 자신에게 그대로 돌아오지 않음을 받아들일 수가 없다. 행하고 표출하는 것만큼 돌아오지 않으면 손해라는 생각이 강하게 들고 단절이라는 벽을 빠르게 쌓아나가기 일쑤다. 그렇기에 소통의 과정이나 결과가 자신의 뜻과는 다른 길목에 접어들기도 한다. 모든 소통의 주체는 자신이므로 세상과 사람을 이해할 수 없는 영역으로 치부하고 합의점을 찾지 못한 채 원점으로 돌아가기도 한다. 이러한 반복은 누구에게나 흔한 성장을 저지하는 큰 덫이기도 하다.

누구나 삶의 중심은 자기 자신이다. 그래서 알고도 못 하는 것들이 난무하고 머리로는 이해하지만 몸이 따르지 않는 소통이 흔하다. '목소리를 듣고 이야기를 해야만 풀 수 있는 사람과 침묵의 시간이 필요한 사람 간의 갈등', '기다림에 수차례 메시지를 보내지만 늘어나는 메시지에 화와 불신만 더 쌓여가는 사람', '자신의 의도를 피드백받기 위해 수차례 메일을 보내지만 확인의 필요성을 느끼지 못하는 관계자', '당연히 내 편인 것 같은 사람에게 모든 걸 털어놨지만 뜻밖의 대답을 듣고 어긋나 버린 관계' 등 흔한 일상이다. 이러한 불통은 어느 한쪽의 잘잘못으로 나타나는 건 아니다. 서로의 입장과 다른 이해관계에서 비롯된다. 다양한 불통의 순간은 답답하고 쓸쓸한 현실을 느끼며 변화 없는 안타까운 반복일 뿐이다. 어느 누구 하나 자신의 표현 방법에 의문을 품고 다른 것을 생각하거나 택하여 행하는 경우는 드물다. 일률적인 타인과의 소통이 단절되면 인연을 운운하며 관계를 다시 생각해 보기도 한다.

그러나 예상외로 매 순간이 어려운 관계의 합을 맞추는 건 알고 보면 간단하다. 무언가를 듬뿍 담아 건네는 것보다 더 중요한 건 타인이 원하는 것을 온전히 받아들이고 끌어안는 것이다. 그러나 이러한 생각과 마음은 이해타산의 관계에서만 주로 나올 뿐, 감정을 내포하고 섞는 관계에서는 생각하지 못한다. 대부분은 자신의 마음과 정성에만 집중할 뿐, 상대방이 원하는 것에 귀를 기울이진 않는다. 닭 가슴살을 좋아하는 사람에게 자신이 너무나 좋아하는 닭 다리를 소중하게 건넨다고 절대 좋아하지 않는 것처럼 말이다. 오히려 자신을 싫어하거나 무시한다는 생각이 앞선다. 이런 걸 알면서도 자신이 좋아하는 닭 다리를 건네주는 것이 내가 좋아하는 상대를 위한 최대한의 배려와 마음이라고 생각한다. 상대방의 울타리 안에는 어떤 것들이 있는지 궁금해하거나 생각지도 않은 채 말이다.

'절대'는 오래전부터 존재했고 사라지지 않는다

실은 나도 어릴 적에 '절대'라는 말을 입에 달고 살았다. 누군가가 나와 다른 생각이나 의견을 제시하거나 말하면 무조건 '절대'라는 말을 시작으로 반박을 하거나 나의 생각만을 표현했었다. 그러면 당연히 하려는 대화는 대화로서의 본질을 잃어버리고 기 싸움으로 전환되어 끝나는 경우가 허다했다. 대화의 본질을 생각하지 않은 혈기왕성한 어린 시절의 소통 방법 중 하나였다.

대화는 서로의 생각을 섞는 과정을 거쳐서 합의점을 찾는 결과로 이어진다. 그러나 '절대'라는 단어가 들어가는 대화는 합의점을 찾을 수 없고 분쟁으로 이어질 확률이 매우 높다. '절대'라는 단어는 스스로 올가미에 묶이는 단어다. '절대'라는 단어를 언급할 때는 유하고 부드러운 말투가 나올 수 없다. 단호하고 확고한 어조와 표정이 무조건 들어간다. 그 자체가 상대에겐 위화감이고 자신과 융화하려는 의도를 배제하게 만든다. 이런 강압적인 단어와 언행으로는 자연스러운 소통이 불가할 것을 알고 있지만, 끊임없이 많은 사람들은 의도적으로 혹은 무의식중에 '절대'라는 말을 쓴다. 그것은 당신과 소통은 하되 내가 둘러친 울타리 안에서만 하겠다는 뜻이다. 각자의 방식으로 최대한의 배려를 앞세우지만, 결코 자신의 울타리를 넘진 않는다.

강압과 억압이 무의식에 깔린 소통은 소통으로 볼 수 없다. 명령이나 통보에 가까운 것이다. 사람은 소통이라는 명분하에 타인을 자신의 틀에 가두고 넣으려는 의식이 지배적이다. 상하 관계가 없음에도 상하 관계를 만들려는 취지이다. 마음과 멘탈이 조금이라도 약하거나 사회적으로 스스로가 약자라고 생각되면 무조건 받아들일 수밖에 없는 현실에 놓인다. 무의식중에 강압과 억압으로 이어진 소통은 단시간에 명료한 결론을 이끌어낸다. 그리고 각자는 상반된 생각으로 마무리한다.

갑: "깔끔하고 좋은 대화였다."
을: "예상대로 제멋대로 하는군."

대화와 소통을 함에 있어 사람들의 입에서 '절대'라는 말은 사라지지 않는다. 절대가 사라지지 않은 대화와 소통은 관계를 가깝게 만들 수도 없고 변함없는 차가운 현실만 느끼게 한다. 중요한 건 이러한 소통 뒤에 서로가 얻는 것과 잃는 것이 확연하다는 것이다. 쉽게 변하지 않는 것들에서 피해자는 자신의 뜻대로 결론을 도출한 사람이다. 자신의 뜻대로 만족한 결과를 얻음으로써 새로운 생각과 정보를 얻을 수 있는 기회는 가질 수 없다.

빠르게 변해가는 세상 속에서 스스로 우물 안에 갇히는 행위일 뿐이다. 늘 자신의 뜻대로 이기고 성취하는 길을 걷는다는 착각으로 조금씩 도태된다. 그런 이들에겐 어느 누구도 새로운 좋은 것을 접할 기회를 제공하기는커녕 드러내지 않고 감춘다. 단절된 생각과 언행을 통해 스스로는 굳건하고 단호한 것처럼 느낄 수 있겠지만, 사실은 고슴도치의 가시를 두른 듯 자신도 모르게 많은 것을 밀어내고 가까이할 수 없게 만든다.

세상은 이해할수록 뒷걸음질 친다 그저 수용해야 한다

세상이 빠르게 변하고 있다는 건 누구나 느낀다. 그러나 모두가 변화하는 세상에 발맞춰 나아가지는 못한다. 더러 앞서가는 사람도 있겠지만 눈에 띄지도 않는 소수만이 그렇다. 또한 그 소수보다 조금 더 많은 사람들만이 변화하는 세상에 적응하며 만족하는 삶을 살아간다. 그리고 대부분을 차지하는 보통의 사람들은 변하는 세상보다 늘 몇 발자국씩 느린 걸음으로 쫓아간다. 이런 보통의 사람들은 변하는 것에 놀라워하고 신기해하며 각자의 배움으로 조금씩 익혀나가는 평범한 사람들이다. 평범히 산다는 건 늘 모든 것들이 새롭고 신기하기 때문에 남들보다 앞서 나가는 것과는 당연히 거리가 생길 수밖에 없다.

평범한 사람들은 그나마 새로운 것들에 부정적인 생각은 덜 갖는다. 익숙하지 않은 것일지라도 현실로 받아들이려 애쓴다. 문제는 '이해'하려고 하는 사람들이다. 세상을 이해한다는 생각은 지극히 퇴보적인 생각이다. 세상은 이해하기보단 수용에 가까운 태도를 해야 발걸음을 맞출 수 있고 더 나아갈 수 있다. 자신이 이해 못 하는 세상을 비판만 하고 그대로 둔다면 세상에 대한 긍정의 생각과 마음은 결국 줄어들 수밖에 없다. 이해한다는 것은 자신의 경험치와 지식 안에서 수용할 수 있는 범위를 만드는 것이다. 그러나 세상이 변하는 주기는 놀라울 정도로 빠르다. 몇십 년 전까지만 해도 물을 사 먹는다는 생각은 말도 안 되는 것이었다. 잘 나간다는 직업들은 몇 년 사이로 빠르게 바뀌고 있다. 상상치도 못한 직업들이 생겨나는 걸 받아들이지 못하는 사람들도 많다. 먹는 것만으로(먹방 콘텐츠) 수천만 원을 번다고 하면 믿지 못하는 사람들이 여전히 많다. 그림을 그리고 음악을 만들고 글을 쓰는 일을 이제는 로봇들이 충분히 해낸다. 이처럼 세상을 '이해' 못 하는 사람들은 변화의 두려움이 클 수밖에 없다. 또한 그 이상을 상상하는 건 거의 불가능에 가깝다. 그렇기에 세상은 이해보단(Understand) 수용해야(Accept) 한다. 받아들이는 건 곧 창출(Create)할 수 있는 힘으로 연결된다. 그러나 받아들이는 것에 대한 두려움은 인간의 내면에 내재돼 있는 본능이기에 우리는 삶을 새롭게 바라보고 역행하는 자세로 매 순간 노력해야 한다.

누구나 처음부터 받아들이는 것에 부정적인 생각을 갖진 않는다. 인지능력이 부족하다는 것과 상관관계도 없다. 다만 자신이 일구어나가는 삶의 울타리가 원하는 만큼 형성이 되면 그 순간부터 정체가 일어난다. 자신이 원하는 좋은 것들이 적당히 쌓이면 그것에 익숙해지기 때문이다. 사람은 익숙해진 것이 쓸모를 다했어도 버리지 못하는 습성이 있다. 비우지 못하기에 더 이상 채울 수 있는 공간과 여유가 없을뿐더러 익숙한 것을 놓는다는 것에 대한 불안감을 떨칠 수도 없다. 익숙한 것은 낡기 마련인데도 인정하고 싶지 않은 심리도 작용한다. 따라서 이해를 하겠다는 준비 단계를 할때, 또는 이해를 시작하려 할 때, 우리는 이미 익숙해진 그것에 대한 반감을 어떻게 가질까? 여기부터 시작해야 하는 경우가 많다. 그래서 비우겠다는 겸허한 마음으로 수용해야 발전하고 나아갈 수 있다. 수용할 땐 어린아이 같은 마음이어야 한다. 마음가짐을 최대한 백지장으로 만들어야 한다. 백지장에 가까운 순수한 마음과 생각을 품는다면 이해해야 한다는 의무감은 자연스럽게 수용할 수밖에 없는 능동적인 마음으로 삶의 방향을 이끌어 준다.

Check Point

- 사람은 아무리 많은 걸 알고 있어도 세상에 더 많은 것들을 모르고 살아간다.
- 이해라고 생각하면 괴로움이 앞서고 새로움이라고 받아들이면 호기심이 피어난다.

4. 정형화된 성공의 법칙이 정답은 아니다

원하는 걸 갖기 위해선 포기할 것을 정해야 한다

나는 아침잠이 많은 아이였다. 학교를 아침 일찍 등교하긴 했지만 수업을 받을 때면 오전엔 늘 병든 닭처럼 졸기만 했다. 오전 수업을 제대로 들은 기억이 거의 없다. 부모님은 의지력이 부족하다며 혼을 내면서 정신을 제대로 차리지 않는 것이 문제라고 했다. 성인이 돼서 사회생활을 할 때도 마찬가지였다. 아침 9시까지의 출근은 곤욕이었다. 특히 사무직을 하기 전 외식업에 종사했을 때는 거의 새벽에 출근을 했다. 남들 기상하는 아침 6~7시까지 출근을 해야만 했다. 새벽같이 출근하려면 당연히 전날 잠을 일찍 자야 한다. 일찍 잠을 자지 않았다면 내가 못난 놈이었겠지만 초저녁인 19~20시에 잠에 들기도 했다. 잠을 충분히 잤음에도 여전히 해가 뜨기 직전에 일어나 준비를 하고 출근을 하는 것은 정말 지옥 같은 생활이었다. 직장인의 삶은 어쩔 수 없는 비슷한 삶이라 생각했다. 아니, 인생 자체가 그저 매일을, 매 순간을 이겨내고 싸워나가야 하는 것이라고만 생각했었다.

그러다 세상을 바라보았다. 누구나 일을 하고 직장엘 다니는데 모두가 아침에 출근을 하는 것은 아니었다. 하루해가 중천에 걸려있을 때 출근을 하는 사람도 있었고 해가 진 후, 밤에 출근을 하는 사람도 있었다. 똑같이 돈을 버는 일인데 왜 자신이 원하는 시간대에 일을 할 수 없을까? 라는 생각을 종종 하곤 했었다. 그래서 나는 어느 날 큰 결심을 하고 밤에 일을 할 수 있는 직업을 알아봤다. 병든 닭처럼 골골대는 아침 시간과는 달리 나의 육체는 밤 시간에 더 활발하게 움직임을 느낄 수 있었다. 그렇다면 과연 밤에 할 수 있는 일이 얼마나 될까? 선택의 여지가 많지 않았다. 저녁 식당이나 새벽 식당에서 설거지하는 것으로 시작을 했다. 나중엔 술집 주방으로 들어가 안주와 간단한 음식을 만들었다. 그때 당시 나에겐 어디에서 무슨 일을 하느냐는 그리 중요하지 않았다. 오전에 일어나서 활동해야 하는 고통을 더 이상 겪지 않아도 된다는 천국 같은 현실이 너무 좋았다. 밤이 깊어지고 새벽을 맞이하는 나의 몸과 마음은 정말 너무나 가벼웠다. 일을 마치고 늦은 새벽에 귀가를 해도 육체나 정신적으로 피로감은 그리 크게 느껴지지 않았다. 오히려 개운한 새벽 시간이 끝나고 아침 해가 뜰 무렵 파도처럼 밀려오는 피곤함이 온몸을 무겁게 짓누르는 것 같았다. 그건 분명 하루의 일과를 마친 사람이 느끼는 피로함이 아니었다. 그저 아침을 맞이해야 하는 그 자체로 느끼는 피곤함이었다.

하지만 밤의 생활(?)은 생각보다 오래 지속되지 못했다. 여러 가지 이유가 있었겠지만 가족들과 주위의 시선이 어느 정도 비중을 차지했다. 시대가 변할수록 다양한 생활이 인정받고 존중받는다고는 하지만 그래도 여전히 9 to 6(9시 출근, 6시 퇴근)의 삶이 일반적이고 정상적(?)이라는 생각이 대부분의 사람들의 뇌리에 박혀 있다. 그리곤 또다시 자의와 타의의 복합적인 현실에 못 이겨 아침에 출근하는 삶을 살고 있다. 그러나 쉬는 전날에는 늘 새벽 늦게까지(거의 아침까지) 나만의 시간을 갖는다. 기다리던 새벽 시간을 맞이할 때면 확신이 들곤 했다. 내가 살아 있음을 느끼고 나의 역량을 발휘할 수 있는 시간은 태양이 뜨는 시작점이 아닌 달이 뜨는 시작점이라는 것을 말이다. 현실의 삶을 거부할 수 없어서 대부분의 사람들이 움직이며 활동하는 시간대에 나도 역시 일을 하며 돈을 벌고 있지만 늘 꿈을 꾸었다. 어둠이 짙게 깔린 조용하고 고요한 곳에서 나의 꿈과 빛은 발할 수 있을 거라는 확신을 믿었다.

계절이 수십 차례 바뀌는 시간이 흘렀고 막연하게 생각하고만 있던 꿈은 수년이 흘러서 마침내 빛을 봤다. 밤 시간과 새벽 시간에 썼던 글이 모여서 책이 되었고 나는 그 누구도 생각지 못한 작가가 되었다. 작가가 됐든 뭐가 되었든 그게 중요한 것이 아니었다. 내가 원하는 삶의 시간 안에서 그토록 찾아 헤맸던 진정한 나를 발견할 수 있었다. 세상이 원하는 나와 내가 원하는 세상의 넘기 힘든 중앙선을 곡예 하듯 수차례 넘어 다니며 진짜 내가 원하는 세상을 발견했다. 물론 그토록 원하던 삶을 살고 있지만 삶의 모든 일상이 내 마음대로 퍼즐 맞추듯 깔끔하게 맞춰지는 건 아니다. 세상 사람들의 모든 삶도 마찬가지다. 원하는 삶을 살아간다는 것은 원치 않는 일을 해나가는 일상 속에서 원하는 순간을 종종 느끼는 경우가 대부분이다. 그러나 나는 원하는 일을 해나가며 원치 않은 순간들을 가벼운 마음으로 유유자적할 수 있는 삶을 만들었다. 그 방법 중 핵심은 죽을 것 같은 괴로운 것을 되도록 피하기 위해서 내가 내어주어야 하고 감내해야 하는 것이 무엇인지를 세심하고 냉철하게 선택했던 것에서부터 시작했다. 가장 원하는 것을 갖기 위해선 가질 수 있지만 포기하고 흘려버려야 하는 것이 무엇인지 구분해야 했다. 그렇게 나는 점점 하나씩 그리고 조금씩 평온한 마음을 유지하고 정신의 피폐함을 멀리하며 물질적인 가난이 결코 삶에 스며들지 않게 균형을 맞추는 진정한 성공의 길에 들어섰다.

'미라클 모닝'과 '1만 시간의 법칙'이 성공의 척도는 아니다

'미라클 모닝'이 한창 유행했을 때 나는 전혀 공감할 수가 없었다. 그 지옥 같은 고통의 아침을 이겨내면 성공한다고? 아침에 일찍 일어나 출근 전에 운동도 하고 책도 보고 하면 성공할 수 있다고? 시간은 소중한 것이라서 자투리 시간도 활용을 잘하면 삶과 세상을 자신만의 것으로 만들 수 있다고? 하루 3시간씩 10년만 한 가지 일에 전념하고 그것에 빠져들면 전문가가 될 수 있고 그것으로 성공까지 할 수 있다고?

'미라클 모닝'과 '1만 시간의 법칙'은 분명 사람을 바꾸고 개선시킬 수 있는 좋은 방법이자 법칙이다. 그러나 한 가지 간과하고 있는 게 있다. 모든 사람들이 효과를 보고 원하는 것을 이룰 수 있는 이론이자 법칙이냐에 의문이 들었다. 나는 단연코 아니라고 생각한다. 성장에 동기부여가 될 수 있는 이러한 법칙을 누구나 시작은 할 수 있지만 결국 끝에 닿고 원하는 것을 이루는 사람은 늘 그랬듯 소수이다. 그럼에도 많은 사람들은 검증된 이 방법을 맹신하며 포기하지 않고 삶의 일부를 기꺼이 투자한다. 돈과 시간을 아낌없이 쏟아부으며 새벽같이 일어나서 인증을 하고 하루에 3시간 정도를 성공하기 위한 규칙과 루틴을 만들어 지속적으로 실천하려 노력한다. 하루에도 수십 번 오르락내리락하는 감정과 기분을 절제하며 회사나 일터에서 쓸 수 있는 에너지를 최대한 아껴뒀다가 자신만의 시간이 되면 열정적으로 쏟아붓는다. 수년간 자신에게 머물고 스쳐 갔던 원치 않은 관계나 상황도 목표를 위한 견딤이 참을성으로 발전했고 때가 되면 변하는 계절도 느낄 겨를 없이 무사히 잘 건너간다. 이렇게 수년 동안 성공을 위한 법칙을 잘 수행해서 당신이 얻는 건 무엇일까? 참을성, 견딤, 자신감 등이다. 원하는 많은 돈, 넉넉한 시간과 삶의 여유, 자신이 원하는 좋은 사람과의 인연 등은 생각보다 그리 수월하게 삶에 놓이진 않는다.

성공의 법칙이라 말하는 객관적인 방법들은 말 그대로 '시간을 효과적으로 쓰는 방법', '타인의 감정을 잘 이용하여 돈을 쓰게 해서 내가 돈을 많이 버는 방법', '타인을 기분 나쁘지 않게 좋은 언어로 잘 구슬려 조정하는 방법의 마케팅' 등이다. 이 중에는 편법을 대놓고 이용하라는 사람도 많다. 목표를 위해 울분과 분노, 화 등을 끌어올려 독해지라는 메시지도 많다. 그 모든 것의 결말은 '많은 돈을 얻고 원하는 행복을 가져라'이다. 결국 이 미션을 수행하지 못한 수많은 사람은 패배자이고 기어코 원하는 것을 획득한 사람을 성공자라 말하기도 한다. 패배자는 삶이 우울하고 성공자는 꽃길 같은 매일의 행복을 누리고 있을까? 나는 전혀 그렇지 않다고 생각한다. 이 법칙을 잘 수행하지 못한 사람 중에는 자신만의 루틴이나 새로운 모습을 발견하여 의외의 것에서 깨달음을 얻고 독창적인 성공을 만들어낸 사람도 있다. 이 법칙을 잘 수행해서 원하는 돈과 삶을 얻은 사람 중에는 원하는 돈과 삶 외의 사람이나 관계, 멘탈이나 건강 등을 얻지 못하거나 잃은 사람도 많다.

성공이라 말하는 수많은 조언과 법칙의 궁극적인 목적은 거의 비슷하거나 하나이다. 대부분의 사람이 원하는 돈을 얻는 것이다. 그러나 결코 쉽지 않은 험난한 길에 원하는 것이 놓여있을 거란 보장은 없다. 그럼에도 성공에 목말라 있는 우리는 말의 눈가리개를 장착하고 그 길에 들어선다. 목적과 목표만 있을 뿐, 자신과 주위는 없다. 한정된 시간이라는 공간에서 모두가 탐내는 걸 먼저, 그리고 많이 얻는 사람이 성공자로 보인다. 그러나 타인이 부러워하는 걸 가진 그들에게도 삶의 후회와 허전함은 늘 존재한다. 세상 모든 사람들의 삶에 있는 후회가 보이지 않고 느낄 수 없다면 당신도 그저 부러워하는 것에 눈이 멀어 가로등 불에 돌진하는 불나방 정도밖에 안 된다.

좋아 보이는 걸 위해 누구나 관심을 갖고 발을 담가볼 수 있다. 미흡하게 느낀 성공의 모습이 자신이 원하고 좋은 것이라 느끼면 이 악물고 완성해 나갈 수도 있다. 그러나 모두가 오르는 산을 모두가 쉬지 않고 한 번에 정상에 올라가는 사람은 없다. 한두 번 쉬는 사람도 있고 수 번을 쉬었다가 오르는 사람도 있다. 반도 가지 못하고 내려오는 사람도 많다. 칼을 들었으니 호박이라도 반드시 자르겠다는 마음으로 자신을 돌보지 않고 정상에 오르면 죽을 수도 있다는 사실을 많은 사람들은 모르거나 잊고 살아간다. 끈기는 쉬지 않고 죽을 때까지 지속하라는 말이 아니다. 적절할 때 '끊을 수 있는 용기'를 얼마나 가질 수 있느냐의 차이이다. 악착같은 끈기는 자신을 포함해서 많은 걸 잃을 수도 있는 중독성이 강한 마약과도 같다.

성공에 닿기 위한 방법은 어느 누가 이룬 것을 똑같이 따라 하는 게 아니다. 그럼에도 수많은 사람들은 오랜 시간 동안 정형화된 성공의 법칙과 유명한 책을 신봉하며 그것에만 빠져든다. 그 길만이 성공에 들어설 수 있고 원하는 것을 가질 수 있는 진리라고 믿는다. '미라클 모닝'과 '1만 시간의 법칙'은 당신이 원하는 성공의 모습에 닿을 수 있게 도와줄 수 있다. 다만 그러한 법칙들로 자신을 잃어버리거나 고난과 고통을 견뎌내야만 하는 현실의 지속적인 반복이라면 결코 행복한 성공을 맞이할 수 없다. 돌이킬 수 없는 많은 시간을 지옥에서 보내야만 하기 때문이다. '누구를 위한 성공인지?', '어떠한 모습의 성공인지?', '무엇에 의의를 둔 성공인지?' 궁극적으로 그것이 행복과 연결되는 것이며, 성공이 오랫동안 이어질 수 있는가를 생각해 보는 것이야말로 진정한 성공을 위한 중요한 생각이다. 무언가를 하다가 쓰러지거나 넘어지는 건 당연히 있을 수 있다. 다만 실패의 두려움이 포기에 닿아선 안 된다. 실패가 '성공하지 않았다'로 결부되지 않게 '성공이 아닌 방법을 찾음'에 의미를 두어야 한다. 그러다 보면 결국 자신이 원하는 성공의 구체적인 모습이 보이고 그 빛을 따라갈 수 있다.

'하면 된다.'라고 하지만 정작 하질 못하는 이유

수많은 성공한 사람이 방송과 소통의 공간을 통해서 많은 사람들에게 성공의 노하우를 전하고 알려준다. 불완전하고 엉망이었던 지난날을 이야기하며 어떠한 과정으로 지금의 위치까지 왔는지를 설명하고 그 과정을 강의와 강좌로 세상에 알려주고 있다. 그러면 대부분의 사람은 감명과 깨달음으로 진심의 박수를 보내고 자신도 마음을 다진다.

"나보다 못했던 저분도 했는데 나도 할 수 있어."
"지금의 나는 과거의 저분보다 나은 환경을 살고 있으니 못할 리 없어."

성공한 누군가를 대하고 그 사람의 노하우를 얻으면 대부분 할 수 있다고 외치며 당장 삶을 바꾸려 시도하고 노력한다. 그러나 알다시피 그런 성공한 사람처럼 되는 건 소수의 사람들뿐이다. 소수만이 그 과정을 이어나가고 이루어낸다. 이것은 아주 먼 과거에도 그랬고, 현재도 똑같고, 미래에도 변함없을 것이다. 나중에 또 다른 성공한 사람이 세상을 향해 멋지게 변한 자신의 현실을 이야기하고 그 방법을 알려줘도 똑같이 과정을 밟고 이루어나가는 사람은 손가락에 꼽을 만큼의 소수밖에 없을 것이다. 그럼 우리는 한번 생각해 봐야 한다. 왜 알아도 이루지 못하고 변하지 못할까? 자질이 부족해서? 능력이 부족해서? 열정이 부족해서? 무언가를 시작하거나 그것을 이루기 위한 과정에 문제는 없다. 그들의 공통점은 바로 '한다는 것'

이다.

"아니, 우리도 똑같이 하는데 그게 무슨 차이와 문제인가요?"

성공한 사람들은 그 목표를 위해 그것만을 바라보고 그것에만 열중했다. 일상의 다른 잡스러운 행위를 생각하거나 쳐다보지도 않았다. 어릴 적을 생각해 보면 공부를 잘했던 아이들은 두 가지 부류였다. '공부만' 열심히 해서 잘하는 아이들이랑 '공부할 때 집중을 잘해서' 잘하는 아이들이다. 공부할 때 집중력이 좋아서 잘하는 아이들은 타고난 머리가 좋은 특별한 경우이다. 그들은 보통 공부도 잘하지만, 운동도, 친구 관계도, 다른 것들도 대부분 잘하는 일명 '재수 없는' 부류이다. 흔하지 않은 특별한 케이스라서 일반적이라 말할 순 없다. 중요한 건 '공부만' 하는 아이들이다. 이들은 공부만을 하기에 공부를 잘한다. 그 말인즉슨 공부 외에는 다른 것에 크게 신경도 쓰지 않고 관심도 없다는 말이다.

그 나이 때는 한창 사춘기라서 외모에 관심이 충분히 있을 법도 하기에 조금이라도 신경은 쓰고 다닌다. 정돈된 모습을 일상에서 보이려고 적당히는 꾸민다. 또한 친구 관계도 적당히는 유지하려 한다. 같이 떡볶이도 먹어야 하고 주말엔 사복을 입고 어울리며 바람도 쐬러 다녀야 한다. 그 나이 때 해야 할 것들을 무시할 순 없다. 그게 평범하고 일반적인 모습이다. 반면 진짜 공부만 하는 학생은 보통 외톨이고 '왕따'를 당하기 일쑤다. 그러나 공부만 하는 학생들이 생각이 없는 게 아니다. 목표가 있기에 '딱 몇 년만 참자'라고 생각하며 다짐한다. '좋은 대학에 꼭 가야지! 그러려면 몇 년은 이것을 이만큼 완성하고 숙지해서 내 것으로 만들어야 돼'라는 구체적인 과정과 목표가 있다. 이것이 전형적인 성공의 법칙과 크게 다르지 않다.

성인이 되고 나서 어느 시점부터 성공을 하고 싶어서 책을 읽고 강연을 보러 다니고 실행을 한다고 하더라도 현실의 삶은 그것만을 할 수 없다. 일을 해야 하고, 먹고도 살아야 하고, 각자의 생활문제, 가정의 일과 문제, 그리고 주변 환경의 문제들을 신경 쓰고 해결해야만 하는 사소한 많은 것들이 매일같이 쌓이고 넘쳐난다. 그래서 '하면 된다.'라는 것을 알지만 오랜 시간을 지속적으로 꾸준히 해나가기가 어렵고 힘들다. 또한 중요한 것이 아니더라도 사람은 본능적으로 신경 쓰이고 걸리적거리는 것들을 무시하며 살 수 없다.

'빈 수레가 요란하다.'라는 속담이 있다. 공부를 못하는 아이들은 필통에 온갖 종류의 펜들이 많고, 책상은 늘 깨끗이 정돈되어 있으며, 공부를 시작하려면 자신의 심신과 책상 및 주변 환경을 정리하고 세팅을 해야 비로소 공부를 시작할 수 있다. 반면 공부를 잘하는 보통의 아이들은 펜의 종류 따윈 상관없이 손에 잘 잡히고 잘 써지는 한두 자루만이 전부이다. 또한 공부하는 책과 노트는 절대 깨끗할 리가 없다. 수도 없이 넘기고 들춰봐서 모서리는 닳아서 둥그스름해졌고 책은 늘 공기가 들어간 듯 사이가 벌어져 있다. 그렇기에 책이 깨끗할 리도 없다. 타인은 알아보지 못하고 자신만 알아볼 수 있는 필기와 낙서들 때문에 책이 너덜너덜해지기 일쑤다. 공부를 잘하는 아이들을 알아보는 것은 이처럼 쉽다. 그것에만 매진하는 흔적을 충분히 볼 수 있기 때문이다.

모두가 시작할 순 있지만 소수만 닿는 성공이 어려워 보이는 것은 성공을 위해 그 사람이 어떻게 살아왔는지 충분히 보이기 때문이다. 그저 남들다 보는 자기 계발서 책 몇 권을 읽고 읽었다는 인증에 혈안이 되어 있는지, 유명해진 성공한 사람을 따라다니고 쫓아다니기에만 급급한지 알 수 있다. 성공을 위해선 해야 하는 것에 집중하는 것만큼 하지 말아야 할 것을 신경 쓰지 않고 지나칠 수 있는 마음 자세가 중요하다. 수용하고 채우는 실행력의 열정만큼 하지 않아도 크게 문제가 되지 않는 유혹을 끊고, 자르고, 멈출 수 있는 결단력을 얼마나 쌓아가고 유지할 수 있느냐가 알고 보면 성공의 중요한 열쇠이다.

Check Point

- 자신이 원하는 성공을 위해서 무엇을 포기할 수 있는가?
- 남들과 똑같은 24시간 중 자신만을 위해 할애하는 시간과 행위는 무엇인가?

5. 자신이 갖고 싶은 이름을 가져라

원하는 성공의 삶은 이름부터 시작해라

나의 이름은 '이민혁'이다. 필명이다. 본명은 전에 출간한 두 권의 책에 모두 언급했고 검색창에 검색해도 나온다. 두 번째 책에 '불편한 나무 한 그루가 마음에 자라고 있어서 필명을 쓴다.'라고 했다. 불편한 나무가 무엇인지 책에선 구체적으로 언급하지 않았지만 종종 하는 오프라인 강의에서 이야기하곤 했다. 어릴 적 말더듬증이 심했었는데 성인이 되어서도 쉽사리 고쳐지지 않았다. 삶에 회의가 들 정도로 나의 단점들이 죽을 만큼 싫었다. 말더듬증을 고치려고 수많은 노력을 했었다. 서른이 넘어서야 결국 마음의 병인 걸 인지하고 나서부터 말더듬증은 놀라울 정도로 나아졌다. 말더듬증은 말 자체를 더듬는 단순한 병이 아니다. 말더듬증은 사람들마다 잘하지 못하는 단어나 문장이 다르고 힘들어하는 언어의 표현이 제각기 다르다. 나는 주로 첫말이 잘 나오지 않거나 특정 자음이 안 되는 것들이 있다. 오랜 시간 동안 수많은 방법으로 말더듬증을 고치려 노력했었고 많이 고쳤지만, 여전히 쉽게 잘 안 되는 발음들이 있다. 주로 'ㅈ', 'ㅊ', 'ㄷ' '된소리' 등이 자연스럽게 나오지 않을 때가 많다. 내 본명 이름 세 글자의 자음은 'ㅈㅈㅊ'이다.

예전만큼은 아니지만 여전히 아주 가끔 나의 단점으로 인해 일상이 불편할 때가 있다. 직장을 다니면서 혹은 외부 사람들과 어울리면서 겪는 순간의 불편함 등은 대충 넘어갈 수 있다. 문제는 내가 글을 쓰겠다고 시작한 시점부터였다. 내가 만든 창작물과 나의 이름이 세상에 나오는 것에 대한 약간의 두려움을 느꼈다. 이건 단지 내가 유명해지거나 그렇지 않은 것과는 다른 문제였다. 내 이름 세 글자를 언제든 자연스럽게 말할 수 있을까? 행여나 강의를 하게 된다면 말을 더듬지 않고 하고 싶은 말을 수월하게 할 수 있을까? 라는 아주 커다란 두려움에 휩싸였다. 그러나 말더듬증 때문에, 실수가 창피하다고 꿈을 접거나 걷고자 하는 길을 외면하는 건 결코 아니라는 생각이 들었다. 첫 책의 원고를 쓸 때 정말 수천 번을 더 생각하고 생각했다. 태어날 때부터 겪었던 불편함이 이 이름과 늘 함께했었다. 그럼 나는 여전히 이 이름으로 새롭게 시작된 삶을 이어나갈까? 아니면 새로운 나의 삶에 새로운 이름을 붙여줄까? 하는 것을 말이다. 결국 필명을 택했고 내가 원하는 이름으로 된 책을 받아 든 순간, 정말 몇 날 며칠을 울었다. 나는 내가 선택한 이름으로 진정한 나의 삶을 시작했다. 작가의 삶에 있어 내가 나에게 선물한 이름은 어떤 순간이든, 어떤 장소이든, 누가 갑자기 물어보든, 내 이름 '이민혁'은 아주 자연스럽게 입에서 나온다.

인터넷 세상에서 우리는 본명보단 닉네임을 주로 사용한다. 닉네임은 스스로를 잘 표현할 수 있는 이름으로 쓰며 수시로 바뀌기도 한다. 이미 오래전부터 연예인들은 가명이나 활동명으로 연예계 데뷔를 하곤 했다. 힙합 가수들은 이름을 상징적인 단어로 사용하는 경우도 많다. 개명을 하기도 하고 독특한 이름인 '아이유' 같은 활동명으로 잘된 케이스는 많다. 젊었을 때도 인기가 있었고 나이가 들어서도 특유의 탤런트(talent)로 활약을 하는 연예인 탁재훈도 본명이 '배성우'인 걸 모르는 사람들이 여전히 있다. 이처럼 특별한 닉네임이나 상징적인 단어가 아니더라도 자신만의 특별한 가명으로 스스로를 표현하며 사는 사람들은 많다. 또한 몇 년 사이 급성장한 유튜버들도 자신만의 독특한 이름을 세상 곳곳에 알리며 부와 명예를 쌓아가고 있다. 이와 같이 세상에 자신의 존재를 알리거나 드러내서 성공한 사람들은 태어날 때 부모님이 지어주신 이름보다는 대부분 자신이 원하는 이름을 가짐으로써 삶의 이유를 명확하게 느낄 수 있는 계기를 만들기도 한다.

　이름을 가지라는 말은 비단 자신의 이름 세 글자만을 뜻하는 것이 아니다. 장사를 시작한다면 자신의 삶이 투영될 수 있는 멋진 가게 이름을 신중하게 짓는 것이 중요하다. 규모가 좀 더 큰 회사를 차린다면 더욱 그리해야 한다. '스타벅스'에서 일하는 직원들은 존대가 없고 닉네임을 부른다. (직위는 있지만 엄격한 상하관계의 직장생활은 아니다.) 그래서 회사에 입사할 때 불리길 바라는 이름을 적어서 제출해야 한다. 이런 것들이 평범한 직장생활을 하는 보통의 사람들에겐 해당하지 않을 것 같지만 그렇지 않다. 키우는 반려견이나 반려묘에 지어준 이름을 아무렇게나 대충 짓진 않을 것이다. 취미로 무언가를 만들고 있다면 완성이 됐을 때 붙여줄 이름을 미리 생각하면서 만들고 있을 것이다. 내 삶에서 나에게, 혹은 나와 관계를 맺고 있는 생명이나 무생물 모두에게 이름을 붙이는 건 자신의 삶을 차지하고 있는 큰 존재라는 뜻이다. 그중에서도 자기 자신에게 스스로가 원하는 이름을 지어준다는 건 그것을 원하고 그것과 가까워지겠다는 의미이다. 그어떤 동기부여나 생각의 다짐보다 강력한 것이다. 타의적이나 수동적이 아닌 오롯이 자신이 원하는 꿈과 살아가고 싶은 삶의 모습을 위해 원하는 이름을 가져야 한다. 내 이름 '이민혁'도 그러했다. 겉으론 부드러우면서 속은 강인한 '외유내강'의 삶을 살고자 하는 마음을 담은 이상적인 모습의 이름을 오랫동안 고민해서 필명을 지었다.

원하는 삶의 방향으로 들어서라

갖고 싶은 이름을 갖는다는 건 원하는 삶을 살아간다는 것과 다름없다. 원하는 삶을 산다는 건 많은 이들이 누리지 못하는 걸 세상에서 누릴 수 있다는 특혜와도 같다. 자신의 존재를 자기 스스로 인정하며 만들어나가는 것이 원하는 삶이자 성공과 행복에 닿는 것이다. 그러나 세상과 삶은 뜻하는 대로 흐르지 않는 경우가 태반이다. 어디로 튈지 모르는 럭비공같이 늘 불안하고 안절부절 어찌해야 될지 모르는 자세로 굳어가는 것이 보통의 삶이다. 그 안에서 열정과 노력으로 오랫동안 럭비공을 지켜보고 있으면 럭비공이 튈 방향을 꽤나 자주 예상하거나 막기도 한다. 우리는 되도록 이렇게 쉽진 않지만 스스로의 삶을 자신이 제어할 수 있어야 한다. 그래야 자신이 원하는 이름과 성공을 가질 수 있다.

인생은 공수래공수거다. 인생이란 게 아무것도 없이 시작해서 결국 아무것도 없는 빈 몸으로 가겠지만 살아가는 순간만큼은 자신이 원하는 것들로 최대한 채우고 유지하며 살아가야 한다. 재물에 욕심을 부릴 필요가 없다는 건 인생은 재물만으론 원하는 삶을 살 수 없다는 뜻이다. 가는 곳마다 자신의 생각과 마음이 녹아있고 자신의 존재와 활동으로 인해 사람과 공간이 움직이고 바뀌어가는 삶이 진정한 성공과 행복이 깃든 삶이다. 그러나 대부분의 사람은 어릴 적에 발을 들여놓은 삶의 길을 크게 벗어나지 못한다. 오랫동안 외식업에 종사했었던 나도 주방 일을 하기 싫어서 여러 번의 일탈을 감행했었지만 결국은 제자리로 다시 돌아가 꾸역꾸역 일을 하는 나 자신을 마주했었다. 내가 원치 않았던 주방 일을 탈출할 수 있었던 가장 큰 계기는 그 일이 내 삶에 행복은커녕 어떠한 영향도 주지 않음을 강하게 느꼈을 때였다. 더욱이 그 일로 인해 버는 돈이 전혀 기쁘거나 즐겁지 않은 나날이 반복될수록 나 자신이 한없이 초라하게만 느껴졌다. 반면 당시 같이 일했던 동료 친구는 땀을 흘리며 열심히 일하는 모습에서 행복이 보였다. 그 친구는 나중에 자신의 가게를 할 생각에 하루하루가 들뜬 행복으로 충만했었다. 같은 일을 하고 있었지만 원하는 삶을 순조롭게 걷고 있는 그 친구와 나의 일상은 천국과 지옥으로 확연히 나뉘었다.

원하는 삶은 20대에 찾을 수도 있지만, 60대가 넘어도 못 찾는 사람이 많다. 대부분의 삶은 원치 않은 일을 적극적으로 피하려 하지도 않고 원하는 일을 적극적으로 찾으려 하지도 않는다. 많은 사람이 돈에 의해 자신의 직업을 선택하는 건 자연스러운 삶이다. 더욱이 돈에 의해 택한 직업의 대부분의 삶은 생각보다 그리 나쁘게만 흘러가지도 않는다. 풍요로운 현실을 누릴 수 있고 삶의 고난들도 돈으로 해결되는 경우가 많다. 그러나 분명 돈 하나에만 기울어진 삶은 곳곳에 피어나는 고통과 불행의 순간을 인지하거나 알아차리진 못한다. 원하는 삶을 찾기 위해선 자신을 만족시키는 한두 가지에만 꽂혀선 안 된다. 우선적으로 순위를 두어야 하는 어쩔 수 없는 것들이 있겠지만 한번 발을 들여놓으면 쉽게 돌이킬 수 없는 일과 삶인지 정도는 어렴풋이나마 짐작해야 한다. 아무리 시대가 변하고 모든 것들이 빠르게 변한다고 하지만 선택에 대한 의무를 저버리는 것만큼 불운한 것도 없다. 원하는 것을 쌓아나가는 일상에서 자신이 감내해야 하는 것의 모습을 관망할 수 있도록 오감을 키워나가는 건 매우 중요한 일이다.

누구나 나무 한두 그루 정도는 언제 어디서든 자세히 살펴볼 수 있고 관리하는 데 큰 문제도 없다. 시간이 흐르고 나이를 먹으면서 자신의 사회적인 모습이 확대되어 갈수록 나무의 개수는 천차만별로 늘어난다. 예상치도 못한 나무를 만나거나 알 수 없는 병충해를 접하면 당연히 누구나 휘청거리면서 흔들린다. 대부분은 어떻게 해서든 슬기롭게 헤쳐나가겠지만 막다른 벽에 갇힌 듯 한순간에 무너져 내리는 사람도 있다. 처음에는 모두가 한두 그루의 나무를 보고 시작하지만 그것이 숲이라고 생각되는 순간은 사람마다 다르다. 열 그루 정도 됐을 때 숲이라고 생각하는 사람도 있고 최소한 백 그루는 되어야 숲이라고 느끼는 사람도 있다. 예상치 못한 나무나 병충해는 누구나 삶의 모든 곳에서 만난다. 자신이 바라보는 삶의 숲이 하나라면 전체가 흔들리고 여러 개라면 그중 하나가 흔들린다. 진정으로 원하는 삶이 정확히 어떤 숲인지 모르면 자연재해나 병충해로 소멸될 수 있다. 그렇기에 최대한 작은 숲을 많이 돌보는 것이 원하는 삶의 길을 빠르게 찾을 수 있는 방법이다. 많은 숲을 거느린다는 건 작게나마 다수가 선호하는 숲도 가질 수 있다는 것이며, 동시에 쉽게 발을 뺄 수 없는 숲도 상황에 따라 과감히 포기할 수 있다는 것이다.

  귤 상자 안에 썩은 귤은 다른 멀쩡한 귤도 빠르게 오염되게 만들고 썩게 만든다. 그래서 귤을 박스째로 사면 가장 먼저 펼쳐놓고 분류해야 한다. 썩은 것은 빨리 버리고 나머지 귤도 물로 한번 세척해서 보관해야 오래 두고 먹을 수 있다. 귤 상자에 썩은 귤이 아깝다고 제때에 버리지 못하고 도려내고 먹다가 배탈이 나는 사람이 많다. 아깝다고 과감히 버리지 못한 귤 때문에 멀쩡하고 싱싱한 다른 귤을 돌보지 못하는 과오를 저지르면 안 된다. 썩은 건 빨리 버리고 싱싱한 것을 소분해서 사랑하는 사람들과 맛있게 먹는 오늘이 잦을수록 원하는 삶의 방향은 명확해진다.

자신의 것을 꼭 가져야 한다
길다면 길고 짧다면 짧은 삶을 지루하지 않고 재미있게 살아가는 가장 중요한 요소 중 하나는 '자신의 것'을 갖는 것이다. 사람들은 자신의 것을 갖는 것에 대해 크게 혼동하고 있다. 무언가를 소유한다는 개념으로 생각하고 있다. 자신의 것을 갖는다는 것은 본인만이 평생 소유할 수 있고 본인의 뜻대로 그것을 즐길 수 있는 것을 말한다. 그렇기에 물건이나 생명 등은 되도록 피해야 한다.

누구나 어느 정도의 삶을 살아가면서 한 박자 쉬어갈 나이가 되면 비슷한 감정을 느낀다. '허무함'이라는 감정이다. 열심히 살아온 인생을 뒤돌아봤을 때 뿌듯하고 가슴 벅찬 일들을 느끼는 만큼 그만큼의 허무하고 허망한 기분이 가슴 깊이 내려앉는다. 이런 기분이나 느낌은 굳이 나이를 많이 먹지 않아도 될 30대 중, 후반이나 40대에도 충분히 느낄 수 있다. 그리고 50대가 넘어가면 보편적으로 다 키워놓은 자식들로 인해 서운하고 아쉬운 감정을 크게 느낀다. 그래서 반려동물 등의 생명을 키우거나 누구나 하는 비슷한 취미들을 갖기 시작한다. 운동, 등산, 낚시 등 말이다. 대부분의 사람은 삶의 어느 시점에 자신이 감당할 수 없거나 견딜 수 없는 삶의 고비가 반드시 찾아온다. 정도와 양이 다를 뿐 세상 사람 모두에게 찾아온다. 그들 중에는 이런 감정을 거의 못 느끼거나 덜 느끼는 사람도 있다. 이런 사람이 바로 '자신의 것'을 가진 사람이다.

아주 어릴 적부터 가진 사람도 있고 나이가 들어 자신을 돌아보며 찾고 싶다는 열망에 뒤늦게 가진 사람도 있다. 이것은 물건이나 생명이 되어선 안 되지만 쉽사리 찾을 수 없기에 어느 정도 포함되기도 한다. 뒤늦게 배우는 바이크로 인해 즐거운 나날을 느끼는 사람도 있을 테고, 반려견이나 반려묘 등을 생각조차 하지도 않다가 어떠한 기회로 키우게 됐을 때 느끼는 따뜻함이나 안정감 등을 만날 수도 있다. 그러나 이러한 것들은 바이크가 없거나 생명이 죽으면 또다시 예전으로 돌아간다.

자신의 것이란 건 타인의 간섭이나 통제를 받지 않고 스스로 언제든 원할 때 즐길 수 있어야 한다. 각종 취미가 여기에 포함될 수도 있겠지만 사람들이랑 어울려야만 할 수 있는 것은 많은 제약을 받는다. 그래서 최대한 소유할 수 있는 물건은 적어야 하고 시간과 장소에도 크게 구애받지도 않아야 한다. 대표적으로 독서와 글쓰기가 있겠지만 보편적으로 많은 사람들이 쉽게 접하고 해나갈 수 있는 것은 아니다. 모두가 알겠지만 독서와 글쓰기는 시간, 장소, 돈에 크게 구애받지도 않고, 생명을 컨트롤해야 하는 스트레스도 없고, 평생 지루할 일 없이 즐길 수 있는 일이다. 좋은 점이 많지만 과정이 어렵고 힘들어서 보편적으로 사람들이 자신의 것으로 만드는 것은 쉽지 않다.

*허망함과 후회가 적고 삶의 매 순간을 즐겁고 보람 있게 보낼 삶의 요소 10가지

1. 되도록 돈과 시간이 적게 들어가야 한다.
2. 언제나 능동적으로 자연스럽게 원하는 느낌을 가져야 한다.
3. 준비나 마무리에 많은 시간을 빼앗기지 않아야 한다.
4. 자신이 통제할 수 없는 것이 개입되지 않아야 한다.
5. 보람을 느끼고 다음을 기약하고 싶은 욕구가 있어야 한다.
6. 가벼워야 한다. 잃어도, 끝나도, 가볍게 털 수 있는 것이어야 한다.
7. 힘을 주지 않아도 부담이 없고 언제든 접할 수 있고 손에 닿아야 한다.
8. 타인이 부러워할 만큼 몰입할 수 있는 것이어야 한다.
9. 타인에게 도움이 되고 도움을 줄 수 있는 것이면 금상첨화다.
10. 오롯이 자신을 바라보며 존재의 이유를 느낄 수 있는 것이어야 한다.

진정한 내 것이 되기 위해선 위의 요소들 중 최소한 3개 이상은 되어야 한다. 그만큼 자유로운 범위 안에서 자신이 힘껏 끌어안을 수 있는 것이어야만 한평생 무색무취처럼 그림자같이 자신의 곁에 머물 수 있다. 요란하거나 분주한 것들은 스치는 것일 뿐, 자기 것이 아니다. 금전적인 것뿐만 아니라 마음과 정신까지 가벼울수록 자신의 것은 어디를 가든 빛날 수밖에 없다. 커다란 목표와 장대한 마무리를 기대하지 말고 언제든 가볍게 입고 벗을 수 있는 외투 같은 것을 얻어야 한다. 어쩔 수 없이 먹고사는 일이 중요하지만 먹고사는 일만을 하고 산다면 평생 위태로운 외줄을 탈 수밖에 없다. 자신의 것이란 나만이 할 수 있는 독특한 것이 아니다. 누구나 할 수 있지만 누구보다 몸과 마음, 그리고 정신이 가벼운 상태로 오늘 하루를 기쁘고 즐겁게 살아가는 것이다.

Check Point

- 세상 사람 모두에게 공평하게 주어지는 건 하루 24시간이다.
- 자신의 몸과 마음이 삶의 곳곳에 의지대로 묻어나는지, 혹은 어쩔 수 없는 틀 속에서만 살아가는지 생각해 보자.

6. '열심히'란 속임수는 당신을 노리고 있다

늘 열심히 살았지만 여유로운 삶은 아니었다

매일이 바쁜 하루의 연속이었던 어머니가 예전에 이런 말씀을 한 적이 있다.

"이놈의 팔자는 일복은 많은데 살림살이는 나아지는 게 없네."

어릴 땐 그저 부모님의 신세 한탄 정도로만 생각했다. 또한 우리 집의 형편이 이런 건 당연하다고 생각했다. 부모님 두 분은 정말 법 없이도 사실 그런 정직한 분이다. 오히려 살아오는 동안 당신들의 이익을 챙기려는 능동성보단 타인에게 손해를 보는 것이 오히려 마음 편하다고 생각하는 분들이다. 그럼에도 늘 불쌍한 사람을 지나치지 못하고 안쓰러운 마음을 내포하며 살고 계신다. 자식의 입장이 아닌 객관적인 시각으로 봤을 때도 부모님 같은 분은 하늘이 도울 법도 할 텐데 하루 벌어 하루 먹고사는 삶의 끝을 찾진 못한다. 할아버지, 할머니가 된 지금도 두 분은 은행 빚의 이자를 조금씩 갚아나가며 살고 계신다. 이런 정직함으로 삶을 살아가는데도 하늘이 도우기는커녕 사람이 살면서 지극히 경험하기 쉽지 않은 큰 화재를 겪기도 했었다.

어느 추운 겨울날, 옆집의 화재로 인해 우리 집까지 불길이 번져서 피해를 고스란히 입었다. 물질적인 재산의 피해는 물론이고 정신적인 후유증으로 인해 부모님은 한동안 불안과 안전과민증을 보이기도 했었다. 서울 중구의 화재 사건으로 뉴스와 매스컴에 '겨울철 화재 주의' 토픽으로 나오기도 했었다. 그래도 부모님은 가족들의 건강이 우선이었기에 누구 하나 다친 사람이 없는 것이 하늘이 도왔다고 말씀하셨다. 그리곤 여전히 변치 않은 일상 속에서 오늘 하루 무탈하게 밥 먹고 사는 것에 감사해 하는 그런 소박한 모습으로 살아가고 계신다. 이제는 자식들을 모두 출가시키고 두 분이서 지내지만 여전히 부지런하고 바쁘게 지내신다. 마음 같아선 서울살이를 정리하고 고향으로 내려가시면 편하겠거니 생각하지만 분주한 서울 도심 생활이 삶 자체가 되어버린 부모님의 일상이 어느 순간 멈춰버리면 안 되겠다는 생각이 앞섰다. 거동이 예전만큼 자유롭진 않지만 부모님은 여전히 분주하고 바쁜 일상 속에서 어제를 추억하고 오늘의 행복을 찾으며 살고 계신다.

어릴 적 종종 친구네 집에 놀러 가면 2층 집에 사는 친구가 부러웠다. 당시에 좀 잘 산다는 집의 실내 인테리어는 주로 나무로 되어있었는데 친구 집이 그러했다. 소파 하나도 엄청 컸으며 팔걸이는 동그란 통나무를 깎아서 나뭇결이 보이는 무늬였다. 아무것도 모르는 어린아이가 봐도 비싼 집에 비싼 가구들이었다. 또한 친구의 부모님은 친절하고 우아하셨다. 온화한 미소는 기본이고 편하고 여유로워 보였다. 친구의 어머님은 늘 과자와 과일을 주셨다. 말투 또한 상냥하고 나긋나긋하신 말투였다. 친구의 부모님이 무슨 일을 하시는지는 어린 나이에 관심을 둘 여력이 없었다. 그러면서도 늘 의아하고 궁금한 것이 있었다. 우리 집보다 훨씬 잘 사는 친구네 집 부모님은 분주하고 바쁘게 행동하거나 정신없어 보이질 않으셨다. 더 여유가 있어 보였다. 늘 집에 계셨고 외출을 하셔도 두어 시간 만에 귀가를 하시곤 했다. 부모님 뭐 하시냐고 친구에게 물어봤지만 친구도 잘 모른다고 했다. 친구와 같이 놀다가 가끔 친구 아버님이 통화를 하신다고 잠시 조용히 해달라고 하면 뭔가 어른들이 진중한 대화를 하고 계심이 느껴지곤 했다. 한참 나이를 먹고 생각해 보니 그 당시 친구 아버지는 전화 통화 몇 분과 잠깐 외출하시는 행위로 일을 하고 계셨던 것이었다.

그에 반해 친구들이 우리 집에 놀러 오면 집에 늘 부모님이 계신 건 아니었다. 어머니가 종종 계실 때도 있었지만, 어머니는 바쁘다며 있는 거 챙겨 먹으라고 하셨다. 어머니는 나와 잘 지내라며 친구들에게 살갑게 대하셨지만 늘 누구에게 쫓기듯 빠른 말투와 바쁜 몸짓으로 친구들에게 짧은 인사만을 건넬 뿐이었다. 나는 정직하고 올바른 삶을 사시는 부모님이 늘 자랑스러웠지만 그럼에도 바쁜 삶을 벗어날 수가 없었던 이유를 성인이 돼서도 한참 동안 알 수가 없었다. 이제는 두 분 다 머리가 하얗게 변하셨지만 여전히 삶이 한가하거나 여유롭지는 않으시다. 또한 자식으로서 많은 걸 해드릴 수 없는 죄송한 마음이 늘 가슴에 있어서 울컥하기만 한다.

'열심히'보다 중요한 건 낮은 자세로 넓게 바라보는 것이다

나나 친구나 모두의 부모님들은 열심히 사셨다. 오늘날 우리들도 그렇고 어린아이를 키우는 부모들은 더욱 열심히 산다. 그런데 삶은 '열심히'만 산 사람들에게 결코 더 많은 부와 여유를 가져다주진 않는다. 그렇다고 삶에 충실하지 않고 대충 살아가다간 밥 한 끼 먹는 것도 수월하지 못할 세상이다. 그럼 어떻게 살아가야 잘 살 수 있을까? 일복이 많다는 건 크게 두 가지로 나눌 수 있다.

1. 사회적으로 경제적인 창출을 위해 몸을 움직이는 것
2. 개인적으로 자신의 쾌적한 삶을 위해 주위를 정돈하는 것

대부분의 사회적인 활동은 월급을 받고 맡은 바 수임을 해나가는 모습이 보편적이다. 그리고 월급은 예전이나 지금이나 큰 변동이 없다. 물가가 오르는 만큼 수입도 비례적으로 올라야 하지만 대부분의 사람은 수치나 체감적으로 큰 변화를 못 느낀다. 사회는 점점 중간 계층이 줄어들고 서민들이 체감하지 못하는 틈바구니 속에서 부익부빈익빈을 향해 조금씩 나아간다. 그럼에도 우리는 여전히 열심히 살아간다. 열심히 하면 진급도 하고 월급이 오른다. 그러나 월 200만 원 받던 사람이 회사를 위해 뼈를 깎듯 고통을 감내하며 희생한다고 해도 월급의 두 배 이상인 월 500만 원 이상으로 껑충 뛰는 일은 흔하지 않다. 성공과 행복을 위해 많은 걸 포기하고 에너지를 쏟아부으며 열심히 살아도 자신이 기대하는 것만큼의 보상과 만족은 쉽게 따라와 주질 않는다.

삶과 일상에서 열심히 안 사는 사람이 얼마나 될까? 자신의 인생을 최선을 다해 살지 않는 사람이 많을까? 절대 그렇지 않다. 그런데 왜 열심히 사는 많은 사람들의 행복의 빈도가 높지 않고 그들은 원하는 길을 수월하게 걷지 못할까? 바보처럼 열심히 하다 보면 좋은 날과 쨍하고 해 뜰 날이 올 거라는 믿음 때문일까? 해답을 몰라서 '열심히'의 유혹을 빠져나오지 못하는 걸까? 우리가 명확하게 알아야 할 것은 '열심히'는 '잘하는 것'을 이길 수 없다는 것이다. '열심히'만으로는 원하는 것을 얻거나 원하는 곳에 닿을 가능성이 크지 않음에도 대부분은 '열심히'란 놀이터에서 놀고 있다. 잘해야 된다는 걸 알지만 잘하기 위해 필요한 것을 생각하지도, 준비하지도, 이행해 나가지도 않는다.

'추마와 아주르'의 이야기는 너무나 유명하다. 아주르는 열심히 일을 했지만 기중기를 만든 추마를 이길 수 없었다. 아주르가 몇 년간 돌을 나르고 피라미드를 쌓는 동안 추마는 놀면서 허송세월을 보낸 것이 아니다. 반복적인 고된 일을 수월하게 할 수 있는 방법을 생각하고 연구한 것이다. 정형화된 직진만을 바라봤던 아주르는 일하지 않는 추마를 이해하지 못했고 비난만 일삼았다. 그러다 결국 몇 년간 힘겹게 하층의 지반만을 다진 아주르는 기중기로 손쉽게 피라미드를 뚝딱 지어낸 추마에게 지고 말았다. 이야기에서 중요한 건 추마와 아주르 모두 맡은 바 일에 최선을 다하고 열심히 했다는 것이다. 다만 타인이 봤을 때 과정을 이해할 수 없는 추마였지만 그는 자신의 미래를 믿고 확신했다. 추마도 아주르가 힘겹게 돌을 나르고 쌓는 동안 열심히 생각하고 구상하고 계획을 했던 몇 년의 시간이 그리 순탄하지만은 않았다.

열심히 하는 것은 자신의 생각과 취향에 관계없이 백지상태에서도 무엇이든 가능하다. 그러나 잘하는 것은 선천적인 타고남도 중요하겠지만 무엇보다 그것에 대한 생각의 빈도와 애착이 중요하다. 열심히 하는 것은 테두리 안에서 이행되는 많은 것의 조건과 목적이 따르지만 잘하는 건 그렇지 않은 경우가 많다. 돈을 벌기 위해 어떠한 일을 열심히는 많이 하지만 그 일이 궁금하고 해 나가는 과정이 즐거워서 돈을 버는 일은 흔하지 않다. 그렇기에 전자는 자신의 주머니에 담긴 돈만큼만 그 일을 바라보고, 후자는 그 일을 한없이 바라보기에 주머니에 돈이 얼마나 담길지 알 수 없다. 설사 조금 담겼다 해도 크게 실망하지도 않고 의도치 않게 많이 담기면 더할 나위 없는 기쁨일 뿐이다.

또한 '열심히'의 가장 큰 폐해는 뜻하지 않게 일이 잘되고 돈이 잘 벌리는 순간을 겪는다면 평생토록 새로운 것을 보지 못하고 그 안을 맴돌아야 하는 현실에 갇힐 수 있다. 사람은 스스로에 대한 믿음과 소유욕이 강해서 어떠한 것으로 사회적인 명성과 부를 조금이라도 얻으면 삶이 끝날 때까지 그것을 놓지 못한다. 자신이 가진 지식과 방법이 최선이고 증명됐다는 사실의 그 순간에 갇혀 빠져나오지 못한다. 그렇게 지독한 꼰대가 되고 새로운 것에 대한 강한 부정으로 삶을 살아가기도 한다. 그렇기에 맹목적인 열심히보단 잘하기 위한 관망의 자세와 마음이 필요하다. 그래야만 좋음과 싫음의 유무를 판단할 수 있고 과정의 지루함이나 고통 등을 아무렇지 않게 넘길 수 있으며 다른 것을 대하고 받아들일 수 있는 긍정의 생각을 품을 수 있다. 결국 잘하는 걸 찾는 일은 시대와 세대를 아우르고 버팀과 견딤을 최대한 멀리서 바라보며 매 순간의 삶이 기쁨과 즐거움으로 차오르는 진정한 자신의 삶을 발견하는 것이다. 비록 많은 시간과 시행착오가 필요하겠지만 눈앞에 보이는 급한 불을 매일 꺼야만 하는 어쩔 수 없는 현실의 삶에서 멀어지려면 반드시 이런 방법을 행해야만 한다.

미련한 행동을 하지 말고, 서두르지 말고, 지치지 말고, 한두 가지 길만 보지 말고, 귀를 얇게 하지 말고, 명확한 것을 오래도록 가슴에 품고 충분히 생각해야 한다. 변해야 하는 걸 알면서도 변하지 않고 과거를 유지하는지, 무의식중에 아닌 걸 알지만 어쩔 수 없는 현실 때문에 변하지 않는지, 자기애가 없는 흐릿한 과거에만 빠져있는 건 아닌지, 무능한 스스로의 현실만을 탓하며 준비 없는 미래를 맞이하려 하는 건 아닌지, 이러한 생각을 일상의 한 귀퉁이에 두고 자주 들여다봐야 한다. 가끔이라도 자신만의 공간 안에서 충분히 생각해 보고 반성해 보는 시간은 꼭 가져야 한다. 하지 말아야 할 것들을 인지하며 잘하기 위한 짧고도 명확한 생각과 행동의 연습이 필요하다.

정답은 영원하지 않다. 그때의 그 순간에 그것이 정답이었을 뿐이다. 단 한 순간만을 살아가는 우리가 아니기에 순간의 열심히는 생명이 짧다. 눈앞에 보이는 높은 곳만 응시하기보단 낮은 자세로 넓게 바라보면 타인이 보지 못하고 갖지 못하는 성공과 행복의 길은 보일 수밖에 없다.

오늘을 열심히 산다는 건 좋은 생각을 가득 품는 것이다

생각보다 사람들의 무의식은 빠져나올 수 없는 늪을 허우적대는 것처럼 현실에 안주하는 경우가 많다. 오늘을 잘살고 싶어서 두 손을 꼭 쥐고 이를 악물어 보지만 제자리 쳇바퀴 돌듯 변하지 않는 현실에 허망함을 느낀다. 괜찮아 보이고 나아 보이는 타인의 삶도 별반 다르지 않다. 다만 그들은 늘 생각하고 되뇌며 자신을 통제하려 노력하고 있을 뿐이다. 인간의 본능은 부정이 지배적이어서 긍정을 끌어들이는 능동성을 보이지 않으면 나쁜 것들에 잠식되어 버린다. 문제없고 괜찮은 삶을 방치해서 스스로 파괴하는 과오를 범하지 않도록 좋은 방향으로 흐를 수 있는 마음가짐을 매일 조금씩 떠올리고 표출해야 한다. 무엇보다 오늘 이 순간에 집중하며 필요 없고 쓸데없는 감정들을 최대한 멀리 둘 수 있는 10가지의 생각과 마음을 연습해 보자.

성공할 수밖에 없는 현명한 오늘을 위한 10가지 마음가짐

1. 이루지 못한 과거에 미안해하지 말자.
2. 불찰에 의한 것에 자책감을 갖지 말자.
3. 미련하고 무지했던 시간을 한탄하지 말자.
4. 확신 없는 내일에 모든 걸 쏟아붓지 말자.

5. 뜻하지 않게 흐르는 시간에 조급하게 서둘지 말자.

6. 아쉬운 걸 뒤돌아보느라 앞서가는 운을 놓치지 말자.

7. 자꾸 생각이 난다고 해도 지나간 것에 미련을 갖지 말자.

8. 오늘도 충분히 잘 살지 못하면서 내일을 궁금해하지 말자.

9. 내일이 오는 것의 두려운 마음에 오늘을 허망하게 보내지 말자.

10. 자기 자신을 스스로가 믿지 못하면 그 누구도 당신을 믿지 않는다.

Check Point

- 계란은 나눠 담고 씨는 흩트려 뿌려야 한다.

- 성공, 운, 행복은 자신이 정한 곳을 깊게만 판다고 반드시 나오지 않는다.

- 높은 하늘만 보며 아픈 목을 부여잡지 말고 넓은 대지를 바라보자.

7. 작은 습관은 구르는 눈뭉치와 같다

좋은 습관은 돈으로 살 수 없는 것을 갖게 해 준다

습관(habit)과 루틴(routine)은 비슷한 의미 같지만 구체적인 뜻은 다르다. 그러나 보통 사람들은 둘 다 정기적이고 반복되는 행동이라는 공통점 때문에 혼용해서 사용한다. 루틴은 의식적으로 나오는 행위이고 습관은 무의식적으로 나오는 행위이다. 의식적인 루틴의 반복으로 습관이 형성되기도 한다. 따라서 좋은 루틴을 설계하고 만들어나갈 때 그것을 좋은 습관으로 발전시킬 수 있다. 자신도 모르게 경험하는 우리의 일상은 대부분 습관에 의해 이루어지는 것이 많다.

아침에 일어나서 눈도 뜨지 않은 채 이를 닦거나 물을 한 잔 마시는 일, 식사 후 커피를 마시거나 담배를 피우는 일, 외출 시 가방을 챙길 때 휴대폰이나 지갑을 확인하는 일 등은 크게 의식하지 않아도 자연스럽게 몸이 움직인다. 반면 늦잠을 자서 지각을 할 것 같지만 이불을 정리하는 일, 식사 후 영양제를 챙겨 먹기 위해 식탁 한쪽에 그날 먹을 영양제를 올려놓는 일, 가벼운 스트레칭을 매일 하기 위해 저녁 8시에 맞춰놓은 30분 홈트레이닝 알람 등은 꼭 해야 하는 것들을 의식적으로 인지하려고 노력하는 것이다. 습관은 동기나 목적, 보상 등이 필요 없지만 루틴은 이것들을 필요로 한다. 따라서 여러 가지 루틴을 만들어서 성취를 느끼는 것, 성공에 닿는 행동과 과정으로 루틴을 만드는 것은 결코 쉬운 일이 아니다. 그러므로 삶에 이로운 것을 당연하고 자연스럽게 습관화시키는 것이 기를 쓰고 힘을 주지 않아도 원하는 것에 수월하게 닿는 방법이다.

서던캘리포니아대학의 심리학 교수 '웬디 우드(Wendy Wood)'는 우리의 행동 신호에서 자동으로 촉발되는 습관의 비중이 43%라는 증명을 수천 건의 실험을 통해 과학적으로 밝혀냈다. 우리가 일상에서 행동하는 모든 것의 절반 정도는 무의식적으로 자연스럽게 한다는 뜻이기도 하다. 따라서 좋은 습관을 만드는 일은 자신의 삶을 원하는 방향으로 놓고 성공으로 흐르게 할 수 있는 가장 자연스러운 방법이다.

일상 행동의 절반에 가까운 습관은 대부분 성인이 된 이후에 자신이 좋게 느낀 것들이 습관으로 굳어진 경우가 많다. 이 같은 경우 대부분은 과정이 어렵고 힘들더라도 나중을 위해 참아가며 습관화시킨 것보다 삶의 기쁨과 즐거움을 위해 몸에 밴 경우이다. 젊었을 적 일상이었던 술, 담배와 식습관 등을 중년이 넘어서도 쉽게 고칠 수 없는 이유가 여기에 있다. 그러나 인지 능력이 있는 성인이라면 현재 자신의 안 좋은 습관을 고치려 다짐하고 노력한다. 쉽게 바뀌진 않겠지만 의지를 품고 루틴을 만들어 과정의 실패를 경험하면서 늦은 나이에도 좋은 습관을 만들어 나가려 한다. 하루를 보냄에 있어 습관적으로 나오는 행위들은 무의식의 본능으로 나오는 것과 루틴으로 이룬 노력의 결과물이 뒤섞여 있다. 짧게는 몇 년 전부터 시작하게 된 것도 있고 길게는 몇십 년에 가까운 것도 있다.

나도 몇 년 전부터 하게 된 좋은 습관이 하나 있다. 아침에 일어나자마자 소금물로 가글을 한다. 물을 미지근하게 끓여서 입안과 목구멍 깊숙이 가글을 한다. 보통 5~10회 정도 입안을 헹굴 수 있는 분량의 소금물을 기상과 함께 비몽사몽 중에 만든다. 이렇게 입안을 소금물로 헹구고 나면 매우 개운한 느낌을 받는다. 의학적으로도 밤새 입안에 쌓인 세균과 이물질이 제거된다. 건강에 좋은 행위이다. 처음엔 물을 미지근하게 끓여서 소금물을 만드는 행위가 매우 귀찮았다. 식염수로도 해보고 시중에 판매하는 가글 제품으로도 사용해 봤다. 여러 가지를 해본 결과 내가 직접 적당량의 농도를 맞춰서 하는 가글이 제일 개운하고 좋다. 타인이 보면 매우 귀찮을 법한 행위다. 그러나 이런 나의 습관은 하루를 시작함에 있어 나를 개운하게 해주고, 동시에 심신을 안정시켜 준다. 건강을 위해서 하는 행위임과 동시에 하루를 잘 시작할 수 있게 단단히 묶어주는 주춧돌 역할을 한다.

또 한 가지 정말 오랫동안 하고 있는 아주 사소한 습관이 있다. 이 습관은 별것 아닌 것 같은데 샤워 직후에 로션이나 크림을 먼저 바르는 행위이다. 대부분은 다들 자신도 그렇게 한다고 할 것이다. 그런데 나는 수건으로 물기를 닦은 즉시 1~2분 내로 바른다. 보통은 샤워 후 수건으로 물기를 꼼꼼하게 닦고 머리까지 드라이기로 말리는 경우가 많다. 머리를 안 말리고 물기만 꼼꼼히 닦는다고 해도 방까지 이동하여 얼굴에 무언가를 바르는 시간은 최소한 5분은 족히 걸린다. 머리까지 완벽히 말린 후 방으로 이동해서 무언가를 바르려면 10분 이상은 소요된다. 그러나 나는 이러한 행위를 모두 건너뛰고 최대한 빨리 얼굴에 무언가를 바를 생각부터 한다. 샤워 직후 의식적으로 생각해야 하는 귀찮음 정도로 여겨질 수도 있겠지만 얼굴과 몸에 무언가를 바르는 행위는 본능적인 습관이 됐다. 전혀 의식적으로 생각할 일도, 귀찮을 일도 없다. 혹자는 말할 것이다. "그런 행위를 왜 습관을 들였나요? 굳이 그렇게까지 급하게 할 이유가 있나요?" 나는 이런 행위를 굳이 하는 것도 급하게 하는 것도 아니다. 그냥 자연스럽게 하게 된 것이다. 그리고 중요한 건 이러한 습관으로 내가 얻은 것이다. 나를 처음 보는 대부분의 사람들은 내 나이보다 서너 살 혹은 네댓 살 정도는 어리게 본다. 피부과에서 전문적으로 피부 나이도 측정을 해보니 10살 정도 어리게 나왔다. 남들은 돈을 들여 피부 관리 같은 것을 받지만 나는 그럴 필요가 없다. 일상의 습관이 나 자신을 잘 관리해 주고 있기 때문이다.

사실 그 몇 분 사이에 얼굴에 무언가를 바르지 않는다고 해서 늙거나 노화가 오는 것도 아니고 걱정할 필요도 없다. 그러나 샤워 직후 피부에 무언가를 먼저 바르는 행위가 습관이 된다면 몇십 년 후 남들처럼 수백만 원을 들여서 얼굴과 피부에 무언가(의료행위)를 할 필요는 없을 것이다. 그리고 이미 지나는 세월 동안 다른 동년배들보다 분명 동안인 얼굴과 피부를 갖고 살아갈 수 있다. 원하는 것은 자신이 원하는 시기에 시간과 돈 그 밖의 것을 들여 얻을 수도 있지만 아무것도 아닌 작은 습관으로 인해 자연스럽게 가질 수도 있다.

'나중'에 관대한 사람들

원하는 것을 얻기 위해 꼭 필요한 몇 가지 요소가 있다. 똑똑해지려면 공부를 많이 해야 하고 당장 돈을 벌려면 일자리를 알아보고 발로 뛰어야 한다. 그 여러 가지 요소 중 무조건 필요한 건 '시간'이다. 그래서 무언가 늘 부족하고 빠듯하게 사는 사람은 입버릇처럼 수시로 말한다.

"할 건 많은데 시간이 없네."

삶에서 원하는 것은 매 순간마다 조금씩 다르겠지만 대부분 돈에 관련된 것을 부족하게 생각하며 불만을 토로한다. 그래서 대부분 사람들의 일상은 돈을 벌기 위한 행동이 가장 중요하고 1순위이다. 반박할 수 없는 당연한 일이다. 모든 사람들의 하루의 일과는 먹고살기 위해 돈을 버는 행위와 이를 위한 마음의 소비라 해도 과언이 아니다. 슬픈 현실은 그런 삶이 하루 이틀, 일주일, 몇 달 이상으로 삶의 목표가 오로지 돈 벌기에만 집중된다고 해도 대부분의 사람들은 원하는 만큼의 돈을 충분히 벌며 살아가진 못한다는 것이다. 그리고 그중에 돈 벌기에만 집중해서 원하는 만큼에 가까운 돈을 소유한 사람 또한 한 가지를 간과하기 쉽다. 그것은 바로 세상 모든 것을 다 가졌다는 착각이다. 많이 벌리는 돈과 함께 잃는 것도 있지만 인지하지 못한다. 행여 나중에 삶을 뒤돌아보며 재정비하는 순간을 맞이하더라도 번 돈으로 다시 살 수 있는 것과 없는 것은 확연히 구분된다. 돈으로 살 수 없는 것은 영원히 잃는 것이고 돈으로 살 수 있는 것은 번 돈을 소비하는 행위밖에 되지 않는다. 결국 열심히 돈만을 버는 행위만으론 결코 원하는 삶을 살아갈 수 없다.

예전엔 앞만 보고 열심히만 살다 보면 보상을 충분히 받던 때도 있었다. 월급을 모아서 서울에 집을 살 수 있었고 여러 개의 적금통장으로 짠돌이처럼 아껴서 수도권 변두리의 조그만 별장을 사서 주말 텃밭을 일구며 사는 꿈만 같던 시절도 있었다. 하지만 세상은 빠르게 변했고 앞으로는 더 빠르게 변할 것이다. 돈에 대한 걱정은 월급을 모아서 집을 살 수 있었던 그때도 있었고 늘 경기가 어려운 지금도 사람들의 주된 고민거리다. 앞으로는 더욱 커지는 빈부격차 때문에 돈 걱정은 점점 더 삶을 파고들 수밖에 없다. 돈으로 많은 걸 해결할 수 있다는 믿음 때문에 수많은 가치를 지닌 사람들의 오늘은 끝없는 내일로 미뤄지고 있다. 하지만 그럼에도 그들은 그냥 살아가고 있다. 예상보다 많은 돈을 벌 수 있는 오늘이 기회인지, 오늘이 아니면 할 수 없는 것을 선택하는 것이 기회인지는 모두가 후회로 남을 이 순간에 꼭 생각해 봐야 한다. 그러기 위해선 아쉬운 것들에 '나중에'라는 이름을 붙여선 안 된다. 어쩔 수 없는 경우와 상황이라면 오늘 당장은 못 하겠지만, 가급적 이른 시일 안에 할 것을 생각하며 두루 살펴야 한다. 아주 작은 관심과 시간의 할애로 오늘의 일상에 여유를 심어준다면 원하는 성공은 자신도 모른 채 자연스럽게 스며들고 흡수된다. 그렇게 얻는 것은 절대 잃을 일도 없고 영원히 자신의 것이 된다.

'월급의 노예'에서 벗어나기 위해 꼭 필요한 것

월급의 노예 생활을 벗어나는 것이 대부분의 사람들이 생각하는 이상적인 성공의 모습이다. 그러나 의외로 사람들은 벗어날 기회가 주어져도 삶의 현실을 쉽게 빠져나오진 못한다. 일정하게 하루를 보내는 시간과 적당한 돈을 맞바꾸는 것을 매우 안정적인 삶이라 여기기 때문이다. 그럼에도 이런 안정적인 삶 속에서 걱정과 두려움이 늘 앞서는 것은 원하는 만큼의 수입이 늘어나지 않아서이다. 생각보다 많은 사람들은 자신의 수입이 점차적으로 늘어난다면 안정적인 월급의 노예를 자처한다. 불확실한 많은 돈보다 일정한 넉넉한 양의 돈이 익숙함의 안정을 보장해주기 때문이다. 그럼에도 사람들은 늘 일확천금만을 꿈꾼다. 자신이 무엇을 감내할 수 있는지를 명확히 알지도 못한 채 말이다.

초등학생들에게 장래 희망을 물어보면 연예인이라고 대답하는 아이들은 이제 너무나 흔하다. 인플루언서, 유튜버라고 말하는 아이들도 많다. 놀라운 건 장래 희망이 건물주라고 말하는 아이들이 생각보다 많다는 것이다. 꿈과 목표가 건물주인 20, 30대는 말할 것도 없다. 그들은 건물만 사면 부자가 될 수 있고 인생의 정점에서 아무 걱정 없이 행복할 수 있다고 믿는다. 부모들 역시 어린 자식들에게 그런 교육을 시킨다. 돈이 몇백 억대로 엄청나게 많아서 건물을 사도 관리를 해줄 사람을 고용할 정도면 다른 문제겠지만 보통 건물 한두 개를 소유한 몇십 억대 건물주들의 고충은 생각보다 만만치 않다. 각종 세금, 임차인들과의 관계, 건물의 유지보수, 그 밖의 자질구레한 모든 상황과 일을 처리해나가야 한다. 별것 아닌 것 같아 보이지만 블로그나 유튜브를 검색해 보면 건물주의 삶이 생각보다 그리 화려하지 않다는 걸 알 수 있다. 좋아 보이는 것이 자신에게 온전히 좋은 것으로만 놓이는 경우는 없다. 좋은 것들의 이면엔 생각보다 많은 고난들이 함께 있으며 때론 감내할 수 없는 또 다른 현실이 기다리고 있다. 점진적으로 나아가는 성취가 감내할 현실을 최소한으로 줄여준다는 생각을 가져야 한다. 오아시스인 줄 알고 정신없이 퍼마시는 물이 정신을 차리고 보니 모래인 걸 알고 난 후엔 이미 몸속의 장기는 망가져 있을 테니 말이다.

월급의 노예라는 말은 단순히 돈 때문에 아무것도 하지 못하는 수동적인 삶만을 의미하진 않는다. 그건 매달 들어오는 일정량의 돈 외엔 자신의 삶을 찾지 못하는 삶, 좁은 생각과 시야를 벗어나지 못하는 안타까운 삶을 뜻한다. 많은 돈이 삶을 나아지게 하고 윤택하게 만드는 필수 요소가 아님에도 채울 수 없는 만족의 항아리에 돈을 끊임없이 넣으려 하는 건 주체성의 부족이 가장 크다. 수동적인 삶에서 주체성의 표출을 제약받는 건 어쩔 수 없는 부분이 있다. 현실의 삶에서 자신의 주체성을 내비치기엔 고정적으로 매달 나가는 돈의 영향이 크기 때문이다. 그 일정한 돈을 벌기 위해 매일 수동적인 행위를 한 달간 해야만 하는 의무가 있다. 월급의 노예에서 탈출하려면 매일 하는 수동적인 행위를 벗어나는 것에 요점을 맞춰야 한다. 그러나 우리가 흔히 말하는 성공은 수동적인 일을 벗어나 몇백만 원이 벌리는 정도가 아니다. 월 오백만 원, 월 천만 원 이상의 고액을 버는 것을 생각한다. 월급의 노예 탈출을 운운하는 수많은 사람들은 많은 돈에만 초점을 맞출 뿐 '어떠한 일인지?', '그 일로 정신과 마음의 상태는 어떨지?', '그렇게 보내는 하루가 자신의 삶에 어떤 영향을 미칠지?'는 생각하지 못한다. 진정한 월급 노예 탈출이 맞는 건지? 돈의 감옥에 스스로 더 갇히려 하는 건 아닌지를 스스로 깨닫진 못한다.

사람들은 월급의 노예에서 탈출하려고 수많은 자기 계발 도서와 유명한 인플루언서들의 성공 사례를 보거나 들으면서 '나도 할 수 있다'라는 희망과 용기로 도전한다. 개중에는 위험한 선택을 하는 사람도 있다. 하던 일을 당장에 그만두고 새로운 일을 시작하는 것이다. 이러한 용기와 도전은 삶의 혁신이라기보단 위험에 가깝다. 사람은 익숙한 것을 벗어나지 못하면서 가슴 한편엔 모험심을 품고 있다. 희망에 가득 찬 허상을 마치 현실처럼 느끼는 착각에 빠지면 답이 없다. 지금보다 좋은 미래, 더 나은 성공의 삶은 오늘과 내일을 나누어 싹둑 잘라서 구분 짓는 것이 아니다. 지금보다 더 나은 것을 접했을 때 그것이 자신의 것이 되기 위해선 오랜 시간이 필요하다는 걸 확실히 인지하고 받아 들어야 한다.

월급의 노예는 누구나 벗어날 수 있지만 아무나 하지 못한다. 대부분은 많은 돈을 벌기 위한 도전을 하다가 실패하고 안정된 현실마저 놓쳐버린다. 다른 한편에서 월급의 노예를 벗어난 사람들은 현실을 부정하거나 무시하지 않는 선을 지키며 새롭게 만든 루틴을 습관으로 바꾸어 원하는 모습의 삶을 일구어나간다. 성공의 삶은 감내해야 하는 것을 필연적으로 품으면서 몸과 마음이 자유와 평온으로 향하게끔 방향을 정확히 맞춰야 한다. 진정한 월급 노예 탈출은 많은 돈 하나만을 품는 것이 아니다. 최소한 돈 때문에 걱정이 없는 일상을 구축해서 그 안을 자유롭게 날아다닐 수 있는 삶을 만드는 것이다.

Check Point

- 삶을 자유롭고 풍족하게 하기 위해 어떠한 루틴을 적용하고 습관으로 만들고 있는가.

- 원하는 것을 얻기 위해 포기하거나 감내해야 하는 것이 무엇인지 구분할 수 있는가.

8. 제대로 즐길 수 있어야 가치가 있다:
it's only worth it if you enjoy it

2022년 5월 미국 프로골프 PGA챔피언십 둘째 날, 골프 황제 '타이거 우즈(Tiger Woods)'의 잘못된 티샷은 갤러리들이 몰려있는 러프에 떨어졌다. 실망한 표정의 우즈가 공을 치려고 다가가자 수많은 팬들은 도리어 우즈를 가까이 볼 수 있다는 생각에 즐거워했다. 그리곤 너 나 할 것 없이 모두가 휴대폰을 꺼내 들고 촬영을 했다. 그리고 이 순간 '마크 라데틱(Mark Radetic)'이라는 중년 남성은 인생 역전을 맞이한다. 휴대폰은커녕 맥주 한 캔을 들고 우즈의 샷만을 응시하던 남성의 모습은 각종 매체의 카메라에 찍혔고 영상과 사진은 인터넷과 각종 SNS로 빠르게 퍼져나갔다. '미켈롭 울트라(Michelob Ultra)'라는 맥주를 들고 서 있던 남성은 그 후 '미켈롭 가이'라는 별칭을 얻고 순식간에 이슈가 되어 유명해졌으며 해당 맥주의 광고 모델로까지 발탁됐다. '미켈롭 울트라'는 세계 최대 맥주 회사인 AB인베브(ABInBev)가 운영하는 맥주 브랜드이다.

물론 이러한 행운은 복권 당첨보다 희박해서 통제할 수도 없고 현실성이 없는 말 그대로 '행운'이라고만 생각한다. 그러나 이러한 운도 준비돼 있는 사람에게는 기꺼이 다가와 준다. 세계적인 이슈로 수많은 기삿거리가 쏟아져 나온 '미켈롭 가이'의 모습은 결코 단순한 행운으로만 이뤄진 것이 아니다. 미국의 중년 남자를 인생 역전시켜준 행운의 사진 속엔 사람들이 간과하는 사실이 있다. '마크 라데틱' 바로 뒤에도 동양인의 중년 남성이 샷을 바라보고 있었다. 또한 사진 우측에도 두 명의 백인 남성이 날아가는 공을 바라보고 있었다. 동양인인 중년 남성은 배가 많이 나오고 비만에 가까워 보였다. 우측 두 명의 백인 남성은 몸이 반 그리고 전신이 가려진 얼굴만 보였다. 대다수가 휴대폰을 들고 있었던 가운데 날아가는 공을 응시한 사람은 총 4명이다. 그러나 그 누가 봐도 '마크 라데틱'이 가장 눈에 띈다. 이런 엄청난 운을 갖기 위해 그가 한 것은 아무것도 없다. 그러나 확실한 건 많은 사람들이 하지 않는 것을 했다는 것과 그중에서도 남달랐다는 것이다. '마크 라데틱'의 이런 모습이 운으로 바뀔 수 있었던 이유는 4가지 정도로 볼 수 있다.

1. 전신이 완벽하게 나온 모습이다.
2. 공을 바라보는 시선이 정자세이고 그윽하다.
3. 맥주가 어떤 맥주인지 알아볼 수 있게 다소곳이 들고 있다.
4. 전형적인 미국인임을 느낄 수 있는 남자이다.

운이 스스로에게 시너지 효과를 일으키려면 예상하진 못하더라도 의도할 수 있는 생각과 마음 정도는 지녀야 한다. 그러나 사람들은 운을 성공으로 끌어들이기 위한 필요한 요소로 인지하기는커녕 밀어내는 경우가 일반적이다. 유명한 스타를 코앞에서 볼 수 있는 기회가 생겼는데 휴대폰을 꺼내 든다는 건 극히 자연스러운 행동이다. 정신없는 군중 속에서 무언가에 집중하고 있는데 자신의 모습이 어떻게 비칠지 신경 쓸 겨를은 없다. 자연스러운 것이 일반적이기에 그 외의 남다른 생각과 독특한 발상을 하는 것은 특이하게 보일 수밖에 없다.

자신의 평범한 모습이 일상 속에서 타인에게 어떻게 보일지 이롭게 비칠지 정도의 가벼운 신경은 자기 관리와도 밀접한 관련이 있다. 단순히 외모를 꾸미고 옷을 잘 입는 정도를 말하는 것이 아니다. 타인에게 호감을 보일 만한 언행을 갖고 있는지, 타인의 행위에 얼마나 긍정의 모습을 표출할 수 있는지의 차이다. 이렇게 평소에 자신의 몸뿐만이 아닌 정신과 생각까지 남다르게 보일 수 있는 것이 습관화 돼있다면 타이거 우즈를 가까이 볼 수 있는 상황에서도 (삶에서의 특별한 순간) 자신만이 가질 수 있는 특별한 행운은 스며들 수밖에 없다.

진정으로 삶을 즐기는 사람들

'제대로 즐길 수 있어야 가치가 있다. (It's only worth it if you enjoy it)' 라는 슬로건으로 '마크 라데틱'을 모델로 계약한 맥주 브랜드 '미켈롭 울트라'는 매출도 껑충 뛰고 티셔츠나 모자 같은 굿즈 판매로 인해 더욱 성장했다. 우연히 방송에 찍힌 평범한 남자와 메시지 한 줄은 바쁘게 살아가는 많은 사람들에게 큰 감명을 주기에 충분했다. 그러나 우리의 일상은 그처럼 쉽게 변하지 않는다. 오늘 하루를 가치 있게 만들려고 제대로 즐기는 사람은 생각보다 많지 않다. 가치 있는 삶을 위해 제대로 즐긴다는 건 뭘까? 오늘에 충실한다는 뜻이다. 다음에 보려고 사진을 찍는 행위가 안 좋다는 것이 아니다. 그러나 그 순간에만 느낄 수 있는 감정은 오롯이 자신의 몸과 마음이 집중되어야만 맞이할 수 있다. 모든 상황을 기록하지 말라는 삐딱한 말이 아니다. 오늘 이 순간이 아니면 다시 못 올 것 같은 상황은 직접 눈으로 보고 귀로 들리는 미세한 소리와 코로 느끼는 그 순간의 미묘한 냄새와 감촉을 통해서만 알 수 있다. 그런 것들은 카메라엔 담을 수 없다. 우리는 매 순간을 합리적으로 보람차게 살아가고 있다고 생각하지만 생각보다 많은 삶의 오늘은 후회로 얼룩지기 마련이다.

　삶을 즐긴다는 건 타인의 삶을 모방해서는 결코 누릴 수 없다. 수많은 시행착오로 자신만의 온전한 생각과 가치관을 확립했을 때 그 누구의 시선이나 평가 따위가 신경 쓰이지 않는 즐김의 삶 속에 들어갈 수 있다. 돈 걱정 없이 돈을 펑펑 쓰며 사는 것이 남부럽지 않은 삶이라고 생각하는 사람이 많다. 돈이 많아서 돈을 자유롭게 쓰는 삶이 자랑이 된다면 돈 쓰는 것밖에 할 줄 아는 건 없다. 또한 그것을 부러워한다면 매우 좁은 덫에 걸려 그 안에서 할 수 있는 것만을 동경하는 단편적인 삶을 살아갈 수밖에 없다. 진정으로 삶을 즐기는 사람은 자신이 할 수 있는 모든 걸 해나간다. 그러려면 돈에 구애받지 않아야 된다고 생각하겠지만 처음부터 돈에 구애받는 것들로 시작하진 않는다. 돈과는 상관없이 할 수 있는 것을 충분히 즐기고 해나가다 보면 자기 스스로가 발전되고 성장하는 모습을 찾게 된다. 그러다 보면 돈은 필요한 것을 즐기기 위한 수단으로서 여겨질 뿐, 삶의 정점과는 멀어지게 된다.

　운은 삶을 즐길 수 있는 사람이 누릴 수 있는 특권이다. 일률적이고 편향적인 사람의 눈엔 띄지도 않고 쉽게 가질 수 없는 매우 유동적인 삶의 선물이다. 대부분의 삶이 어쩔 수 없는 울타리 안에서 허우적대고 아등바등하는 일상이겠지만 그 안에서 가치 있는 오늘을 위해 순간을 즐기며 살아갈 수 있다면 커다란 행운은 반드시 자신을 향해 다가온다.

Check Point

- 온전한 오늘을 가치 있게 보내기 위한 자신만의 생각과 마음가짐을 적어보자.

9. 타인을 깎아내리는 본능에 삶을 낭비하고 있다

자신을 위한다는 착각으로 스스로를 무너트리다

보통 사람이라면 주어진 삶을 충실하게 잘 살아내기 위해서 열심히 정진한다. 그러나 삶은 무수히 많은 다양한 굴곡으로 이루어져 있기에 매 순간을 일정한 속도로만 나아갈 순 없다. 정체의 순간도 찾아오고 낙담의 시련도 생각보다 자주 삶에 비친다. 그러다 또다시 늘 그랬듯 자신의 위치를 다잡고 재정비를 하면서 주위를 둘러보는 시간도 갖게 된다. 그러면 분명 이전엔 보이지 않던 사람들의 모습이 보인다. 자신보다 못한 사람, 자신보다 월등히 훌륭하고 대단한 사람이 보이고 느껴진다. 일반적이라면 대부분 못한 사람에겐 연민을 느끼고 월등한 사람에겐 부러움을 느낀다. 그리고 문제의 시작은 여기부터다. 연민에서 끝나야 할 사람을 업신여기거나 무시하기를 일삼고 월등한 사람에게 느끼는 부러움은 시기와 질투로 바뀐다. 탄력을 받은 본능의 마음은 제 기능을 잃어버린 브레이크처럼 제어를 잃게 된다. 결국 힘들게 쌓고 이루어왔던 것들이 무너진다. 그동안 심사숙고하며 놓았던 삶의 디딤돌이 걸림돌로 변하는 순간이다.

타인을 깎아내리는 삶은 본능에 가깝다. 왜냐하면 대부분의 사람들은 사회와 관계를 '제로섬(zero-sum)' 게임이라고 착각하기 때문이다. 피라미드 구조의 사회에선 당연히 그럴 수밖에 없다는 생각이 지배적이다. 자신이 타인보다 월등해야만 더 높은 지위에 올라갈 수 있고 더 많은 돈을 벌 수 있다고 생각한다. 그래서 계약 관계로 맺은 크고 작은 집단에서는 서로가 서로를 알게 모르게 견제하는 분위기가 흔하다. 그런 곳에서 인간적으로만 타인을 대한다면 자신만 상처받고 피해 보기에 사람들은 아닌 척 서로를 견제하고 경계하며 성장하려 한다. 인간관계도 마찬가지다. 진심이 담긴 듯한 가면을 쓰고 시기와 질투로 타인을 대하는 본능이 만연하다. 사촌이 땅을 사면 배가 아파서 '크랩 멘탈리티(남들이 성공하는 모습을 눈 뜨고 보지 못하고 끌어내리려는 마음가짐)' 본능의 분출이 동서고금을 막론하고 많이 일어난다. 이는 인간이 가진 가장 잘못된 마음 중 하나이다. 가까운 주위 사람이 잘되면 겉으로는 긍정의 메시지를 보내지만, 인간은 그것에 진심을 담았다가도, 잠시 후면 타인이 잘되는 것보단 자신이 뒤처지고 낙후된다는 생각에 초점이 맞춰진다. 따라서 감정과 주관이 개입되는 관계에서 사람은 끊임없이 남과 비교하며 자신이 조금이라도 우위에 있어야만 안심이 되는 어긋난 생각이 만연하다.

정해진 직급과 일정한 비율의 인원 안에서 자신이 돈을 더 많이 벌고 성공하려면 타인보다 우위에 있어야 한다는 착각은 쉽게 바뀔 수 없다. 어떻게 보면 필수불가결한 생존 법칙으로 여겨진다. 그러나 내 밥그릇 챙기려고 타인 것을 빼앗거나 해하는 일은 결코 좋은 결과를 맞이하지 못한다. 함께하는 삶이 아닌 전쟁 같은 생존 게임이라는 생각이 짙은 사람일수록 인간 관계 또한 이기심이 밑바탕에 깔린 관계가 되고, 결국 외로움의 독방에 갇혀 지내게 된다.

자신이 이겨내야 할 사람은 자기 자신이다

의외로 누군가가 자신을 끌어내리려 하거나 깎아내리려 한다면 그것은 최대한 긍정적으로 받아들이는 게 좋다. 자신이 그 사람보다 우위에 있다는 증거이자 신호이기 때문이다. 그렇기에 자신보다 낮은 사람임을 타인이 스스로 증명해 준 시점에서 자신이 할 일은 그다지 많지 않다. 굳이 에너지를 써가며 그 사람과 맞대응할 필요와 이유가 없다.

타인이 자신보다 월등하다는 생각에 배가 아파서 자신이 뒤처질 거라 믿는 사람은 '타인을 깎아내리기'나 '타인보다 성장하기', 두 가지 생각 중 하나를 한다. 그리고 대부분은 자신이 더 성장하는 어려운 길보다 타인을 끌어내려 자신보다 밑에 두려는 생각이 더 쉽고 효율적이라 생각한다. 자신의 부족함이나 무지함으로 원하는 것을 더 가질 수 없는 걸 타인의 문제로 인식하고 잘못된 길을 선택한다. 그렇기에 논리적인 사고나 원리 원칙으로는 문제를 해결할 수 없다. 여기에서 자신이 할 수 있는 방법도 두 가지로 좁혀진다. '똑같이 맞대응하여 깎아내리기'나 '자신의 월등함을 지속적으로 더 보여주는 것'이다.

우리가 관계에서 늘 고민하고 어려워하는 건 돌이 날아오면 돌을 준비하고 빵이 날아오면 빵을 준비해야 한다는 생각이 앞서는 것이다. 타인과 동등한 입장이라는 생각에 늘 맞대응한다면 진흙탕에 스스로 들어가는 꼴밖에 되지 않는다. 이미 타인이 자신을 우위에 있다고 증명을 해주었는데도 같은 방법으로 대응해서 스스로 하향 평준화를 자초할 필요가 있을까? 라는 생각을 깊이 해봐야 한다. 결국 자신을 깎아내리려 못되게 구는 사람이나 맞대응하는 사람이나 또 다른 타인이 보기엔 똑같아 보인다. 이러한 것이 신경 쓰여 스트레스를 받는다면 최고의 정답은 더 나아지고 월등해지면 된다. 모두가 고만고만하기에 그 틀을 벗어날 수 없고 자리 지키기에만 서로들 열중할 뿐이다. 눈을 돌려 다른 곳을 보려 하거나 좀 더 넓은 곳을 본다면 아무짝에도 쓸모없는 곳에 신경 쓰고 에너지를 쏟아야 할 이유를 찾지 못한다. 정작 자신이 신경 쓰고 집중해야 할 곳은 자기 자신이란 걸 깨달아야 한다.

자신을 미워하고 깎아내리는 사람이 있다면 굳이 타인을 미워할 필요가 없다. 타인은 그저 본능에 충실할 뿐이고 자신이 할 수 있는 선택지 중에서 쉬운 걸 골랐을 뿐이다. 자아를 보호하려는 본성에 충실한 사람을 이기는 최고의 방법은 넘보지 못할 곳까지 오르고 나아가는 것이다. 타인을 두고 경쟁하며 이루는 성취는 끊임없이 오르는 수많은 계단 중 하나일 뿐이다. 우리가 바라보며 오를 곳은 굴곡이 최대한 적은 기울어진 벽이다. 우리는 그 벽을 오르며 스스로 정한 성취를 맛보며 성공에 닿아야 한다. 그 끝자락에 보이는 경쟁 상대는 그 누구도 아닌 자기 자신이다.

Check Point

- 우물 안 개구리는 자신이 우물 안에 있는 줄 모르고 평생 살아간다.
- 쳇바퀴를 돌리고 있는 다람쥐는 돌리는 쳇바퀴가 세상의 전부라고 생각한다.
- 나의 세상은 무엇인지 생각해 보자.

10. 과속의 참을 수 없는 유혹

　성공은 남들보다 빨리 그리고 멀리 가는 것이라 생각하는 사람이 많다. 또한 주위에서 그런 사람을 보면 성공했다 칭하고 부러워한다. 좋은 집과 멋진 차를 가진 그들은 모두에게 환영받고 부러움의 대상이 된다. 부러워하기에 스스로도 그들을 쫓는 삶에 올라탄다. 그들이 이루어놓은 것을 똑같이 얻으려고 앞만 보며 질주한다. 좋은 집과 멋진 차가 삶의 목표가 되었기에 그 외의 것은 보이지도 않고 인정하려 하지도 않는다. 설사 시간이 흘러 동경의 대상이 무너지고 쓰러져도 인정하고 싶지 않은 마음으로 스스로를 합리화한다. 부러움의 대상이 사라져도 궁금해하지 않고 자신은 다르다는 확신과 상관없다는 생각이 삶을 강하게 지배한다. 그렇기에 경주마처럼 목표 지점에 최대한 빠르게 도착하기 위해서 그 어떠한 고난과 역경이라도 감수하며 정진한다. 어둠 속에서 보이는 빛에 닿으면 삶이 바뀔 수 있다는 믿음으로 스스로 불나방이 되기를 자처한다.

　빨리 성공하는 것보다 중요한 것이 있다. 성공의 밀도를 단단히 다지는 것이다. 쉽게 번 돈은 쉽게 나간다는 옛말이 있다. 이 말은 현실의 진리에 가깝다. 쉽지는 않더라도 가볍게 번 돈을 애물단지 모시듯 애지중지하는 경우는 드물다. 그동안 억눌렸던 삶을 보상받고 싶은 충동에 대부분은 소비에 집중되는 모습이 자연스럽게 나타난다. 같은 돈이라도 분명 그 출처와 무게는 다르다. 그건 자신만이 알 수 있다. 타인에게 보여주기 위한 돈은 무게도 가벼울뿐더러 생명력도 약하다. 또한 본능적이고 쾌락적인 것에 붙으려는 성질이 강하다. 재촉된 성공은 그 목적과 목표가 확실하지 않기에 힘을 유지하기가 힘들다. 더 빨리 더 멀리 나아가는 것보다 더 중요한건 얼마나 정확하고 명확하게 집고 나아갈 수 있는가이다.

속도에 집중하다 보면 방향을 찾을 수 없다

주위를 둘러보면 대부분의 사람은 열심히 살아간다. 열심히 살지 않는 사람은 드물다. 각자의 위치에서 열심히 사는데도 삶의 격차가 나는 것은 어느 순간 갖게 되는 돈의 양으로만 좌우되는 건 아니다. 비슷한 돈을 벌며 살면서도 삶의 행복지수가 큰 차이를 보이는 경우가 많다. 단순히 돈만 많은 부자의 삶이 우리가 생각하는 것보다 엄청 행복하지 않은 것엔 분명한 이유가 있다. 돈은 보상의 개념으로 팍팍한 삶에 놓일 수도 있고, 걸어온 삶에 자연스럽게 놓인 여러 가지 중 하나일 수도 있다. 사람들 각자의 사정에 따라 어쩔 수 없이 돈을 보며 달려야 할 때도 있고 좀 더 여유롭게 천천히 나아가는 날도 있다. 삶의 어느 정점에 들어서면 돈을 보고 느끼며 자신이 조절할 수 있는 모습을 알 수 있겠지만 그럼에도 최대한 많은 돈이 자신에게 들어오는 길을 트는 것이 인생 성공과 행복의 정점이라 생각한다.

50, 60대에 접어들면 삶의 많은 시간을 젊었을 때만큼 돈 벌기에 열중하고 쏟아붓진 않는다. 그리고 그 나이쯤 되면 삶의 모습이 명확하게 나뉜다. 돈이 넉넉해서 좋은 곳을 다니고 맛있는 것을 자주 먹는 사람과 삶이 여전히 팍팍해서 일을 하지 않으면 밥 한 끼 먹기가 쉽지 않을 사람이다. 제각기 삶의 사연과 사정으로 인한 경제력은 차이가 있을 수 있지만 이들은 공통점이 있다. 장년과 노년에 접어들면 하루를 보냄에 있어 자신만의 시간

을 가지려 한다. 취미 활동을 할 수도 있고 해보고 싶은 것을 능동적으로 혹은 소극적이라도 도전한다. 춤 배우기, 그림 그리기, 글쓰기 등의 취미 생활은 20, 30대의 사람들보다 50, 60대의 사람들이 월등히 많이 하고 있기도 한다. 젊었을 땐 돈을 버는 것이 삶에 가장 큰 이유이자 목적이기 때문에 다른 것에 관심을 가질 여력이 없기도 한다. 나이가 들어도 여전히 돈 때문에 하루를 전전긍긍하는 모습만큼 비참한 건 없다. 정말 수중에 돈이 없어서 그럴 수도 있겠지만 이루어놓은 것을 잃을까 봐, 조금 더 있으면 좋으니까, 가질 수 있는 기회를 놓치기 싫어서 끊거나 버릴 수 없는 마음이 육체와 정신을 떠나지 못하는 경우도 있다. 한 곳만을 바라보고 한 우물만을 파다 보면 원하는 성공과 행복을 모두 가질 수 있을 거란 착각은 최대한 한 살이라도 어릴 때 해야 한다. 원하는 것을 위해 미친 듯이 정진했다가도 반드시 쉬어가는 시간은 필요하며 흘리거나 빠져나간 건 없는지 살펴봐야 한다. 원하는 것을 위해 등한시한 것들은 마치 썩는 이빨처럼 오랫동안 느끼지 못하다가 어느 순간 인지를 한다. 그러나 썩어가는 걸 알면서도 통증이나 고통이 없으면 당장 치과에 가지 않듯이 삶에서 놓치는 것을 매사에 살펴보거나 둘러보는 일은 일상에서 쉽지 않다.

어떠한 삶을 살더라도 눈 뜨고 봐줄 수 없는 비참한 삶은 흔하지 않다. 보통은 각자의 상황과 사정 안에서 굴곡의 높낮이만 다를 뿐 비슷하게 살아간다. 삶은 속도가 아니라고 아무리 수많은 곳에서 떠들어봤자 대부분의 사람들이 속도에 집착하는 이유는 어느 방향인지도 모르고 방향이 무엇인지조차 알지 못하고 살아가기 때문이다. 삶의 방향을 찾기 위해선 소홀하게 대하는 마음을 줄여나가야 한다. 의외로 뜻하지 않거나 뜻밖인 것에서 자신도 알지 못하는 삶의 방향에 들어서는 사람이 많다. 일률적인 생각과 시선에 젖어 다른 곳을 볼 수 있는 눈을 완전히 잃기 전에 삶을 관망할 수 있는 자세를 품을 수 있도록 몸과 마음에 여유를 심어주는 연습은 반드시 필요하다.

천천히 가야 한다

운전은 온순했던 사람도 신경질적이고 화가 많은 사람으로 변화시키는 경우가 많다. 실제로도 평소엔 욕을 전혀 안 하는 사람인데 운전대만 잡으면 180도 돌변하여 각종 욕을 하는 사람이 나의 가까운 지인이다. 모든 사람이 전부 그런 건 아니지만 생각보다 많은 사람들은 운전을 하면서 평소엔 잘 보이지 않던 거친 모습을 보인다. 왜 평소에 하지 못하는 언행이 운전을 하면서 보이게 되는 걸까? 몇 가지 이유가 있겠지만 그중 기동성과 공간에 대한 안전성을 가장 크게 꼽을 수 있다. 자신이 가늠하고 통제할 수 있는 공간 안에서 언제든 그곳을 벗어나거나 빠져나갈 수 있기 때문이다. 그렇기에 운전을 하다가 자신이 원하는 상황이 아니면 누가 뭐라 하든 원하는 만큼 충분히 배출하고 해소해도 뒤돌아보지 않고 그 자리를 뜨면 괜찮다라는 무의식이 존재한다. 그러나 현실은 절대 그럴 수 없다는 걸 모두가 알고 있다. 성능 좋은 블랙박스가 모든 자동차에 장착되어 있고, 거의 대부분의 도로에 설치되어 있는 CCTV는 모든 사고의 잘잘못을 충분히 가늠할 수 있다. 그래도 여전히 도로 위에서의 거친 싸움은 심심치 않게 우리 주위에서 늘 볼 수 있다.

대부분의 사건 사고는 먼저 가겠다고 서두르는 마음 때문에 발생한다. 양보를 하거나 배려를 하고자 하는 행위는 쉽게 찾아볼 수도 없을뿐더러 이런 마음을 서로가 갖고 있다면 교통사고는 현저히 줄어든다. 세상에 안

급하고 안 바쁜 사람은 없다. 저마다의 사정은 다 있다. 모두들 사정이 있는 급한 세상에서 빨리 간다면 성공할 수 있을까? 끊임없는 열정으로 열심히 노력하는 사람에게 성공이 가득 담긴 오늘의 행복이 주어질까? 능력을 갖춘 사람 중에 앞뒤 안 보고 미친 듯이 달린다면 누구도 넘볼 수 없는 성공과 행복이 주어질 수도 있다. 그러나 열심히 달리는 모두가 최고를 원하지만 대부분의 삶은 보통의 뻔한 일상을 반복하며 살아간다. 그러면 최소한 꼴등은 피하면서 경제적인 안정과 심적으로 안락한 현실을 원활하게 가질 수 있는 길은 없을까? 안정적으로 살피며 천천히 가는 것이 최선의 방법이다. 최고의 것을 얻지 못하더라도 극단의 불행을 막아주는 것은 서두르지 않는 침착함이다. 나만 조심한다고 교통사고가 안 일어나진 않지만 많은 사고들을 피할 수 있으며 극단적인 불행에 빠지는 일은 확연히 줄어든다.

빨리 가는 건 제자리에서 쳇바퀴 도는 것이다

질주는 본능이라고 한다. 자동차의 속도를 높여 운전하면 무언가 희열과 쾌락이 느껴진다. 현실도 마찬가지다. 무언가에 열중하고 매진하다 보면 자신이 생각했던 것보다 앞서는 느낌이고 만족감도 높다. 그러나 과속으로 달리면 사고가 나듯이 무언가에 몰입만 한다고 절대 좋은 결과만이 남진 않는다. 돌보지 못한 가족들, 신경 쓰지 못해 쇠약해진 건강, 일상의 순간에 주어진 삶의 기쁨과 작은 행복 등이 그것이다. 이러한 과오의 반복은 큰 것만 얻으면 나머지는 전부 보상받을 수 있다는 생각이 만연하기 때문에 발생한다. 그러나 현실은 그렇지 않다. 얻는 게 있으면 잃는 것도 반드시 있다. 원하는 것을 위해 돌진한다면 지나친 그 순간에만 유효하고 머물러준 현실의 작은 기쁨은 이미 지나고 난 뒤다. 두 발짝 앞으로 갈 때마다

한 발짝씩 뒤처지는 기분이다. 그래도 정진에만 집중하는 사람은 자신의 삶에 후퇴는 없으며 커다란 성공이 앞에 놓여있다고 굳게 믿는다. 유한한 인생에서 그 순간에 할 수 있거나 누릴 수 있는 것을 놓쳤다면 결국에 원하는 목표를 얻었다 해도 분명 허탈한 무언가가 가슴에 남는다. 반면 늦더라도 천천히 그리고 꾸준히 정진하는 사람이 있다. 그들은 원하는 것에서 시선을 떼지 않으면서 완벽할 순 없지만, 그래도 주위를 둘러볼 수 있는 여유를 늘 갖고 있다. 정진할 수 있는 에너지를 삶의 여유에서 지속적으로 받고 있다. 그렇기에 큰 실수나 후퇴 없이 원하는 곳을 향해, 원하는 것과 원하는 사람들과 함께 지속적으로 나아간다.

어차피 모두가 나아가는 삶이자 현실이다. 그러나 누군가는 한참 나아가다가 쓰러지거나 심하게 넘어지기도 한다. 회복할 수 없거나 되돌리지 못할 정도로 삶이 리셋(reset)되는 경우도 부지기수이다. 그러면 그날부터의 삶은 후회의 오늘만을 안고 살아간다. 어제도 후회고 내일도 후회다. 오늘만 후회하다가 내일은 희망이나 성장으로 바뀌긴 결코 쉽지 않다. 그래서 되도록 천천히 가야 한다. 천천히 가다 보면 후회가 적은 어제와 만족할 오늘의 성공이 내일의 행복으로 이어지게 된다. 이는 당연한 수순이다.

진정한 성공은 남들보다 월등히 앞으로 나아가는 것이 아니다. 퇴보하지 않거나 되도록 적은 후회만을 남기는 것이다. 실패와 좌절은 후회와 퇴보가 아니다. 걸림돌과 디딤돌을 구분하고 자신의 삶에 놓아야 할 것과 치워야 할 것을 익히고 배워나가는 소중한 시간이다. 남들보다 후회가 적고 만족할 만한 오늘을 살아간다면 내일은 더할 나위 없는 성공과 행복이 기다리고 있다. 수많은 오늘의 행복 중 어떠한 것을 선택하느냐에 따라 굳건한 성공의 건물이 지어질 수도 있고 쾌락의 파티로 끝날 수도 있다. 다양한 모습의 성공과 행복 중에 인간은 누구나 자신에게 맞는 것을 고르고 누릴 수 있다. 실패와 좌절에 굴복하지 않고 신념과 소신으로 자신만의 작은 성을 꼭 쌓아나가야 한다.

Check Point

- 삶의 속도를 조절할 수 있다는 것은 모두에게 위태로워 보이는 인생의 외줄타기를 안정적으로 걸을 수 있다는 뜻이다.

인생에 정답은 없어 보이지만
균형이 정답에 가깝다

성공은 새로운 것이다

가난의 반대말은 성공이 아니다. 가난의 반대말은 '새로운 것'이다. 새로운 것이 많이 쌓이면 성공의 모습에 가깝게 된다. 대체 언제까지 통장과 주머니에 돈이 가득 차 있는 것으로 성공을 운운할 것인가? 돈이 없어 봤기에 간절히 원할 수는 있다. 그러나 제발 그 간절한 것을 이루기 위해 수단과 방법을 가리지 않는 우(愚)를 범(犯)하지 않아야 한다. 돈을 어떻게든 버는 행위는 아주 작은 찰나의 순간에 반짝하며 어딘가에서 떨어지는 것이다. 그렇게 떨어진 돈으로 남은 인생을 몸과 마음 그리고 정신이 온전하고 평온하게 살 수 있을 것이라는 생각은 미련한 착각일 뿐이다.

돈은 성공해서 벌어야 한다. 성공에는 수많은 길이 있지만 그 많은 길의 성질은 대부분 비슷하다. 가장 크게 명확한 것은 '지금을 잘 인지하는 것'과 '새로운 것'을 거부감 없이 자연스럽게 대하고 받아들이는 것이다. 이것이 쉽지 않은 이유는 익숙한 것에 안주하는 행복이 인간의 본능이기 때문이다. 세상 모든 사람들은 절대 그 누구도 익숙한 것과 새로운 것을 쉽게 맞바꾸려 하지 않는다. 새로운 것이 말도 안 되게 월등히 좋고 뛰어나지 않은 이상 지금 자신을 둘러싼 당연한 것을 놓는 경우는 거의 없다. 설사 새로운 것이 유혹을 떨칠 수 없는 엄청난 것이라 해도 본능은 낡은 익숙한 것에 치우치게 되어있다. 따라서 자신의 위치와 환경을 더 나은 것으로 변화시키는 것은 본능에 역행하는 일이다. 이런 좋은 곳으로의 진출은 단순한 인고와 노력만으론 힘들다. 갖가지 운도 따라주어야 하고 좋은 사람도 곁에 두어야 한다. 그리고 무엇보다 중요한 것은 몸과 마음 그리고 정신을 온전하고 맑은 상태로 유지해야 한다.

하얀 종이엔 그림을 옅게 그려도 선명하게 보인다. 좋은 것을 온전하게 받아들이고 자기 것으로 만들 수 있는 최적의 상태이다. 반면 여러 번 지운 것을 반복한 잿빛 종이에는 무언가를 옅게 그리면 잘 보이지 않는다. 꾹 눌러쓰고 진하게 여러 번 그려야 겨우 보인다. 이것이 수없이 노력을 해도 무언가 잘되지 않는 우리의 모습이다. 열정이 부족해서 노력이 부족해서 안 되는 것이 아니다. 좋은 것을 얻기 위한 몸과 마음 그리고 정신이 준비되지 않았기 때문이다. 건강한 신체와 평온하고 유한 마음, 올곧은 정신에 가까운 자신을 만들어간다면 원하는 것을 얻기 위해 타인과 비슷한 속도로 걷더라도 성공이 좀 더 수월하고 자연스럽게 스며든다. 성공으로 얻는 건 단순히 돈이라는 숫자만을 의미하는 것이 아니다. 타인과 같은 시간의 일을 하며 하루를 보내더라도 버티거나 해냈다는 개념이 아닌 피로를 모른 채 아쉬움이 남는 그런 하루를 보내는 것이다. 무겁지 않은 가벼운 마음으로 귀가를 할 수 있는 그런 저녁을 맞이하는 것이다. 자신의 상태와 위치에 흔들림이 없는 또렷한 정신으로 주변을 돌볼 수 있고 향유할 수 있는 정신을 갖게 되는 것이다.

모두가 성공을 꿈꾸지만 일부만 성공에 닿는 이유는 성공이라 믿는 수많은 요소 중 한두 가지에만 집중하기 때문이다. 그 믿음으로 원하는 한두 가지만을 위해 수년, 수십 년을 달린다 해도 그것을 확실히 얻는다는 보장도 없을 뿐만 아니라 자신을 잃어버릴 확률이 꽤나 높다. 우리는 늘 고민해야 한다. 단편적인 성공을 위해 자신을 어디까지 희생해 가며 무엇을 얻고 싶은지, 성공에 근접한 지점에, 자신이 원하는 모습에 가깝게 닿을 수 있는지를 말이다.

인생이란 결코 두 번이나 세 번을 반복하며 살 수 없다. 설사 반복한다 한들 아마 크게 나아지는 것도 없을 것이다. 인생에는 수많은 길이 있지만 현실에선 옳은 길, 그른 길, 맞는 길, 아닌 길처럼 이분법적인 사고를 강요하는 경우가 많다. 무지개가 펼쳐지면 7가지 색깔 중에 원하는 색을 고르면 되기도 하지만 그 7가지 속에는 미세하게 핑크색이나 하늘색 같은 색들도 존재한다. 성공은 선명한 7가지 색깔 중에 들어있는 것이 보통이겠지만 빠르게 변하는 세상에는 핑크색이나 하늘색에 들어있을 확률도 높다. 급변하는 삶에서 스스로를 인지하고 육체, 마음, 정신의 균형이 잘 맞는다면 원하는 부나 성공은 믿음의 끝에 반드시 서 있거나 자신도 모르는 뜻밖의 곳에서 기다리고 있을 테니 걱정하지 않아도 된다. 숲을 보려 하지만 잘 보이지 않더라도 매번 나무를 보며 상상해야 한다. 이 나무들이 우거져있는 숲 속의 느낌과 그 숲을 관망하는 자기 자신을 말이다.

모든 것을 가질 수 있는 방법

우리는 어려서부터 늘 많은 걸 배워왔다. 좋은 것과 좋은 곳을 향해서 단 한 사람도 빼놓지 않고 모두가 일률적으로 습득하고 채우는 연습을 끊임없이 하고 있다. 성인이 되어서는 더욱더 열심히 노력하고 정진한다. 곳곳에 노출된 정보를 최대한 많이 담으려 한다. 그것으로 부와 명예 그리고 원하는 곳에 닿으려 애쓴다. 이러한 지속적인 정진은 대부분 원하는 작은 목표 정도에는 도달하게 해준다. 그러면 분명 목표를 이뤘으니 인생과 삶은 어느 정도 안정되어야 한다. 그러나 인생과 삶이 지속적으로 안정된 사람은 드물다. 성공과 행복에 가까이 닿을 때쯤엔 자신도 모르게 무언가가 빠져나가거나 새어 나오기 마련이다. 그럴수록 더 좋고 더 나은 것들이 삶을 유혹하고 지배한다. 그렇다. 성공과 행복엔 만족이란 것이 없다. 그렇기에 새어나가거나 잃어버리는 것은 안중에도 없다. 늘 부족함에 갈증을 느끼는 것, 그것이 본연의 삶이라 생각하며 살아간다. 모두가 정진하는데도 만족을 느낄 수 없다면 그 반대의 방향을 돌아봐야 한다. 자신의 삶이 원하는 것들로 채워지고 있는지? 지키고 싶은 것들은 잘 있는지? 불필요한 것들을 잘 거둬내고 있는가를 말이다.

많은 이들이 부러워하는 성공한 사람들, 그들은 원하는 부와 명예, 명성을 얻었을 때 다들 비슷한 말을 한다. "이곳까지 오면 정말 행복할 것 같았는데 와서 보니 생각하고 기대한 것만큼은 아니네요." 성공과 행복은 단순히 많은 돈을 버는 것에서 끝나는 것이 아니라는 사실이 이미 아주 오래전부터 많은 사람들에 의해 밝혀지며 입증되고 있다. 그러나 여전히 사람들은 돈에 대한 본능의 안테나를 최대한 치켜들고 살아가기에 성공과 행복은 되도록 많은 돈이라는 생각을 쉽게 떨쳐버리지 못한다.

'성공=많은 돈'은 틀린 말도 아니고 정답도 아니다. 그러나 돈으로 자신의 삶을 모두 꽉 채우는 것이 성공이라고 말하면 그것만큼 불운한 생각은 없다. 필수불가결한 돈으로 자신의 그릇을 채워나가면서 다른 것들도 반드시 채워나가야 함을 잊어선 안 된다. 그 다른 것들의 양이 자신이 생각하는 것보다 작더라도 그것은 그동안 힘겹게 쌓아온 재물을 지켜주고, 유지해 주며, 더 빛을 발하게 할 수 있게 해 준다. 자신의 현실과 모습을 돌아보지 않고 물질만 채우는 행위는 그저 돈 버는 기계나, 자의든 타의든 돈 버는 노예의 삶을 자처하게 될 뿐이다. 보통의 사람은 평생 자신이 누구인지도 모른 채 짧은 인생에서 무엇을 원하는지도 모르며 그저 기계 속의 톱니바퀴처럼 살아가는 것이 당연하고 어쩔 수 없다고 생각한다. 그렇기에 시간이 흘러 원하는 돈을 벌었어도, 그 돈이 행복으로 연결되지 않는 허망한 현실을 맞이할 수밖에 없다.

성공과 행복은 같은 선상에 있지만 둘의 결은 다르다. 성공은 했지만 행복하지 않은 인생도 충분히 세상에 많다. 자신은 행복하지만 타인이 볼 때 성공이라는 것과는 거리가 멀어 보이는 사람도 아주 많다. 그렇기에 성공해서 행복하려면, 행복해지고 싶어서 성공하려면, 세상 만물의 균형을 잘 맞춰나가야 한다. 눈에 보이는 것은 물론이고 인생의 많은 곳에서 느낄 수 있는 모든 것을 최대한 어느 한쪽으로 치우침이 없도록 평정을 유지해야 한다. 그러면 당신이 살아가는 매 순간의 삶에서 원하는 모든 것을 가질 수 있다.